高等学校交通工程专业人才培养实践、实验教学类系列特色教材

交通工程专业
实践案例分析教程

主　编　张　兵
副主编　薛运强　邓明君
　　　　罗　侃　李方卫

西南交通大学出版社
·成都·

图书在版编目（CIP）数据

交通工程专业实践案例分析教程 / 张兵主编.
成都：西南交通大学出版社，2025.5. -- ISBN 978-7-5774-0299-4

Ⅰ. U491

中国国家版本馆 CIP 数据核字第 2025810YV3 号

Jiaotong Gongcheng Zhuanye Shijian Anli Fenxi Jiaocheng
交通工程专业实践案例分析教程

主　编　张　兵

策 划 编 辑	陈　斌
责 任 编 辑	宋浩田
责 任 校 对	左凌涛
封 面 设 计	吴　兵
出 版 发 行	西南交通大学出版社 （四川省成都市金牛区二环路北一段 111 号 　西南交通大学创新大厦 21 楼）
营销部电话	028-87600564　028-87600533
邮 政 编 码	610031
网　　　址	https://www.xnjdcbs.com
印　　　刷	成都蜀雅印务有限公司
成 品 尺 寸	185 mm × 260 mm
印　　　张	20.25
字　　　数	504 千
版　　　次	2025 年 5 月第 1 版
印　　　次	2025 年 5 月第 1 次
书　　　号	ISBN 978-7-5774-0299-4
定　　　价	58.00 元

课件咨询：028-81435775
图书如有印装质量问题　本社负责退换
版权所有　盗版必究　举报电话：028-87600562

前言
PREFACE

在交通强国战略和新工科建设的背景下，交通工程专业人才培养和需求也面临着重大的机遇与挑战。为了更好地让交通工程专业学生理解并运用所学专业知识，华东交通大学通过建设交通工程专业案例库，指导学生在工程案例学习中强化知识体系并灵活掌握相关专业技能，从而实现能够培养出具有工程实践能力的交通工程专业毕业生的目标。

本书基于华东交通大学交通工程系教师近年来从事交通工程领域交通规划、交通设计等项目成果编写而成，凝聚了作者团队对交通工程专业学生工程实践能力培养的深刻理解和体会，是长期教学、工程设计经验的结晶。在全书的编写过程中，突出强调了工程案例的规划设计过程和内容，可为交通工程专业学生提供交通规划、交通设计等项目开展及编制的借鉴和指导。

本书既可作为高等院校交通工程专业高年级本科生和研究生的教材或教学参考书，也可以为交通规划、交通设计及交通管理等部门的规划设计和管理人员的工作提供参考。

华东交通大学张兵负责12个模块内容的组织编写及统稿，审核确定编写大纲和整体结构。参加编写的人员还有华东交通大学邓明君、薛运强，南昌市城市发展研究院交通战略研究所罗侃，深圳市城市交通规划设计研究中心股份有限公司李方卫。

各章节的编写分工如下：理论部分由张兵编写，案例部分模块6、模块10由张兵、罗侃编写，模块7、模块11由张兵、薛运强编写，模块8由张兵、李方卫编写，模块9、模块12由张兵、邓明君编写。

本书在编写过程中参阅了大量的书籍和文献资料，在此谨向这些参考书籍和文献资料的作者表示崇高的敬意和由衷的感谢！同时也感谢各案例业主单位在案例研究中给予的支持和帮助！

各位编写者为本书出版倾注了极大热情，付出了辛苦的劳动，但受水平所限，书中难免存在不足之处，恳请读者批评指正。

编 者
2024年10月

第一篇 理论部分

模块 1 综合交通规划 ·· 002
  1.1 交通规划的相关定义 ·· 002
  1.2 交通规划的发展历程 ·· 002
  1.3 交通规划的分类与层次划分 ·· 004
  1.4 交通规划的目的与要求 ·· 006
  1.5 交通规划的意义和任务 ·· 006
  1.6 交通规划的主体内容和工作内容 ·· 007
  1.7 交通规划的范围及期限 ·· 010
  1.8 交通规划步骤 ·· 011
  1.9 规划成果要求 ·· 013

模块 2 交通设计 ·· 015
  2.1 交通设计的定义、目标和理念 ·· 015
  2.2 交通设计基础条件与流程 ·· 016
  2.3 交通设计依据 ·· 017
  2.4 交通设计主要内容 ·· 019

模块 3 公共交通 ·· 030
  3.1 常规公共交通规划 ·· 030
  3.2 城乡公共交通 ·· 036

模块 4 城市停车 ·· 046
  4.1 停车场特性及分类 ·· 046

  4.2 停车调查 049
  4.3 停车规划 049

模块 5 交通影响评价 062
  5.1 交通影响评价的定义、工作内容以及流程 062
  5.2 交通影响评价的成果构成及要求 065
  5.3 交通影响评价的主要内容 066

第二篇 案例部分

模块 6 南昌市综合交通规划（2006—2020）案例 079
  6.1 概 述 079
  6.2 城市道路系统规划 080
  6.3 城市客运交通系统规划 089
  6.4 内外衔接系统规划 105
  6.5 城市货运物流系统规划 110
  6.6 城市停放车系统规划 112
  6.7 城市交通管理系统规划 117
  6.8 近期建设计划 124
  6.9 近期交通发展的政策和保障措施 131

模块 7 景德镇市"十四五"综合交通运输发展规划 135
  7.1 "十三五"交通运输发展现状 135
  7.2 "十四五"交通发展形势及需求 142
  7.3 "十四五"时期交通发展思路及目标 145
  7.4 "十四五"期间交通发展重点及任务 149
  7.5 规划效果评价及保障措施 165

模块 8 丰和北大道与黄河路节点改造方案 168
  8.1 项目概况 168
  8.2 现状分析 171
  8.3 规划思路及方案 183
  8.4 结 论 191

模块 9　春台路道路交通详细设计案例 ··· 192
　　9.1　项目概述 ·· 192
　　9.2　现状分析 ·· 194
　　9.3　交通需求预测及功能定位 ·· 200
　　9.4　总体规划方案 ·· 203
　　9.5　详细规划方案 ·· 209
　　9.6　相关规划指引 ·· 213

模块 10　南昌市湾里区停车场三年建设专项规划案例 ·· 219
　　10.1　规划修编的必要性 ··· 219
　　10.2　规划范围和年限 ·· 219
　　10.3　停车现状特征与问题分析 ·· 220
　　10.4　缓解停车难问题的对策建议 ··· 225
　　10.5　规划目标 ··· 227
　　10.6　湾里区近期缓解停车难的思路 ·· 227
　　10.7　湾里区近期缓解停车难的措施建议 ··· 229
　　10.8　公共停车场三年建设规划选址调整及建设计划 ···································· 229
　　10.9　城区公共停车场近期建设示例 ·· 234
　　10.10　主要景区停车改善建议 ·· 236
　　10.11　公共停车场三年建设计划 ·· 241
　　10.12　远期公共停车场用地规模控制建议 ··· 241

模块 11　莲花县"十四五"城乡客运一体化发展规划案例 ··································· 245
　　11.1　规划概述 ··· 245
　　11.2　莲花县城乡公共客运发展现状分析 ··· 247
　　11.3　公共交通需求预测 ··· 251
　　11.4　城乡公共交通发展战略研究 ··· 252
　　11.5　城乡公共交通线网规划 ··· 255
　　11.6　城乡公交场站规划 ··· 261
　　11.7　公交车辆配置规划 ··· 265

  11.8 公交发展保障措施 ·· 267

模块 12 交通影响评价：国家级数字技能人才培训基地一期 ······························ 270

  12.1 概 述 ··· 270

  12.2 建设项目方案简介 ·· 276

  12.3 项目周边相关规划解读 ·· 279

  12.4 交通调查与分析 ··· 282

  12.5 交通需求预测 ·· 294

  12.6 交通影响程度分析 ·· 300

  12.7 结论和建议 ·· 311

参考文献 ··· 313

第一篇

理论部分

模块 1　综合交通规划

1.1　交通规划的相关定义

1. 交通工程

交通工程是运输工程的一个分支（运输工程包含公、铁、水、空、管五项内容），负责研究交通管理和组织问题，其中最主要的是人、车、路的协调和优化配合问题。

2. 交通规划

交通规划是指根据特定交通系统的现状与特征，用科学的方法预测交通系统交通需求的发展趋势及交通需求发展对交通系统交通供给的要求，确定特定时期交通供给的建设任务、建设规模及交通系统的管理模式、控制方法，以达到交通系统交通需求与交通供给之间的平衡，实现交通系统的安全、高效与节能、环保。

3. 交通网络

本书中的交通网络可以是城市道路网、城市公共交通网、城市轨道交通网、公路网、航道网络中的任意一种。

4. 对象区域

交通规划的空间客体，可能是一个城市、一个地区或整个国家。目前主要是城市在进行交通规划，因此交通规划的对象区域大都是城市。

5. 规划的基年和规划年

交通规划总是在当前年的调查数据的基础上，以未来某一年的设想交通需求为工作目标提出相应的交通建设的计划。那么当前年就称作规划的"基年"；未来交通需求量所在的那一年就称规划的"规划年"，又称作"目标年"。如果对象区域是交通规划的空间客体，那么规划年就是交通规划的时间客体。

1.2　交通规划的发展历程

20 世纪 80 年代之前的交通规划可以依照 Jones（1983）的分类方式，分为以下七个阶段：

第一阶段（1930—1950 年）：该阶段交通规划的目的是由新的代替道路的规划缓和政策或消除交通拥挤。采用的技术方法是道路交通量调查，以机动车保有量为基础的交通量成长预测，基于经验方法的交通流分配。

第二阶段（1950—1960年）：该阶段交通规划的主要目的是解决市内汽车保有量急剧增加带来的交通阻塞，为汽车交通的道路交通规划。其特点是以高通行能力道路为对象的长期性道路规划。采用的技术方法是家庭访问调查、道路交通量调查，以道路交通为对象的三阶段预测法。使用的社会经济技术参数为个人收入、社会人口结构和汽车保有量。

第三阶段（1960—1970年）：该阶段的道路交通状况的标志之一是美国汽车保有量激增，在市中心高峰时必须进行汽车通行限制，刘易斯·曼福特对当时的道路的交通状态进行了精辟总结，即"美国人都为汽车教信徒，美国是靠高速公路发展起来的"。本阶段交通规划的目的是通过综合交通规划，合理分配交通投资（私人交通对公共交通），征收停车费，进行长期性交通规划。采用的技术方法特征为四阶段预测法，分析单位由车辆至人。

第四阶段（1970—1980年）：该阶段交通规划的条件是交通问题开始多样化，例如，大气污染、噪音、拥挤、停车难、交通事故、公共交通衰退、交通弱者问题等。因此，当时交通规划的目的是强调局部性，注重短期性规划，采取低成本交通营运政策。采用的技术方法特征是研究趋于多样化，主要表现在：集计模型的精炼化和简化、非集计模型的出台和应用、滚动规划。

第五阶段（1980—1990年）：该阶段的交通规划条件是城市环境问题恶化，交通事故、交通拥堵、交通弱者问题受到重视。交通规划的目的变为强调微观性和局部性。采用的技术方法特征是将计算机等尖端科技用于交通规划中，主要有：① 计算机的急速发展导致了仿真技术的出现；② 静态到动态；③ ITS 等高科技（行驶诱导、GPS、GIS、ETC 等）的研制；④ 非集计模型的重视；⑤ 四阶段法的静态问题向动态方向发展。

第六阶段（1990—2000年）：该阶段的交通规划条件是环境问题、交通事故和交通拥堵等。因此，本阶段交通规划的目的是环境保护、复苏城市公共交通。采用的技术方法特征是：① ITS 的重视及产品化；② 动态预测技术与方法；③ 重视老年人与伤残人；④ 重视交通环境；⑤ 路面电车、轻轨的复苏；⑥ 重视研究旅游交通。

第七阶段（2000年至今）：该阶段的交通规划条件是对城市公共交通的进一步重视，提出了公交优先、公交都市、公交导向的城市发展（Transit Oriented Development，TOD）以及低碳交通，以此来缓解日趋严重的道路交通拥堵和空气污染问题，更加强调非机动车交通和城市停车问题。采用的技术方法特征是：① ITS 的重视及导航系统趋于普及；② 平衡预测技术与方法的普遍应用；③ 交通规划软件系统的多样化及其普及应用；④ 考虑弹性工作制、时差出勤、停车换乘（Park & Ride，P&R）、道路拥挤收费、高乘坐率车辆（High Occupancy Vehicle，HOV）专用车道以及大容量快速公交（Bus Rapid Transit，BRT）系统。

我国的交通规划起步较晚。20世纪80年代初期和中期，我国城市中的交通规划主要是进行一些定性分析，作一些简单的、局部的定量分析，如依据道路交通量，用最简单的方法估计年增长率，来推算未来年份的交通需求量。20世纪80年代后，国外的交通规划理论引进我国，很快得到了广泛的应用和长足的发展。在理论方面，我国学者在应用国外的交通规划理论和方法时，注重针对我国城市的实际情况（如有大量的自行车出行）进行完善，创造了具有中国特色的交通规划理论。另外，我国学者也参与了国际前沿的研究，推出了许多研究成果。在应用方面，目前我国大多数大城市和一部分中等城市都进行了交通调查，并在此基础上进行了交通规划。

1.3 交通规划的分类与层次划分

根据交通规划涉及的交通系统性质及行业特征，往往可将交通规划分为区域交通系统规划与城市交通系统规划两类。

1. 区域交通系统规划

区域交通系统规划主要是指五大运输方式的发展规划，包括：公路交通系统规划、铁路运输系统规划、航空运输系统规划、水路运输系统规划、管道运输系统规划。除了五大运输方式的发展规划外，往往还需要进行五大运输方式发展规划下的各种专项规划。

区域交通系统规划（或称区域综合运输规划）的前提是国家土地规划（国土规划），国土规划是被以法律形式执行的强制性规划，国土规划必须经过所在地（省、市、县等）的人民代表大会通过，县级以上国土规划必须报请国务院批准才能实施。区域交通系统规划是国土规划在交通运输领域的深化（专业规划），必须以国土规划为前提进行。

区域交通系统规划一般按图 1.3-1 的方法划分层次。

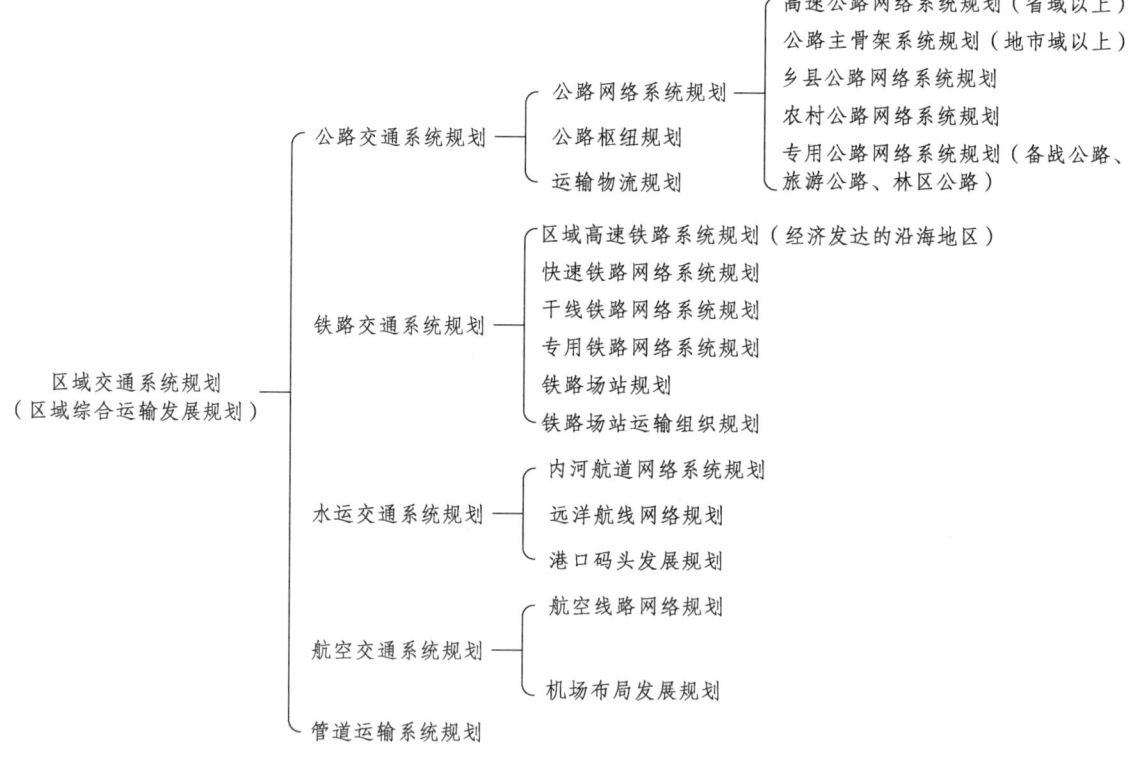

图 1.3-1　区域交通系统规划分类

由于我国行业间互相分隔的原因，区域交通系统规划中的专项规划往往由对口行业部门来负责的。如，交通运输部负责公路、铁路、水运交通系统的规划；中国民用航空局负责航空交通系统的规划；目前我国的管道主要是运输石油、天然气、煤炭等能源，因此，管道系统规划也由相应的能源管理部门负责。

区域交通系统规划的层次划分是相对的，取决于规划区域的规模与行业特征。如：公路交通系统规划，一般来说，县乡域只需要进行公路交通系统规划或进一步深化该规划的县乡公路网络规划、农村公路网络规划。地市域需要进行公路交通系统规划及深化该规划的公路主骨架网络规划，特别重要的地市在条件许可时可进一步进行高速公路网络系统规划、公路枢纽规划及物流规划，省域以上区域应进行公路交通系统规划及各专题或主题规划。

2. 城市交通系统规划

城市交通系统规划一般指城市综合交通系统规划，重点内容是道路交通系统规划。城市交通系统规划（或称城市总体交通规划）的前提是城市总体规划。城市总体规划是以法律形式执行的强制性规划。《中华人民共和国城乡规划法》（2008）中规定，城市总体规划由城市人民政府组织编制。直辖市的城市总体规划由直辖市人民政府报国务院审批；省、自治区人民政府所在地的城市以及国务院确定的城市的总体规划，由省、自治区人民政府审查同意后，报国务院审批。其他城市的总体规划，由城市人民政府报省、自治区人民政府审批。城市交通系统规划是城市总体规划在城市交通领域的深化（专业规划），必须以总体规划为前提。城市交通系统规划一般按图 1.3-2 中的方法划分层次。

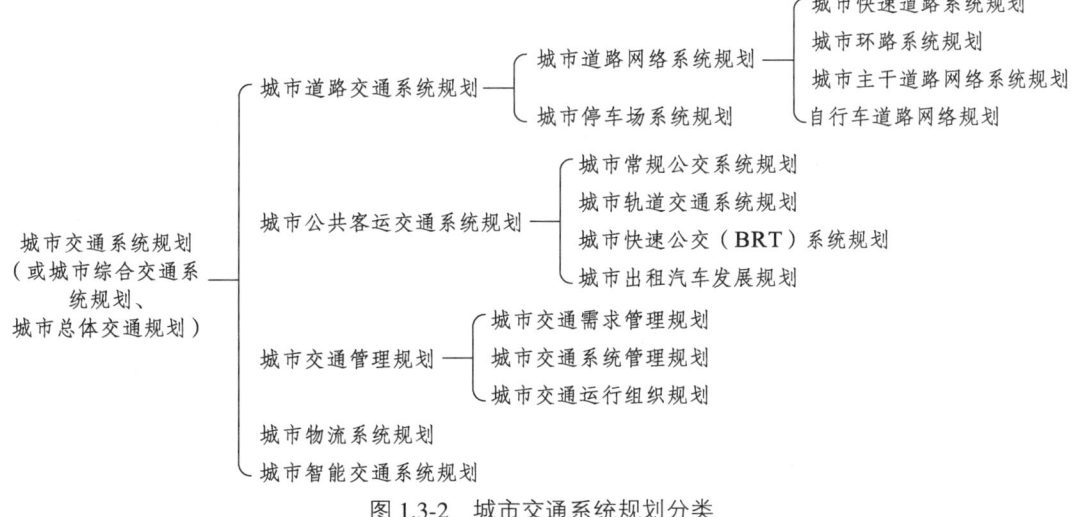

图 1.3-2　城市交通系统规划分类

城市综合交通系统规划是城市总体规划中的专业规划。一般来说，小城市只需要进行城市综合交通系统规划（或城市总体交通规划），其他专项规划全部包含在该规划中；中等城市也只需要进行城市综合交通系统规划（或城市总体交通规划），在条件许可时可进行专项规划；大城市一般需要进行城市综合交通系统规划及各专项规划，在条件许可时可进行深化专项规划的各专题或主题规划；特大城市应进行各项专业规划、专项规划及专题或主题规划。

城市交通系统规划的层次划分也是相对的，具体取决于城市的规模、性质及城市的发展阶段。有些特色城市，可以根据自身特点进行相应的特色交通规划，如旅游城市可以进行旅游交通规划等。

1.4 交通规划的目的与要求

交通规划是交通运输系统建设与管理科学化的重要环节，是国土规划、城市总体规划的重要组成部分。交通规划是制订交通运输系统建设计划、选择建设项目的主要依据，是确保交通运输系统建设合理布局，有序协调发展，防止建设决策、建设布局随意性、盲目性的重要手段。

交通规划必须坚决贯彻党和国家确定的战略方针和目标，充分体现国民经济"持续、稳定、协调发展"的方针，使交通系统发展布局服从于社会经济发展的总战略、总目标，服从于生产力分布的大格局，正确处理地区间、各种运输方式（交通方式）间交通网络的衔接，使交通系统规划寓于社会经济发展之中，寓于综合交通运输体系之中。同时必须坚持实事求是，讲究科学，讲究经济效益，从国情、从本地区（本城市）特点出发，既要有长远战略思想，又要从实际出发做好安排。要严格执行国家颁布的有关法规、制度，并严格执行交通系统工程建设的技术规范、技术标准。

1.5 交通规划的意义和任务

1. 交通规划的意义

（1）交通规划是进行交通设施建设时不可或缺的前期工作：如果没有科学细致的规划，交通建设就很可能盲目进行，往往出现"头痛医头，足痛医足"的情况，容易产生重复工程、废弃工程，造成巨大的经济浪费。

（2）解决交通问题的根本措施：交通问题其实是一个整体的、综合性的问题。首先，交通系统本身是由多个要素（包括车、路、人和货等）组成，交通方式又是多种多样的，相互之间既有竞争又有补充；另外，交通系统还与其他系统如交通与用地、交通与社会经济存在着密切的联系和相互作用。所以仅从增加交通建设投资或提高交通管理水平出发，是无法很好地解决交通问题的，只有从系统的、综合的观点出发，制定全面的、有科学依据的交通规划，才是解决交通问题的根本。

（3）交通规划是获得交通运输工作最佳效益的有效手段：交通建设投资的大小、车辆运营成本的高低以及交通管理质量的好坏都与交通规划密切相关，只有制定了合理的规划才能获得交通运输工作的最佳效益。

（4）能为交通建设的决策者提供决策的科学依据，减少决策的盲目性、短视性和狭隘性，最大限度地降低交通投资的浪费。

2. 交通规划的主要任务

通过深入的调查、必要的勘测、科学的定量分析，在剖析、评价现有交通系统状况，揭示其内在矛盾的基础上，根据客货流分布特点、发展态势及交通量、运输量的生成变化特征，提出规划期交通系统发展的总目标和总体布局，确定不同类型交通基础设施的性质、功能及建设规模，拟定主要路线（如：城市道路、公共交通线路、公路、铁路、航线、航道、管道）的走向、主要控制点及交通枢纽，优化交通网络结构与等级配置，制定分期实施的建设序列，提出实现规划目标的政策与措施，科学地预测发展需求，细致地确定合理布局，确保规划期交通系统的交通需求与交通供给之间的平衡，满足社会经济发展对交通系统的要求。

1.6 交通规划的主体内容和工作内容

1. 交通规划的主体内容

交通规划分很多种类与层次，不同的交通规划有不同的规划内容与深度要求，但无论是哪一类交通规划，其主体内容一般应分为以下几个方面：

（1）交通系统现况调查。
（2）交通系统存在问题诊断。
（3）交通系统交通需求发展预测。
（4）交通系统规划方案设计与优化。
（5）交通系统规划方案综合评价。
（6）交通系统规划方案的分期实施计划编制。
（7）交通系统规划的滚动。

交通规划的执行过程如图 1.6-1 所示。

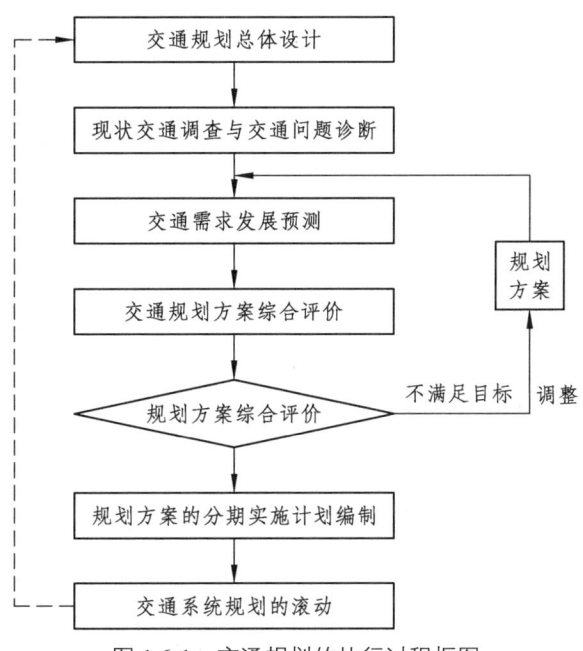

图 1.6-1　交通规划的执行过程框图

2. 交通规划的工作内容

（1）规划工作总体设计：包括建立工作机构，明确规划目标，确定规划的指导思想与原则规划范围、层次和年限，交通小区的划分和规划的总体流程。

（2）交通调查与分析：包括对社会经济、土地利用、就业岗位、交通现状、政策、环境等与交通相关的现状进行调研与调查，在定性与定量分析的基础上，对交通发展的现状进行评价，剖析交通发展中存在的问题。

（3）交通需求预测：包括出行生成、出行分布、交通方式划分、交通分配等。

交通需求量预测是交通规划的核心内容之一，是决定交通网络体系结构、规模和层次等级等的重要依据。其内容包括交通的生成、发生与吸引（第一阶段），交通的分布（第二阶段），交通方式划分（第三阶段）和交通流分配（第四阶段）。从交通的生成到交通流分配的整个过程，因为有四个阶段，所以通常被称为"四阶段预测法"，四个阶段如图1.6-2所示。

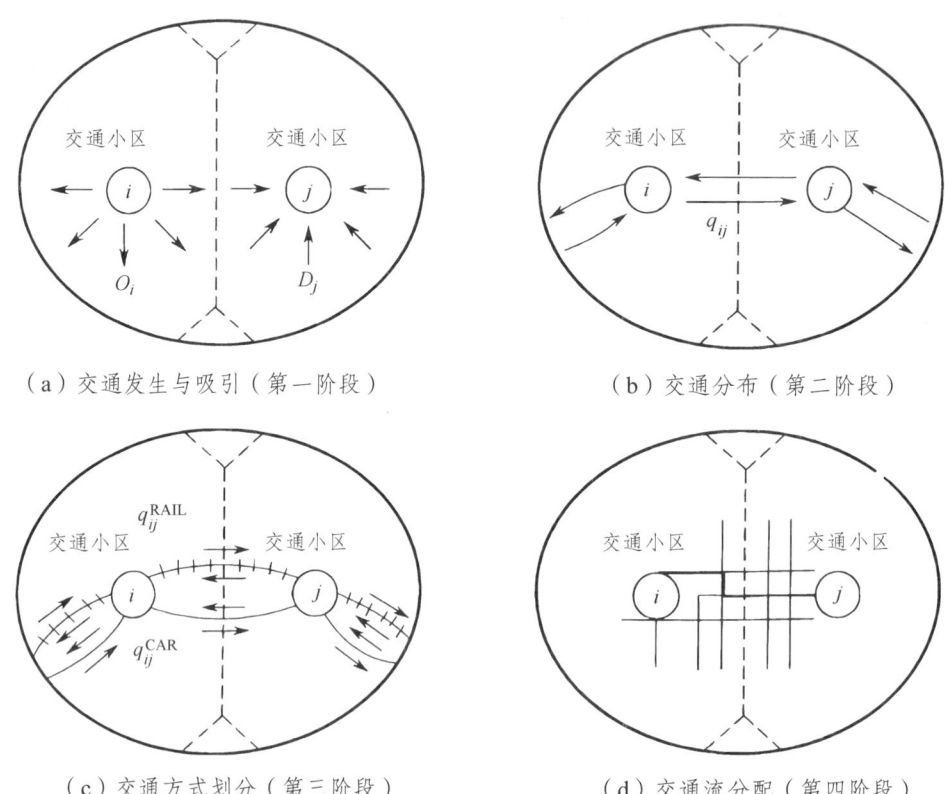

图1.6-2 四阶段预测法示意图

四阶段预测法是经典的预测方法，在实际工程项目中获得了极其广泛的应用，为世界所公认。然而，由于四阶段预测法的局限性，例如明显的阶段划分、小区划分和统计处理等，已经逐渐不能适应信息化、时变特性的要求，一些新方法正在受到人们的重视。

（4）交通发展战略研究：包括对综合交通体系发展目标、分区发展目标、交通方式结构的研究，提出交通发展政策和策略。

（5）制订交通系统规划方案：包括制订对外交通系统、城市道路系统、公交系统、停车系统、步行与自行车系统、客运枢纽、货运系统、交通管理与交通信息化等的规划方案。

（6）交通系统规划方案评价与优化调整：包括经济、社会、环境交通运行效果等方面的内容。

（7）交通系统规划方案的实施安排与保障措施：包括按照规划目标要求和城市财政能力，对交通基础设施建设提出规划期内的安排，并提出规划实施的管理机制、技术经济政策和对策。

3. 交通规划的阶段与层次

交通规划根据问题和对象的不同，有不同的工作内容。从目标年的时间远近和着眼点的规模来看，交通规划分为三个层面：战略规划、网络规划和工程规划。

战略规划：是长远的方向性规划，年限定在 20 年以上。根据未来的使用规划、人口分布和经济发展规划，确定未来客货运交通需求、重大客货运枢纽布局交通骨架的形态及交通设施的供应量，提出对象区域长远的交通发展战略和理念。交通战略规划一般是与对象区域的总体发展规划结合起来进行研究的。

网络规划：着眼于整个交通网络，研究整个网络上各种线路枢纽的定位与规模，以及这些建设项目的投建顺序，期限一般为 5~20 年。这种规划由于对精度有一定要求，相较于战略规划，应更多采用定量分析的方法，是交通规划理论研究的重点。

工程规划：最近几年（3~5 年）要动工的项目的具体方案规划。这种规划一般具体落实到某一条线路上或某一个站点上，其工作内容主要是微观的，与交通控制等相关工程问题联系密切，这些内容应放在相应的各种工程问题中进行研究一般也包含一些较中观、宏观的问题，如确定一个路段的车道数时，就要考虑未来使用该路段的车流量，而这是需要在整个交通网络上做交通分配才能得到的，因此完全可以借用网络规划的有关技术和方法。

交通的战略规划、网络规划工程规划又分别叫作"宏观规划""中观规划""微观规划"。交通规划理论主要用于研究中观规划，即网络规划。

4. 交通规划的指导思想

要做好交通规划，必须要有正确的指导思想。规划的指导思想包括以下几点。

（1）要有战略和全局的目光。

交通规划必须从战略的角度出发，即使是中观层面的交通规划，也应该依据对象区域站在宏观层面进行战略规划；同时，规划者必须考虑对象区域的性质和功能定位，考虑对象区域本身的地理环境、布局特点和历史发展历程；另外，规划者还要把眼光放到一个比对象区域更大的地域范围，将对象区域的交通规划放到包含它的更大的区域的交通规划中去考虑，使它的交通能力与其外部交通很好地衔接。总之，交通规划应该放眼未来、重视历史、着眼全局，才能提出科学的、可持续发展的规划方案来。

（2）要持系统的观点。

交通是一个复杂的系统，在进行交通规划时，规划者应该将交通视为一个有机整体进行综合分析，局部服从全局、个别服从整体、子系统服从大系统。只有重视了整体的和大系统的要求，使系统整体上合理、经济、最优，才能达到标本兼治的目的，提高交通规划的综合效益和整体质量。

（3）应与社会经济、人民生活水平协调。

交通直接为社会、经济、人民的生活服务，一方面交通质量影响了社会、经济的发展，另一方面，交通作为人们的衣食住行中一个主要的生活内容和消费对象，还要考虑人民的生活水平和消费实力。同时交通的发展又依赖于社会经济的发展水平，需要经济和物质资源作其后盾。因此交通规划应充分考虑与社会、经济、人民生活水平的关系，应能使他们协调发展、彼此促进。

（4）要节约用地。

我国土地资源缺乏，交通建设在区域用地（尤其是城市用地）中是重点工作，因此在进行交通规划时要注意节约土地，让最少的交通用地发挥最大的交通效益。另外，除交通本身的用地外，交通对区域的用地布局将起到较大的拉动作用。一个好的交通系统，将有利于形成一个省地且高效的用地模式，坏的交通系统则相反。

5. 交通规划的工作方法

进行交通规划时可以应用多学科的理论成果、方法和技术，其中主要的是系统工程方法和计算机技术。这是因为交通规划所面临的问题对象就是一些系统，如道路系统、社会活动系统、客运系统、货运系统等。另外，交通规划过程中需要处理大量的数据，系统模型往往也是庞大而复杂的，完全靠人工几乎是不可能完成的，先进的数据处理和计算方法以及计算机技术是不可或缺的。

在交通规划的理论研究和实际应用中，以下方法和工具是经常要用到的：

（1）概率论与数理统计，包括回归分析、时间序列分析、马尔科夫过程等。

（2）数学规划方法，包括线性规划、非线性规划、网络优化技术、多目标规划。

（3）模糊数学和灰色理论；层次分析与评价方法、对策论和决策论方法、经济理论中的成本效益分析方法。

1.7 交通规划的范围及期限

1. 交通规划的期限

交通规划一般分近期、中期、远期三个阶段，近期以距基准年 1~5 年为宜，最长不超过 10 年；中期以距基准年 5~15 年为宜，最长不超过 20 年；远期以距基准年 15~30 年为宜，最长不超过 50 年。

由于交通基础设施的建设与使用过程都相对较长，一般来说，交通基础设施的建设规划（如公路交通规划、城市道路网络规划等）的规划期限应相对长一些，而交通基础设施的管理规划（如城市交通管理规划、城市智能交通系统规划）的规划期限可相对短一些。

2. 交通规划的影响范围

交通规划影响范围的确定及交通小区的划分是开展交通规划实质性工作的第一步。交通规划影响区分为直接规划区及间接影响区，直接规划区为规划网络的所在行政区划，间接影响区分为与规划区相邻区域及与规划区有交通往来的区域。在交通规划的交通调查、交通发展预测及综合评价中，分析模型的建立均以"交通小区"为基本分析单元，因此交通小区的划分非常重要。

在进行区域交通网络系统规划时，一般按以下方法确定规划范围与分区。

（1）国家级线网规划。

直接规划区：以地区行政区划为单位，一个地区为一个交通小区，全国约 400 个地区，即约 400 个交通小区。

间接影响区：以周边国家为单位，一个国家为一个交通小区。

（2）省域级线网规划。

直接规划区：以县为单位，大中城市内以区为单位，一个县（区）为一个交通小区。

间接影响区：周边省份以省区为交通小区，非周边省份以大片区为交通小区。

（3）市域级线网规划。

直接规划区：以乡镇为单位，城市内以街道为单位，一个乡镇（街道）为一个交通小区。

间接影响区：周边以县为交通小区，非周边以地区、省区、大片区为交通小区。

（4）县域级线网规划。

直接规划区：以主要经济区（重要矿场、开发区、工厂、一个村或几个村）为单位，城区以街道为单位划分交通小区。

间接影响区：同"市域级线网规划"。

在进行城市交通系统规划时，一般按交通小区面积 $1\sim 2\ km^2$ 或 1 万 ~ 2 万人口进行分区。进行城市交通系统的各专项、专题规划时，原则上各专项、专题规划的交通小区划分应与城市综合交通规划时的交通小区划分一致，以便于各规划之间的交通信息数据的通用及规划方案的对比分析。

1.8 交通规划步骤

交通规划包含 8 个工作阶段，分别为：目标确定、组织工作、数据调查、相关基本模型分析、分析预测、方案设计、方案评价以及方案实施过程中的信息反馈和修改。

1. 目标确定

规划目标是本次规划的方向，在作规划前必须明确。交通规划的目标是指本次规划工作的对象区域、规划年限、所规划的交通系统预期达到的性能指标（如平均速度、平均换乘次数、路网宽度等）。对象区域发展总体规划以及宏观交通发展战略是确定交通规划目标的依据，在确定目标时还应听取各界人士的要求和建议。

2. 组织工作

组织工作就是要建立项目课题组，确定各成员的工作职责；组织本课题组的工作人员学习国家和地方政府对规划区的政策、要求和规划法规，并深入细致地研究技术路线，此外，还要积极与项目甲方（一般是政府有关机构）以及相关的科研技术机构（如统计部门、规划局）建立好信息沟通渠道，争取在项目进行过程中不断得到他们的支持。

3. 数据调查

交通工程中需要调查的数据类型很多，但这里只是指用于交通规划的数据调查，主要为交通供应和需求两方面的数据。具体地说，是调查现有交通设施使用情况，调查交通工具现状情况，调查分别以个人和车辆为单位的交通需求量（又称 OD 调查），还要调查分别以个人、家庭、分区为单位的特性数据资料。其中以 OD 数据调查和特性数据调查最为重要。调查结束后，还要对这些数据进行初步的处理、统计和分析。

4. 相关基本模型分析

相关基本模型是指对象区域的人口预测模型、家庭结构模型、土地利用模型等，这些模型是计算规划年交通需求量的基础。有些相关部门和机构已有现成的基本模型，至少有相关的数据可供建模用，本项目的工作人员不必重新花大力气去调查获得，可以采用某种方式（如项目合作有偿购买）取得这些模型或数据有些基本数据可在统计年鉴中免费查得，还有些数据则是需要规划者从本项目的调查数据中加以分析整理后获得的。

5. 分析预测

分析预测其实包含两个工作内容：一是分析对象区域现状年的人口，产业用地布局的状况，分析这些社会经济要素对交通需求量决定关系，建立数学模型，并应用到现状交通网络上以发现其存在的问题；二是对未来的预测，就是运用上述数学模型来预测对象区域未来的交通需求量。

6. 方案设计

调查、分析和预测都只是发现问题，最终还需要解决问题。方案设计就是根据交通预测的结果和现状存在的问题，提出可行的规划方案，求出交通规划问题的解。交通规划的方案设计与微观层面的设计不同，其着眼点不是单独的一个点或一条线，而是对整个交通网络的全盘考虑，是属于中观层面的设计。规划方案设计包括网络设计和枢纽设计两个方面的内容。

网络设计要解决的主要问题是：在已存在的交通网络上，哪些路段应该增加通行能力？应提高到什么程度？还应该添加哪些新的路段？新添加的路段应具备多大的通行能力？对尚未存在的交通网络，新网络应该是什么规模、何种形态？一般针对一个规划问题可以提出多个规划方案。遗憾的是到目前为止，传统交通规划理论尚没有通用的规划方案设计模型和定量方法，大都是根据个人的经验和感性认识，主要采用定性的方法设计方案，很显然这样得到的方案的科学性是难以保障的，也使得交通规划的方案设计更像是一门艺术工作，而不是科学技术工作。所幸的是，自20世纪70年代开始，美国、加拿大一些学者着手从交通网络的平衡分配理论出发，探讨交通网络设计的数学模型及相应的算法，后来得到了欧洲和我国学者的响应，30多年来取得了可喜的成果，基本上形成了一个新的研究方向——交通网络设计。

交通枢纽设计要解决的问题是枢纽的选址、规模。这里不考虑具体的工程设计（那是建筑学和工程专业相关的问题）。交通枢纽设计应该以数学模型和定量分析为主。

在方案设计中，尤其是在网络设计中，交通分配是其理论基础和基本组成部分。

7. 方案评价

上一步的方案设计中，可以设计出若干套规划方案，下面要解决的是哪个方案最优的问题。主要是用一种适当的数学模型去评价这些方案的优劣，从中选择最优的方案。如果规划方案设计采用的是定性的方法，那么不同的设计者由于其经验和偏好不同，设计出来的方案可能会截然不同，这时究竟哪个方案最优，必须要用一个建立在定量分析基础上的评价方法加以评价后确定。这时的方案评价尤为必要。如果规划方案设计是采用定量分析方法（如上述的交通网络设计），其科学性要强得多，就其模型中所考虑的因素来说，理论上甚至可以保证所得出的方案本身就是最优方案。但是由于在进行数学建模时，不可能将所有的与交通有关的因素都考虑进去，只能考虑其中少数几个主要的因素（如走行时间、费用）；另外，有时即使是用上述的定量分析方法得出的解也只是"局部最优解"。因此这样所算得的"最优"方案未必就是真正的最优方案，所以还有必要用评价模型加以评价选优。

8. 反馈修改

交通规划方案的实施阶段往往是一个漫长的过程，需几年甚至十几年的时间，在实施过程中可能会发现问题，也会因新情况的出现产生原来预料不到的问题，这些都会导致对原规划方案的修改、调整、更换甚至中止。也就是说，交通规划还有一个反馈和修改的过程。因此完整的交通规划是一个不断反馈的、不断调整的、连续的过程。

根据实际情况的需要方案调整和修改的内容可能包括前面七项工作阶段的任何一个阶段的工作。例如可能是因为目标不太切实际而需要重新确定目标；也可能是人员配置上出现问题而需要重新组织技术力量。但经常遇到的问题是需要作补充调查、重新作某步预测工作、修改规划方案等。

在这 8 项工作中，交通调查、交通预测、方案设计方案评价这四项工作是交通规划的主要内容，而其中交通预测（交通发生交通分布和方式划分）和交通分配又是传统交通规划理论的重中之重。

1.9 规划成果要求

道路网规划成果主要包括规划文本、图件和附件，文本和图件具有同等法律效力，附件包括规划说明、专题研究和基础资料汇编。

1. 规划文本

（1）项目概述。

说明规划背景、编制依据、规划原则、规划范围、规划期限等。

（2）规划目标。

明确远近期城市道路网建设规划的总体目标、定量规划目标、指标。

（3）道路交通发展战略与策略。

明确城市交通的总体发展战略和重大发展政策。

（4）道路网规划。

明确道路网发展目标、等级结构、规模指标、网络布局、控制标准、分级分类道路断面形式、重要互通交叉口规划设计等。

（5）道路网近期建设计划。

制定近期建设方案、近期建设项目及排序、重点项目概念规划设计、资金估算与筹措建议。

2. 规划图件

（1）城市土地利用现状图。

（2）城市道路网络现状图。

（3）城市土地利用规划图。
（4）城市快速路网规划图。
（5）城市道路网络规划图。
（6）城市道路立交控制规划图。
（7）城市道路横断面布置图。
（8）城市道路横断面规划图。
（9）道路网近期建设规划图。

3. 附件资料

规划说明书、专题研究、基础资料附件等。

模块 2 交通设计

2.1 交通设计的定义、目标和理念

1. 交通设计的定义和目标

交通设计是依据国土空间规划及交通规划的理念和成果，在特定的交通系统条件下，对现有的和未来建设的交通系统及其设施加以优化设计，寻求改善交通的最佳方案，交通设计是对交通方案的顶层设计或规划，而不是工程项目（可研、初步、施工图或详细）设计。

交通设计的目标是根据现有和规划的道路条件，以交通工程的理论为指导，以人为本，合理兼顾人、车、路三者的关系，提出交通在空间、时间和交通环境方面的组织优化方案，以期达到交通安全、出行便利和高效率、交通可持续发展和减少环境污染的目标。

2. 先进的交通设计理念

（1）以人为本，出行优先。

合理设计交通，为出行提供便捷服务而不是交通本身。系统最优化目标是出行服务而非交通流的通行能力。因此公共交通是优先发展项目。以人为本还体现在慢行交通优先如老人、幼儿和残障人士优先。

（2）持续发展，绿色低碳。

优化公共交通、慢行交通系统，提供良好的绿色出行环境。吸引公众减少私家车出行，降低交通排放。

（3）静化设计，交通安全。

对区域交通进行稳静化设计，合理控制车速，提高交通安全性。

（4）需求管理，打通循环。

对交通需求实施管理，利用错峰通勤、合乘车辆等手段管理和降低交通需求。打通断头路、组织好单向交通，充分利用道路网组织好循环交通，提高通行效率。

3. 先进的交通设计理论

（1）交通稳静化设计。

交通稳静化是道路设计中减速技术的总称，即通过道路系统的硬设施（如物理措施等）及软设施（如政策、立法、技术标准等）降低机动车对居民生活质量及环境的负效应，减少鲁莽驾驶行为，改变行人及非机动车环境，以期达到交通安全的目的。

（2）完整街道。

完整街道是一种交通政策和设计方式，通过对道路进行合理的规划、设计、运行和维护，以保障道路上所有交通方式出行者的通行权，出行需求和安全要求，完整街道的规划和设计以满足所有当前的和未来的出行者的需求等为目的，而不仅仅是为满足驾车出行者的需求设计。

（3）可持续城市"移动性（Mobility）"规划（SUMP）。

SUMP 的核心目标是改善城市区域的可达性，提供高质量和可持续的移动性，以及到、通过和在城市区域内的运输。SUMP 促进了所有相关运输模式的平衡发展，同时鼓励向更可持续发展的模式转变。该计划提出了一套综合的技术、基础设施、政策和保障措施，以提高绩效和成本效益。

2.2 交通设计基础条件与流程

1. 交通设计基础条件

交通设计是承接交通规划、设施建设和管理工作的中间环节，其定位（以道路交通设计为例）如图 2.2-1 所示。

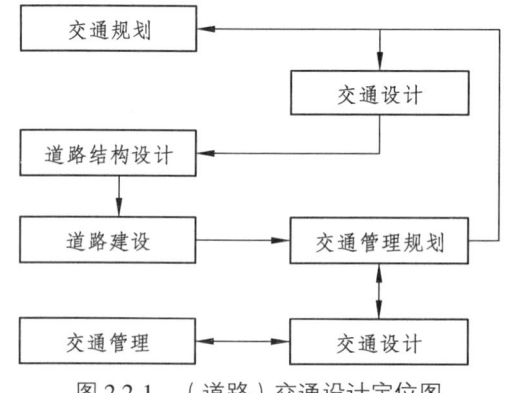

图 2.2-1 （道路）交通设计定位图

鉴于交通设计上接交通规划，因此交通规划的若干成果将成为交通设计的输入条件和约束条件。通常，城市规划和交通规划成果是确定交通设计目标、需求与资源条件等的基础：交通设施的功能定位、服务水平等决定了交通设计的目标；交通需求现状及发展特征则决定了交通设计的需求条件；设施的用地范围、规划红线、改建规模等决定了交通设计的供给条件。

2. 交通设计流程

交通设计的条件根据其设施是新建还是改建而存在较大的差异。对于新建设施，规划上的功能定位与设计目标、用地条件等是交通设计的主要依据；对于改建设施，在相关规划条件的基础上，设施的现状、使用中存在的问题和改善的可能性等是交通设计的重要基础信息。因此，交通设计的流程将被区分为新建和改建两种情况。

（1）新建设施交通设计流程。

新建设施的交通需求量为预测值，无法准确地反映其使用后的实际情况。因此，交通设计为原则性设计，是基于可预见性的设计，应保证设施在建成后即使发生问题也可以通过较为方便、易行的措施对其作进一步的改善。以道路交通设计为例，其设计流程如图 2.2-2 所示。

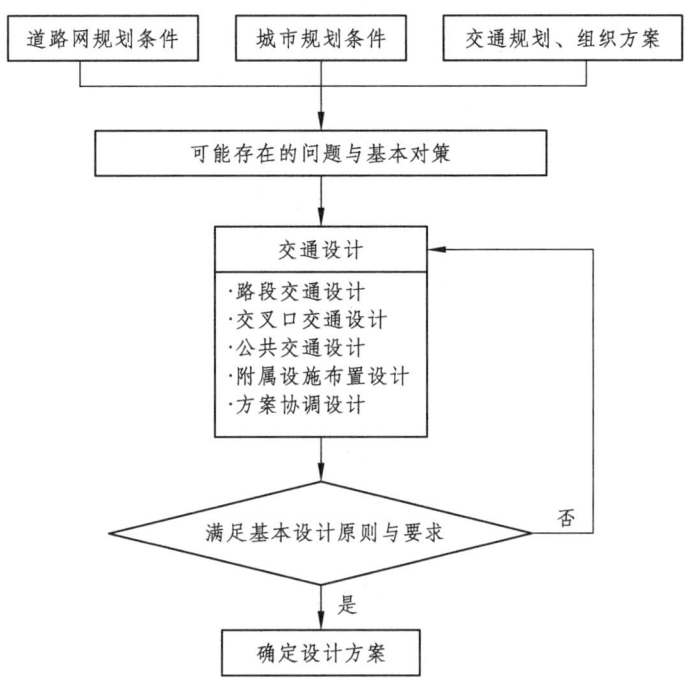

图 2.2-2　新建设施交通设计流程图（以道路交通设计为例）

（2）改建与治理型交通设计流程。

既有交通设施的改建和治理过程较为复杂，往往要基于交通管理规划等所制订的交通改善方案进行。这是因为在处理交通阻塞问题时，若某交叉口（或阻塞点）交通需求过大，在无法通过改建和治理措施加以改善时，需要采取新的交通流组织或需求管理措施，并利用网络资源来改善交通。以道路交通设计为例，改建和治理型交通设计基本流程如图 2.2-3 所示。

2.3　交通设计依据

交通设计必须遵照一定的规范和标准进行，主要包括：城市规划和交通规划类规范、交通设计类规范、道路设计类规范、交通信号控制类规范等。

1. 城市规划和交通规划类规范

交通设计将从城市规划和交通规划类规范中获取城市道路网络布局规划、城市公共交通规划、城市交通枢纽及停车场规划等的基本要求，包括其功能、规模、规划指标等信息。常需参考的相关标准如下：

（1）中华人民共和国国家标准，如《城市综合交通体系规划标准》（GB/T 51328—2018）和《城市道路交叉口规划规范》（GB 50647—2011）。

（2）城市公共交通及设施规划类规范或规程。

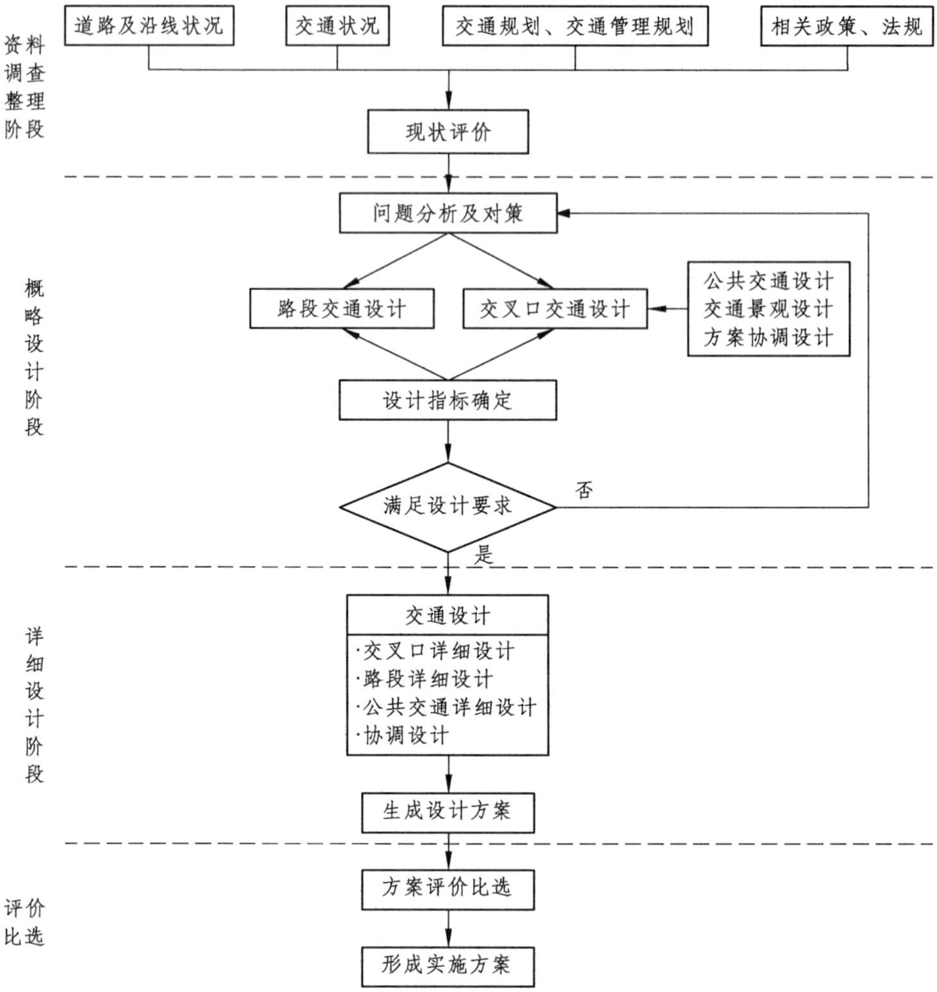

图 2.2-3 改建与治理型交通设计流程图（以道路交通设计为例）

（3）停车场规划类规范等。

（4）相关文件说明，如《城市综合交通体系规划编制办法》（建城〔2010〕13号）等。

2. 交通设计类规范

交通设计类规范主要规定城市道路、交通枢纽、停车场站等交通设施的功能设计方法及具体设计要求等。所需的相关标准及编制情况如下（在没有国家标准的情况下列出了有代表性的地方标准）。

（1）城市道路交通设计类规范或指南。

（2）城市道路交叉口交通设计类规范，如《城市道路交叉口规划规范》（GB 50647—2011）和《城市道路平面交叉口规划与设计标准》（DG/TJ 08—96—2022）。

（3）城市交通枢纽交通设计类规范。

（4）城市停车场交通设计类规范，如《建筑工程交通设计及停车库（场）设置标准》（DG/TJ 08—7—2025）、《机械式停车库设计规程》（DG/TJ 08—60—2017）。

（5）交通语言设施规划与设计类规范。

（6）交通管理设施设计类规范。

（7）公共交通设计类规范，如中华人民共和国行业标准《城市道路公共交通站、场、厂工程设计规范》（CJJ/T 15—2011）、《城市公共交通规范》（ZBBZH/GJ 35）。

（8）无障碍设计类规范，如《无障碍设计规范》（GB 50763—2012）。

（9）住宅区交通组织与设计类规范，现行的《城市居住区交通组织规划与设计规程》（DG/TJ 08—2027—2007）。

3. 道路设计类规范

交通设计是道路等设施设计的基础和前提，其设计成果将作为确定道路设计条件和参数的主要依据，最终的道路工程设计应进一步基于道路设计规范加以进行。现行道路设计类规范规定了道路的设计车速、设计车型等指标。道路平面、横断面、纵断面设计的基本要素以及符合交通流行驶特征的几何参数应由交通设计规范给出。然而，我国以往的道路设计规范主要是面向道路的土木工程要求编制的，已不适应道路的功能和性能设计要求。因此，相关的道路设计规范急需修编，特别需要结合交通设计要求进行修订。

《城市道路设计规范》（CJJ 37—1990）虽然对上述内容进行了相应的规定，但由于其编制时间为20世纪90年代，车辆构成和交通流特征已经发生了较大变化，因此有必要根据实际交通特征及其发展趋势进行再一次的修编。现行的道路设计类规范为《城市道路工程设计规范》（CJJ 37—2012）。

4. 交通信号控制类规范

交通信号控制与交通设计密切相关，共同影响着交通系统时空资源的优化，同时交通信号控制相关设备需要埋设或竖立在设施用地范围内，因此，在进行交通设计时需要为这些设备和设施设计场所并预留空间。交通控制方案设计类规范需要明确规定交通控制的实施条件、信号配时方法及相关配时参数、信号控制设备及其布设的要求等。目前我国这方面的规范、规程或标准还较缺乏，主要参考的标准《道路交通信号控制方式》系列标准（GA/T 527.1～CA/T 527.7）。

2.4 交通设计主要内容

2.4.1 基础资料搜集与整理

基础资料的搜集和整理是交通设计准备阶段的主要工作。规划资料将用于确定交通设计的基本目的和目标，并帮助了解与交通设施相关的区位条件与需求预测信息等，是交通设计的输入条件。交通设施供给条件、需求条件、控制与管理条件、周边交通设施分布状况四项调查资料主要用于进行改建或治理型交通设计，特别是现状交通的供需条件与特征，是分析现状交通问题、确定交通设计优化方向的基础。交通设计约束条件的调查资料主要包括：交通设施的用地范围、规划红线、改建规模及突破红线的可能性、供给能力等。有关交通基础资料的调查与分析方法可详见本章第五节的相关内容，表2.4-1以道路交通设计为例，给出了所需要搜集的基础资料及其用途。

表 2.4-1　道路交通设计基础资料及其用途表

资料内容		用途	资料要求
道路资料	道路等级	确定交叉口交通控制方式及几何设计原则	了解规划及实际情况
	设计车速、行驶车速	用于确定道路展宽渐变段长度及转弯半径等几何条件和信号相位衔接顺序	了解及实测获得
	横断面形式、纵坡、红线宽度、车道宽度、分隔带宽度等	交叉口空间设计及路段设计基础资料	在1:500或1:1 000的电子地图中标出
	车道数、车道功能划分	改善交叉口进出口道及其与路段协调设计的基础	在1:500或1:1 000的电子地图中标出
道路沿线资料	道路沿线用地类型	用于停车及沿途进出交通和公共汽车停靠站设计	由规划部门提供
	沿线出入口、大型交通发生源位置等	路段交通安全及通行能力改善设计、公共汽车交通设计	在电子地图上标明
	公交线路、公交停靠站位置	公共汽车交通设计、行人过街交通设计	了解公交的所属
	停车设施的位置和管理措施	路段沿线安全及秩序设计	同时了解使用情况
交通资料	机动车设计交通量(分流向和车种)	确定车道功能划分与信号配时方案的基本依据	一天中早晚高峰小时流量或15 min高峰小时流量
	公共汽车流量	公交优先方案设计基础数据	注意同时收集各进口流量流向
	非机动车与行人交通量	确定交叉口的渠化方案（主要是机非交通流的组织和停车空间、行人驻足空间和人行横道宽度）	区分平峰与高峰
	交通控制状况（信号配时方案）	分析现状的问题、改善信号控制方案以及改善方案前后对比评价等	控制方案与相应的标志标线位置（电子图）
	交通禁行状况	分析现状问题、提出通行权管理措施	在电子地图中标出
	交通管理设施状况	分析现状问题、优化交通管理设施设计等	在电子地图中标出
事故资料	事故发生的时间	分析发生事故的时间分布	在电子地图中标出
	事故发生的地点	分析事故空间分布	在电子地图中标出
	事故类型、事故原因	明确事故特征和症结，为设计对策提供依据	图表表现
规划资料	城市总体规划、城市交通规划、城市交通管理规划（包括交通安全规划）	了解城市与道路的基本功能、土地利用、道路网及交通结构，宏观、中观交通管理的基本措施与计划等	相应的文本
相关政策法规	交通管理法规、停车收费法规、交通发展政策、公交发展政策、环境保护方面的法规、政策	整合各类管理措施与规定	相应的文本
交通环境	废气，噪声，振动，水环境、城市景观	改善交通环境或污染的依据	了解污染源及污染程度
周边市民及单位意见	交通的安全性和便利性、交通环境污染状况等	以人为本，改善交通	听取充分多的意见，反映不同人群的意见
其他	城市所在地的气候地形和水文地质条件等	注意与交通阻塞、事故等有关的资料	—

交通设计基础资料的调查方法包括：资料搜集、定点调查、跟车调查、实地踏勘、问卷调查等。资料搜集主要用于获取交通规划、道路条件、设计约束条件等资料；交通调查（定点调查和跟车调查）用于对交通流量、交通控制与管理状况等信息的调查；实地踏勘用于了解道路交通实际运行状态以及定性地了解交通设施的运行质量，另外，设施供给条件、周边交通设施分布情况等信息也可以通过实地踏勘来获取；问卷调查主要用来了解交通设施使用者（机动车、非机动车、行人等）和管理者对设施运行状态的评价，包括对运行效率、安全、秩序、行驶环境以及便捷性的评价，以此为依据进行交通特征与问题分析。

2.4.2 交通问题分析及对策

交通问题分析主要针对改建和治理型交通系统与设施，以基础资料调查为依据，给出现状综合评价和交通问题基本对策。

1. 现状评价

现状评价是分析交通问题，把握交通状况的首要工作，为交通设计方案可行性分析提供基础。现状评价内容包括：交通基础设施运行效率（通行能力、饱和度、延误、行程时间、服务水平等）、安全（现状事故统计、交通冲突特征、潜在事故情况等）、秩序（现状违法情况、冲突情况、因不当的设计和管理导致的交通流混乱情况等）、便捷性（绕行距离、换乘时间和距离等）的评价。评价方法包括定性评价与定量评价两个方面的内容。

（1）定性评价。

评价内容包括：交通秩序（道路沿途进出交通对主路交通流顺畅性的影响、交叉口混合交通流通行状况、行人穿越道路情况等），交通心理环境和生态环境的感官效果，道路通行资源有效利用情况，交通便捷性、公共交通准时性、乘客满意度等。评价方法有专家评价、实地踏勘与问卷调查评价等。

（2）定量评价。

定量评价试图通过设施的通行能力、通行效率（延误、速度或行程时间、公交服务品质）、交通安全性和便利性等，对交通系统做出综合评价。主要的评价内容包括：

① 设施瓶颈处的通行能力、延误、排队等。
② 行程时间、平均速度及方差。
③ 交通事故的发生率（分类型）。
④ 公共交通出行方式所占的比例，公共交通的满载率、行程时间等。
⑤ 非机动车及行人的出行距离和换乘等待时间。

评价方法包括：基于模型的计算方法、仿真方法、实测方法，基于各类图表的分析方法等。

2. 交通问题与对策

交通问题及其产生的原因错综复杂，系统、准确地把握问题是制定有效对策的关键。以道路交通为例，在以往的设计与交通管理工作中，存在诸多不被重视的问题，直接影响着交通流的安全、顺畅、效率与服务水平。将常见的交通问题与对策归纳后如表2.4-2所示。

表 2.4-2　常见的交通问题及相应的解决对策表

			问题点	基本对策
交叉口	交通阻塞	供给条件	道路供给能力不足	通过压缩车道宽度或利用分隔带增加车道等
			车道过宽或过窄	结合红线条件和具体情况，适度调整车道宽度
			车道功能不合理	根据流量流向分布，合理确定车道功能
			机动车与非机动车混行	尽量避免将非机动车与机动车混行，应将非机动车与行人放在一起处理
			信号周期过长	确定最佳周期，尽量缩短周期
			相位组合采用对称设置导致通行时间的浪费	根据流量与进出口道容量灵活组合相位
			信号灯相序不合理	以绿灯损失时间少为目标优化相位衔接
	交通阻塞	需求条件	路网交通组织不合理	根据交通需求的时空变化特征，调整交通组织方案
			交通组织方案交通需求时空分布不均衡、需求结构不合理	合理分配道路时空资源
				公交优先及以人为本的交通对策
	安全		交通岛的形式，大小与位置不合理	按交通安全与通畅行驶的要求，修改交通岛
			绿化或其他设施影响行车视距	按视距的要求，去除障碍物
				在难以去除的情况下，补充交通标志、标识与标线
			人行横道过长，行人过街安全无保障	过长的人行横道上应设置安全待行区或安全岛
	便捷		交叉口处无障碍设计不当	无障碍设计应与相衔接的交通设施平顺连接
			人行横道存在障碍	原则上应去除障碍物，否则改变人行横道位置
			人行道被占用或其环境不良	还人行道于行人，梳理步行环境
	环境协调		视觉环境混杂，或道路不平整导致噪声及振动问题出现	梳理视觉环境，改善道路平整度
	其他设施		人行横道位置不合理	出于按行走习惯及安全方面的考虑，合理调整人行横道位置
			标志、标线不清	去除遮挡或改变标志标线位置
			信号灯功能不明确、不规范、不易识认	按照驾驶人的视觉习惯及正确理解，合理设置信号位置及灯组
路段	动态瓶颈		路内乱停车	明确地划定禁停区和停车区
			进出交通干扰主路交通	通过合理的管制措施和设计方案，降低干扰
			行人乱穿道路	合理确定人行横道的位置与间距

续表

		问题点	基本对策
路段	物理瓶颈	车道宽度及车道数变更	通过合理的标线及物理分隔措施,消除车道变更导致的一系列问题
		坡道通行能力与安全问题	增加爬坡匝道,或改善下坡车道衔接道路影响
	虚拟瓶颈	公交车或其他车辆临时停车,或交通秩序混乱	改善公交停靠条件,取消或限制一些车辆的停靠,改善交通秩序等
公共交通	公交优先	停靠站位置不合理	调整公交停靠站位置,或改善停车条件
		线路密集或停靠站形式不当	调整公交线路或改善停靠站形式
		轨道与公共汽电车换乘不便	协调设计
			整合公交线路,优化协调运营

2.4.3 概略设计

概略设计阶段主要是依据所掌握的现状资料,提出概念化的交通设计理念和思想,并针对需要解决的问题,确定相应的设计方法,形成概略的设计方案,提供工程可行性决策支持,并指导之后的详细设计阶段。概略设计主要进行逻辑的、战略的和宏观的对策设计,通过设计目标的确立、设施供需条件的分析、交通特征与问题的提炼来形成交通设计的基本策略和重点。

以道路交通设计为例,概略设计需要给出提高通行能力、在路网上均衡交通需求、改善某些节点的供需关系等宏观策略,并结合其约束条件提出路段、交叉口、公共交通等的初步设计方案,以此作为评价、优化以及详细设计的基础。概略设计通常着重于进行交通组织设计、设施通行能力匹配设计、空间要素布局设计等;时间优化设计、空间参数的优化设计、时空协调设计以及交通语言设计等则属于详细设计的内容。

1. 道路功能及横断面概略设计

基于城市及区域交通的规划条件和现状条件,综合分析确定道路的基本功能,包括:快速路、主干路、次干路、支路和生活区道路;进一步确定路段和交叉口的横断面形式及其空间分配,还包括:行人、非机动车、机动车道和分隔带布置及宽度等。

2. 路段概略设计

路段概略设计的要点包括:路段进出交通组织设计、路段行人过街交通设计、路段停车交通设计、近交叉口处的车道协调设计等。

(1) 路段进出交通组织。

对新建道路,根据规划道路及其沿线的土地使用性质,确定是否需要设置路段进出口及其交通组织方式;对于改建道路,根据路段进出交通的流量和进出口位置,选择合理的交通组织方式,如封闭进出口、设置单向交通、禁止左转等。

(2) 路段行人过街交通处理。

根据相邻路口的间距和道路沿线土地的利用状况、用地类型,确定是否要设置路段行人过街设施以及类型。

（3）路内停车处理。

根据路网交通组织、交通流量、道路功能及沿线建筑类型，分析设置路段停车的可行性、停车位置及其形式。

（4）关联交叉口车道协调设计。

当两交叉口相距较近时，应将路段同相邻交叉口交通设计作统筹考虑。

3. 交叉口概略设计

交叉口概略设计的主要内容有：进出口道车道数的确定、车道功能划分、非机动车和行人交通的处理以及控制方案的选取等。当通过单个交叉口本身的改善无法缓解其阻塞问题时，则要考虑利用周边路网重新组织交通流，使得部分交通流分散到通行能力有余的路口，利用路网资源改善单点交通问题。

（1）车道数确定。

交叉口进口道的车道数一般应多于上游路段，具体数量应根据实际的交通需求量来确定；出口道的车道数至少与路段相同，当出口道车道数小于等于同时汇入交通流股数，或相交道路流入的右转车流设专用车道时，应实现车道数的匹配或增设右转加速汇入车道。

（2）车道功能确定。

根据各交叉口高峰时段的设计交通量数据，按各流向的流量和出口道车道数条件，概略确定所需的进口道车道功能。

（3）慢行交通空间处理。

根据交叉口空间大小及非机动车和行人交通流量，选择合理的渠化及控制方案，重点确定慢行交通的通行方式。

（4）控制方式确定。

按照相交道路的类别、流量及事故发生情况（改建道路场合），确定是否设置信号灯。采用信号控制，或根据流向流量和交叉口渠化方案等确定控制方式及信号相位。

4. 公共交通概略设计

根据相关规划方案，结合道路的供给条件、道路上的公交线路数及其流量，考虑是否设置公交专用车道、专用进口道或公交优先控制方案，同时确定公交停靠站的大致位置及形式、乘客过街方式等。

2.4.4　设计指标

交通设计指标是确定交通设施物理要素、管理措施和进行服务水平评价的依据。以道路交通设计为例，其指标有：设计车速、设计车型、设计交通量、通行能力、饱和度、行程速度与方差、交叉口延误与排队长度等。

2.4.5　详细设计

详细设计是在概略设计方案基础上，将设计理念、思想及基本对策转化为现实，运用相应的设计方法形成实施性方案，即对交通设施的空间参数以及通行时间参数进行详细的优化、评价、校核修正，包括对空间设计中具体尺寸的优化、控制信号配时设计等，同时需要进行设计方案的通行能力、排队、延误、服务水平等的评价，以及进行交通匹配性、安全性、平顺性等的校核。下面以道路交通设计为例介绍详细设计的相关内容。

1. 路段详细设计

路段详细设计的主要内容包括：道路的横断面设计，机动车道、非机动车道、人行道与人行横道的设计，路段进出交通和路内停车设计等。设计时，应注意各步骤之间的相互衔接与协调，并尽量保持道路断面与交通特征的统一，确保其无瓶颈化。

（1）道路横断面详细设计。

新建道路基于其功能定位和红线、交通需求量和交通流特征，改建道路基于道路功能和红线、交通量和交通流特征，确定道路的横断面构成：主干路应设置中央分隔带，次干路视其交通功能采用两块板或一块板断面，支路采用一块板断面；慢行交通（非机动车和行人）采用人/非共板断面。机动车单车道宽度不宜设计过宽，可设计为 3.25~3.50 m，改建道路的车道宽度最窄可设计为 3.10 m。

（2）人行道与人行横道设计。

设计人行道与人行横道时，应充分考虑行人通行安全和顺畅的要求，特别应关注交通弱势群体（如老幼病残者等）。

人行道宽度可根据行人交通量和设计通行能力来确定。人行道上公共设施的位置应不妨碍行人的正常通行，并应考虑残疾人的通行需求，进行无障碍和盲道设计。

详细设计阶段将基于交叉口间距、道路性质、车流量、沿线两侧大型交通集散点、公交停靠站的位置和路内停车等的实际情况，对概略设计阶段综合确定的人行横道位置及设施等方案进行进一步的细化与优化。一般宜将非机动车道、人行道及人行横道作一体化考虑，如布置在同一平面上后，通过不同颜色或不同方式铺装加以区别。

（3）非机动车道设计。

非机动车交通的高峰时间更为明显、集中，非高峰时间其车道利用率低。合理地利用非高峰时间非机动车道的资源是其设计的要点。非机动车道宽度可根据非机动车设计交通流量及通行能力确定。

（4）机动车道设计。

机动车道的设计应保证机动车通行的连续性、安全性，避免与行人/非机动车之间的相互干扰，并尽量减轻机动车相互间的冲突。机动车道设计可利用绿化、分隔栏、标线等对交通流作不同的分隔与渠化。另外，对应于机动车交通的不同处理方案，还应辅以相应的配套设计（如标志标线），包括：单向交通、可变车道、公共交通专用车道等的特殊设计。

（5）路段进出交通设计。

路段进出交通的设计不仅要考虑车辆进出的便捷性，更要考虑如何降低对主线交通的干扰。根据概略设计阶段确定的设计方法，进行具体的交通流组织，完善待行、减速与加速车道等几何设计以及各种指示、指路和禁令标志的设计。

（6）路段停车交通设计。

当路段通行能力远大于相连交叉口进出口道通行能力，且有停车需求时，可利用路段富余空间停车。停车交通设计时应充分考虑交通流量、车道数、道路宽度、路口特性、公共设施及两侧土地使用状况等因素。

2. 交叉口详细设计

交叉口详细设计需合理地分配交叉口各种交通流的通行空间和时间,以使交通流运行安全、有序,并充分利用交叉口的时空资源。应按照机动车交通组织——非机动车组织——行人交通组织——附属设施设计的流程进行。交叉口详细设计顺序如图 2.4-1 所示。

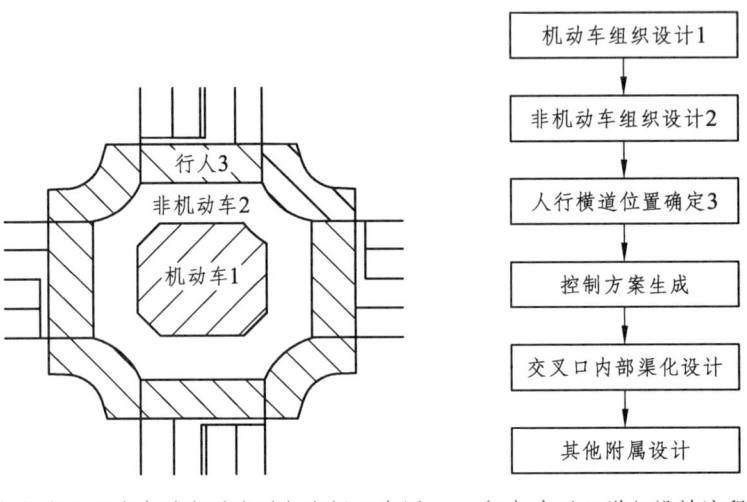

(a)交叉口内各种交通流通行空间示意图　(b)交叉口详细设计流程

图 2.4-1　交叉口设计流程

(1)机动车交通流渠化设计要点。

机动车道渠化设计的主要内容为:车道宽度、展宽段、展宽渐变段设计,其设计要点见表 2.4-3。

表 2.4-3　机动车交通流渠化设计要点

设计方法	设计说明	备注
车道数确定	交叉口进口道车道数应较相连的上游路段车道数适当增加,具体数量应根据实际流量确定;出口道车道数至少应等同于路段车道数,当流入的右转车流设专用车道,且出口道车道数小于同时汇入交流股数时,应增设右转汇入车道	注意路段与路口通行能力的匹配
车道宽度	进口道车道宽度应在 30 m 左右,车道过宽易发生小车变道与抢道;出口道车速较高,其车道宽度应大于 30 m,或与路段宽度一致	注意按照实际的车型比例确定车道宽度
展宽段及其渐变段	展宽段长度应按一个周期最大停车排队数确定,展宽渐变段长度则应按设计车速和展宽横向偏移量计算确定	注意车流行驶的平顺性与安全性
掉头车道	结合左转车道设计掉头车道,一般在停车线上游 2 m 以上的位置设置掉头车道开口,并利用左转相位通行。也可设置在停车线上游(与停车线的距离大于本进口排队长),并利用相交道路直行相位通行	

（2）非机动车交通组织设计。

现行非机动车交通流通行方式是跟随同一流向的机动车通行。但是，非机动车交通特性较机动车有很大的差别，更接近于行人交通流特性。交通流特性比较分析结果见表2.4-4。

因此，非机动车交通组织应与行人交通一起考虑，而不应与同一流向的机动车同行，这样既可避免非机动车与机动车同行时相互干扰，又有利于提高交叉口的安全性。交叉口非机动车交通组织设计的常用对策见表2.4-5。

表2.4-4 交通流特性比较分析表

状态	机动车	非机动车	行人
排队状态	按车道依次排队	交错、紧密型排队	交错、紧密型排队
启动反应	一般需2~3s的反应时间	反应时间几乎可忽略，集团式进入交叉口	反应时间可忽略，集团式进入交叉口
启动后的运行状态	速度提高快，速度差大，驶出交叉口时速度较高	速度提高较快，速度差不大，以膨胀的状态驶出进口道	以均匀的速度缓慢通过人行横道线
交通流强弱性	交通强者	交通弱者	交通弱者

表2.4-5 非机动车交通的常用处理方法

设计方法	设计说明	使用情况	备注
左转二次过街	在直行机动车的通行空间外侧与人行横道之间留出空间，作为非机动车的过街横道，左转非机动车在对向的待行区等待第二次过街通过交叉口	适用于左转作非机动车待行区，面积满足停车面积需求的情况	详见图2.4-2
机动车道设置双停车线（高峰及非高峰停车线）	高峰期间机动车停车线后移，前面的空间供自行车待行，既提高自行车的通行能力，又降低其对机动车的干扰	适用于次路或支路相交的小型交叉口，高峰时间自行车流量较多的情况	详见图2.4-3
非机动车停车线前移	利用进口道前方空间，将自行车停车区前移，可提高自行车通行能力	适用于交叉口内部空间较大的情况	详见图2.4-4
非机动车绿灯早启	非机动车在绿灯初期流量大，密度高，提前将非机动车饱和流放行，可减少机非冲突、提高安全性和通行能力	适用于非机动车流量大，设置非机动车专用信号灯的情况	—

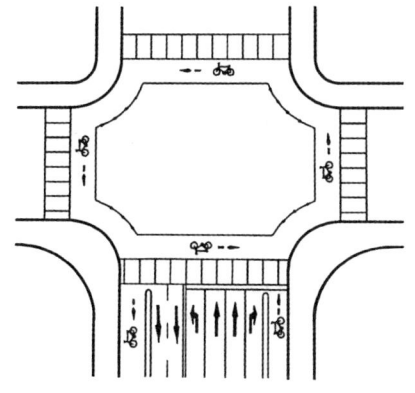

图2.4-2 一般左转弯候车区设计示意图

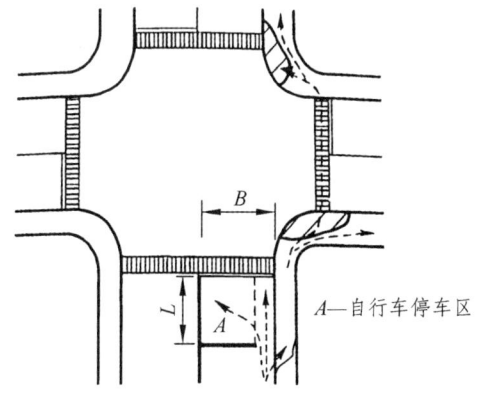

图2.4-3 小交叉口双停车线设计图

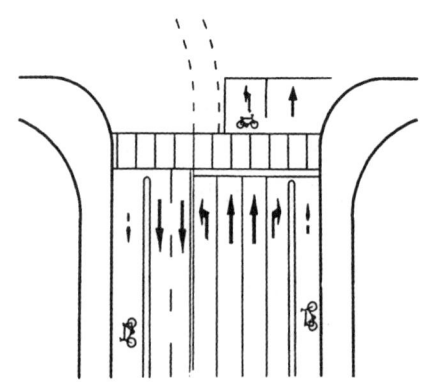

图 2.4-4　非机动车停车线提前法

（3）人行横道设计。

人行横道常见的设计方法是沿道路缘石画一条直线作为人行横道的内侧（靠近交叉口内部的一侧）边线，再向外侧偏移一个人行道宽度作为外侧边线，设置人行横道。这种设计往往会使机动车、非机动车和行人在交叉口内相互干扰，造成交通混乱且交通事故频发。

人行横道设计包括位置、宽度及渠化形式，人行横道位置应在机动车与非机动车的通行空间确定之后设计，并考虑以下要点：

① 右转机动车跨越两相邻人行横道（当设非机动车过街横道时，应为非机动车横道）之间，应至少留有一辆标准车的长度，为右转机动车留出待行位置。

② 左转机动车跨越两相邻的人行横道（当设非机动车过街横道时，应为非机动车横道）之间，应能保证左转车的转弯半径。

③ 设置人行横道时，应尽可能缩短行人在交叉口内步行的距离，当人行横道过长时，则应考虑设置中央驻足区及安全岛。

④ 人行横道及其两端不应有障碍物。

（4）信号配时设计。

一般情况下，交通控制信号配时设计主要包括分时段的交通控制信号周期、相位、相序、绿信比及相位衔接设计，其要点见表 2.4-6。

表 2.4-6　配时设计要点

配时设计要点	设计说明	备注
相位的确定	现状多采用对称的相位；相位的组合原则：以某一向为主流向，只要与之没有冲突的其他相位均可与之组合在一个相位内，相位数要尽可能少	信号灯设置可以考虑发展的需要设置专门的左转信号灯；一般情况下，没有必要按车道设置信号灯
相序的确定	现状的相序都比较随意设置；相序的确定要考虑前后相位衔接时的平顺、间隔、损失时间应尽量小	—
最小绿灯时间	行人能够安全过街的最小时间，随相位，相序组合的不同而变化	—
信号灯的选取	根据相位组合的不同，选取最合适的信号灯装置	—

设计基本原则为：
① 提高周期内的有效通行时间。
② 在满足最小周期（交通流安全通过交叉口的时间）的前提下，非机动车高峰时段应尽可能采用小周期。
③ 信号配时设计应与空间设计相协调。
④ 信号相位应根据交通流实际流量及特征灵活组合。
⑤ 在保证交通安全的前提下，相序设计应使损失时间最小。

（5）交叉口内部空间处理。

对于内部范围大的交叉口，应设计左转导流线；直行车行驶轨迹不平顺时，应设计直行导流线。除了设计机动车导流线和待行区，交叉口内无车流经过的区域，应用标线加以渠化，使各股车流轨迹明确，有利于车辆安全行驶。

（6）附属设施布局设计。

附属设施包括：交叉口范围内的绿化、灯柱、栏杆、垃圾桶、电话亭、街具等，其布局设计应确保不影响行车视距和各类交通流的正常行驶。

3. 公共交通详细设计

（1）公交停靠站设计。

公交停靠站设计包括：站点位置的确定，站台形式的选择、公交停靠站及乘客候车站台几何设计，候车厅形式、站牌形式及提供信息内容等的设计。

（2）公交专用车道设计。

公交专用车道设计，应充分考虑公交线路网条件，确保干线公交线路通行条件改善，同时尽可能减小对社会交通的影响。详细设计包括：优化确定公交专用车道的位置（路侧式或路中式）、公交停靠站位置以及形式。在交叉口设计时要结合专用车道设计进行专用进口车道的设计，处理好交叉口转向车流与公交车流在交叉口的交织问题以及公交车辆自身的转向问题。

2.4.6 方案评价

为了分析交通设计方案的合理性、优选设计方案，有必要对交通设计方案进行综合评价。

1. 新建设施交通设计方案评价

新建设施设计方案无法进行与现状的对比评价，只能进行方案效果评价或多方案对比分析。常用的评价指标包括：饱和度、通行能力、延误、行程时间等运行效率指标，安全性、环境协调等方面的综合指标。

2. 改建、治理型交通设计方案评价

评价的主要内容包括：现状和改善方案的效果、效益与成本对比分析。评价指标同上。

模块 3　公共交通

3.1　常规公共交通规划

常规公共交通系统是指在城市道路上运行的公共汽电车组成的交通系统，不包括轨道交通、出租车交通等非常规公交形式。它是城市交通乃至整个城市系统中不可或缺的重要组成部分，是提高城市综合功能的重要基础设施之一，是保证城市各部门正常运转的动脉，而且对城市经济、文化事业的发展起着积极的推动作用。

城市常规公共交通规划是城市综合交通规划的重要部分，是解决城市常规公交现状问题和指导未来发展的宏观指导文件，要动态和均衡地考虑城市发展规模、用地布局和道路网规划等各方面的因素。

3.1.1　规划任务与原则

1. 规划任务

常规公共交通规划的任务是在战略规划的框架下，就公共交通系统的现状问题和未来发展，系统地提出未来的方针政策、规划方案和建议。构建与城市发展规模相适应，与城市用地布局相协调，与其他交通方式良好衔接，安全、便捷、高效、舒适、管理有序的城市常规公共交通系统。

2. 规划原则

（1）协调性原则。

与城市总体规划和交通发展规划相协调，以长远和发展的眼光，超前做好规划，具有一定的前瞻性和延续性。

（2）系统性原则。

运用系统的观点，有效地组织各地区的客运，有效地组织各种公共交通运输方式，建立完整的公交运输系统。

（3）可操作性原则。

规划方案要有可操作性，公交场站设施等要从用地上得到控制，并远近结合，在长远规划的基础上，对线网、场站等发展提出近期实施计划。

3.1.2 工作内容与流程

1. 主要内容

（1）现状调查与问题分析识别。针对公交客流、公交营运服务水平、公交基础设施以及公交经营管理体制等各个方面展开全面系统的调查和资料收集，通过统计分析，识别现状问题及原因。

（2）提出初步设想、措施。针对现状问题及原因，提出初步规划设想和措施。

（3）建立客运交通模型，进行交通需求分析总体预测。整理分析相关基础数据，进行现状模型的标定与校核；建立客流预测模型，对交通需求总量及分布情况进行预测分析。

（4）公交发展目标与发展策略分析。回顾已有规划，分析发展前景，结合总体需求预测，分析客运交通的发展形势，借鉴国内外经验，提出公交发展目标方向、发展模式与基本策略。

（5）制定公交网络规划方案。按照一体化的网络布局要求，分析网络客运枢纽布局，线网层次功能，提出网络总体结构模式；根据客运需求走廊分析，提出公交骨干网络总体布局方案。

（6）制定公交基础设施规划方案。为支持公交网络的有效运营，应提出公交基础设施（包括公交枢纽站、公交运营场站、公交专用道等）规划方案，并制订建设实施计划。

（7）规划方案的优化与协调。通过模型客流测试，对规划方案进行优化调整。同时为使规划方案具有较好的可操作性、应与各有关方面进行沟通协调，并根据意见进行方案的优化修改。

2. 工作流程

（1）研究思路。

① 常规公共交通规划，应根据城市发展规模、用地布局和道路网规划，通过对现状公交的全面调查研究分析，掌握公交系统各方面既有特征，识别现状存在的问题。

② 通过建立模型，深入分析现状需求，预测未来公交需求，把握公交发展势态。

③ 根据规划前景、发展阶段及政策环境等，分析常规公交发展目标、发展模式、策略。

④ 在客流预测的基础上，根据规划前景、发展阶段及政策环境等，研究分析公共交通车辆数、线网布局、换乘枢纽和场站设施布局等。

⑤ 根据模型测试评估目标评价结果，优化调整规划方案，经过政府部门、企业社会公众意见咨询，提出最终规划方案并制定实施计划。

（2）规划流程。

规划可以分为四个阶段，各个阶段的主要工作为：

第一阶段，前期准备阶段。确定研究目标、技术方法、工作内容与流程等，并征求甲方意见。

第二阶段，现状调研阶段。开展现状调查与资料收集，诊断现有问题，回顾已有相关规划及国内外发展经验。

第三阶段，发展定位与需求预测阶段。分析常规公共交通在城市交通体系中的功能定位，提出发展目标、方向及基本策略，建立交通需求预测模型，进行交通需求分析与预测。

第四阶段，规划方案制定阶段。制定常规公交线网规划方案、车辆发展规划、场站规划方案、拟定近期改善实施方案。

公共交通规划流程如图 3.1-1 所示。

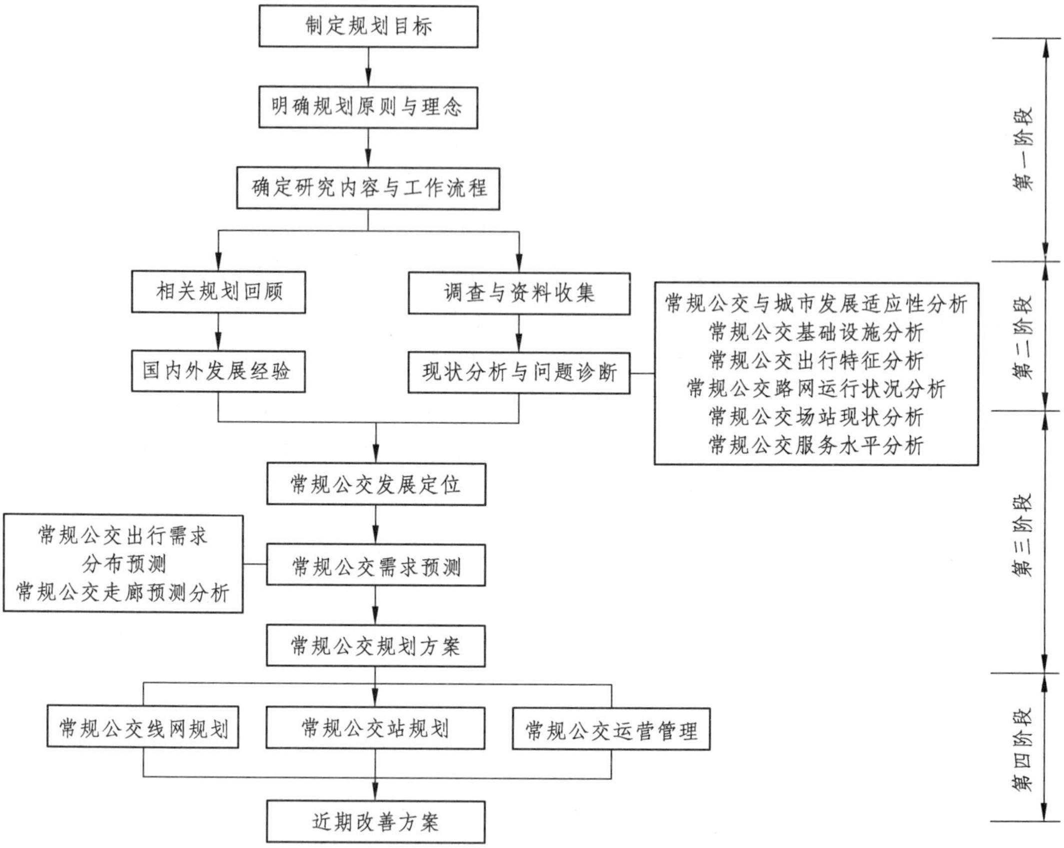

图 3.1-1 公共交通规划流程

3.1.3 规划成果要求

常规公共交通规划的成果包括规划文本、图件与技术文件。技术文件为规划总报告及若干专题报告，规划总报告在专题报告的基础上编制。

1. 规划文本

公共交通规划文本的内容根据具体委托要求而定，一般包括：

（1）规划目标。
（2）规划原则。
（3）常规公交发展定位。
（4）常规公交发展策略。
（5）常规公交线网布局规划。
（6）常规公交车辆发展规划。
（7）常规公交场站布局规划。
（8）近期建设计划。

2. 规划图件

规划图件应该包括：

（1）常规公交线网现状图。

（2）常规公交场站现状图。

（3）现状公交专用道分布图。

（4）常规公交线网规划布局图。

（5）常规公交场站规划布局图。

（6）快速公交布局方案图（可选）。

3. 技术文件

（1）交通现状调研分析专题报告。

① 研究背景及目的。

② 研究过程与方法。

③ 社会经济城市开发状况。

④ 现状常规公交调查（包括公交场站、线路线网、专用道、车辆、线路载客量、主要通道客流量、服务水平、运营管理、与轨道交通衔接、公交比重以及必要的乘车意愿调查等）。

⑤ 现状分析及问题诊断。

（2）政策及规划研究专题报告内容。

① 常规公交发展目标及策略。

② 常规公交预测及车辆发展规划。

③ 常规公交线网布局规划研究。

④ 常规公交场站布局规划研究。

⑤ 公交专用道规划。

⑥ 近期实施计划及改善建议。

3.1.4 常规公共交通线网布局规划

1. 常规公交线网规划原则

公共交通线网对城市居民的生活有着很大的影响，公共交通网络的规划与设计，必须以公交乘客分布 OD 矩阵为依据，以方便居民出行为目的，并兼顾公交企业效益。因此在规划或设计公共交通线网时，必须考虑各种影响因素，实现对公交路网的合理规划。

常规公交线网规划，基于如下原则进行：

（1）与规划区域用地布局相协调，促进城市发展。

（2）与道路功能等级和布置形式相适应。

（3）线路的走向与客流的主流向一致。

（4）综合考虑与其他交通方式的合理衔接，最大程度地减少换乘，使城市居民的公交出行总耗时最小。

（5）公交线网布局要考虑公交发展历史和线路的延续性，兼顾、利用现有线路，综合协调新老路线之间的关系。

（6）体现和贯彻以人为本、服务为本的思想，最大限度地满足公交乘客出行需求。

（7）体现合理性和可操作性相结合的原则，考虑公交运营部门的具体情况，使运营收益尽可能大。

2. 常规公交线网规划影响因素

影响城市公共交通规划的因素是多方面的，一般情况下，在进行城市公交线网规划时应主要考虑以下几个方面的因素。

（1）城市客运交通需求。

城市客运交通需求，包括数量、分布和出行路径的选择，是影响公交线网规划的首要因素。在一定的服务水平要求下，客运需求量大的区域，要求布置的公交线网客运能力较大。理想的公交线网布局应满足大多数交通需求的要求，具有服务范围广、非直线系数小、出行时间短、换乘率低、可达性高、步行距离短等特点。

（2）道路条件。

对于常规公交线网来说，道路网是公共交通网络的基础，但并非所有的道路都适合公交车辆行驶，要考虑道路几何线型、路面条件和容量限制等因素。若道路条件较差，如转弯半径过小、坡度陡长、宽度不足时，就不适合公交车辆行驶。可以将所有适合公交车辆行驶的道路定义为公交线网规划的"基础道路网"。当基础道路网中有较大空白区时，应对道路网规模提出反馈意见，以保能满足公共交通网络的布设要求。

（3）场站条件。

起终点站站址可作为公交线网规划的约束条件，也可在路线优化后，根据路线配置的车辆确定起终点站及其规模。一般的公交站可在路线确定后，根据最优站距和车站长度等来确定。

（4）车辆条件。

影响线网规划的车辆条件包括车辆物理特征、操作性能、载客指标和车辆数。考虑其中物理特征和操作性能与道路条件的协调，可以确定公交线网规划的"基础道路网"。通过车辆总数、车辆的载客能力和路线的配车数可确定路线总数。车辆总数可作为线网规划的限制条件，也可先规划线网，根据路线配置车辆，得到所需要的车辆总数，再考虑数量限制。

（5）效率因素。

效率因素指公共交通线网单位投入获得的服务效益，反映路线效益的指标有：每日行驶次数、每次载客人数、每车公里载客人数、每车公里收入、每车次收入、营运成本效益比等。它不仅反映路线的运营状况，还反映路线经过地区的客运需求量和路线的服务吸引能力。

（6）政策因素。

城市公共交通系统与交通管理政策、社会公平保障政策、土地发展政策有关。

3.1.5 常规公交站点布局规划

1. 公共交通首末站

公交车辆首末站点的主要功能是为线路上的公交车辆在开始和结束营运、等候调度以及下班后提供合理的停放场地等必要场所。它既是公交站点的一部分，也可以兼顾车辆停放和小规模保养的用途。对首末站点的规划主要包括首末站点的位置选择、规模的确定以及出入口道路的设置等几方面的内容，规划时应遵循以下原则：

（1）公交首末站的设置应与城市道路网的建设及发展相协调，宜选择在紧靠客流集散点和道路客流主要方向的同侧。

（2）选址宜靠近人口比较集中、客流集散量较大而且周围留有一定空地的位置，如居住区、火车站码头、公园、文化体育中心等等，使大部分乘客处在以该站点为中心的服务半径范围内（一般350 m）。最大距离不超过700~800 m。

（3）规模应按所服务的公交线路所配运营车辆的总数来确定。一般配车总数（折算为标准车）大于50辆的为大型站点，26~50辆的为中型站点，小于26辆的为小型站点。

（4）与公交首末站相连的出入口道应设置在道路使用面积较为富裕、服务水平良好的道路上，尽量避免接近平面交叉口，必要时出入口可设置信号控制，以减少对周边道路交通的干扰。

2. 公共交通中途停靠站点

公交车辆的中途站点的规划在公交车辆的首末站点及线路走向确定后，其规划原则为：

（1）中途站点应设置在公共交通线路沿途所经过的各主要客流集散点上。

（2）中途站点应沿街布置，站址宜选择在能按要求完成车辆的停和行两项任务的地方。

（3）交叉口附近设置中途站点时，一般设在距离交叉口50 m以外处，在大城市车辆较多的主干道上，宜设在100 m以外处。

（4）中途站点的站距应考虑乘客出行需求、公交车辆的运营管理、交叉口间距和交通安全等多种因素，应合理选择，平均站距为500~600 m。市中心站距宜选择下限值，城市边缘地区和郊区的站距宜选择上限值，百万人口以上的特大城市，站距可大于上限值。

对公共交通中途站点的规划主要是对中途站点间距的研究。一般而言，较长的车站间距可以提高公交车的平均运营速率，并减少乘客因停车造成的不便，但乘客从出行起终点到上下站的步行距离增大，并给换乘出行带来不便；站间距缩短时则反之。最优站间距规划的目标是使乘客"门到门"的出行时间最小。同时进行车站间距优化时还应考虑站间距对需求的影响和各种客运交通方式之间的协调。

3. 公共交通枢纽站

公共交通枢纽站是公共交通线路之间、公共交通与其他交通方式之间客流转换的场所。随着城市不断扩大，公共交通线路不断地增加和延伸，客运交通方式向多元化发展，人们的工作、社交、购物、文化娱乐等各项活动的出行范围也在不断扩大、出行距离增长。乘客从起点到终点完成一次出行，往往需要使用多种交通方式或转换线路，把多种交通方式、多条线路有机地衔接起来，方便乘客换乘，是客运交通系统提高服务水平、吸引乘客的重要手段。

城市公共交通枢纽可以分为对外交通枢纽和市内交通枢纽两种。对外交通枢纽是市内公共交通与市际交通的联系点，一般在铁路客运站、长途汽车站、轮渡港口、航空港口和城市出入道路处，这类交通枢纽在城市中的位置相对比较确定。

市内交通枢纽一般是城市区域内的客流集散点，是公共交通之间或公共交通与其他交通方式之间的转换场所，如常规公交和快速轨道交通、自行车交通的换乘枢纽，多条公交线路汇聚的交点等。其中，公交-自行车换乘枢纽可以提高公共交通的吸引力。例如，在城市边缘地区和新开发地区，出行强度不大，公交线网密度较低，步行到达公交线路的时间较长，在这些地区合理地组织自行车和公交的换乘，可以减少总的出行时间。

4. 公共交通修理厂、保养场

公共交通修理厂、保养场等场站设施是城市公共交通系统的重要组成部分，应与城市公共交通发展规模相匹配，使用地有保证。公共交通修理场和保养场布局主要根据公共交通的车种、车辆数、服务半径和所在地区的用地条件确定。公共交通修理场和保养场布局应使高级修理、保养集中，低级修理、保养分散，并与公共交通枢纽、首末站、停车场相结合。

3.2 城乡公共交通

城乡公共交通是城区（或中心镇）与镇（或村）之间的公共交通联系方式，依托城市道路与公路布设固定线路并统一编号，设置沿途固定停靠站点和首末回车场站，采用公交车型并借鉴城市公交的运营管理方式，是城镇体系空间发展的必要支撑、城乡居民联系及镇村之间居民的主要出行方式，也是城乡一体化发展的重要组成部分。

城乡公共交通规划应当基于地区城乡一体化发展进程与公共客运交通发展历程分析，判断地区公共客运交通所处城乡一体化进程的发展阶段，了解公共客运交通发展的规律性与延续性。分析未来城市和城乡交通发展环境与要求，明确城乡公共客运发展趋势及要求，提出城乡公共客运交通发展定位与一体化发展战略，进行相关政策制定、线网规划、运营组织规划等研究。

3.2.1 规划任务与目标

1. 规划任务

城乡公共交通规划的任务是在城乡一体化发展的框架下，针对城乡公共交通系统的现状问题，结合区域交通规划要求，系统地提出城乡公共交通发展的方针政策、线网及场站规划方案和保障体系。构建与城乡一体化发展相适应，与城镇空间体系发展相协调，与城市交通系统良好衔接，运营管理有序的安全、便捷、舒适、可持续发展的城乡公共交通系统。

2. 规划目标

（1）构建良好的县（市）域公共客运交通环境，带动城镇开发，促进城乡一体化。

（2）为城乡居民提供安全、高效、经济、便捷的出行服务。

（3）为政府职能部门审批、核准线路提供依据，便于客运交通主管部门的监督管理。

（4）规范城乡客运运营者的经营行为，明确营运范围、方式及线路，提高城乡客运运营效率，促进城乡客运的发展。

3.2.2　规划内容与工作流程

1. 主要内容

（1）现状调查与问题诊断：针对城乡公交客流、营运服务水平、基础设施以及经营管理体制等各个方面展开全面系统的调查和资料收集，通过统计分析，诊断现状问题及原因。

（2）建立城乡客运交通模型、进行交通需求分析总体预测：整理分析相关基础数据、进行现状模型的标定与校核；建立客流预测模型，对交通需求总量及分布情况进行预测分析。

（3）城乡公交发展目标与发展策略分析：对已有规划实施评价，分析城乡客运交通发展前景，借鉴国内外经验，结合总体需求预测，提出城乡公交发展目标方向、发展模式与基本策略。

（4）制定城乡公交网络规划方案：按照城乡一体化的网络布局要求，分析网络客运枢纽布局、线网层次功能，提出网络总体结构模式。

（5）制定城乡公交基础设施规划方案及建设计划：为支持公交网络的有效运营，应提出公交基础设施规划方案，并制定建设实施计划。

（6）制定城乡公交运营组织管理策略：基于城乡客流动态性特点，在线路空间布局的基础上，确定运营方式、线路行车组织方式；优化线路发车频率，选取合适车型，优化运力调配，有效整合运力资源。

2. 工作流程

城乡公共交通规划可以分为四个阶段，各个阶段的主要工作如下：

第一阶段，前期准备阶段。确定研究目标、技术方法、工作内容与流程等，并征求甲方意见。

第二阶段，现状调研阶段。开展现状调查与资料收集，诊断现有问题，回顾已有相关规划及国内外发展经验。

第三阶段，发展定位与需求预测阶段。分析城乡公共交通的功能定位，提出发展目标、方向及基本策略，建立交通需求预测模型，进行交通需求分析与预测。

第四阶段，规划方案制定阶段。制定城乡公交线网规划方案、场站规划方案、运营管理策略并拟定近期改善实施方案。

城乡公共交通规划流程如图3.2-1所示。

3.2.3　规划成果要求

城乡公共交通规划成果包括规划文本、图件与技术文件。技术文件为规划总报告及若干专题报告，规划总报告在专题报告的基础上编制而成。

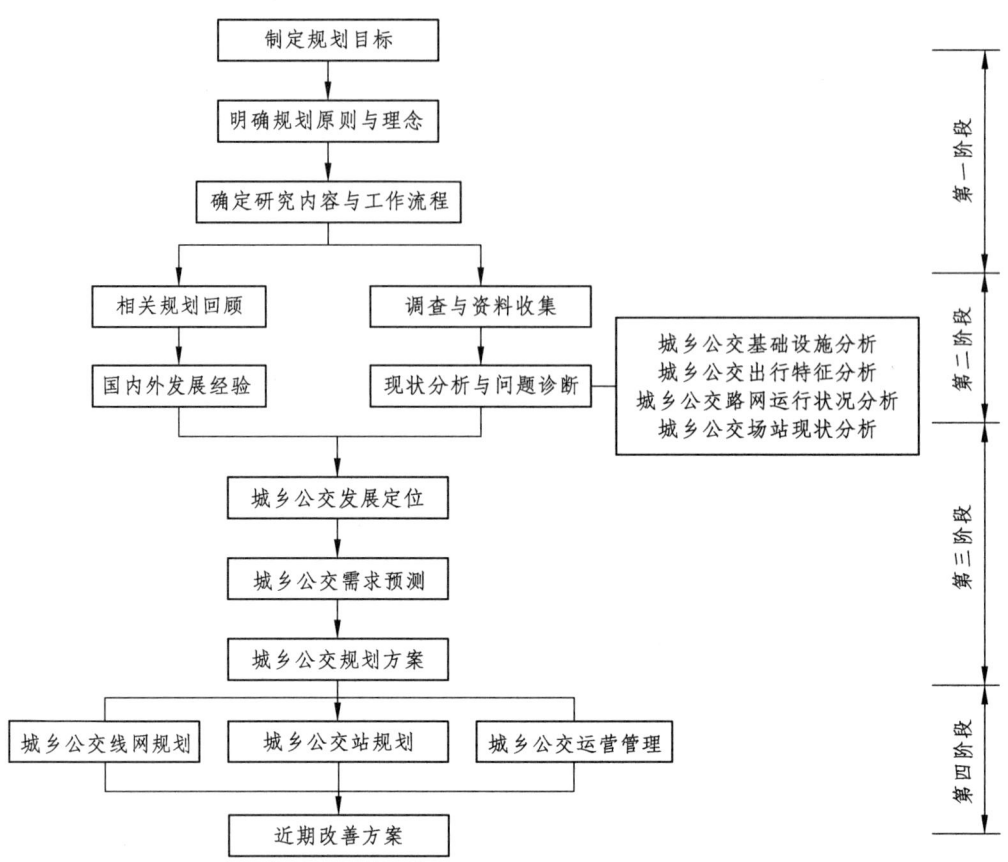

图 3.2-1 城乡公共交通规划流程图

1. 规划文本

公共交通规划文本的内容根据具体委托要求而定，一般如下：

（1）规划目标。
（2）规划原则。
（3）城乡公交发展定位。
（4）城乡公交发展策略。
（5）城乡公交线网布局规划。
（6）城乡公交场站布局规划。
（7）城乡公交运营管理策略。
（8）近期建设计划。

2. 技术文件

（1）交通现状调研分析专题报告。

① 公交场站、线路线网、车辆、线路载客量、主要通道客流量、服务水平、运营管理、与城市交通衔接以及必要的乘车意愿调查与分析报告。

② 国内外经验借鉴。

（2）规划研究专题报告内容。

① 城乡公交发展目标及策略。

② 城乡公交预测及车辆发展规划。

③ 城乡公交线网布局规划研究。

④ 城乡公交场站布局规划研究。

⑤ 城乡公交运营管理策略。

3. 规划图件

规划图件应该包括：

（1）城乡公交线网现状图。

（2）城乡公交场站现状图。

（3）城乡公交线网规划布局图。

（4）城乡公交场站规划布局图。

3.2.4 城乡公共交通线网布局规划

1. 城乡公交线网布局规划原则及影响因素

（1）城乡公交线网规划应遵循的原则。

① 与城镇体系发展相协调，促进城镇的发展。线路走向要结合城镇空间规划和产业结构布局，要与农村的产业布局、镇村企业的发展、小城镇建设、人口分布、资源开发等特点相适应。

② 结合公交化改造要求，线路走向统筹考虑与农村中短途班线的关系，兼顾、利用现有农村中短途班线。

③ 线路的走向应和客流分布相协调，与城乡公交客运走廊相一致，按最短路的原则布设线路，使全服务区内乘客总乘行时间最少，并在主要客流的集散点方便乘客停车与换乘。

④ 近期实施方案以满足城乡居民关心的重点、热点线路为重点，逐步形成以城镇公交干线为主的骨架网络，远期规划以线网功能布局调整为重点，完善支线网络。

⑤ 充分考虑公交与其他客运交通方式的关系，特别是与远期轨道交通的有机衔接、相互协调，做到优势互补。

⑥ 线路走向充分考虑农村公路网规划因素，与公路规划同步进行，争取在规划期限时间内，实现城区、镇（乡）村通车"三位一体"化，形成密集的城镇客运网。

⑦ 点、线、面相结合，点点相连构成线，线线相连形成面，形成整体性的城镇客运网络覆盖面。

（2）城乡公交线网布局影响因素。

城镇公交线网的布局受城镇的布局形态、性质、规模以及道路网形态、道路等级等多种因素的影响。城镇公交线网的布局形态也正是以与其相关的因素为依据。其中主要影响因素包括：

① 城镇体系布局。

城镇体系空间布局、城镇的经济产业分布，地理区位和自然条件等因素是决定线网布局结构的主要依据。由于城镇公交线网是联系城区与乡镇、镇村的纽带，因此线网的走向、分布和总体结构取决于城镇空间体系布局，同时城镇的经济产业发展及分布情况在一定程度上决定了客流产生量和与主城区的联系量,也是城镇公交客运走廊形成的主要影响因素,地形、气候等自然条件在一定程度上影响农民外出方式的选择以及线路的延伸,是影响网络整体格局的客观条件。城镇体系的发展方向决定了未来线网发展的方向。

② 道路网布局。

道路网是城镇公交线网形态的物质基础。城镇公交线网是以公路网和城市道路为依托而布设的固定线路,公路网规划和城市道路规划是城镇公交线网规划的基础和前提,在进行公交线网规划时一定要结合该地区的道路网规划,否则规划就是没有现实意义的。

③ 客运需求量。

客运需求量是公交线网布设的主要依据,是分析城镇公交客运走廊的依据。公交线网规划是在对规划区域内的客运需求量进行分析、预测的基础上对公交线网中线路走向的规划和调整。OD需求决定了线网中线路的主次,并在此基础上形成不同的线网布局。

2. 城乡公交线网分级及布局结构

(1)城乡公交线网分级。

城乡公交线网规划要根据不同区域内的居民出行需求(客运量强度、出行高峰时段分布等方面)差异,提供分级线网服务。

在进行城乡公交线网规划时,根据各级线路的功能不同,将客运线路划分为主干线路、支线和补充联络线共3个等级。3种线路的功能如下:

① 主干线路:主要承担大型集散点之间的联系(以县城—乡镇线路最为常见),大多沿着县域内的国、省、县道设置;速度快、发车频率高、服务水平较好。

② 支线:对主干线网起补充作用,与主干线路有较好的换乘,起到接驳主干线路客流的作用,线路深入各行政村。

③ 补充联络线:这种线路存在的主要目的是填补各乡镇之间的线路空白,同时也能加强乡镇之间、乡镇与村之间的联系,提高客运线网覆盖率。

以上三层城乡公交客运线路互相补充、互成体系,一起构成科学、合理、完整的一体化公交线网。在具体规划布设时应按各层次线路的功能进行,同时考虑线路的长短及便捷程度,将能合并的线路合并以提高线路重复系数;在各级线路上设置的公交站点,一般设在居民出行集中点,不同线路可以共用站点,以方便乘客搭乘与换乘。

(2)城乡公交布局结构。

城镇公交线网布局的确定是线网布设的核心内容之一,它决定了线网的总体结构和发展方向,根据线网布局原理,主要分为放射状线网、树形线网、环形线网、网络型线网4种。

① 放射状线网。

放射状线网是农村地区最常见的一种布线形式,空间上呈现为以城区为中心,沿着城区对外公路向外发散放射出客运线路。线路大多截止至乡镇,部分线路在乡镇末端延伸至某个乡村。该形式是地区发展过程的产物,并受到路网发展的限制,总体上呈现一个先通点、再覆盖面的发展过程。公路建设初期以某几个固定点通路为主的发展模式决定了客运线路初期发展模式也是以端点服务为主。一般都是人群集聚度大、有特殊资源的地区先发展,然后以点、线带动面地发展。

放射状线网一般用于联系主城区和重点中心镇，具有高强度公共客运联系。

② 树形线网。

树型线网是对放射式线网的进一步完善，树型线网的次级节点具有生命力，乡镇对周围村庄具有一定的出行吸引，能够支持镇村级线路的开通，而农村公路的建设也为线路开通提供了条件。树型线网一般用于联系主城区和重点中心镇，具有高强度公共客运联系，强度往往由主城区、中心镇往下递减。

③ 环形线网。

环形线网主要是利用公路网布局特点架构的一种特殊的布局形式。环形线网在树型主干的基础上，在支线端采取了连通成环的形式。农村客运支线采用这一方式时，往往会有较好的成效。树形线网中存在很多短途线路，环形线路是相对树形线路的一种优化。在许多地区的实际运营中，有较大一部分树形支线线路面临营运困境，通过干线采取环形等形式，通过多点的规模效益支撑线路正常运营，可以降低线路维持运营的难度。线路以环线互通，对村庄以站点式服务，使支线数目和通村率进一步维持和提高，为村村通达到较高水平奠定基础。环形线网一般可以考虑用于镇（城）和镇、镇（村）和村间的客运线路，有一般或较高强度的公共客运联系，起到均衡整个网络客流分布作用。

表 3.2-1　城镇线网布局结构表

城镇线网布局结构	特点及适用范围	缺点	公交线网强度分析
放射状	用于中心城市与外围郊区、周围城镇间的交通联系，有利于促进中心城市对周围地区的辐射，方便乘客进城，减少进城换乘次数，而且便于车辆的调度与停车管理；与大多数城市的放射性OD客流分布相适应	线网整体连通度低，横向乡镇间联系不便，容易把换乘客流吸引到城区，增加了城区枢纽交通组织的压力	主城区—重点中心镇之间及其延伸线路有高强度公交联系
树形网	适应城镇体系中的中心城区、中心镇、一般镇、村四级等级体系分布以及道路网络结构而形成公交线网，提高城区与中心镇的辐射能力，有利于形成分区分级的网络以及分区的客流集散组织，城区和中心镇间可以形成高频、快速的发车运营服务	换乘系数偏高，若衔接系统效率低会造成村民进城区时间（换乘等候）与经济成本（换乘买票）增加，中心镇需要建设客运站作为集散中心	主城区—重点中心镇之间有高强度公交联系，强度往往由主城区、中心镇往下递减
环形网	用于镇和镇、镇和城间的横向联系，可以减轻中心镇处的换乘压力。而且这种布局结构具有通达性好，非直线系数小，加强横向交通联系，提高覆盖率等优点	建设线路数量多投资大，对路网建设要求高，绕行时间长	镇和镇、镇和城区间有较高强度公交联系，均衡整个网络客流分布
网络型	重要城镇间的直达交通联系，这种布局形式通达性好，运输效率高，有利于促进形成网络化线网结构	建设线路数量多投资大，对路网建设要求高	重要镇之间有高强度公交联系

④ 网络型线网。

网络线网是前面几种线网布局形式的复合，并经历了进一步完善和优化，如城市公交线网就多呈现这种形态。网络式线网虽有节点连通度较高、网络通达性好、运输效率高等优点,但网络式线网要求发展线路数量多且投资大,对路网建设要求高,需要公路同样成网络,且覆盖地区站点居民聚集度较高,社会经济发展水平需要达到一定程度才能支持线网的规模运营效益。网络式线网一般出现于快速城市化地区,乡镇经济、村域经济大力发展,镇镇之间、镇村之间形成产业互补,公路网建设较为完善,相互交通出行形成规模等区域。

3. 城乡公交线网的布设

城乡公交线网的布设分以下两个阶段进行:

(1) 确定服务片区,根据公交走廊,规划公交干线。

根据城镇公交预测前的小区划分,以及结合结点重要度评价结果所规划的客流集散中心,规划片区中心以及城镇公交服务片区。

根据城镇公交走廊的选择以及线网布局结构,规划城镇公交干线初始网络,作为城镇公交初始的主骨架网络。

(2) 调整现状网络、细化干线网络、形成支线网络。

在分析评价原公交或农村班线网与客流分布特点基础上,保留原线网中的合理线路作为规划方案的初始线路集的一部分。

应充分吸取公交运营企业以及交通主管部门的意见,线网布设不是单纯的技术问题,需要充分考虑线路的运营组织方式以及管理方式,并作为一个重要的考虑因素来分析线路的留、改、删,从而有利于协调公交化改造过程中经营者的利益关系、管理部门的利益关系,特别在城市公交与农村班线分属城建部门与交通部门时,原班线保留后改造成城镇公交的可行性以及城市公交的延伸问题需要慎重考虑。

① 主干线规划。

在城乡公交线网的规划中,对于主干线路规划,以乡镇为交通大区,常用的有"基于农村公路网的线路走向搜索法"。

线路搜索法的基本原理是:从起点(交通区)出发,向其所有邻接交通区扩展,再以各邻接交通区为新起点,继续向所有邻接交通区作连续的扩展,直至达到路线长度限制。对到达的每一节点,考虑约束条件和目标函数,从而求得满足约束条件的所有可能路线中,效率最大的一条或几条路线。这实际上是一个以起点为根点,在交通区邻接网络中进行树状搜索的过程,如图3.2-2所示。

② 支线规划。

城镇公交线网中的支线是镇—村线路,其功能是将乘客接送到乡镇的客运换乘点,接驳农村客运主干线,也可为居民从家到集镇间的出行提供服务。规划此类线路的主要目的是提高线网的覆盖率,遏制非法营运车辆泛滥的现象,从而起到规范农村客运末端市场经营行为的作用。

农村客运支线的客流量较小,对于经营者来讲这类线路的经营效益并不理想,但是交通主管部门要求运营者开通支线以提高线网覆盖率。由于这类线路的开通,应具有较强的公益性质,因此应充分考虑政府、运营者、乘客三方的利益,既能最大程度地满足居民出行需求,又要确保运营者的利益最大,从而有利于政府的监管。

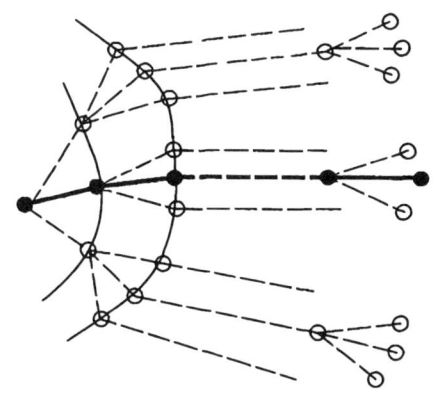

图 3.2-2　线路搜索法示意图

支线的规划以乡镇为单元，构建线网最小树，并建立交通运输效益模型，以运营效益最佳为国标，按照递归方法分层次逐次优化，最终获得满意的结果。

③ 补充联络线规划。

在农村客运主干线和支线布设到位的基础上，县（市）域内已形成了以县城为中心，多条骨干线路为辐射通道，支线入村的整体线网格局，但是邻近乡镇间缺乏横向联系，这就是需要进一步完善的补充联络线。

与主干线的规划相类似，补充联络线的规划以县（市）域内重要乡镇为结点，以较高等级的公路为载体，以客流条件为依据。引入人口、GDP、第三产业值、通达指数、地理区位等社会经济评判指标，采用单纯矩阵法确定各结点的重要度，选取重要度较高，对周边乡镇具有较强辐射功能的乡镇为原点，并选取镇－镇客流量较大、公路条件满足的方向规划补充联络线。

3.2.5　城乡公共交通场站布局规划

1. 城乡公交场站分类及功能

（1）城乡公共客运场站按照功能可以分为：

综合枢纽站——建设在城乡公共客运网络枢纽结点，方便网络线路调整，对偏远的路线加强服务具有较大意义，综合枢纽场站建设有利于提高城乡公共客运网络运行效益。

城乡公共客运站——为提高乡镇农村客运服务水平而建设的，一般建设在经济发展较好或者潜力较大、影响区域较广的乡镇。

过路站——城乡公共客运线路的普通站点，为方便乘客了解城乡公共客运线路情况、进而选择线路并候乘而设立。

首末站——城乡公共客运线路的终端，为方便城乡公共客运线路终点端乘客候车而设。

（2）城乡公共客运场站按建设规模可以分为：

等级站——具有一定规模，可按规定分级的车站，是站内设施较为齐全、服务功能健全的站点。

终点回车场——以停车场为依托，是具有集散旅客、售票、停放和发送客运班车功能的车站，其规模设施较等级站简单。

港湾式停车站——道路旁具有候车标志、辅道和停车位的旅客上客点。

中途简易（招呼）站——道路沿线设立的城乡公交旅客上客点。

（3）按投资主体和经营方式可以分为：

公用型车站——具有独立法人地位，自主经营、独立核算，能全方位为客运经营者和旅客提供站务服务的车站。

自用型车站——隶属于运输企业，主要为自有客车和与本企业有运输协议的经营者提供站务服务的车站。

2. 城乡公交场站规划

城乡公交场站规划的原则如下。

（1）与片区客运需求相协调，与结点重要度的分析相一致，在农村客流集散点上规划建设乡镇等级客运站，在其他客运节点上，根据其重要度的评价指标，选择港湾式停靠站、站牌、回车场等场站，站址选择要符合农村客流集散特点，以最大限度地缩短出行者到站点的距离。

（2）选址宜优先考虑原乡镇停车换乘中心，通过对这些自然形成换乘点的改、扩建，最大限度地符合居民出行习惯，提高居民中转换乘的便利性，保证居民出行的延续性。

（3）与市域或县域道路网络规划相一致，确保有可供城乡公共客运站发展的基础设施平台，一些场站如港湾式停靠站的建设要纳入道路的新建或改建的计划之中。

（4）场站选址不仅要考虑与城镇体系发展方向相一致，还要考虑城乡公共客运站的建设对城镇发展的能动影响，明确客运站的建设与城镇体系发展的互动关系，既要立足现实，又要为将来的发展留有余地。

（5）场站在布局上应充分考虑有效的衔接换乘，方便旅客的中转与换乘，特别注意城乡接合处乡镇客运与城市公交之间的有效衔接。

（6）保养修理场站的布局主要结合乡镇等级站，在三级客运站及以上配备车辆保养点，在二级站及以上级别的客运站设置车辆修理点，城镇公交车辆的保养维修也可以放在城市公交车辆的保养维修厂统一进行。

（7）城乡公交停车场地设置要综合考虑司机的住宿位置、上班的方便性、公司管理的方便性以及安全等因素。

3.2.6 城乡客运场站布局规划

1. 等级站

根据农村客运结点重要度分析，客流集散中心考虑农村公交网络辐射功能的需要，按重要度分为2~3个层次的客运结点，选取第一层次或者第一层次和部分第二层次的客运结点建设区域农村客流集散中心，实现农村客流集散与转换功能。

对于客流集散中心，根据重要度指标，考虑现状客运站设施等级、未来车站年平均日旅客发送量等客运站规模影响因素，选择一定的等级规模。一般农村客流集散中心建设三级或四级客运站。

2. 港湾式停靠站

城镇公交港湾式停靠站点应设置在公交线路沿途所经过的各主要客流集散点上。不同范围的公交线路应有不同的站点设置要求,以满足乘客便捷出行的需求。

建城区范围内城镇公交线路公交站点主要是借用城市公交站点,在主要的几个枢纽点上设点,一般不宜设置太多站点。对于在建城区外部城镇公交线路站点,宜选择布设在各乡镇、中心村,站点设置时,应根据客流的集散量的多少,沿途主干公路设置港湾式停车站,并规划建设具有统一标准形式的公交停靠站,或者设置简易站牌,站点附近可以通过小型客运出租车(出租摩托车、面的、小四轮)来接送乡村的乘客到达站点,扩大城镇公交的覆盖与服务范围。

3. 终点回车场

终点回车场主要建在城乡公交通村线路终点,建设数量根据各镇通村线路以及用地的具体情况确定。

4. 中途简易(招呼)站

在城乡公交线路沿途非主要客流集散点以及设站空间受限的地方,可以设置中途简易(招呼)站点。

模块 4　城市停车

停车是实现人和物移动的交通出行中的必要一环，城市停车对城市空间品质、交通体系及运行的影响深远。城市停车影响了城市品质，高品质公共空间塑造是美丽宜居城市建设的重点，但由于当前城市停车占用慢行空间、侵占绿化空间等现象普遍存在，降低了城市公共空间的活力与品质。此外，城市停车还影响了交通体系的可持续发展。停车作为城市交通系统的重要部分，其发展必须服从于城市综合交通战略目标要求，我国地少人多的特殊国情决定了必须坚持公交、慢行主导的绿色交通发展路径，缓解城市停车难问题也必须以遵从这一总体目标为前提，做好与公交、慢行的协调，否则不仅会加剧交通拥堵，更会影响城市交通的可持续发展。城市停车影响了道路交通的运行秩序与服务水平。相关研究表明，在缺乏有效治理措施的、供需矛盾大的区域，停车找车位绕行产生的交通量占比可达30%以上，城市核心区甚至高达70%，加剧交通拥堵。

4.1　停车场特性及分类

4.1.1　停车场的特性

停车场是城市交通基础设施的重要组成部分。公共停车场具有"准公共物品"的特点，它要为从事各种活动的出行者提供公共停车服务，服务范围广，对服务对象没有选择性，是人人都可享用的城市市政公共设施之一；非公共停车位则具有房地产的特性。停车场具有三个特点：一是不可储存性，表现在非高峰时段容量过剩，高峰时段容量不足；二是不可运输性，体现在无法实行空间上的调节；三是作为社会资源的有限性，与道路交通相比，停车位的总需求是"刚性"的。鉴于我国城市土地资源紧张，城市停车场的供应与需求将始终存在着矛盾。停放车辆是道路交通的一个重要问题，是车辆为完成不同的出行目的或保管而产生的在不同区域、不同停放场所的停放状态，即静态交通。它是影响城市内部和城市间交通运输的重要因素之一。一个城市如果没有适当数量和地点的停车场，必将造成车辆沿街任意停放，占用人行道和车行道违章停车，既会降低实际路网容量，妨碍正常的道路交通，又妨碍了市容美观，而且容易引发交通事故，给居民工作、生活带来不便。反之供给过大，一方面会引起路网超负荷运行而产生交通堵塞，另一方面在既定的路网容量下造成泊位空闲资源浪费。

4.1.2　停车场的分类

停车场作为我国城市静态交通的重要组成部分，需要进行全面的统一规划和设计，解决各个阶段城市的停车难问题。对于不同类型的停车场，其停放车辆类型、服务对象、场地位置、土地使用和管理方式也不同。一般可以从以下三方面对停车设施进行分类：

1. 按服务对象分类

根据服务对象的不同，可分为社会公共停车场、建筑配建停车场以及专用停车场3种。

（1）公共停车场：也被称为公共停车设施，为从事各种公共活动提供停车服务，通常设置在城市商业区、城市出入口道路的过境车辆停车区以及停车需求集中在公共交通枢纽附近的区域。

图 4.1-1　公共停车场

公共停车根据服务对象的不同又可细分为以下3类：

① 配建公共停车场：面向社会停车的建筑物配建停车设施，其停车场用地属于建筑物开发用地的一部分。

② 路外社会公共停车场：设置在路外的、面向社会停车的公共停车设施，其用地性质为社会公共停车场用地。

③ 路内公共停车场：设置在道路红线以内、面向社会停车的公共停车设施，其用地性质为道路用地。

（2）配建停车场：指建造的大型公用设施或配套建设停车场，为公共活动提供配套的停车服务。

图 4.1-2　地下配建停车场

（3）专用停车场：指专门的交通主管部门或企业自备停车场，单位内自有车位。

2. 按场地位置分类

按场地位置分类：根据停车场和城市道路系统的相对位置，可分为路上停车场、路边停车场、路外停车场。

（1）路上停车场：指城市道路两侧或一侧，划出若干段带色路面，供车辆停车。路上停车时对动态交通的干扰较大，因此必须保持足够宽的道路供车辆通行。

（2）路边停车：指城市道路两侧或一侧安排了一些路边停车位。虽然道路上的干扰少，但路边停车对行人交通顺畅和交通安全有较大的影响

图 4.1-3　路边停车场

（3）路外停车场：指位于道路红线外，通过专用通道与城市道路系统连接的各种停车场，对动态交通的影响较小。

3. 按建筑类型分类

按建筑类型分类：根据建筑类型，停车场可分为地面停车场、地下停车库、地上停车库、多用停车库、机械式立体停车库 5 类。

（1）地面停车场：地面停车场具有布局灵活，停车方便，管理简单，成本低的特点，是最常见的停车位类型。

（2）地下停车库：地下停车库通常有一层或多层，可以缓解土地的短缺，提高土地利用价值，明显降低土地成本，但需要额外的照明、空调、供水和排水系统，维护成本较高。

（3）地上停车库：是一个固定的建筑，由于成本高、车位利用率较低，这种单一用途的车库已越来越多地被多用停车库取代。

（4）多用停车库：是一个多用途的建筑，主要是用于停车，但也有相当一部分建筑面积为商业、金融、电信、娱乐和办公。正是凭借它的多用途，多用停车库具备较大的吸引力，停车位利用率也较高。

图 4.1-4　机械式立体停车场

（5）机械式立体停车库：在城市中心或不规则土地上，建设多层半固定式钢架式停车库，使用电梯或升降机自动停泊的车辆将需要运行向上和向下或水平，从而运送到适当位置停车。这样

的停车场节省空间，可降低建设成本，是解决城市中心停车难的有效途径之一。

4.2 停车调查

在规划停车场时，首先必须对停车设施的容量和使用情况进行调查，对于现状的停车需求程度和停车地点、现有的路外停车设施进出口是否合理、容量是否适当、这些设施对于相邻的道路交通流有何影响、改善停车设施的效果和意向性等调查内容，必须获取详细的数据和调查资料。

1. 主要调查内容

停车调查包括停车供给调查、停车需求调查和停车管理调查三方面的内容，调查对象包括建筑物、停车设施和停车个体等三种类型。其中，停车供给调查和停车管理均是针对停车设施的，具体内容包括停车设施的位置和类型、设施内车位的供给数量和形式、停车配建标准、停车设施规划管理的主管机构、路外公共停车场建设的融资机制、单体设施的管理主体、设施内收费制度、车辆准入制度、经营情况等。停车需求调查通常分成两种：① 面向建筑物或停车设施所作的需求调研，具体包括车辆到达和离开规律、停车时长分布特征、实时泊位需求等调查内容；② 针对停车个体选择行为或选择偏好所作的调研，具体包括停车目的、停放时长、停车设施与目的地间的步行距离等客观选择情况的调查，以及基于假设情境或面向用户容忍度所做的意向选择调查。

以停车设施规划为导向时，需要重点调研的内容主要集中于停车需求，以从中获取不同类型停车设施的利用率、周转率、高峰泊位需求影响因素以及个体停车选择因素等，上述各要素将直接影响到分区停车需求的测算和设施规划方案的制定。

2. 调查方法

需要通过相关部门的公示文件和统计资料获知城市停车设施的供给和管理情况，需要选取典型的停车设施进行个案的调研。通常情况下，可以通过城市交通管理部门的统计数据获取城市对外开放停车设施的泊位供给情况，而不对外开放的部分则需要选取样本进行补充调研。为了解停车供给现状所产生的原因，可通过城市规划部门搜集城市历年的建筑物停车配建标准以及路外公共停车设施的投融资方式等资料。停车管理中涉及的职能架构及分工，可通过城市专设的停车管理办公机构进行了解；停车收费信息不仅需要从城市公示的收费条例和各停车场公示的收费标准中了解，还有必要通过停车设施管理人员了解面向不同停车需求所采取的收费措施；停车设施准入情况既可通过交通管理部门的统计资料予以判断，也可选取典型的停车设施进行调查核实。

停车需求的变化情况较为丰富，所采用的调查方法主要有连续式调查法、间断式调查法和问询式调查法三种。

4.3 停车规划

4.3.1 停车规划的内容

根据我国法律法规，城市建筑物有义务根据其用途配建相应的停车设施。除了这些建筑物的配建停车场外，城市还应当规划、建设一定数量的公共停车场。这些关于停车场的法律法规、行业规范及管理文件，从多个方面对停车场的规划、设计和管理做出了详细的规定。

停车场规划就是确定停车场建设目标，并制定达到该目标的步骤、方针及方法的过程。早期的停车场规划、设计几乎毫无例外地指停车场相关硬件设施的规划设计。例如，停车场的规模、布局以及停车场的结构、设备等内部设计。

停车问题与城市交通乃至城市规划都有着密切的关系，单纯从停车的角度考虑停车问题，不仅不能很好地解决城市停车问题，还有可能引发其他问题。例如，交通繁忙的地区提供充足的停车设施时，有可能吸引更多的机动车出行，从而引发更为严重的交通拥堵问题。因此，在交通规划、停车规划的同时，停车政策、法规的建设等越来越受到人们的重视。从而呈现出将停车政策、法规作为城市交通政策的一部分，利用停车来调整城市交通结构的趋势。因此，停车相关政策、法规建设等也成为停车场规划的重要内容。

由此可见，停车场规划的概念有了新的拓展，出现了狭义和广义之分。传统的狭义停车场规划的对象仅仅是和停车相关的硬件设施，而广义的停车场规划的概念则既包括这些硬件设施的规划，也包括和停车有关的软件（政策、法规等）的规划。

4.3.2 停车规划原则

（1）停车规划应当落实建筑物配建停车场为主、路外公共停车设施为辅、路内公共停车设施为补充的供给结构，保证城市不同片区内各种停车供给设施相协同。

（2）停车规划应保证停车设施供给和管理之间相协同，使停车设施规划与管理规划保持一致。

（3）停车规划应确保停车系统与道路网系统、公交系统等其他交通系统相协同，保证停车设施容量与道路网容量相匹配，保证停车设施和管理规划与道路网布局、公交枢纽布局等相协调。

（4）停车规划应注重停车系统和用地间的协同，以城市总体规划和分区规划为依据进行设施布局，以满足不同区位、不同类型和不同开发强度用地的停车需求。

4.3.3 停车规划的目标和流程

1. 停车规划的目标

停车场规划首先应当与上位规划（如城市总体规划、城市综合交通规划等）、政策（如城市交通政策、停车政策等）保持一致。其中，停车政策的目标常常随着时代（停车需求及停车供给的情况）而变迁。近几年，停车政策作为交通需求管理（TDM, Transportation Demand Management）的一项重要手段，被广泛采用。

常见的停车政策的主要目标有如下几种：

（1）根据城市开发特点，对城市分区域停车供给。

（2）大力促进路外停车场规划建设。

（3）合理规划设置并利用路内停车资源，规范路内停车场管理。

（4）利用停车供给、收费等手段，控制城市中心区交通量，缓和交通拥堵。

（5）其他，例如对于城市特定的地区规划无车区，结合历史文化保护制度进行专门的停车规划等。

2. 停车规划的流程

城市停车设施规划思路可归纳为：在综合调查与分析的基础上，结合停车发展策略进行停车需求预测，以需求预测结果为依据，确定满足一定需求比例下的全市停车设施供应规模，进而确定在此供应规模下配建停车设施、公共停车设施的规模，针对配建停车设施提出配建停车指标，针对公共停车设施进行布局规划，并对规划方案进行评价，最后提出方案实施的保障措施。

具体的停车场规划步骤如图 4.3-1 所示。其中，停车需求预测是停车场规划中最需要解决的问题之一。

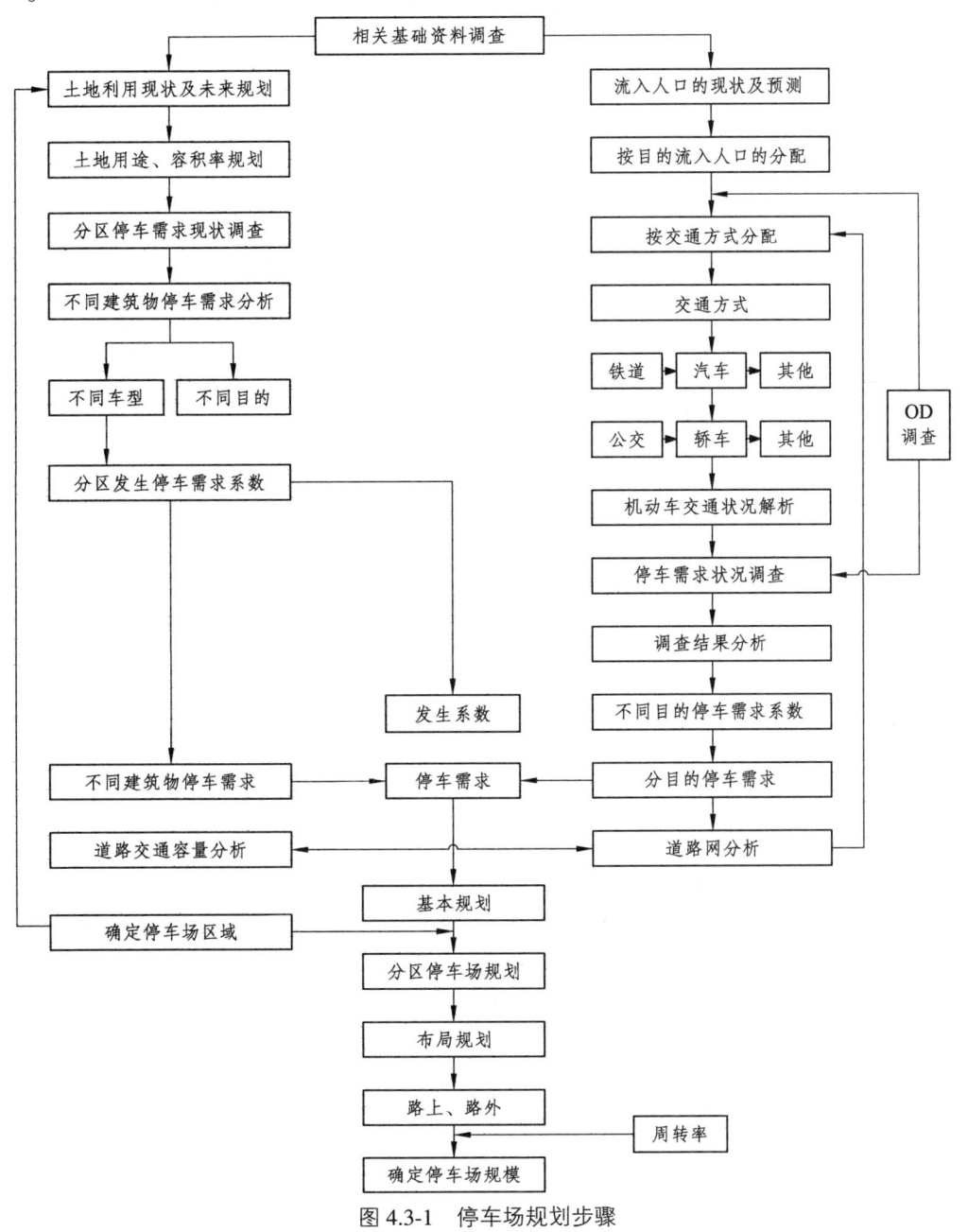

图 4.3-1　停车场规划步骤

4.3.4 停车发展策略及需求预测

1. 停车发展策略

停车发展策略是调节城市停车供需关系的重要手段。制定城市停车发展策略时应注意以下几点：

与城市总体交通发展战略相协调；

与国家及地区的汽车产业发展政策相一致；

停车设施的供应不仅要考虑满足停车需求，还要兼顾路网容量，要充分考虑区域差异性；

要有针对性地解决城市的停车问题；

停车设施系统要能可持续发展。

具体的停车场发展策略如下。

（1）配建停车场发展策略。

配建停车场在城市停车设施中起主导作用。应遵循"谁家吸引的车辆，谁家承担建设其停车泊位"的原则。配建停车场是为大型公用设施或者建筑物配套建设的停车场，主要是为本建筑内各单位的就业人员以及与该设施业务活动相关的出行者提供社会停车场服务所。各个建筑设施拥有者应该承担建设配建停车场的义务，自行满足由其带来的停车需求，尽量避免将停车问题作为社会成本。

（2）路外公共停车场发展策略。

路外停车场是公共停车场的供应主体。

在近期应以"扩大停车供应为主、抑制停车需求为辅"的策略作为阶段性的政策，而远期则以需求管理为主。

停车供应须切实满足城市停车的需求，应以停车的高周转率和高服务水平为目标，避免由于泊位的空置而造成对社会资源的浪费。

（3）路内停车场发展策略。

路内停车场是公共停车场的有效补充。

近期严格控制交通流量大的主次干道路内的停车供给，规范其停车行为；对于交通流量不大的部分路段，在不影响交通正常运行的情况下，科学设置路内停车泊位，满足交通管理要求，将对城市交通的影响控制在容许范围之内；随着路外停车设施的完善，路内停车应进行适时调整，实行动态评估和滚动的规划。

远期逐渐减少路内停车供给，将停车需求引到路外公共停车场。根据城市路网状况、交通状况、路外停车规划及路外停车设施的建设情况，控制路内停车泊位发展规模。

2. 停车需求预测

停车需求是城市土地利用状况、机动车保有量及出行水平、城市人口及社会经济发展状况、交通政策等众多因素综合作用的结果。停车需求预测应以城市交通发展战略和机动车发展水平为依据，在停车调查的基础上，根据城市用地规划、交通出行特征、交通服务水平及城市交通管理等因素，预测城市停车（位）需求总量及空间分布。

停车需求预测可分为宏观停车需求预测和微观停车需求预测，这两者之间并没有严格的界限。通常，微观停车需求以某一个或几个停车场为研究对象，而宏观停车需求预测则用于分析更广大区域的停车需求，其目的是确定区域未来停车需求的总量，并以此为基础，确定路内停车场、路外公共停车场和配建停车场的规模。

预测方法主要有静态交通发生率模型、相关分析模型、机动车OD预测、交通量-停车需求模型等4种。表4.3-1列出了这4种常用方法的使用前提、调查内容及各自的优缺点。

表4.3-1 停车需求预测方法对比

预测方法	用地分析预测	相关分析预测	机动车OD预测	交通量-停车需求预测
前提条件	有详细的人口、就业规划资料	有详细的人口、就业及城市经济活动等规划相关资料	已做城市交通规划研究，并有完整的OD数据	预测地区用地功能较均衡、稳定
所需调查内容及要求	①停车特征调查，土地利用性质调查②调查若干个不同用地性质的区段、建筑物	①停车特征调查②人口、就业、城市经济活动及土地使用等多个指标的现状调查或收集	停车特征调查	①停车特征调查②地区各出入口交通量分时段分车型的调查或收费③地区封闭性停车量调查（分时段、车型）
技术方法	根据不同土地利用特性所产生的停车需求和交通影响函数推算机动车停车需求	通过建立停车需求与城市经济活动及土地使用变量之间的函数关系来进行预测	根据近远期预测的机动车OD数据，推算机动车停车需求量	根据地区吸引交通流量推算机动车停车需求量
优点	此方法预测的高峰停车需求量与用地特性密切相关，在空间分布上可信度较高	此方法考虑的相关因素较多，预测方法较严密	此方法确立在总体规划确定的用地规划和交通规划提出的城市交通发展战略的基础上预测的高峰停车需求量，是宏观控制需求量，对城市动静态交通系统形成具有引导和指导作用	方法简单，思路明确
缺点	预测年限越长，交通影响函数精度就越差，因此，远期停车需求总规模精度有一定误差	本方法为多元回归模型，需标定多个系数，方法较为复杂，调查工作量大，实用性不广，预测年限较短	对OD的依赖性较强，空间分布性较弱	只能适用于范围较小，用地性质较简单的地区，预测年限较短

4.3.5 停车布局规划

1. 停车场选址考虑的主要因素

停车场在城市中的布局应当综合考虑城市分区的功能和城市道路网的特征等因素。面向社会开放的公共停车场的分布应当根据服务对象（设施、车辆的种类）、性质配合城市停车政策来确定。

例如，主要服务于外来货运车辆的停车场应当设置在城市外环路、城市的出入口道路附近；市内公共停车场应当靠近主要服务对象，并在城市对外交通设施的机场、车站、码头城市公共交通换乘枢纽站附近，以方便换乘。通常情况下，停车场的选址应当考虑如下问题：

（1）服务半径（步行距离）。

服务半径指泊车者从停车场与的地之间的距离。由于是步行，泊车者期望这段距离越短越好。国内外的研究表明，泊车者的步行时间 5~6 min，距离 200 m 以内比较合适，最大不宜超过 500 m。

（2）停车场的可达性。

停车场的可达性指泊车者通过城市路网到达停车场的难易程度。停车场的可达性越好，被泊车者使用的可能性就越大。

（3）建设费用。

建设费用指包括建筑费用、征地拆迁费用以及环保等在内的总费用。它和停车场的使用效率一起，在很大程度上决定着停车场的社会经济效益。

（4）与城市规划的协调性。

这里指在停车场的使用年限内，与所在地区的城市规划和交通规划相适应。

（5）保护城市文化、古建筑和景观。

为了满足旅游交通的需求，应当在城市内名胜古迹、郊区风景旅游点附近设置停车场。但是，考虑到城市文化、古建筑以及景观的保护等问题，停车场的选址应当与被保护对象间有适当的距离。

（6）公共空间的有效利用。

通过充分利用公共设施（如公园、广场等）的地下空间，既可以有效利用空间，又可以有效地解决城市景观的问题。

上述部分因素相互影响、相互制约，因此，在应用时必须根据城市条件以及当前的主要矛盾，有针对性地进行取舍。

2. 停车场选址及进出口设置中的注意事项

为了更有效地满足停车需求，需要确定在什么样的位置建设停车场。这时需要考虑的主要问题是确保用地、到达目的地的方便性、控制交通流的可能性以及相关法律法规等。

从控制交通流的角度考虑，停车场选址规划中最为重要的，就是停车场出入口的位置。对此，包括我国在内的许多国家的法律法规都做出了相应规定。我国 1988 年颁布的《停车场规划设计规则》（试行）中与停车场选址有关的规定如下：

（1）专用和公共建筑配建的停车场原则上应在主体建筑用地范围之内。

（2）机动车停车场内必须按照国家标准《道路交通标志和标线》（GB 5768—2009）设置交通标志，施划交通标线。

（3）机动车停车场的出入口应有良好的视野。出入口距离人行过街天桥、地道和桥梁、隧道引道须大于 50 m；距离交叉路口须大于 80 m。

（4）机动车停车场车位指标大于 50 个时，出入口不得少于 2 个；大于 500 个时，出入口不得少于 3 个。出入口之间的净距距须大于 10 m，出入口宽度不得小于 7 m。公共建筑配建的机动车停车场车位指标，包括了吸引外来车辆和本建筑所属车辆的停车位指标。

由我国住房和城乡建设部发布的《车库建筑设计规范》（JGJ 100—2015）中的有关规定如下：

（1）车库基地的选择应当符合城镇的总体规划、道路交通规划、环境保护及防火等要求。

（2）特大型、大型、中型机动车库的基地宜临近城市道路；不相邻时，应设置通道连接。

（3）公共车库基地应选择在停车需求大的位置，并宜与主要服务对象一起，位于城市道路的同侧。

（4）专用车库基地宜设在单位专用的用地范围内。

（5）车库基地的选择应充分利用城市土地资源，地下车库宜结合城市地下空间开发及地下人防设施设置。

此外，由国家技术监督局、住房和城乡建设部联合发布的《城市综合交通体系规划标准》（GB/T 51328—2018）中有关规定如下：

（1）外来机动车公共停车场应设置在城市的外环路和城市出入口道路附近，主要用于停放货运车辆。市内公共停车场应靠近主要服务对象设置，其场址选择应满足城市环境和车辆出入又不妨碍道路畅通的要求。

（2）市内机动车公共停车场停车位数的分布：在市中心和分区中心地区，应为全部停车位数的 50%～70%；在城市对外道路的出入口地区应为全部停车位数的 5%～10%；在城市其他地区应为全部停车位数的 25%～40%。

（3）机动车公共停车场的服务半径，在市中心地区不应大于 200 m；一般地区不应大于 300 m；自行车公共停车场的服务半径宜为 50～100 m，并不得大于 200 m。

（4）机动车公共停车场用地面积，宜按当量小汽车停车位数计算。地面停车场用地面积，每个停车位宜为 25～30 m²；停车楼和地下停车库的建筑面积，每个停车位宜为 30～35 m²。摩托车停车场用地面积，每个停车位宜为 2.5～2.7 m²。自行车公共停车场用地面积，每个停车位宜为 1.5～1.8 m²。

（5）机动车公共停车场出入口的设置应符合下列规定：

① 出入口应符合行车视距的要求，并应右转出入车道。

② 出入口应距离交叉口、桥隧坡道起止线 50 m 以外。

③ 少于 50 个停车位的停车场，可设一个出入口，其宽度宜采用双车道；50～300 个停车位的停车场，应设两个出入口；大于 300 个停车位的停车场，出口和入口应分开设置，两个出入口之间的距离应大于 20 m。

4.3.6　公共停车场选址布局规划

1. 停车场选址布局的原则

在城市停车设施选址布局规划时，应主要考虑以下几个原则：

（1）最大限度地满足服务范围内的停车需求。停车设施应选择停车位短缺及停车需求大的地点。布设的停车场不仅能为停车者提供便捷的泊车服务,也能为吸引停车者的公用设施提供最大停车容量。

(2) 停车设施的设置应符合城市规划要求。各停车设施在设置时要首先考虑到其设置后近期的需求大小和服务对象,另外还应考虑其周围土地利用和道路交通状况。停车设施在设置时应控制适当的停车供需关系,保证停车设施被充分利用,并且要保证停车容量与路网交通容量保持平衡。

(3) 泊车者步行距离最小。停车场到目的地的步行距离是确定停车场利用范围的重要因素,一般把停车场的利用范围定为半径 500 m 的圆内,同时要考虑从停车场与目的地之间步行所经过的街道状况对停车者的心理影响。

(4) 避免造成主干道和交叉口交通组织的混乱,停车设施的出入口应尽量设在次干道上,并尽可能地远离交叉口。

(5) 停车、取车便利。要避免车辆进入停车场前或出停车场后都必须连续大拐弯,或停车后还要车辆穿过几条交通干线才能到达目的地的停车场。停车场的位置,应尽可能设在使用场所的同一侧(即内侧停车场),以便使人流、货流集散时不穿越道路;有条件时,最好能按来车方向的不同划分停放场地,以便于疏散和管理。

(6) 结合停车设施类型的选择同时考虑。配建停车场应紧靠使用单位设置。公共停车场应尽量在全市供需均衡分布;对于大型群众活动的广场、体育场等大型集会的场所,最好按分区就近设置的原则确定停车场的位置,以有利于车辆在短时间内迅速疏散。

(7) 建造者的建设费用低廉。考虑地块特征对建设成本的影响,尽量使停车场的服务能力强,利用率高,营运成本低。

(8) 停车设施的设置应配合公共交通站点的布置,包括公交线路等,使公共交通与其他交通方式之间顺利衔接;另外,停车设施的设置还应与城市步行街和专用道相结合。各停车设施应设置在大型公共建筑和设施附近,如客运枢纽、文体设施、商场、宾馆饭店和娱乐场所等,停车设施应方便车辆出入和停驻,临近主干道,靠近次干道,并尽量避免穿越道路交通。

2. 规划方法

进行停车布局规划时,便指出所有规划的停车设施的位置,确定其规模大小和建造形式是不可能的,也不符合土地开发不确定性的现实情况。相反,如果对于规划的停车设施,如果都没有办法给出其位置、规模、建造形式等,则无法指导规划方案的确立。所以停车规划适宜采取一种集控制性和可操作性于一身的布局思路,做到宏观与微观结合,刚性与弹性并举。规划方案既具有可明确执行的内容,同时又留有一定余地,为城市新区土地开发和旧城改造的不确定性埋下伏笔。这种布局方法是刚性布局法和弹性布局法的综合,规划方案中要有一定的宏观布局设施,留待于区域开发或改造时系统考虑再确定,同时也要针对当前停车矛盾相对集中、突出的区域,详细论证规划方案选址地点、规模、建造形式、交通组织等,并与相关管理部门反复沟通协调,达成一致意见,以解决实际问题。

刚性布局法:对规划的停车设施的位置、规模、建造形式等已经基本确定的方法。这种方法适用于城市建成区停车矛盾突出且土地使用性质变化不大的区域，适合于近期停车设施建设和改造。使用这种方法规划出来的停车设施一旦确定，就应付诸实施，不能随意改动，所以在规划的过程中，要详细分析该点的停车需求，与当地的规划管理人员充分沟通，落实规划处土地的可得性和建筑容量可能性，要与交通管理人员研究出入口和相邻路段的交通组织方案，要与开发和投资部门研究资金的投入和产出，要对实施的效果给予综合评价，以便于合理确定该停车设施的位置、规模和建造形式。

弹性布局法：这种布局方法确定了某一个区域内停车设施的供应规模，该区域由一个或多个停车设施分担，但是不能确切指出各停车设施的位置，有待于结合土地开发综合考虑。弹性布局法存在两种情况，一种是可以确定该区域的主体停车设施的大致规模和位置，其他停车设施位置、规模等未知；另一种情况是区域内的停车设施位置、规模等都未知，其泊位的供应实现形式可以因地制宜、灵活多样。弹性布局法多适用于城市新区的开发以及停车矛盾不突出、开发强度不大的区域，适合于远期停车用地的预留。

3. 停车场选址模型

停车场选址模型包括概率分布模型、停车需求分布最大熵模型、多目标对比系数模型等。这里不进行详细介绍。

4.3.7 配建停车场规划

需配建停车位的建筑物应按照土地使用性质划分大类，按照建筑物类型、使用对象及各类建筑物停车需求特征不同来细分建筑物子类，并根据城市的发展特点进行调整。建筑物配建停车位标准在制定时应结合城市特点开展专题研究，要能体现停车位总量控制和分区差别化原则：

（1）各类建筑物配建停车位标准应按照差别化原则合理设定下限与上限控制标准。

（2）城市中心区的停车配建标准应低于城市外围地区。中心区、公共交通发达地区的商业、办公等建筑物应设置上限标准，合理控制停车设施规模。

（3）在相同区域内公交服务水平高的地区，可降低配建停车位标准。轨道站点 500 m 半径覆盖区域内建筑物停车配建标准相比其他区域进一步降低。

（4）对于机场、港口、公交枢纽、体育设施等大型公共建筑物，以及其他重大建设项目，要通过开展交通影响评价和专题论证来确定配建停车位规模。

（5）考虑停车位的共享和高效利用，城市综合体等多种性质混合的建筑物配建停车位规模可小于各单种性质建筑物配建停车位规模的总和，但不应低于各种性质建筑物需配建停车位总规模的 80%。

（6）对于新建或改建的住宅项目，若周边邻近 300 m 范围内地块存在基本停车位缺口，可适当增补该项目停车配建标准并对周边共享使用。原则上不超过标准配建数量的 20%，且增配量不能对周边道路交通产生显著影响。

（7）建筑物停车位配建标准应根据需要，结合城市停车设施专项规划编制进行调整。

表 4.3-1 列举了南昌市建筑配建停车指标。

表 4.3-1 南昌市建设项目泊车配件标准

建设项目种类			配建计算单位	灵活车配建指标			非灵活车配建指标		
				一类	二类	三类	一类	二类	三类
居住	商品住所、农民公寓、拆迁还建房		车位/100 m²	0.7	0.8	0.8	1	0.5	0.5
	保障性住宅(廉租房、公租房、经济合用房)		车位/100 m²	0.5	—	0.5	1.5	—	1
办公	行政办公	拥有执法、服务窗口	车位/100 m²	1.0	0.8	1.2	1.5	1	1
		其余	车位/100 m²	0.8	0.7	1	1.5	1	1
	其余办公		车位/100 m²	0.6	0.6	0.8	2	15	15
商业	大型商场、购物中心、商场（>5 000 m²）		车位/100 m²	0.8	0.6	1	2	1.5	1.5
	一般商业设备（<5 000 m²）		车位/100 m²	0.6	0.5	0.6	2	1.5	1.5
	市场	批发市场	车位/100 m²	0.5	0.5	0.7	2	1.5	1.5
		农贸市场	车位/100 m²	0.5	0.5	0.8	5	5	5
	餐饮、娱乐		车位/100 m²	2	1	2.5	3	2	2
	旅店业	其余酒店	车位/客房	0.4	0.4	0.4	0.5	0.5	0.5
		三星级酒店及以上	车位/客房	0.5	0.6	0.8	0.2	0.2	0.2
		服务型公寓	车位/100 m²	0.7	0.8	0.8	1	0.5	0.5
医疗	综合医院、专科医院		车位/100 m²	0.7	0.6	0.9	25	L5	L5
	区以下医院、社区医疗设备		车位/100 m²	0.4	0.5	0.6	2.5	1.5	1.5
	休养院（含养老院、养老公寓）		车位/100 m²	0.5	0.5	0.6	2.5	1.5	1.5
文体设备	体育场		车位/100 座	3	3.5	4	15	12	10
	休闲体育活动场馆(含老年活动中心)		车位/100 m²	0.6	0.5	0.6	2	1.5	1.5
	影剧院		车位/100 座	4	4.5	5	12	10	8
	图书室、博物馆		车位 100 m²	0.3	0.4	0.5	2.5	1.5	1.5
	展览馆		车位 100 m²	0.6	0.6	0.8	3.5	2.5	2.5
学校	教员工车位（新增）	大中专院校	车位/100 教工	20	30	30	40	40	40
		高中	车位/100 教工	15	20	20	50	40	40
		初中	车位/100 教工	12	15	20	35	30	30
		小学、幼儿园	车位/100 教工	12	15	20	25	20	20
	学生接送暂时停车位	大中专院校	车位/100 学生	2	2.5	3	40	40	40
		高中	车位/100 学生	1.2	15	3	40		
		初中	车位/100 学生	1.2	15	3	30		
		小学、幼儿园	车位/100 学生	1.2	1.5	3	小学：20；幼儿园：5		
交通枢纽	汽车站		车位/千游客设计量	15	—	25	15	—	20
旅行场所	一般性公园、景色区、动物园		车位/每公项用地面积	15	18	20	12	12	12
	主题公园			—	—	25	—	—	10
工业和物流仓储	厂房		车位/100 m²	—	—	0.3	—	—	2
	库房		车位/100 m²	—	—	0.3	—	—	2

4.3.8 路内停车场规划

由于道路的正常功能是为车辆出行提供服务的，而路内停车是占用道路资源的一种行为，其设置对道路的通行能力有很大的影响。据国外的统计资料，1 km 路段上沿路边停放 3 辆车，在路段上平均车速为 24 km/h 时，路段通行能力损失为 200 辆/h；如道路两边停放车辆达 310 辆，亦即 1 km 路段两边几乎都停满时，路段通行能力损失约为 800 辆/h。如车辆沿道路零散停车，则路段通行能力的损失率比沿道路整齐停放时还要大。此外，车辆在道路上的乱停乱放，不仅严重影响了居民的出行方便，而且容易造成交通事故，同时也容易给他人留下城市市容不良的印象。

因此，为了有效地对路内停车进行管理，有必要对路内停车做出科学、合理的规划。在规划时，一般应考虑以下因素：道路条件以及道路交通状况；路外停车设施的状况；路外、路内停车特征；道路交通管理政策与管理水平等。并应遵循以下原则：

（1）路内停车规划必须符合城市交通发展战略、城市交通规划及停车管理政策的要求，路内停车规划应与城市风貌、历史、文化传统相适宜。

（2）路内停车位施划应符合道路交通管理相关法律法规和管理规范。

（3）应根据城市路网状况、交通状况、路外停车规划及路外停车设施建设状况，按路内停车的功能确定设置路内停车泊位的控制总量。目前《城市道路路内停车位设置规范》（GA/T 850—2021）中路内停车泊位设置率的相关规定见表 4.3-2。

表 4.3-2 路内停车泊位设置率

城市类型	小城市	中等城市	大城市	特大城市
比例	15%	<12%	<10%	<8%

（4）路内停车位设置应满足交通管理要求，并确保行人、非机动车通行的安全与畅通。

（5）路内停车应与路外停车相协调，随着路外停车设施的建设与完善，路内停车应做相应的调整，路内停车规划年限以 3 年为宜。

（6）对居民生活影响较大的道路上不宜设置路内停车位。对社会开放的大型路外停车场服务半径范围内，一般不能设置允许长时间停车的路内停车位。

（7）当道路车行道宽度小于表 4.3-3 中禁止停放的最小宽度时，不得在路内设置停车位。

（8）路内停车位主要设置在支路、交通负荷度较小的次干道以及有隔离带的非机动车道上。

（9）路内停车位与交叉口的距离以不妨碍行车视距为设置原则，建议与相交的城市主、次干道缘石延长线的距离不小于 20 m，与相交的支路缘石延长线的距离不小于 10 m；单向交通出口方向，可根据具体情况适当缩短与交叉口的距离。

（10）路内停车位与有行车需求的巷弄出口之间，应留有不小于 2 m 的安全距离。

（11）路内停车位的设置不得侵占消防通道，消防栓前后 4 m 内不得设置停车泊位。

（12）路内停车位的设置应给重要建筑物、停车库等的出入口留出足够的空间；人行横道停车标志、让路标志、公交车站、信号灯等前后一定距离内不应设置路内停车位。

表 4.3-3　设置路边停车场与道路宽度关系表

道路类别		道路宽度 B/m	停车状况
街道	双向道路	$B \geqslant 12$	允许双侧停车
		$8 \leqslant B < 12$	允许单侧停车
		$B < 8$	禁止停车
	单行道路	$B > 9$	允许双侧停车
		$6 \leqslant B < 9$	允许单侧停车
		$B < 6$	禁止停车
巷弄		$B > 9$	允许双侧停车
		$6 \leqslant B < 9$	允许单侧停车
		$B < 6$	禁止停车

4.3.9　停车规划的成果

1. 成果形式

（1）规划成果由规划文本、规划说明书、规划图纸、基础资料汇编组成。

（2）成果形式为纸质文档和电子文档。

① 纸质文档采用 A4 幅面竖开本装订，其中规划图集宜采用 A3 幅面印制并折页装订。

② 电子文档采用通用的文件存储格式。其中文本可采用 WPS、DOC、PDF 等文本格式，图纸文件应采用 CAD、GIS 等矢量文件格式存储。

③ 电子文档应包括停车普查数据、模型数据等数据文件，采用数据库、GIS 格式存储。

2. 规划说明书

（1）规划说明书由正文和附录两部分组成。

（2）规划说明书正文应当与规划文本的条文相对应，要对规划文本条文做出详细说明。

（3）城市停车设施专项规划、片区停车设施专项规划的规划说明书附录主要包括以下主要内容：

① 停车调查分析报告。

② 停车需求预测分析报告。

③ 相关部门建议。

④ 公众意见。

3. 规划图纸

（1）规划图纸所表达的内容应当清晰、准确，与规划文本内容相符。

（2）图面标明图名、风向玫瑰图、规划年限、比例、图例、编制单位、日期等。

（3）规划图集应按现状图、规划图、分析图的顺序排列。

（4）城市停车设施专项规划的主要现状图、规划图如下：

① 城市停车设施现状图。
② 城市停车分区图。
③ 城市停车需求分布图。
④ 城市停车供应分布图。
⑤ 城市公共停车场规划图。
⑥ 城市路内停车位设置要求示意图。
⑦ 城市停车设施近期建设规划图。
⑧ 典型片区停车综合改善方案图。
（5）分析图视需要进行绘制。

4. 基础资料汇编

（1）基础资料汇编应当包括规划涉及的相关基础资料、参考资料及文件。
（2）基础资料汇编按下列顺序进行编排。
① 文件。
② 基础资料。
③ 参考资料。

模块 5　交通影响评价

5.1　交通影响评价的定义、工作内容以及流程

1. 交通影响评价的定义

交通影响分析是通过研究土地开发项目与交通需求增长之间的关系，分析基地对城市交通的影响范围和影响程度，进而确定相应的对策或修改方案，实施补偿政策，以减小开发方案对交通的影响。开展交通影响分析，能够促进城市的合理开发建设，促使土地开发利用与交通的协调发展、保证社会资源使用的公平性，同时通过交通组织与改善，可提供优良的交通环境。

2. 交通影响评价时段与评价日

交通影响评价时段的选择应符合下列规定：

（1）当建设项目新生成交通需求的高峰时段与背景交通高峰时段基本重合时，建设项目新生成交通需求高峰时段应为交通影响评价时住宅类项目将早高峰 7:30~8:30 选为评价时段。

（2）当两者不重合时，建设项目新生成交通需求高峰时段与背景交通高峰时段均应为交通影响评价时段。

交通影响评价日的选择应符合下列规定：

（1）按工作日、非工作日分别叠加评价时段的建设项目新生成交通需求和背景交通需求，选择对交通系统影响最不利日作为交通影响评价日。

（2）当难以判断时，应对工作日和非工作日分别进行评价。

根据《江西省城市建设项目交通影响评价报告》(2018 年 7 月印发)，建设项目交通影响评价编制应包括的内容：

（1）确定交通影响评价的研究范围和年限及高峰时段。

建设项目交通影响评价的研究范围应符合下列规定：

① 住宅（T01）、商业（T02）、服务（T03）、办公（T04）类建设项目的交通影响评价范围应按照《建设项目交通影响评价技术标准》（CJJ/T 141—2010）有关要求划定。

② 交通枢纽、大型停车场等城市交通设施项目，其评价范围为建设项目邻近的第二条主干路或快速路围合的范围。

③ 城乡规划主管部门认为应当进行交通影响评价的建设项目，其评价范围为建设项目邻近的城市主干道或快速路围合的范围。

④ 建设项目选址阶段的交通影响评价，应在上述规定的基础上，根据实际情况和周边交通状况，适当扩大评价范围。

（2）建设项目的评价年限应符合的规定。

① 居住类和公建类建设项目的交通影响评价年限应按照下表划定。

表 5.1-1　评价年限

建设项目建筑面积/m²	交通影响评价年限
居住类项目建筑面积<100 000	正常使用初年
公建项目建筑面积<30 000	
居住类项目建筑面积≥100 000	正常使用初年； 正常使用第 5 年
公建项目建筑面积≥30 000	

② 交通枢纽、大型停车场等城市交通设施项目以及主管部门认为要进行交通影响评价的建设项目，其评价年限应为正常使用初年以及正常使用 5 年。

③ 建设项目选址阶段进行的交通影响评价，评价年限应为建设项目正常使用初年以及城市和镇总体规划年限。

（3）评价日和时段应符合的规定。

评价日和时段时应当选择最不利的日和时段。对于能明显确定的工作日、非工作日的叠加高峰时段情况，可以选择一个评价日的高峰时段作为评价时段；如果项目交通需求难以明显确定工作日或非工作日叠加高峰时段时，应分别计算两种评价日的高峰小时交通量，选择最不利的情况作为交通影响评价日和时段。

当建设项目新生成交通需求的高峰时段与背景交通高峰时段基本重合时，应当将两者叠加后作为交通影响评价的时段；当两者不重合时，建设项目新生成交通需求高峰时段和背景交通量高峰时段均应作为交通影响评价时段。

3. 分析评价范围内现状、各评价年限的土地利用与交通系统

介绍拟建项目的背景情况，周围的土地利用现状与交通系统以及研究区域未来的土地利用与交通规划时，应详细描述评价区域内的交通设施情况，包括街道名称、车道数和车道宽度、交通流方向、道路标志和交通信号、主要路口的几何特征、进出口、红线宽度、行人设施、专用和公用停车泊位、街边停车场和装卸区、公共汽车路线、站点和换乘处等。必须进行交通调查以获取评价区域的交通量数据，以作为与预测作比较的参考数。考虑到人行设施的不足时，还需要做行人调查。

4. 交通需求预测与分析

建设项目交通需求预测包括背景交通量测算和建设项目新生成交通量预测。

背景交通量主要由目标年过境交通量、评价范围内现状已建成项目目标年交通量和评价范围内其他新建项目评价年交通量组成。进行过境和现状已建成项目的交通量测算时应充分考虑历年

交通数据更新及城市土地利用的变化，可采用趋势分析法、类比法、四阶段法和其他方法等进行测算。测算时应根据数据资料的收集情况、建设项目规模和区域位置、技术条件等综合判断和选择合适的测算方法。

进行建设项目新生成交通量预测时应综合考虑建设项目的类型、建筑面积、出行率等因素，采用四阶段交通需求预测方法进行交通生成、出行分布和方式划分的预测。建设项目新生成交通量的预测应考虑城市交通政策分区，合理确定交通出行率和交通方式分担率的取值。城乡规划主管部门应制定适合本市建筑的交通出行率和交通方式分担率参考取值范围，编制单位应以此范围为基础，结合实地调查做必要修正。交通影响评价报告编制单位应利用交通分析软件进行定量分析评价。

交通需求预测所需基准年份的基础数据应当通过现场交通调查获取。交通调查时段应包括建设项目新生成交通和背景交通的高峰时段。

交通出行率调查样本应从和建设项目邻近、已投入使用并与建设项目性质类似的建筑中选取。交通出行率调查数据如与城乡规划主管部门制定的数据取值范围有较大偏差（20%以上），应进行说明。如建设项目周边无类似性质建筑，应在城乡规划主管部门制定的取值范围内取值，并对选取数值进行说明。

应综合考虑同一项目不同使用功能之间的内部交通出行对交通需求的影响。

5. 评价建设项目交通影响程度

从公共交通、慢行交通、其他机动车交通以及停车设施的交通组织、服务水平等方面全面分析建设项目对周边交通的影响程度，并对现有的交通方案进行评价和检验。对于重要的建设项目，还需采取交通仿真手段，从微观角度对交通服务水平进行评价。

严格依据《建设项目交通影响评价技术标准》（CJJ/T 141—2010）中的影响程度评价指标来判定建设项目的交通影响程度。

位于历史文化保护区、风景名胜区等特殊地区以及在评价年限内交通设施和交通政策有重大改变地区的建设项目，以及重大项目选址阶段的交通影响评价，交通影响程度评价指标可由当地另行确定。

6. 提出交通设施改进和相关措施

建设项目对评价范围内交通系统有显著影响时，必须对评价范围内相关交通设施提出改善措施建议。

依据分析评价结果，提出减小建设项目对周围道路交通影响的改进方案和措施（外部和内部交通系统），处理好建设项目内部交通与外部交通的衔接，提出相应的交通管理措施，并对改进的措施和方案进行评估。

项目选址阶段的交通影响评价，主要侧重于项目对外联系是否顺畅及项目对外部交通的影响等问题，对于内部的交通措施可提要求和建议，供后续建筑设计单位参考。

当无法通过可行的交通改善措施使得评价范围内改善后的交通系统运行指标均符合标准规定时，应判定其交通影响为不可接受。对于交通影响不可接受的建设项目，应对其选址或建设项目报审方案提出调整建议。

7. 结论和建议

提出对建设项目建设规模的建议以及可接受的交通设施改进措施建议。

项目选址阶段的交通影响评价，应侧重于围绕项目选址和项目规模是否合理、需不需要进行调整等问题进行总结。

报建阶段的交通影响评价，应明确报审方案是否需要修改，改进措施是否有效以及对项目布局是怎样的评价等。

交通影响分析工作流程一般分为以下三个阶段：

第一阶段：收集资料，开展交通调查。搜集基地及周边地区的区位、社会经济现状及未来发展情况、人口分布、土地规划利用情况，基地初步设计情况等资料，并针对影响范围内的道路和交叉口的交通量、延误等，围绕现状交通设施的服务水平进行调查分析；对于缺乏发生吸引率等数据的基地，可通过调查相似建筑的小汽车、行人、自行车等发生吸引量以及停车场使用情况获得相关数据，以作为特征参数的选择依据。

第二阶段：交通需求预测与评估。预测背景交通量、基地交通量及停车需求，评估对道路设施、慢行设施、公共交通设施服务水平的影响以及停车供给能否满足需求、出入口设置是否合理等。

第三阶段：确定交通改善措施，给出交通影响分析结论。从交通组织、交通工程设计、土地利用等三方面提出相应的交通改善措施，并给出影响分析的评价结论与建议。

5.2 交通影响评价的成果构成及要求

交通影响评价报告内容应包括建设项目概况、评价范围与年限及高峰时段、评价范围现状与规划情况、现状交通分析、交通需求预测、交通影响程度评价、交通系统改善措施与评价、结论与建议。

（1）建设项目概况应包括建设项目主要规划设计条件、主要技术经济指标和业态、建设方案等内容。

（2）评价范围与年限及高峰时段。

（3）评价范围现状与规划情况应介绍评价范围内现状、规划的用地和交通发展情况。

（4）现状交通分析应包括下列内容：

① 交通调查方案说明；

② 现状交通运行状况评价，应符合以下规定：

a. 应对评价范围内各种交通方式的交通流特征、交通设施、交通管理政策及措施进行说明。

b. 应对评价范围内的现状道路、公共交通、自行车、行人和停车等交通系统的管理措施、供需和运行状况进行分析，提出现状交通系统中存在的主要问题。

（5）交通需求预测应对各评价年限、高峰时段的背景交通和项目新生成交通进行预测，分析评价范围内交通系统的交通量分布和运行特征，评价年项目内部机动车、非机动车停车泊位预测。

（6）交通影响程度评价应包括下列内容：

① 评价范围内主要交通问题分析。根据交通系统供需分析和交通影响程度评价，提出评价范围内交通系统存在的主要交通问题。

② 评价建设项目新生成交通需求对评价范围内交通系统运行的影响程度。评价对象应包括评价范围内的各种交通系统，包括机动车、公共交通、停车、自行车和行人等。评价空间包括路段及交叉路口，对交叉路口的评价要按国家标准执行。按建设项目停车配建标准核算，评价项目内部提供的停车场地面积是否满足评价年要求。

（7）交通系统改善措施与评价应包括下列内容：

① 改善地块（基地）出入口布局与组织，优化建设项目内部交通设施：

a. 根据地块（基地）出入口与外部交通衔接的状况，按照相关规范要求提出出入口数量、大小、位置以及交通组织的改善建议；

b. 优化建设项目内部交通与停车设施布局，并优化停车场（库）交通设计，原设计问题较大或较为复杂的停车场（库），应该要求开发商另行进行"停车场（库）专项交通设计"。

② 评价范围内的交通系统改善：

a. 各交通方式的交通组织优化；

b. 道路网络改善和道路改造措施；

c. 出入口以及交叉口的交通设计和信号控制改善；

d. 公共交通系统改善。内容宜包括公共交通运营组织、线路优化、场站改善等；

e. 自行车、行人和无障碍交通系统改善；

f. 停车设施改善。内容宜包括机动车、自行车停车设施，货车装卸点，出租车、社会车辆停靠点等。

g. 道路交通管理设施。由新建项目的交通需求而引发的评价范围内城市道路增添的交通信号灯、交通标志标线、交通诱导与交通监控设备等，并评估这些设施的造价。

③ 改善措施评价。

（8）结论及建议应包括下列内容：

① 交通影响评价的结论及建议应包括：评价结论、必要性措施和建议性措施；

② 评价结论应明确项目建成对评价范围内交通系统的影响程度，明确交通改善后建设项目交通影响是否可接受，以及是否需要对建设项目的选址和（或）报审方案进行调整；

③ 必要性措施是保证建设项目交通影响可接受的前提条件。建议性措施包括对建设项目内部或评价范围内交通系统推荐采取的措施与方法。对评价范围内交通系统影响为显著影响的建设项目，应明确必要性措施。

5.3 交通影响评价的主要内容

5.3.1 交通需求预测

交通需求预测主要包括背景交通量（基地外的交通量）预测、基地交通量（出行起讫点在基地）预测以及停车需求预测。

1. 背景交通量预测

背景交通量预测的是没有建设基地的情况下，预测特征年研究范围内的交通量。

背景交通的组成又可分为两个部分：第一，过境交通，即经过研究区域，但出行起讫点均在研究范围之外的交通；第二，交通出行起点或讫点在研究区域内，这种出行是由研究范围内其他基地产生的，包括考虑业已批准的可能会在研究期末建成的规划基地。背景交通量常用以下 3 种方法确定：交通规划法、弹性系数法、叠加法。

（1）交通规划法。

该方法适用于已编制了综合交通规划的城市，可直接应用于综合交通规划部分。

数据和指标对评价设施的交通背景负荷进行预测。在市区范围内，区域层次或次区域层次的交通规划一般会给出主要道路的交通预测数据。这些交通预测数据可以直接作为基地的未来背景交通量。若难以得到区域交通规划的交通预测数据，可采用交通仿真模型和 OD 反推理论来得到区域整体的 OD 分布，并以此为基础预测未来年出行 OD 分布，并将其分配到路网，从而得到预测年的背景路段流量。

（2）弹性系数法。

弹性系数法是通过研究确定交通的增长率与国民经济发展的增长率之间的比例关系——弹性系数，并根据国民经济的未来增长状况，来预测交通的增长率，进而预测未来交通。

弹性系数与社会经济的发展层次、地区特点、发展战略等均有一定的关系。因此，确定弹性系数时应综合分析预测地区的历史、现状、发展趋势，通过历史现状资料分析其不同时期的弹性系数，并通过与其他地区的弹性系数类比分析。

（3）叠加法。

叠加法是将研究范围内所有已经批准和纳入规划的新开发设施或改建设施的交通产生量进行叠加，该方法适用于预测平稳发展的区域。

2. 基地交通量预测

基地交通量预测时采用传统的四阶段法，其中交通生成预测的方法有所不同，本小节将重点介绍基地交通量的生成预测方法。

交通生成预测有很多种方法，包括交通产生率法、类别生成率法、回归分析法、时间序列法弹性系数法等，其中最为常用的是交通产生率法，具体如式 5-1 所示；基地按其性质一般分为住宅、商业服务、办公、场馆、园林、医疗、学校、交通、工业、混合和其他共十一个大类。

$$N = \sum_i S_i \cdot x_i \tag{5-1}$$

式中　N ——吸引或者发生量，pcu；

　　　S_i ——第 i 类基地的建筑面积，m^2；

　　　x_i ——第 i 类基地的发生吸引率。

不同基地的发生吸引率参看南昌市建设项目出行率参考表。

表 5.3-1 南昌市建设项目出行率参考表

大类		中类		高峰小时出行率参考值			出行率单位
名称	代码	名称	代码	一类区域	二类区域	三类区域	
住宅	T01	宿舍	T011	(4~8)	(4~8)	(6~10)	人次/百平方米建筑面积
		保障性住宅	T012	(2.4~3.0)	(2.4~3.0)	(2.2~2.8)	人次/户
		普通住宅	T013	(1.8~2.4)	(1.8~2.4)	(1.6~2.2)	
		高级公寓	T014	(1.2~1.8)	(1.2~1.8)	(1.0~1.6)	
		别墅	T015	(1.8~2.4)	(1.8~2.4)	(1.8~2.4)	
商业	T02	专营店	T021	(25~30)	(25~30)	(20~25)	人次/百平方米建筑面积
		综合性商业	T022	(15~20)	(15~20)	(10~15)	
		市场	T023	(10~15)	(10~15)	(8~10)	
		农贸市场	T024	(90~100)	(80~90)	(80~90)	
服务	T03	娱乐	T031	(10~12)	(10~12)	(8~10)	人次/百平方米建筑面积
		餐饮	T032	(25~30)	(25~30)	(20~25)	
		宾馆与酒店	T033	(2~3)	(2~3)	(1.5~2.5)	人次/百平方米建筑面积
				(15~2)	(1.5~2)	(1~1.5)	人次/套客房
		旅社与招待所	T034	(3~4)	(3~4)	(2~3)	人次/百平方米建筑面积
				(2~2.5)	(2~2.5)	(1.5~2)	人次/套客房
		服务网点	T035	(30~35)	(30~35)	(25~30)	人次/百平方米建筑面积
办公	T04	行政办公	T041	(2.5~3)	(2.5~3)	(2~2.5)	人次/百平方米建筑面积
		办证中心	T042	(18~20)	(16~18)	(14~16)	
		科研与企事业办公	T043	(2.5~3)	(2.5~3)	(2~2.5)	
		商务写字楼	T044	(3~4)	(2.5~3.5)	(2~3)	

续表

大类		中类		高峰小时出行率参考值			出行率单位
名称	代码	名称	代码	一类区域	二类区域	三类区域	
场馆与园林	T05	影剧院	T051	(1~1.4)	(0.9~1.3)	(0.8~1.2)	人次/座位
		文化场馆	T052	(1.4~2)	(1.2~1.8)	(1~1.6)	人次/百平方米建筑面积
		群众艺术馆	T053	(3~4.5)	(2.5~4)	(2~3.5)	
		会展场馆	T054	(1.4~2)	(1.2~1.8)	(1~1.6)	
		体育场馆	T055	(0.4~0.8)	(0.4~0.8)	(0.4~0.8)	人次/座位
		园林与广场	T056	(1.6~2)	(1.6~2)	(1.2~1.6)	人次/百平方米用地面积
医疗	T06	社区医院	T061	(4~5)	(4~5)	(3~4)	人次/百平方米建筑面积
		综合医院	T062	(10~12)	(10~12)	(8~10)	
		专科医院	T063	(8~10)	(8~10)	(6~8)	
		疗养院	T064	(1.4~2)	(1.4~2)	(1.8~2.4)	人次/床位
学校	T07	高等院校	T071	(0.7~1.2)	(0.7~1.2)	(1.0~1.5)	人次/百平方米建筑面积
		中专及成教学校	T072	(3~4)	(3~4)	(3.5~4.5)	
		一般中学	T073	(11~14)	(10~12)	(9~10)	
		一般小、幼、托	T074	(20~22)	(20~22)	(18~20)	
交通	T08	客运场站	T081	依据调查数据或相关专项指标			
		货运场站	T082				
		加油站	T083				
		停车设施	T084				
		市政道路	T085				
工业	T09	一类工业	T091				
		二类工业	T092				
		三类工业	T093				
		仓储物流	T094				
		企业研发	T095				

3. 停车需求预测

常用的基地停车需求预测方法是根据基地高峰小时机动车吸引量、停车场利用率等变量因子进行计算，具体计算公式如式 5-2 所示。

$$P = \frac{W \times T \times \gamma}{60 \times \alpha} \tag{5-2}$$

式中　P——基地停车泊位需求量；
　　　W——基地高峰小时吸引的机动车数；
　　　T——基地机动车平均停车时间，min；
　　　γ——基地吸引机动车中非出租车车辆比例；
　　　α——基地泊位利用率，根据基地泊位实际利用情况取值。

5.3.2　交通影响评估

1. 道路网络

（1）路段机动车服务水平。

交通影响分析需对影响范围内的主要路段和关键断面（瓶颈段桥梁等）进行通行能力分析和饱和度（V/C）分析。这里需要分析的主要路段是交通量增长幅度超过 5% 的路段。目前路段机动车服务水平评估标准如表 5.3-2 所示，一般可以接受的是 C 级以上的服务水平。

表 5.3-2　路段机动车服务水平评估标准

V/C	状态	服务水平分级
$V/C \leq 0.40$	通常都以该路段的设计车速的 90% 行驶，车辆行驶完全不受阻碍	A 级
$0.4 < V/C \leq 0.60$	车辆行驶基本不受阻碍，其平均行程速度约为道路设计的 70%	B 级
$0.60 < V/C \leq 0.85$	车辆稳定行驶，驾驶性能和车道变换受到一些限制，平均行程速度约为道路设计车速的 50%	C 级
$0.85 < V/C \leq 1.0$	车辆变换车道变得较为困难，平均行程速度约为道路设计车速的 40%	D 级
$V/C > 1.0$（不稳定）	车辆行驶严重受阻，车流处于时停时行状态，平均行程速度低于道路设计车速的 1/3	E 级

（2）交叉口机动车服务水平。

① 信号交叉口。

信号交叉口机动车服务水平主要从交叉口饱和度和延误两方面进行评估。

评估标准如表 5.3-3 所示。

表 5.3-3　信号交叉口服务水平评估标准

服务水平分级	交叉口饱和度	每车延误/s	服务水平分级	交叉口饱和度	每车延误/s
A 级	≤0.25	≤10	D 级	0.70～0.85	36～55
B 级	0.25～0.50	11～20	E 级	0.85～0.95	56～80
C 级	0.50～0.70	21～35	F 级	>0.95	>80

② 无信号交叉口。

无信号交叉口机动车服务水平主要通过延误指标进行评估，评估标准如表5.3-4所示。

表5.3-4　无信号交叉口服务水平评估标准

服务水平分级	每车延误/s	服务水平分级	每车延误/s	服务水平分级	每车延误/s
A级	≤10	C级	16~25	E级	36~50
B级	11~15	D级	26~35	F级	>50

2. 非机动车交通设施

（1）非机动车道通行能力。

主要看非机动车道的通行能力能否满足非机动车交通需求，非机动车道的通行能力如表5.3-5所示。

表5.3-5　建议的自行车车道通行能力　　　　　　单位：辆/（h·m）

分隔情况	不受平交路口影响路段	受平交路口影响路段	交叉口进口路段
栅栏分隔	2 100	1 000~1 200	800~1 000
标线分离	1 800	800~1 000	500~1 000

（2）非机动车停车设施。

非机动车停车设施主要指户外及室内的自行车停放设施，要求就近布置在公共建筑附近，以便停放；尽可能利用人流较少的街巷、附近空地或建筑物内（地面或地下）布置分散的或集中的停车场地。自行车停车场的容量通常按户外 1.8 m²/辆，室内 2.0 m²/辆计算。每个停车场应设置 1~2 个出入口。

3. 行人交通设施

行人交通设施的设计通行能力见表5.3-6。

表5.3-6　行人交通设施的设计通行能力　　　　　　单位：pcu/（h·m）

步道类型	折减系数（反映服务水平）			
	0.75	0.80	0.85	0.90
人行道	1 800	1 900	2 000	2 100
人行横道	2 000	2 100	2 300	2 400
人行天桥，人行地道	1 800	1 900	2 000	—
车站码头的人行天桥、地道	1 400	—	—	—

注：车站、码头的人行天桥、人行地道的一条步行带宽度应采用 0.9 m，其余均采用 0.75 m

行人交通设施的服务水平，与道路条件、交通条件、服务设施、管理水平、交通、环境等因素有密切的关系。在实际应用中，一般采用人均占有道路空间面积、可以达到的步行速度、步行者步行自由程度、超越他人与横穿人流的可能性与安全舒适程度等作为评价标准。行人交通设施服务水平分级标准见表5.3-7。

表5.3-7 行人交通设施服务水平等级划分

服务水平分级	A级	B级	C级	D级	E级
行人占用面积/（m²/人）	>3.0	2~3	1.2~2	0.5~1.2	<0.5
横向间距/m	1.0	0.9	0.8	0.7	0.6
纵向间距/m	3.0	2.4	1.8	1.4	1.0
步行速度	1.2	1.1	1.0	0.8	0.6
通行能力/（人/h·m）	1 400	1 830	2 500	2 940	3 600
运行状态	可以完全自由行动	处于准自由状态，偶尔有降速	个人尚舒适，部分行人行动受约束	行走不便，大部分处于受约束状态	完全处于排队前进，个人无行动自由的状态
行人自由度	有足够的空间供行人选择及超越他人，亦可横向穿越与选择行走路线	可以较自由地选择步行速度、超越他人，反向与横穿要适当减速	选择步速与超越他人受限，反向与横穿常发生冲突，有时要变更步速和行走路线	正常步速受限，有时要调整步幅、速度与线路，超越、反向、横穿均有困难，有时产生阻塞或中断	所有步行速度、方向均受限制。经常发生阻塞、中断，反向与横穿绝不可能

4. 公共交通

公共交通服务水平主要通过对公共交通线路的供给能力进行评估，其衡量指标为剩余载客容量，计算公式如式5-3所示。

$$各线路高峰小时剩余载客总容量 = \sum (0.7 - O_i) \times 60 / f_i \times C_i \tag{5-3}$$

式中 f_i——线路i高峰小时发车频率，min；
C_i——线路i单车载客量，人；
O_i——线路i在基地最近公共交通站的高峰载客率。

5. 停车设施

停车供需分析主要是看基地配建停车泊位能否满足停车需求。基地停车泊位主要由建筑物的配建泊位提供，关于各类型建筑物配建多少停车泊位，除了公安部、住房和城乡建设部颁布的规范外，各省及主要城市也可根据实际情况确定。

表 5.3-8 公安部、住房和城乡建设部颁布《停车场规划设计规则》中的公共建筑配建停车位建议指标 单位：辆

类别	单位	机动车停车位		自行车停车位	
		Ⅰ	Ⅱ	Ⅰ	Ⅱ
旅馆	每客房	0.2	0.08	—	
饭馆、餐馆	每百平米建筑面积	1.7		3.6	
办公楼	每百平米建筑面积	0.4	0.25	0.4	2.0
商业场所	每百平米建筑面积	0.3		7.5	
体育场馆	每百座位	2.5	1.0	20.0	20.0
影剧院	每百座位	3.0	0.8	15.0	15.0
展览馆	每百平米建筑面积	0.2		1.5	
医院	每百平米建筑面积	0.2		1.5	
火车站	高峰日每千旅客	2.0		4.0	
客运码头	高峰日每千旅客	2.0		2.0	

注：以上指标不包括本部门职工所需停车位。

6. 项目内部交通系统评价

平面布局评价包括评价项目基地出入口、地下车库出入口、内部道路、回车场地等是否满足相应规范要求等内容。

（1）机动车出入口位置、距离及几何条件应满足表 5.3-9 中的标准。

表 5.3-9 建筑项目机动车出入口评价标准

	内 容	评价标准
位置关系	基地相邻两条或者两条以上道路时	宜在较低一级的道路上开设出入口
	相邻的建筑工程在用地分界线两侧分别设置出入口时	可设置共用基地出入口或共用通道
	占用城市绿地、水域开设出入口时	应报园林、水务部门审批，并与项目同步建设
几何条件	出入口宽度	不宜大于 10 m
	基地出入口与城市道路相交角度	90°±15°，并具有良好的通视条件
	当基地道路坡度大于 8%时	应设缓冲段与城市道路连接
距离关系	开设在主干路上的基地出入口净距	在地块条件容许的情况下，宜大于 100 m
	开设在次干路上的基地出入口净距	在地块条件容许的情况下，宜大于 50 m
	开设在支路上的基地出入口净距	在地块条件容许的情况下，宜大于 30 m
	在道路交叉口附近开设出入口的，其位置距城市干路交叉口	不得小于 70 m，且不宜设在道路展宽段上
	在支路上的或者旧城区特殊较小地块周边道路开设出入口的	可以适当放低基地出入口距交叉口的距离要求
	与人行过街天桥、地道和桥梁、隧道引道口的距离	不应小于 50 m
	距铁路道口的最外侧钢轨外缘	不应小于 30 m
	距公园、学校、儿童及残疾人使用建筑的出入口	不应小于 20 m
	距地铁出入口、公共交通站台边缘	不应小于 15 m
	与人行横道的最边缘线的距离	不应小于 5 m

（2）大型体育、交通、文化娱乐、商业服务、综合医院、城市综合体项目的基地出入口应符合下列规定：

① 基地应有两个或两个以上不同方向通向城市道路的出口。

② 基地或建筑物的主要出入口，不得和快速路、干线路口式主干路直接连接，也不得直接对接城市主要干道的交叉口。

③ 当基地出入口采取封闭管理，并需在出入口处办理出入手续时，道闸的设置位置距离城市干路红线不应小于 12 m。

④ 建筑物主要出入口前应有供人员集散用的空地，绿化和停车场地布置不应影响集散空地的使用。

（3）城市综合体、综合医院、学校等交通吸引/发生密集或短时对周边道路交通冲击较大的建筑项目，其机动车出入口宜设缓冲区，缓冲区范围内的建筑控制线同宽后退，出入口宜结合公交车、出租车、临时停靠接送学生的社会车辆等进行一体化设计。

（4）建筑项目配建停车场（库）机动车出入口应符合下列规定：

① 按出入方式，机动车库出入口可分为平入式、坡道式、升降梯式三种类型。

② 出入口位置、几何条件应满足表 5.3-10 的规定。配建停车场（库）机动车出入口和车道数量应满足表 5.3-11 的规定，当机动车停车当量大于 3 000 辆，或停车当量大于 2 000 辆且容积率大于 3.0 时，机动车出入口数量应综合论证测算确定。

③ 混合项目中分项目类型建设、管理配建机动车停车库的，各类型建筑配建机动车停车库均应满足相应的机动车出入口及车道数量要求；混合项目中整体建设、综合管理配建停车库的，整体配建机动车停车库的机动车出入口及车道数量应按照最不利建筑类型的相应要求进行配置。

④ 配建停车场（库）机动车出入口不宜直接开向城市道路，如确需与城市道路直接衔接时：非居住建筑（一类）车库出入口距离道路红线不小于 12 m；非居住建筑（二类）及居住建筑车库出入口距离道路红线不小于 18 m。

⑤ 配建停车场（库）机动车出入口起坡点距基地机动车出入口衔接距离不小于 12 m。

表 5.3-10　机动车停车场（库）出入口评价标准

	内容	评价标准
位置关系	停车场（库）机动车出入口	宜与基地内部道路衔接
	停车场（库）机动车出入口与基地内部道路相交	不得采用不满足车辆转弯半径要求的 U 型交通组织方式
几何条件	机动车出入口之间的净距	应大于 15 m
	双向行驶的车辆出入口宽度	不应小于 7 m
	单向行驶的车辆出入口宽度	不应小于 4 m
	机动车出入口距基地内部道路的交叉口或坡道的起坡点	不应小于 7.5 m

表 5.3-11　机动车停车场（库）出入口和车道数量　　　　单位：辆

停车当量	特大型		大型		中型		小型	
出入口和车道数	2 001～3 000	1 001～2 000	501～1 000	301～500	101～300	51～100	25～50	<25
非居住建（类）机动车出入口数量	≥5	≥4	≥3	≥3	≥2	≥1	≥1	
非居住建（类）出入口车道数量	≥10	≥8	≥6	≥5	≥3	≥2	≥2	≥1
非居住建（类）机动车出入口数量	≥4	≥3	≥2	≥2	≥2		≥1	
非居住建（类）出入口车道数量	≥8	≥6	≥4	≥3	≥2	≥2	≥2	≥1
居住建筑机动车出入口数量	≥4	≥3	≥2		≥2	≥1	≥1	
居住建筑出入口车道数量	≥7	≥5	≥4	≥3	≥2	≥2	≥2	≥1

注：1. 机动车库停车规模应以小型车为计算当量进行停车当量的换算。
　　2. 综合性商业、行政办公、影剧院、会展场馆、体育场馆、综合医院、中小学、客运场站等短时间内对城市道路交通影响较大的项目类型作为非居住建筑（一类），其余作为非居住建筑（二类）。

（5）建筑项目配建非机动车停车场（库）应满足以下规定：

① 非机动车库停车当量数量不大于 500 辆时，可设置一个直通室外的带坡道的车辆出入口；超过 500 辆时应设两个或以上出入口，且每增加 500 辆宜增设一个出入口。

② 出入口宽度宜为 2.5 m～3.5 m、场地内停车区应分组安排，每组长度宜为 15 m～20 m。

③ 机动车与非机动车出入口宜分开设置，出入口净距不宜小于 7.5 m；受条件限制必须设置在一起时，应设置安全分隔设施，且应在地面出入口外 7.5 m 范围内设置不遮挡视线的安全隔离栏杆。

④ 多层停车库或地下停车库在人行台阶旁应设置供非机动车推行的坡道，坡度宜在 20% 以下，坡道宽度不应小于 0.3 m。

（6）建筑项目内部道路应满足以下规定：

① 基地内应设道路与城市道路相连接，其连接处的车行路面应设限速设施，应设能通达建筑物的安全出口。

② 内部尽端式道路长度不宜大于 150 m，长度超过 35 m 的尽端式车行路应设回车场，供消防车使用的回车场长宽尺寸不应小于 12 m×12 m，大型消防车的回车场长宽尺寸不应小于 15 m×15 m。

③ 内部道路边缘至建筑物、构筑物的最小距离应符合表 5.3-12 的规定。

表 5.3-12　内部道路边缘至建筑物、构筑物最小距离　　　　单位：m

道路级别与建筑物、构筑物关系			基地内主要道路	基地内次要道路
建筑物面向道路	无出入口	高层	3.0	2.0
		多层	3.0	2.0
	有出入口		5.0	2.5
建筑物山墙面向道路		高层	2.0	1.5
		多层	2.0	1.5
围墙面向道路			1.0	0.6

注：基地内主要道路为联系机动车出入口及地下车库出入口的内部道路，其他则为一般道路。

（7）建筑项目内部道路宽度应满足以下规定：

① 单车道路宽度不应小于 4 m，双车道路不应小于 7 m。对于住宅项目，在保证人车分行的条件下，双车道路宽度可调整至 6 m。

② 人行道路宽度不应小于 1.5 m。

③ 利用道路边设停车位时，不应影响有效通行宽度。

（8）建筑项目内部机动车与非机动车混行道路，其纵坡应按非机动车道要求进行控制，或分段按非机动车道要求控制。如不能满足非机动车坡道控制要求，则应根据需要设置独立的非机动车专用通道。内部道路坡度应满足表 5.3-13 的规定。

表 5.3-13　内部道路纵坡控制表

道路类别	最小纵坡	最大纵坡	个别困难路段
机动车道	≥0.2%	≤8.0% L≤200	≤11.0% L≤80
非机动车道	≥0.2%	≤3.0% L≤50	—
步行道	≥0.2%	≤3.0%	—

注：L 为坡长，m。

7. 交通组织评价

建筑项目不宜在交通性主、次干路上设置机动车出入口，若确需开设出入口的，出入口宜采用右进右出的交通组织方式，并增设加减速车道。基地内部通道应保证建筑项目各功能单元间联系的便捷，满足项目内部行人、非机动车、机动车等各种交通的通行组织需求。基地配建停车场（库）交通组织设计应按有关规范要求，标明通车道宽度、车辆交通流线走向，出入口交通组织，停车泊位、交通标志及标线等内容。基地内部通道布局及交通组织应符合防灾、救灾的要求，适合消防车、救护车、工程救险车通行。

大型商业及服务业混合项目、交通枢纽项目，因交通吸发量大，内部交通组织复杂，对内部行人、非机动车、机动车交通组织及项目出入口、配建停车场（库）交通组织等开展评价时，应结合项目特征进行重点分析。

基地内部交通应突出"以人为本"的理念，以保证良好的慢行交通环境。有条件的建筑项目可实施"人车分离"的交通组织方式。基地应合理规划无障碍设施，以满足残疾人及行动不便人员的出行需求。

8. 交通安全评价

基地内道路宜采用工程措施限制车速，车速不宜大于 10 km/h，以确保交通安全。车行道路改变方向时路边绿化及建筑物不应影响行车有效视距。车行道路改变方向时，应满足车辆最小转弯半径要求，消防通道应满足消防车最小转弯半径要求。停车场（库）出入口应设有效显示标志；标志设置的高度不应影响人、车通行。基地内部通道交叉口应设置相应的减速设施（如路拱、减速带、减速标线）、警示标志（包括黄闪信号灯）或指路标志；当视距不良时，应设置反光镜。

9. 交通设施评价

建筑项目应根据各种交通组织管理需要,结合总平面布局,按照《道路交通标志和标线》等规范要求,综合设置有关交通设施。当建筑项目新生成交通需求导致评价范围内公共交通、非机动车或步行等交通设施需要改、扩建或新建时,应判定建筑项目对评价范围内交通系统是否有显著影响。

第二篇

案例部分

模块 6　南昌市综合交通规划（2006—2020）案例

6.1　概　述

1. 规划总体原则：发展、协调、优先、公平、经济原则

发展原则：要有发展眼光、前瞻性思维、超前意识。交通不但要与南昌城市的社会、经济发展相适应，而且要引导和支撑南昌城市空间发展、产业发展、生态发展等战略的实现。

协调原则：内外交通衔接协调、道路功能与等级相协调、干道与支路相协调、路段与交叉口相协调，区内道路与区外道路相协调，公交网络与道路网络、地铁与公交及其他方式、动态交通与静态交通相协调，交通系统与南昌用地开发、交通需求相协调。

优先原则：即公众利益优先、资源利用效率最大优先，社会环境优先考虑的原则，交通发展应坚持 Transit Oriented Development（以公共交通为导向的交通发展）理念，构建高效集约的公交优先走廊，依托大客量快速公交系统（例如 BRT、轨道交通）形成城市发展轴线，引导城市空间拓展。

公平原则：交通发展战略应兼顾社会各方面的利益，在公共交通优先的前提下，建立多层次和多种选择的交通系统，以满足不同方式的出行需求。

经济原则：规划建设道路网时，要在满足交通需求的前提下，采用较低的规范标准，降低建设成本，让有限的资金效发挥最大的效益。

2. 规划目标

南昌市交通发展的总目标是：改造旧交通系统，营造一个新型、人性化、高质量、可持续，与有特色的现代化大城市发展相匹配的、相协调的综合交通运输系统。建成一个一体化的对外交通运输系统、一个设施完善的综合交通运行系统、一个高质量的城市客运服务系统、一个高效的城市物流运输系统、一个多方式联运的交通枢纽系统、一个协调的城市交通智能化管理系统。

3. 规划范围

根据城市总体规划，城市规划范围包括高速外环（由乐温高速、乐生高速、南外环高速公路组成）围合范围、向塘行政范围、湾里行政范围和昌北机场保护范围，总面积约 1 400 km^2。

城市综合交通规划范围与市城市总体规划范围一致，城市综合交通规划的重点区域为中心城区，包括规划主城区和周边城镇。

4. 规划年限

近期：2006年—2010年。

远期：2011年—2020年。

6.2 城市道路系统规划

道路既是各类交通工具的载体，也是布局城市用地，安排绿化、排水及其他城市市政工程设施的骨架，道路系统规划是综合交通设施规划最重要的组成部分。

道路系统规划的目的是：保证提供必要的容量，明确功能层次，通过各等级道路分层合理衔接，实现道路交通的畅达；通过路权划分和使用分流，提高交通运行效率和保障交通安全。不仅要为小汽车运行提供畅达的运行空间，而且要保障公交优先通行，创造和谐宜人的慢行交通环境。交通系统要解决的是运输过程中"通"和"达的问题"，其中，干道特别是快速路和主干路解决的是"通的问题"，而支路主要解决"达"的问题，两者相辅相成，不可偏颇。注重干道建设而忽略了支路，可能造成"欲速而不达"的情况；而忽视了干道建设则会使整个交通系统陷入低速、阻塞局面。

6.2.1 规划原则

1. 南北两制、内外有别

规划道路网应在"南北两制、内外有别"的交通战略指导下引导城市布局以及机动化的发展。

2. 干道网的布局应与交通主流向一致

交通的目的是人和物的运输，城市干道网的布局应与客流及物流的主流向保持一致，确保城市交通在时空上的捷运化。从目前南昌已有的规划来看，强中心城市结构仍将得到保持和加强，城市中心区生成的大量交通量需要依靠大量的放射性干道来支撑；而外围区一系列新城的建设，例如昌南的高新区、城南片区，昌北的红角洲、长棱片区、经济技术开发区，这些围绕中心区分布的新城需要环形的干道系统来加强彼此间的联系。

3. 因地制宜

应结合江河、湖泊、地形、铁路布局以及原有道路系统，因地制宜地进行道路网规划。

4. 重视微循环系统

注重干道建设而忽略支路的建设后果，不仅影响各地区的对外交通，造成"欲速而不达"的情况，而且频繁的车辆出入必将加大对干道上交通干扰以及路边停车等的压力。无论在政策上还是用地控制上，都应给支路系统足够的重视，注重构建功能平衡的城市道路网络。

5. 以人为本

规划的道路系统既要通畅又要易达，始终应把人放在第一位。道路系统不仅仅要满足机动车的通行，也需要认真考虑非机动车、步行等慢行交通的要求；不仅仅要满足交通的需要，也要考虑道路景观环境的要求。

6.2.2 规划目标

实现城市内外交通一体化、95%以上的车辆运行时间"1530"的目标：15 min 以内车辆可以到达城市快速路，30 min 以内可以到达市内各点或经城际高速公路驶离南昌市区。

6.2.3 道路网络布局规划

鉴于未来南昌社会经济、城市布局规模、车辆拥有量等的不确定性，与此对应的城市道路网的规模、结构也应具有不同的发展趋势。在设定远期南昌基本实现新一轮总规调整初步设想的城市空间布局、人口规模的前提下，依据城市车辆拥有量的不同发展态势，提出南昌城市骨干路网规划方案。

城市网络采用"环+放射线"布局，以适应南昌中心城以中心区为中心的组团分区结构形态：

中心区与各片区、组团之间用放射线连接；

片区、组团通过环路连接；

中心区、各片区内部以网格状布局为主，自成系统。

1. 快速路

城市快速道路是指设置在大城市中，具有较高时速（60~80 km/h）和较大通行能力的一种特殊道路。它主要联系市内各主要地区、郊区、卫星城镇以及对外公路，其功能是两城市远距离交通服务，快速路网由"快速中环+快速外环+八条快速射线"组成，放射性快速路均起始于快速中环，并且是城市的主要对外道路通道。"两环八射"的快速路网基本保证了所有外围区新城与中心区都有快速路连接，促进中心区与外围区各新城之间的城市功能进一步调整完善。

2. 主干路

城市主干路主要承担城市各用地功能片区之间的长距离联系交通，承担快速道路向各用地片区交通疏散功能。部分主干路同时也是干线客运走廊。

主干路网由纵线和横线组成，均部分联系了城市中心、副中心、外围区新城。中心区内形成了"三横四纵"的主干网络，10 条左右的放射主干路则加强了外围区各新城与中心区的联系，保持并促进了中心区的繁荣。外环主干路满足了各新城之间的联系需求。远期共规划了 390 km 的城市主干路。

3. 次干路

次干路在交通上起集散交通的作用，分配功能分区的内部交通，对主干路交通进行集散分流，主要为生活性道路，兼有交通功能。次干路作为直接服务城市主要用地的道路，允许沿路布局商业、行政等交通吸引较大的用地，但应严格控制路边停车。次干路规划主要在原总体规划的基础上，结合主干路调整、参考分区规划、地形图略作调整。

4. 越江设施

根据南昌城市的总体规划，南昌城市中央商务区主要分成两部分，分别位于昌南老城中心区和昌北红谷滩中心区，两中央商务区隔江相望。

昌南中央商务区主要集中在八一大道、沿江路、中山路、胜利路沿线地区，主要包括商务、办公、商业、金融、居住等城市功能。规划的主要商务办公中心设在八一大道两侧，并在沿江路布置一批商贸办公建筑，以丰富滨江景观。规划的中山路、胜利路以及八一广场地区是昌南城市主要商业区，规划的中山路、沿江路地区是城市主要金融区。

昌北中央商务区位于红谷滩中心区。红谷滩中心区作为"一江两岸"布局的关键体现，中央商务区是其精华地段。规划昌北中央商务区，是集商务、办公、信息、商业、文化、旅游、居住为一体的现代化新城市中心，是体现南昌21世纪滨江城市风貌和形象的标志性地区。

（1）CBD地区之间直接联系交通需求。

根据城市综合交通规划部分初步成果，远期2020年昌南、昌北城的越江总需求将达到100万~130万人次/日，其中红谷滩中心区CBD、老城中心区CBD赣江南北之间直接越江需求约在8~10万人次/日，红谷滩中心区CBD与昌南城CBD外围其他城区越江需求约为两个CBD的1.5~2倍。

仅从CBD之间直接越江需求来看，如果远期8万~10万人次/日的越江方式与现如今上海黄浦江越江方式类似，即50%乘坐各类客车越江（含出租车）、50%乘坐各类高效率公共交通（公交、地铁过江），则高峰小时将有5 000~6 000 pcu的越江交通需求，双向约需要6条越江车道。

考虑到八一大桥、南昌大桥可以承担部分赣江两岸CBD之间的越江需求，为了CBD之间交通畅通，远期双向还至少需要4条越江车道。

（2）主要交通规划对未来赣江越江设施考虑。

随着综合交通规划和相关规划的进行，为了加强外围片区之间的联系，进一步提出了在生米大桥和南昌大桥之间再规划建设1座连接红角洲片区和朝阳片区的越江设施，并分别向两端扩展，进一步联系城东片区等外围片区。为了加强中心区北部的联系，提出了在八一大桥和新赣江大桥之间规划建设1座连接二七路的越江设施。

至此，除环城高速公路外，目前在各种已完成和正在进行的主要交通规划中，主城区范围已提出规划8座越江桥隧设施的设想，其中红谷隧道、八一大桥、二七路是直接联系老城中心区、红谷滩中心区的越江设施，红谷隧道是直接联系南北两CBD的越江设施。

（3）南昌主城区越江设施总体布局和近期建设。

根据城市综合交通规划的初步成果，目前在南昌主城区范围内规划了生米大桥、红（角州）朝（阳洲）大桥、南昌大桥、红谷隧道（1、2期）、八一大桥、洪都大桥、新赣江大桥、瑶（湖）乐（化）大桥等八座越江设施，总越江车道约有45~50条，与目前上海黄浦江越江桥隧规模相当，为上海远期规划桥隧总规模的一半。

在建设时序上，本着两个优先的原则：（1）赣江南北诸如CBD等重点发展关联地区优先连接；（2）优先建成快速路越江设施，尽早形成越江交通的骨干系统并分离近、中、远距离的越江。根据上述原则，红谷隧道1期、新赣江大桥应为近期重点推动建设的越江设施，在红谷隧道1期建成后要尽快建设新赣江大桥，形成主城区越江的骨干系统，并将远距离越江交通从老城中心区分离出来。

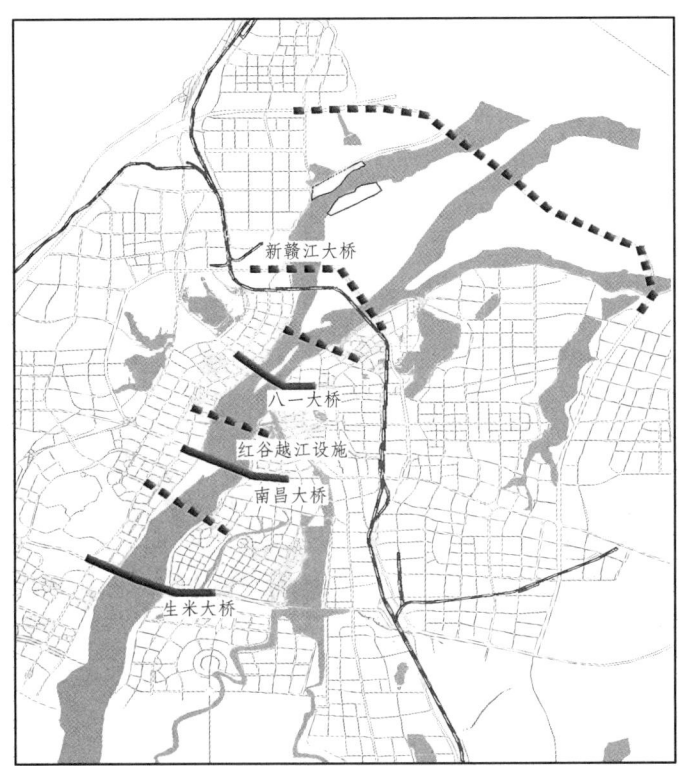

图 6.2-1 越江设施示意图

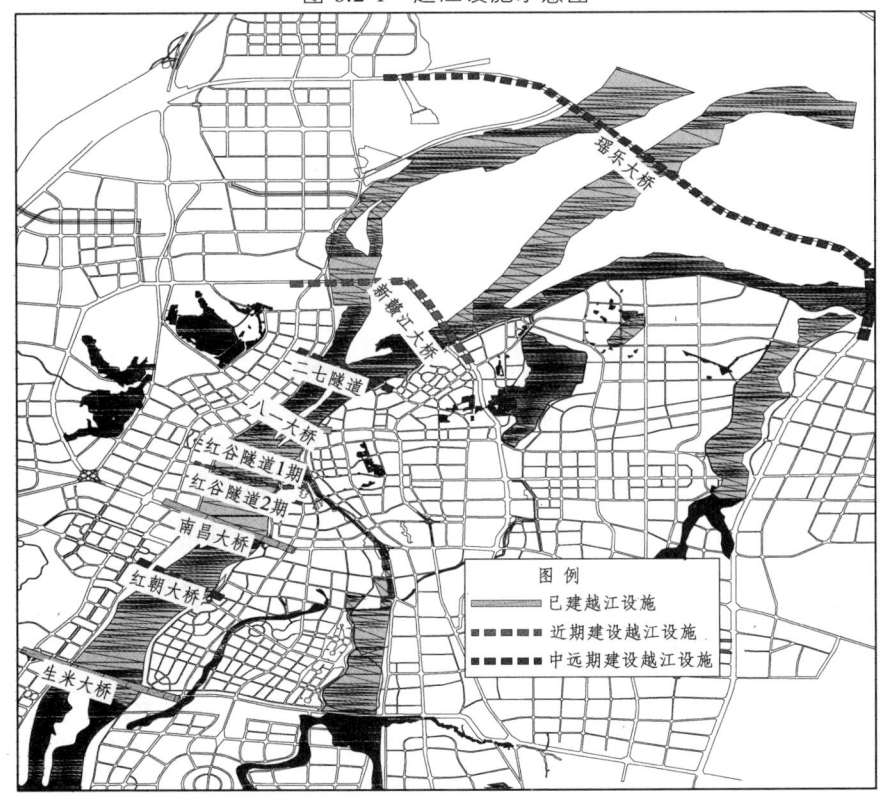

图 6.2-2 越江设施建设时序图

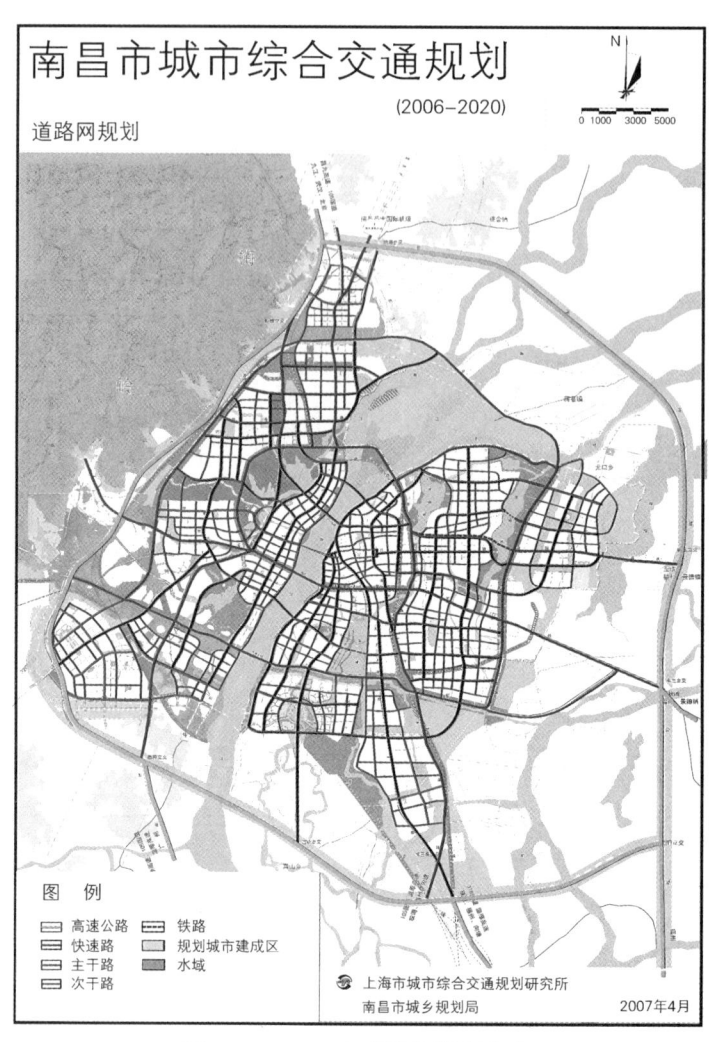

图 6.2-3　2020 年道路网规划方案

5. 典型断面型式推荐

南昌城市道路规划、设计应本着"既满足需求，又经济可行"的原则进行。考虑南昌的实际情况，在参照规范实施的同时，对部分标准采用下限值，或适当降低标准。

（1）城市快速路。

鉴于快速路的布局和实施条件，以及与沿线用地的协调，洪都大道、洪城路、解放路将采取主路加辅路的形式，减少对沿线用地的分割。快速道路的断面主要考虑机动车通行，主路中央进行物理分隔。辅路采取机非混行断面，可适当减小自行车或人行道的断面。

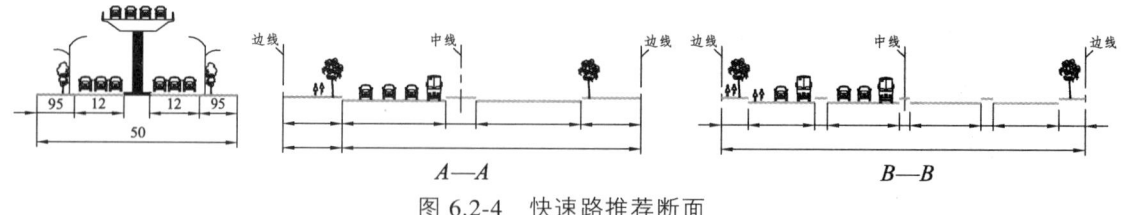

图 6.2-4　快速路推荐断面

（2）城市主干路。

规划双向的主干路断面宜采用四块板或两块板的形式。采用该断面的优点是：通过5~8m人行道的设置，使通道成为非机动车和行人共用，同时增加道路机动车通行空间，通过设置中央分隔带可以消除对向车辆的干扰。对于自行车来讲，在中心区特别是主要的自行车通道上，还是需要考虑一定自行车通行要求的，所以建议主要自行车通道上可以设置一侧宽3m的自行车道；对于其他的非主要自行车通道的道路，则可以通过非机动车道和人行道合并并加宽人行道的方式来解决相关问题，以节省用地。

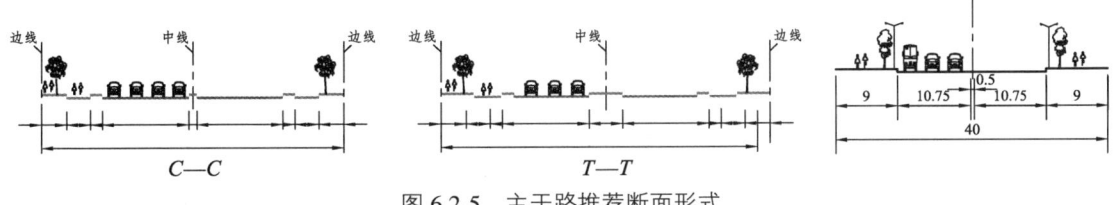

图6.2-5　主干路推荐断面形式

（3）市次干道和主要支路。

一般生活性次干道和主要支路，可不设中间分隔，但在交通管理上需划线分离。

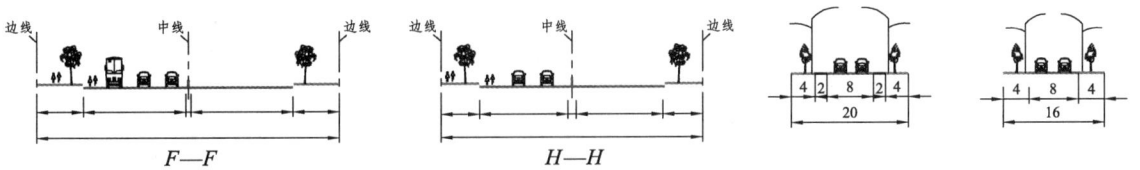

图6.2-6　次干路和主要支路推荐断面形式

6. 道路交叉口规划

城市道路的功能等级划分确定了城市道路的运行和交通组织特征，不同等级和功能的道路因承担的交通流性质不同，其道路交通运行的管理就要求符合其承担的交通流运行的特征，而且不同的道路不可能只承担单一的交通流。因此，在道路规划、交通节点处理和交通管理中，要对道路的主要交通流给予优先规划。

表6.2-1　按相交道路等级进行控制的交叉口形式

道路类型	快速路	主干路	次干路	支路
快速路	互通式立交	立交	—	—
主干路	立交	立交、平交	平交	—
次干路	—	平交	平交	平交
支路	—	—	平交	平交

建议对城市快速路系统进行专门的交通研究，以便根据交通流量流向进行细致系统的立交设计。

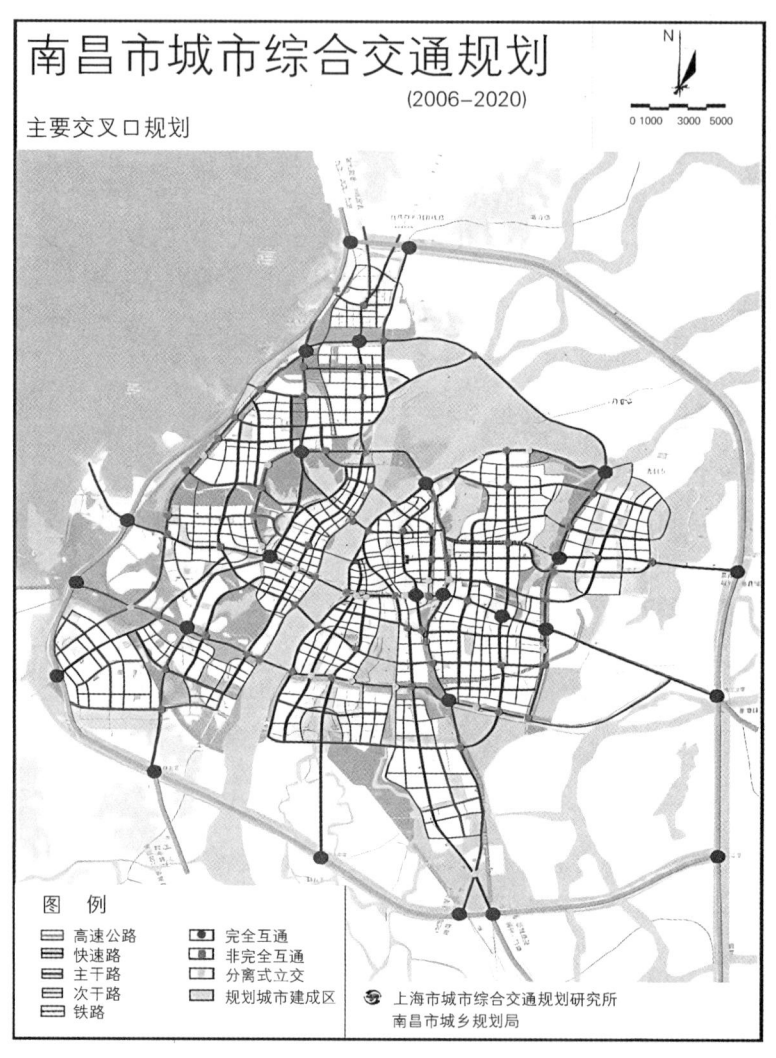

图 6.2-7　2020 年主要交叉口规划

6.2.4　道路网络方案总体评价

规划路网总长度为 2213 km（包括外围联系通道），考虑到有部分快速路和主干路主要连接对外公路和外围乡镇，且都在建成区范围之外，基本属于公路性质，因此本次规划在统计时，没将这部分道路作为城市内部道路进行统计，后同。由此，城市建成区范围内的路网总规模为 2 136 km，路网密度达到 8.34 km/km^2，道路面积率 17.4%，人均道路面积 19 m^2。规划路网总容量（包括外围通道）为 6 500 万～7 500 万标准车公里/12 小时，正常情况下能容纳 70 万至 80 万辆机动车出行。

图 6.2-8　远期高峰小时机动车流量分布图

6.2.5　市域公路规划

随着汽车产业和高速公路的快速发展，公路运输的"运营组织灵活、门到门"优势[特别在中短距离（500 km 以内）]日益显著，在四大运输方式中占据绝对主导的地位。结合城市交通发展态势，从内外交通完善衔接要求，提出对外公路网络规划建议。

区域公路发展规划建议如下：

（1）重点建设赣粤高速公路、昌峡公路、京福高速公路、温圳至沙塘隘高速公路、温厚高速公路、西环城高速公路，建成南昌市环城高速路。

（2）市域内 105、316、320 国道均改造成一级公路，其他省道按二级公路改建，实现国道、省道和县乡公路互联成网，形成以南昌为中心的"环形加放射状"能辐射全省的快速公路网系统。

（3）完善各县以县城为中心，向乡、镇、村辐射的公路网。打通与毗邻市、县的断头路，修筑、改造、提高旅游线路的公路等级，强化南昌作为旅游城市所具备的优势。

（4）加强对现有公路的改造，提高公路等级，积极开辟新的对外高等级公路干线，建立完善、快速、便捷的现代化公路网。

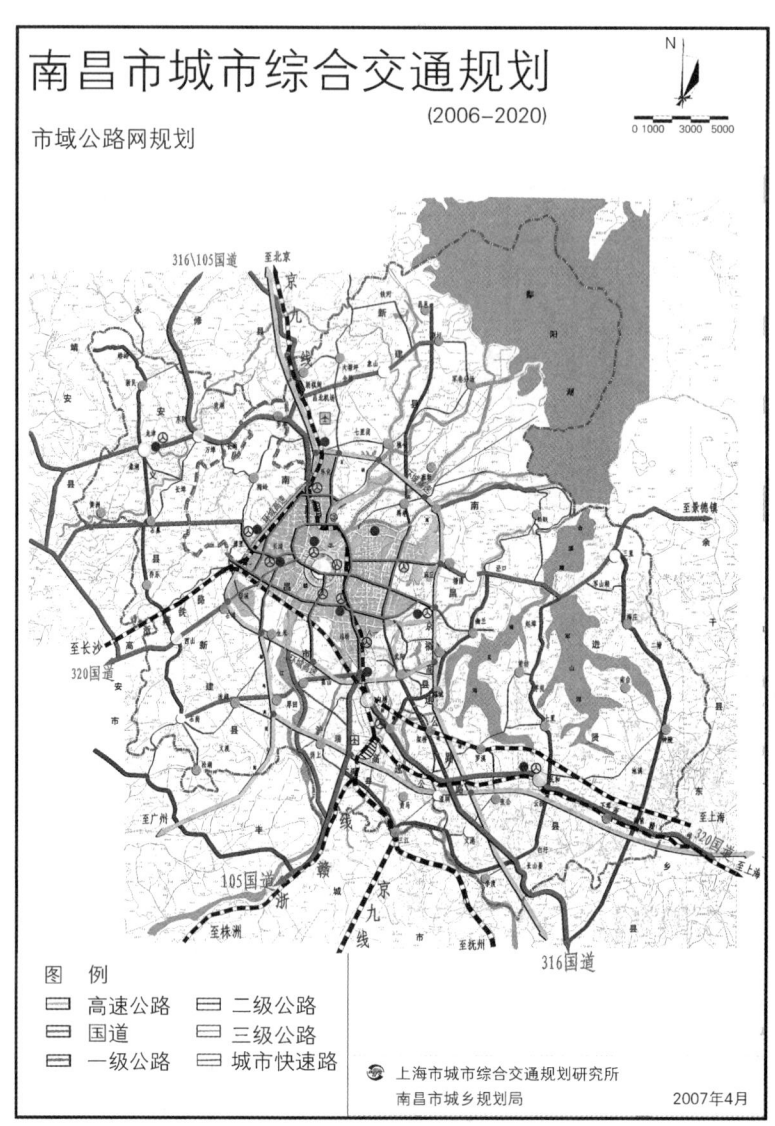

图 6.2-9 市域公路网规划

6.2.6 非机动车系统规划

非机动车系统规划要点如下：

（1）城市快速路为机动车专用路，不设非机动车道。

（2）在中心城区，结合南昌市自行车交通量小的实际情况，规划通过适当改造人行道、并结合无障碍坡道的设置，在部分主干道和次干道将自行车道与人行道结合，形成连续的、安全的自行车通道。

（3）在外围地区，交通紧张的城市主干路为机动车专用道，不设非机动车道，一般城市主干路设置实物分隔的非机动车道，但分隔简易，为以后交通紧张时，便于改建为机动车专用道。在城市次干路可采用实物分隔的非机动车道或划线分隔的非机动车道，交通量大、交通秩序混乱的应考虑实物分隔，否则可考虑划线分隔。

（4）在城市支路一般采用混行的非机动车道方式，但在主要支路应考虑划线分隔，非机动车道宽度为 3~5 m。

6.2.7 步行系统规划

步行系统规划要点如下：

（1）依据国家规范在城市道路系统中应留足人行道空间，单侧人行道宽度不小于 2 m，且与车行道之间必须以路沿隔离。

（2）应考虑设置行人横道线和行人过街信号，在路幅较宽的干道，应设置中央行人安全岛，在间距较长的道路（500 m 以上的）中央，应设置路中行人过街设施，并安置行人过街信号。

（3）在行人横穿流量大的干道、商业区以及交通枢纽站，通过限制机动车流和增加步行设施的办法创造良好的步行空间。

（4）在商业集中区，规划建设步行街区，提供舒适、高品位的配套设施，包括广场、绿化、休息区等，为顾客提供一个宽松、安全、舒适的步行系统。

（5）在旅游景点、沿江、沿湖地区，规划建设服务于旅游、观光的步行大道。

（6）必须为弱势群体提供安全步行设施，主要道路应设置盲道，建筑物出入口应设置无障碍的坡道。

6.3 城市客运交通系统规划

随着南昌市城市社会经济发展，以人的活动为主体的客运交通量日益增加，客运交通已成为城市的主要矛盾。南昌市城市规模不断拓展，出行距离和出行强度不断增加，客运特征发生了很大变化。未来南昌市客运系统要建成一个以公共交通为主，其他方式为辅，具有方便换乘设施、结构合理、功能完善、运输效率高、能充分满足城市人口出行需求的客运服务系统。

6.3.1 城市客运功能定位和规划要点

1. 规划原则

（1）交通方式相互协调原则：从占用道路面积和公众服务性看，常规公交无疑占据明显优势，但从时间上看，个体机动交通工具和出租车又具有相当的优势，因此这种协调优势应体现在城市用地和道路及其他资源上。

（2）与土地使用协调优化原则：根据城市土地发展规划，客运系统规划应支持城市形态发展方向，达到城市发展目标，同时促进城市用地的合理布局形成。

（3）交通环境可持续发展原则：实现客运交通资源的最优配置，要求在保障城市客运系统快速、准点、方便、舒适的同时，尽可能改善城市环境质量。

（4）社会公平原则：城市土地、道路等资源是属于整个社会的，应为社会各界公平使用。这些资源应优先保障社会公众运输，以此满足公平使用社会公共财产的要求。

2. 规划目标

优先发展公共交通，提高公共交通服务水平和公共交通在交通结构中的比重，近期内建立以快速公共交通为主体的公共交通系统，形成以主干线、次干线、支线不同层次组成的等级功能合理的地面公交线网结构；规划和预留轨道交通用地，培育客运走廊，搭建轨道交通发展平台；强化地面公交与轨道交通建设的协调发展。远期以地面公交为基础，发展轨道交通，根据城市用地布局尽可能地扩大服务范围，并结合换乘枢纽，形成多元化、多平面的客运系统。实现公共客运交通"易达性、低价性、舒适性"。

6.3.2 轨道交通线网规划

1. 南昌市轨道发展和建设的必要性

（1）建设城市轨道交通是支持城市空间有序拓展的需求。

由于山体、水系、生态保护区、铁路、高速公路的分割，使得城市主城区布局为"一江两岸、双城八片、轴环串连、分级多中心"，在交通上实际被分割成5个"交通片区"，存在多处交通"瓶颈"或交通"蜂腰"。对南昌中心城市的5条主要发展轴，由于城市功能集中，将发生大量各种目的的交通流。这些交通片区之间交通通道数量非常有限，在未来难以满足大量客运需求，需要大运量的公共交通系统提供足够的客运容量和优质便捷的服务。

为了城市协调集约发展和满足这些交通需求，需要轨道交通这样的大容量、占地少的高速交通工具。

（2）建设城市轨道交通是南昌城市交通高效运转的需要。

城市建设用地紧张，人均建设用地60 m^2，道路设施建设有限；同时路网结构不合理的情况很难彻底改变，支路薄弱问题对城市交通的制约作用将越来越严重；而另一方面，机动车增幅将达到30%，机动车总量将高速增长。城市道路系统与机动车辆不成比例的增长，使道路供需矛盾难以得到解决。

同时，地面公交或快速公交都有局限性，既难以达到理想规划水平，也难以满足客运需求。城市公交线路分布、运营管理、场站布局规模等诸多方面都无法满足地面公交快速发展的需要，公交枢纽、中途停靠站分布和形式都不利于公交线路设置或公交车辆停靠。实行公交优先、开辟公交专用道或建设快速公交，彻底改造传统地面公交的想法固然先进，但是在实际操作过程中将面临许多困难。

对南昌城市交通来说，发展城市轨道交通是实现城市交通发展目标和形成合理出行方式的趋势必然，是南昌城市交通可持续发展的需要。

（3）轨道交通是城市交通系统发展目标与交通方式发展的趋势必然。

尽管很难抑制私人小汽车等个体机动交通的正常发展，但是大力提高公共交通运送速度和综合服务水平，不仅能显著提高公共交通出行比重和交通运输效率，而且能够实现道路交通拥挤时交通出行方式的自我调节，保障大多数市民的机动化快速出行需求。对南昌城市交通来说，发展城市轨道交通是实现城市交通发展目标和形成合理出行方式的趋势必然，是南昌城市交通可持续发展的需要。

（4）建设城市轨道交通是城市可持续发展需要。

近年南昌城市交通正在逐步恶化城市生态质量，交通干线噪声问题一直呈上升趋势，空气质量常为轻度污染。城市环境、能源、土地面临机动车辆快速增加带来的压力。在城市各种交通方式中，包括地铁、轻轨等的城市轨道交通，不仅运量大、速度快、可靠性高，而且污染小、占地少、能耗低。发展城市轨道交通能减少交通污染、提高能源使用效率，轨道交通的环境、能源、土地使用优势显现无疑。符合南昌市建设花园英雄城市的目标。

（5）建设城市轨道交通是充分利用枢纽城市优势的需要。

城市区位优势要借助于完善的内外衔接枢纽才能发挥出来。火车站、公路客运站、机场作为城市联系外部的主要交通枢纽，对提高城市在区域中的可达性、发挥区位优势等具有重要的作用。为了提高对外交通水平，这些对外枢纽不仅需要良好的规划布局，而且需要快捷、便利、完善的城市集散系统。南昌昌北机场、城市公路客运站外迁、城市铁路客运站西站的新建，都在呼吁建设南昌市轨道交通与之联通，早日实现城市客运交通与对外客运交通的快速集散。

（6）建设城市轨道交通是响应国家关于优先发展公共交通政策之举。

2005年，国务院办公厅转发建设部（2008年改为住房和城乡建设部）等六部委关于优先发展城市公共交通建议的通知（国发办〔2005〕46号），2006年为了进一步促进资源节约型、环境友好型社会的构建，依据46号文件精神，建设部发布了《关于优先发展城市公共交通若干经济政策的建议》（建城〔288号〕）文件。两个文件中强调，优先发展城市公共交通是提高交通资源利用效率，缓解交通拥堵的重要手段。对于轨道交通，要有序发展，地方政府要加大对公共交通的投入，包括对轨道交通、综合换乘枢纽场站建设，车辆和设施装备的配置、更新给予必要的资金和政策扶持。全国在优先发展公共交通方面已经达成共识，适时地建设轨道交通，缓解日益增加的道路交通压力，保证城市居民日常出行需要是南昌市顺应国家发展政策、促进城市健康发展的重大举措。

2. 轨道规划的前提

（1）规划原则。

① 支撑城市总体战略的实现：轨道网的总体格局及走向应与城市发展的方向保持一致，增强城市活动能力，支撑南昌城市发展空间战略。

② 以城市交通发展战略为根本：明确轨道交通网络是南昌城市客运系统中的骨架，主要承担客运走廊客流和中心城与各新城区之间的中、长距离出行，确立和巩固建立以公共交通为主体，多种方式协调平衡的交通结构体系，包括各类交通设施的动态平衡。

③ 规划应有足够弹性，能体现可持续发展的特性：要求轨道网规划是一个滚动的规划。一方面适应城市的发展，与经济发展规模、财政承受度相协调，另一方面满足自身的可持续发展要求，考虑分期实施的衔接性。在确定网络基本骨架的基础上，根据南昌城市未来发展实际趋势，不断完善网络，发挥规模和综合效应。

④ 充分重视中心区交通问题：轨道网规划的根本目的是解决城市交通问题，而南昌核心区在哪个阶段，都是城市交通问题最为集中，矛盾最为突出的地区。轨道网络构架和分期建设，应围绕这一地区的交通问题展开。

⑤ 注重技术和运营对线网布局的要求:首先在轨道网规划中必须同时考虑系统制式、车辆段、停车场、换乘结点等重要基础设施的实施可能性。还需注意网络规划过程中需要技术、运营的限制和可行性。

(2) 轨道网发展规模。

进行轨道网规划前,首先确定规模,即从不同方法测算南昌市区在远景年需要多大规模的轨道交通。

① 测算角度1:利用类比分析法测算远景年轨道网规模。

类比分析法就是根据实际例子,通过比较分析国内外相同城市轨道交通发展规模情况,分析南昌市城市发展规模达到一定水平情况下所采用的轨道网络的容量。

轨道线网的合理规模应考虑适应城市发展形态,未来交通模式发展导向,政府财政支持能力等。通过比较分析国内外相似城市轨道交通发展规模情况,分析南昌城市发展规模达到一定水平情况时所采用的轨道网络的容量。鉴于此,必须兼顾按照交通需求预测和按照线网服务覆盖面积计算的结果,主城区内部远景轨道交通合理规模控制在 83 km 左右,平均线网密度为 0.35 km/km^2。考虑到未来服务外围城镇组团的轨道交通的弹性空间,远景年南昌市中心城市的轨道交通规模为 140~170 km。

② 测算角度2:从城市轨道交通客流需求的角度测算。

轨道交通量需求分析就是以南昌市近期和远期公交出行量为研究依据,根据轨道交通承担的交通量来推算轨道交通网络的规模。

根据公交出行总量预测,至 2020 年,公交出行量为 346 万人次/日,公交客运量为 500 万乘次/日。该公交客运量的 20%~25%将由轨道交通来承担。因此根据交通需求与供应预测模型,在 2020 年,轨道网络应建成 65~70 km 长的轨道线路。远景年公交出行量在 630 万人次/日左右,公交客运量为 850~880 万乘次,该公交客运量的 35%~40%将由轨道交通来承担,在远景年轨道网络应建成 160~200 km 左右的规模。

③ 测算角度3:从客流主要目的地流向分布的角度测算。

客流主要目的地流向分析就是将南昌市各地区市民出行主要目的地流向分布作为轨道设计的依据,并不局限于城市道路形态,是反映城市客流直达性和最短路径的一种研究方法。它的研究依据是城市居民公交出行 OD 矩阵,通过该矩阵反映客流的空间流向,专业上称为"客流蛛网图"。

由该方法确定的轨道网在规模上是较为经济合理的,在布线上也能符合客流的需要。根据南昌市公交出行"蛛网图",可推算出南昌市 2020 年轨道网规模在 65~75 km 左右,远景年轨道网规模在 140~160 km 左右。

因此,南昌市区远景轨道网规模按照 160~170 km 左右的规模来进行规划用地控制,并留有 20~50 km 的弹性建设规模。建议南昌市区轨道网远景年以 160 km 左右、2020 年以 70 km 规模为实施计划和建设目标,进行用地控制和详细规划。

3. 轨道线网规划方案

(1) 规划方案总体布局。

综观世界各国城市轨道网络的规划和建设的形态布局,可归纳为以下三种基本形式:放射型线网、设置环状线网和方格型线网。不同线网布局有不同的特点，各城市应依据城市空间和土地利用特征、地形、道路网络布局及客流分布情况等因素确定。

按照"西进、东拓、南延、北控"的总体发展思路，南昌市城市总体布局结构将以赣江为分隔，两岸分别按照功能自我完善、自成体系的两个相对独立城区（即昌南城、昌北城）进行布局，形成"一江两岸、双城八片、轴环串连、分级多中心、依山傍水"的布局形式。

城市用地布局方面：旧城中心区是全市的商贸、文娱、科技、信息中心；昌北红谷滩是现代化新城中心区（CBD），以商业、商务、行政办公等为主体；中心区成为第三产业的集聚中心；五个副中心以高新技术、文教、工业、物流仓储、居住生活综合区、旅游休闲等土地利用为主。

道路网形态方面：快速路系统主城区以中心区为核心呈"放射环状"布局，串连两个中心区和外围各组团。各片区内部路网呈方格网状。

公交客流主流向，从过去主要集中在昌南片区内部主要客流走廊上，转移为昌南昌北之间联系放射状"人形"的客流主流向，越江公共交通成倍增长。

综合以上分析，未来南昌轨道网络总体布局应具备以下特征功能：

① 在整个主城区，以中心城为核心的放射型轨道网，与城市发展结构和空间布局以及交通流向是协调的。

② 在主城区内以放射状和网格状为基础，加强中心区的线网密度，增强对外放射力和疏解力是最为关键的。

③ 改造旧城、发展新区、调整城市功能是轨道网布局的根本要求。

2020年南昌市轨道交通线路以两条为宜，轨道交通线网构架为"东西、南北向十字型"，与城市"西进、东拓、南延、北控"总体发展思路和未来"人形"客流走廊相一致。

远景年南昌市轨道交通线路条数以五条为宜，轨道交通线网构架为"放射+网格"型。

（2）2020年规划方案。

规划3条轨道线路，轨道线路总长约70 km。

1号线走向为：蛟桥、丰和北大道、丰和二路、世贸路、中山西路、中山路、八一广场、北京路、瑶湖大道。

2号线走向为：高速客运西站、站前北大道、红谷南大道、丰和大道、凤凰一路、阳明路、八一大道、洛阳路、南昌火车站、顺外路、上海路。

3号线走向为：青山路、八一大道、叠山路、象山路、象山南路、绳金塔街、十字街、京山北路、迎宾大道、莲塘。

表6.3-1　2020年方案轨道线网布局情况总汇

序号	线路类型	起点	终点	长度/km	车站数/座	平均站间距/m	主要换乘节点
1号线	东西线	蛟桥双港大道	尤氨路—瑶湖大道	25	20	1.3	1. 丰和大道—世贸路（1&2）； 2. 八一广场（1&2）； 3. 八一大道—阳明路（2&3）； 4. 中山路—象山路（1&3）
2号线	东西线	高铁客运西站	城南片区中心	25	24	1.1	
3号线	南北线	青山路	莲塘	20	18	1.2	

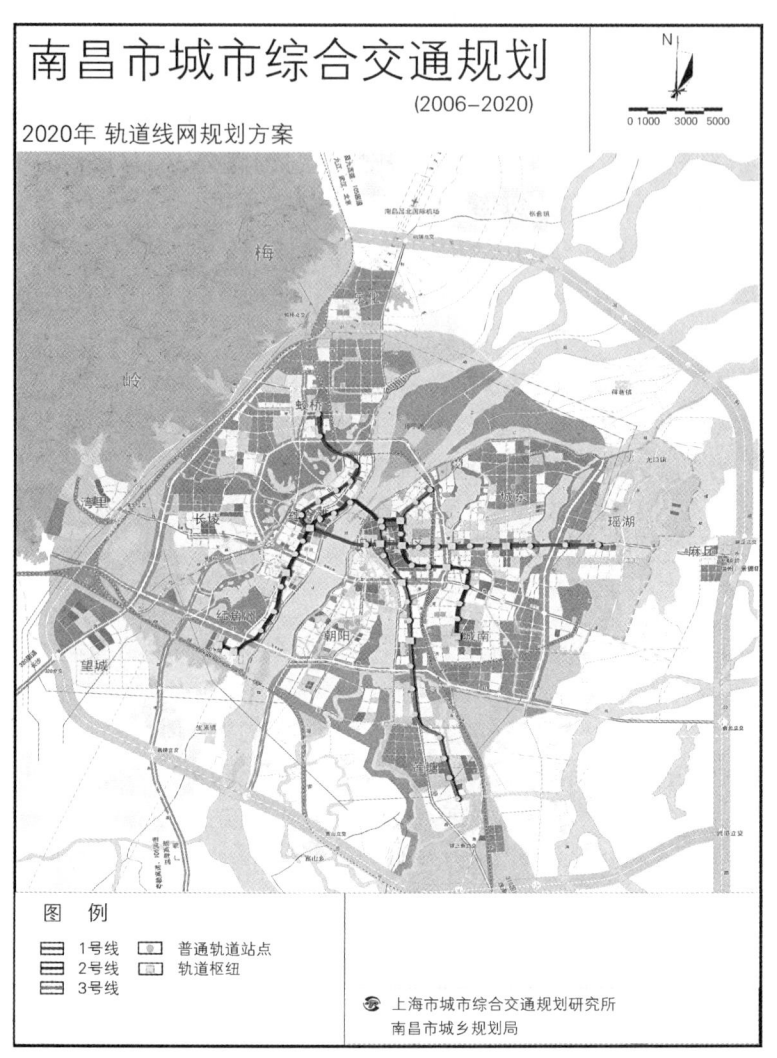

图 6.3-1　2020 年轨道线网规划

6.3.3　地面公交规划

1. 地面公共交通功能、目标与发展策略

（1）功能定位。

交通战略规划中确定了南昌将来采取以公共交通为主导、小汽车适度发展、多种交通方式并存的交通发展模式。对于公共交通而言，就是要在近期尽快建成快速、准快速的公共客运系统，努力提高公共交通服务水平；中远期要适时建设轨道交通，从而形成轨道交通、地面快速公交为主体的大容量、快速骨干公共交通网络和布设合理完善的地面常规公交系统，以尽快形成以公共交通为主导的交通运输系统。

加快轨道交通规划和建设虽势在必行，但地面公共交通（汽、电车）仍是近期乃至远期南昌城市公共交通的基础和客运交通主体，就客运需求而言，即使到 2020 年轨道网络按规划如期建成并投入使用，地面公共交通仍要承担80%的公共客运量，换乘率按1.4来考虑，到2020年日运量将达280万～336万乘次。同时，轨道交通只有依靠地面公交系统的有序衔接，才能最大程度发挥其最佳的运输效益。

（2）规划目标

支撑城市可持续发展要求，突出体现公平、优先原则，提高地面公交易达性，步行到站的时间在中心区为5～8 min，在外围区为6～9 min，要保证全市95%的市民一次公交出行时间在40 min以内。

具体有以下四大目标。

① 服务目标：减少出行时间，扩大服务范围、提高乘车舒适性。

"方便"——提高公交线网覆盖率，扩大服务范围，合理设置枢纽及站点。

"快捷"——缩小发车间隔，公交路权优先，提高行车速度。

"舒适"——及时更新车辆，改善候车条件。

"信息"——实时提供运营信息，维护旅客知情权。

② 经济目标：完善票制和运营体系，实现市民与企业双赢。

一方面，要完善票价机制，按照多使用多优惠原则，制定合理价格体系；另一方面，公交企业要不断优化线网，要在运能上进行合理配置，要不断深化体制和机制的改革，降低企业经营成本，使公交企业可持续发展。

③ 环境目标：抑制交通污染排放，形成可持续化城市发展环境。

南昌以建设花园英雄城市为目标，尤其要考虑发展同环境保护之间的协调。

一方面，通过发展公共交通，鼓励市民使用公共交通出行，从而抑制交通污染的排放；另一方面，引进环保型公交车辆，推广使用清洁能源（如LPG、CNG），限制公交车辆超龄服役，降低公交车辆运行所产生环境污染，建设绿色环保型的地面公交系统。

④ 公平目标：为最广大的群体提供公交服务，促进社会公平发展。

公共交通是社会公益事业，应为城市最广大的群众提供优质公交服务；给弱势群体出行提供优惠，维护社会公平；公交运营市场应保持适度、有序的公平竞争。

（3）发展策略。

南昌地面公共交通要体现以下发展策略：

① 战略上优先：始终坚持公共交通发展优先的交通战略，在加速发展轨道研究建设的同时，不放松地面公交系统的扩展和完善，在城市资源配置上，包括公交发展资金、公交发展用地、道路资源利用等政策优先保障。

② 运营上优先：主要在时间和空间上，给予地面公共交通优先权，提高速度，减少运行时间，提高运输效益和公交吸引力。

2. 公交专用道网络规划

实施公交专用道网络既是城市地面公交系统优先通行的保障，是公交优先的重要措施。如果只有科学的公交网络、良好的乘车环境，但是缺乏一定速度保证，那么公共交通的服务水平也会大打折扣，公共交通的吸引力也就无从提高。因此公交专用道网络规划是城市公共交通系统规划的重要组成部分。

（1）功能说明。

在南昌城市未来的发展中，随着城市的用地开发和轨道交通、越江交通等重要交通设施建设的推进，公交专用道网络需要满足不断变化的城市公共交通发展优先通行需要。公交专用道网络的功能定位是：近期中心区内公交专用道以提高昌南、昌北中心区公共交通的运行速度，加强昌南、昌北间公共客运联系为重点，同时为轨道交通培育客流；远期将作为轨道交通的补充，填补轨道交通服务薄弱地区的快速公交服务。

① 在城市双核中心区（中环内）：在公交线路密集，社会车辆对公交车辆行车干扰较大的路段，在道路条件允许的情况下实施公交专用道，加强昌南、昌北中心区的公共交通客运联系，提高昌南、昌北中心区公共交通的运行速度；

② 在城市双核中心区以外：轨道交通未建成时，由于在一定时期内不可能形成一定规模的轨道网络，会有相当部分放射状的客运走廊需要地面骨干公交线来运送乘客，实施公交专用道是改善这些线路运营条件较为有效的措施。其在支持城市外围区的用地开发的同时，也为轨道交通培育了客流；未来城市轨道网络建成后，部分外围地区与中心区的客运联系规模没有达到建设轨道交通的需要，但是也是重要的客运走廊，可以通过开辟公交专用车道，填补轨道交通服务薄弱地区的快速公交服务的需要，可见，公交专用道可以成为轨道交通的有效补充。

（2）布设策略。

在客流走廊较大、道路较宽但又不足以建设轨道交通的情况下，可考虑规划公交专用道或开辟公交专用路。一般双向机动车道大于六车道的道路，当行驶于该道路上的公交线路和车辆数达到一定规模时，可考虑将其中单向一至两条车道作为公交车专用道。在专用道的部分路段，其他车辆可借道行驶，其他路段则禁止别的机动车辆驶入。结合公交客流状况，公交专用道可以是固定的，也可以是时段性的，如只在高峰时段开辟。如道路线网条件允许，可开辟隔离式的公交专用路。

公交专用道网络在不同地域、不同建设时期，需要结合城市客流发展的趋势，选取适当的建设时机、采用恰当的布设形式。

① 城市双核中心区内。

在城市双核中心区，在一般双向机动车道大于六车道的道路，当行驶于该道路上的公交线路和车辆数达到一定规模时，可考虑将其中单向一至两条车道作为公交车专用道。在专用道的部分路段，其他车辆可借道行驶，其他路段则禁止别的机动车辆驶入。结合公交客流状况，公交专用道可以是固定的，也可以是时段性的（如只在高峰时段开辟）。

近期的重点工作是加快昌南、昌北中心区的公交专用道网络的建设，建设红谷滩中心区的公交专用道和昌南中环上的半环公交专用道；重点加强昌南、昌北联系通道的公交专用道建设。

② 城市双核中心区以外。

在双核中心区以外，与外围片区中心地带联系的放射客运走廊上，有足够的公交车辆和公交客流作为实施开辟隔离式公交专用车道的前置条件。一般而言，一条公交专用道每小时可以运送200辆以上公交车，客运量在1万乘次以上。如果采用列车编组发送，每小时客运量可以在2万乘次以上，配以专用公交站台和交叉口公交优先信号，公交车在专用道上的运送速度将大大高于普通道路上行驶的公交车速。

远期建设外围区主要客运走廊上的公交专用道，特别是轨道交通将要服务的客运走廊，为轨道交通培育客流；远景年建设作为轨道交通补充的客运走廊上的公交专用道。

（3）布局方案。

① 近期。

近期建设的重点工作在中心区，即加强昌南、昌北联系通道公交专用道建设。结合公交客流分布规律，在主要客运走廊上建成"两横两纵半环"的公交专用道网络，总规模为46 km。

表6.3-2　近期公交专用道网络规划说明

公交专用道	长度/km	走向
一横	10.3	庐山大道南、八一大桥、阳明路、八一大道、南京西路、南京东路
二横	6.3	北京西路、北京东路
一纵	6.3	八一大道、井冈山大道
二纵	8.5	丰和北大道、丰和大道
半环	14.6	南昌大桥、洪城路、解放西路、洪都中大道、洪都北大道
合计	46	"两横两纵半环"

② 远期。

远期是全市公交专用道建设的重要时期，重点一是红谷滩中心区的公交专用道建设和旧城区公交专用道的补充建设，重点二是放射道路上特别是轨道交通走向上的公交专用车道的建设。规划远期公交专用道总规模是137 km。

表6.3-3　远期公交专用道网络规划说明

地区	公交专用道	长度/km	地区	公交专用道	长度/km
昌南	抚河北路、抚河中路、抚河南路、外环、迎宾大道	16.5	昌北	庐山大道	7.3
	抚生路	10		快速路A5	10
	桃花路	7.7		红湾公路	11
	解放东路、解放西路	6.4		丰和大道南段	11
	顺外路、尤氨路	13.4		丰和二路	3
	阳明路、南京东路	8.2	昌南昌北之间	八一大桥	1.5
	赣抚路、新溪桥路、高新大道	17		南昌大桥	2.4
	洪城路、洪都大道	11.3			
合计/km			136.7		

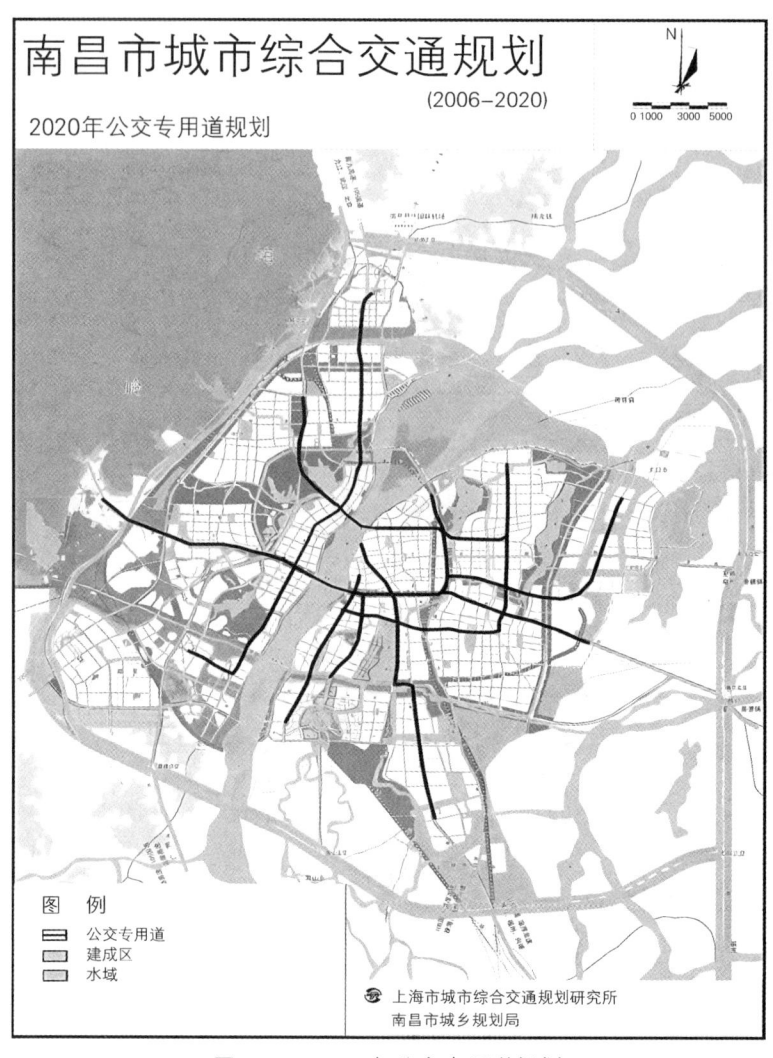

图 6.3-2　2020 年公交专用道规划

3. 地面公交线网规划

（1）规划原则。

① 保证线网服务水平。

线网编织服务水平要高，要为城市提供一个便利、可达性强的系统。在线网密度和道路覆盖程度方面，要注意线路分布的均衡性和覆盖率，要符合区域客流密度特征和国标规范要求，减少公交线网服务盲区。线路长度、站间距设置要与线路功能相协调，以吸引更多的客流，减少换乘次数（公交换乘率不应大于 1.5），提高运营效率。同时应尊重居民长期以来形成的乘车习惯，尽量保持现有公交线路的走向。在城市主要客流集散点之间，尽可能按最短距离布设线路，使乘客的总出行时间趋于最小。

② 结合路网结构功能布设。

结合道路功能调整和道路建设，优化调整线网。充分利用城市"环形+放射"的路网布局，主干路以及外围主干道路，建设公交专用道，布设快速地面公交线路；辅助支线、驳运线建立在居住区内部的次干道、支路网上；考虑沿环线布设联系边缘地区组团之间的切向线路，形成中心城区客运交通保护环。

③ 考虑与轨道交通的合理衔接。

结合轨道网的规划和建设计划，实时对公交线网进行局部调整，避免与轨道交通长距离的并行，同时以轨道交通站点为中心，增加向其周边的居住区和功能区布设的轨道驳运公交线路数量。

④ 实施区域差别化原则。

a. 中心区线路规划原则：中心区公交客流密度高，轨道网密度和覆盖率也高，为提高轨道交通使用率，发挥地面公交与轨道交通网在结构、功能和服务标准上的优势互补，合理配置轨道与地面公交两者运能。在基本保证直达客流的前提下，优化调整地面公交线网，减少轨道交通走廊内的地面公共汽电车复线，公交线与轨道交通以不超过 2~3 个换乘站（2~4 km）的复线长度为宜，从而避免运能与运量的浪费。依托轨道枢纽格局，实现中心区地面公交网络之间、地面公交与轨道网络之间的多层次换乘。

b. 其他区域线路规划原则：结合用地规划，提高外围组团与新城内部地面公交线网覆盖率，扩大公交服务范围。选择大容量轨道交通的站点、轨道交通交叉点和骨干公共汽电车车站，布设公交接驳线路，增加为轨道交通车站集散客流的公交驳运线路及运能。在大型住宅区、新城、高新区、城市新发展区等地区增加或延伸地面公交线路，一般在 1 万~1.5 万人口的居民小区要增设一条线路或做线路延伸。使规划新区的线路分布均匀，尽量消除公交布线"盲区"。

（2）规划指标

① 线路长度：根据国标规范，轨道交通的服务范围最长可以达到 30 km 以上，常规地面公共汽电车的服务范围适宜在 3~15 km。对南昌这样的大型城市而言，市区公交线路的平均长度可以是城市半径，也可以是城市居民平均乘距的 2~3 倍，根据南昌城市规模和城市用地特征等实际情况，各线路规划标准为：快速线路 15~18 km，骨干线路平均线路长度 14 km，基础线路 9~12 km，市内辅助线路 7~8 km，市域辅助线路的长度则依实际情况而定。

② 线网密度：根据城市主要支路和干道网密度情况，公交线网密度规划为：主城区中心区（旧城中心区、红谷滩）4 km/km²，外围片区（红角洲、蛟桥、城东、城南、朝阳）3.2 km/km²，其他组团（长堎、湾里、望城、莲塘、乐化、瑶湖）2 km/km²。

③ 线路重复系数：避免运能的浪费和保证公交线路的直达性，远期线路重复系数在市中心区时控制在 3.5，在外围片区时控制在 3，在其他组团时控制在 2.0 以内。

④ 线网规模：根据以上各类指标，可以得出远期南昌市区公交线路总长度约为 2 200 km（不计郊区长途公交线路），线路约 200 条。

表 6.3-4　远期公交线网基本指标

指标	中心区	外围片区	其他组团	合计
线网密度	4.0	3.0	2.0	2.8
重复系数	3.0	2.5	2.0	2.4
线网长度/km	156	540	190	886
线路长度/km	468	1 350	380	2 200

（3）线网结构和功能。

南昌城市地面公交线网可分为四个层次，规划中应采用"逐层布设、逐步成网"的布设方法，将线路分为四个层次：快速线路、骨干线路、基础线路和辅助线路，逐层逐步地完成线网的布设。

① 快速线路：主要为市域穿梭线，连接主要枢纽站。车辆选用乘坐舒适、性能出色的新型空调车，站距控制在 700~1 000 m，线路行驶的道路均为公交专用道或快速路，以保证线路有较高的行驶速度，平均运行车速为 20~25 km/h。综合考虑城市布局、轨道网络布局、快速道路功能布局及远期客流分布，规划 10 条快速线路。

② 骨干线路：连接主要客流点，承担客流主流向，加强城市各分区之间的联系。车辆宜选用空调车和大型公交车，高峰时的发车间隔为 3 min 左右，平均站距控制在 400~600 m，中心区可加密到 400 m 左右，主要沿干道行驶以保证其车速，平均运行车速在 15~18 km/h。综合考虑城市布局、轨道网络布局、地面公交快速线路、主要干道布局结构及远期客流分布，规划 35 条骨干线路。

③ 基础线路：主要承担居民中短距离出行及接驳轨道交通、骨干公交线路的换乘任务，线路宜设置在主要居住区附近，或靠近大型集散点，如轨道站点、大型商场、公园、综合办公楼、公共活动中心等。车辆视客流而定，一般采用中型公交车，主要在一般道路上行驶，平均运行车速为 12~15 km/h，高峰时段的发车间隔为 4 min 左右，平均站距控制在 500 m，中心区可加密到 300~400 m。在快速线路和骨干线路基础上，规划 100 条一般线路。

④ 辅助线路：主要起到填补、接驳和辐射的作用，承担外围地区部分与轨道交通、骨干公交线路的换乘任务，以及在市郊或郊县填补常规公交无法布设的市内区域。车辆一般采用中巴形式，机动灵活，通过性强。市内辅助线平均站距为 400~500 m，在支路、居住区内部道路，平均运行车速在 10 km/h；外围新城等区域辅助线站距较大，一般超过 1 km，平均运行车速 15 km/h。高峰时段的发车间隔为 5 min 左右。远期规划市内辅助线路 55 条。

至 2020 年，不同层次公交线路共计约 200 条。

（4）线网布设方法

交通战略的思想：中心区公交线网以完善功能和优化调整等级结构，达到供需协调为目标；外围片区和组团在满足客流需求的基础上，以公共交通引导城市用地发展为目标，增加和补充优质公共交通运力。在"逐层布设，逐步成网"的总体思路下，地面公交线网将依据以下方法布局：

① 按客流走廊设骨干径向线，在轨道交通之间布设骨干切向线；
② 将以轨道车站、客运站、火车站、机场为主的枢纽作为重要结点布设线路；
③ 在轨道交通还未成形的客流走廊上布设骨干线，在有轨道线路的主客运走廊上，减少布设同方向的重复线路；
④ 增加与轨道线路、快速线路及骨干线路接驳的辅助线路；

⑤ 增设城市外围区的切向线路，尤其是中心区外边缘与外围片区和组团之间的大站快线。

4. 地面公交车辆发展规划

（1）按国标规范指标推算：我国国标《城市综合交通体系规划标准》（GB/T 51328—2018）中规定，城市公共汽车和电车的规划拥有量，大城市应为每 1 800～1 000 人一辆标准车，中、小城市应为每 1 200～1 500 人一辆标准车。根据南昌的实际情况，远期 1 标台/700～750 人的标准，2020 年需公交车辆 4 700～5 000 标台。

（2）按公交运营线路推算：根据前述预测结果，2020 年总线路长度为 2 200 km，不同层次的公交线路共约 200 条，其中：快速线路按每条线路长度 17 km，运行车速 22 km/h，高峰小时发车间隔 2 min，需要配车 56 辆，换算为 84 标台，共计 10 条快速线路，则需配车 840 标台；骨干线路按每条线路长度 14 km，运行车速 17 km/h，高峰小时发车间隔 3 min，推算需要配车 40 辆，共计 35 条骨干线路，需配车 1 400 标台；基础线路按每条线路长度 11 km，运行车速 15 km/h，高峰小时发车间隔 5 min，推算需要配车 22 辆，共计 100 条快速线路，共需配车 2 200 标台；辅助线路按每条线路长度 10 km，运行车速 12 km/h，高峰小时发车间隔 5 min，推算需要配车 15 辆，共计 55 条辅助线路需配车 660 标台，合计 5 110 标台，考虑 1.1 的备车系数，总共需要配车约 5 620 标台。

按客运量匹配推算：2020 年地面公交客运量为 200 万～226 万乘次/日，而现状公交车辆数为 2 040 标台，承担了 91 万乘次左右的公交客流，即每标台公交车服务乘客量为 445 乘次左右/日，从现状运营来看较为合理，远期以 420 乘次/日基本合适。以此标准，2020 年需公交车辆 4 762～5 620 标台。

综合上述三种方法推算的结果，2020 年公交车辆发展规模在 5 500 标台左右。

5. 公交场站规划

公交场站是整个公交体系中不可或缺的重要组成部分，是保证公交可持续发展的有力支撑。近期车辆规模的持续扩大对城市公交场站提出了更高的要求。为了城市公交的可持续发展，南昌必须"加紧落实规划公交场站用地，并加强重点场站的建设"。

（1）总体布局原则。

① 与公共交通发展规模相适应，具有一定超前性。
② 与城市用地布局相协调，使用地有保证。
③ 与公交网络的布局相适应，保证网络的覆盖水平。
④ 与运营管理相适应，方便公交调度管理。
⑤ 与道路交通管理相适应，尽量减少对正常交通及居民生活的干扰。

（2）场站规划指标。

公交场站规划包括公交停车保养场规划，公交首末站规划、公交中途站点规划。参考《城市综合交通体系规划标准》（GB/T 51328—2018）等相关规范，制定的 2020 年南昌城市公交系统场站的规划设计指标见表 6.3-5。

表 6.3-5　公交场站规划设计指标一览表

场站	规范指标/m²	建议指标/m²	备注
公交首末站、枢纽站	150～180/标台	首站：1 000/线路 末站：400/线路	道路交通体系规划标准中每处 1 000～1 400 m²
停车场	150/实际停车标台	100～150/实际停车标台	70%车辆需专用停车场
保养场	200/实际保养标台	50/标台	考虑所有车辆的保养需求
大修厂	250/实际修理标台	200/实际修理标台	修理车辆按10%计

（3）场站总规模。

首末站是供行车调度人员完成运营调配和司售人员休息的地方，也供日常停车使用。根据规范要求，每条线路首末站用地面积规划按 1 000 m² 考虑，线路数按 200 条计，则大约需要 20 万平方米。

现状大多数公交停车保养场总体占地面积为 18.7 万平方米，对于满足现状 2 040 标台公交车停车保养需求还有一定缺口。规划到 2020 年，公交车辆规模为 5 500 标台，按照 150 平方米/标台考虑，共需停车保养场 85 万平方米，需新增停车保养场面积 66.3 万平方米。

基于以上推算，预计 2020 年南昌公交场站总规模为 105 万平方米左右。

规划方案如下。

本着着眼于中远期、落实于近期的原则，停车保养场总体用地规模按 70% 的车辆停车需求、全部车辆保养需求以及附属设施考虑。保留停车保养场按 100 m²/标台考虑，扩建和新建停车保养场均按 200 m²/标台考虑，保养规模为 50 m²/标台。

南昌市现状公交停车保养场的可用面积为 18.7 万平方米，对于远期 2020 年公交车辆 5 500 标台的车辆发展规模，停车保养场的总体用地缺口为 39.6 万平方米，应达到 58.3 万平方米的停车保养场规模。

公交停车保养场应结合线路设置，要求综合考虑用地条件和保养维护车辆的要求，宜采取分散停放、集中高保的原则，以最大限度地提高车辆的里程利用率。

（4）中途停靠站规划要点。

① 设置合理站距。

站距与公交乘客步行到站的距离及从站到目的地的步行距离有密切的关系，站距过长，步行到站的距离也越大，给公交乘客带来不便，从而减弱公交的吸引力。现状南昌市公交存在的主要问题之一就是车外时间过长，车外时间中的一个主要因素是步行到站和从站到目的地的时间过长。为此，规划远期公交线路站距设置为：中心区为 300～400 m，外围区为 500～600 m，近郊区为 600～800 m。

② 站点规划要求。

公交中途停靠站是公交运营中重要但又容易被忽视的环节。往往公交停靠站规模过小，或容易被其他车辆停靠侵占。因此使用道路时应优先保障公交中途停靠站的需要。应按照以下原则实施规划：

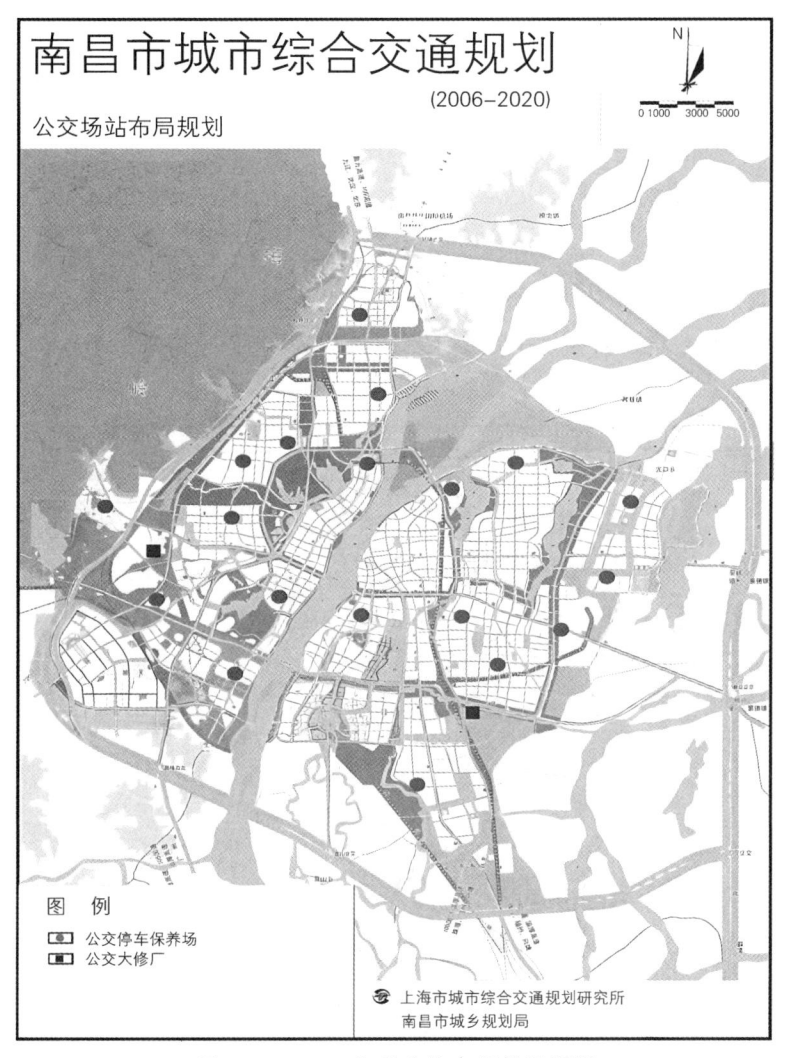

图 6.3-3　2020 年公交停车保养场规划

　　a. 公交停靠站尽可能靠近交叉口布置。公交停靠站近交叉口有利于乘客过街和方便公交换乘，但公交停靠站离交叉口过近又容易引起交叉口交通拥堵，停靠站原则上设置在离交叉口 30～50 m 的出口处，一般干道以 50 m，支路 30 m 较为合适，同时，地形应是平坡或者坡度不大于 1.5% 的坡道。

　　b. 对于车站候客人数多，或布设公交线路数较多（5 条以上或高峰时同时停靠车辆数达 5 辆以上），或所需车站长度超过 100 m 等情况，同一站址，可设两处停靠站，站间距不超过 50 m。

　　c. 港湾式车站不仅方便公交停靠，同时也能避免因公交车停靠引起的后续交通堵塞。新建、改建道路的停靠站原则上应按港湾式停靠站设计，现有占路停靠站应尽量改建为港湾式停靠站。公交停靠站长度应结合停靠线路的数量来布置，港湾式车站站台长度一般为 50～80 m，多线并站的站台长度也应考虑停靠至少 3 辆公交车的长度。

　　d. 另外同一停靠站应采用同一站名，不同公交公司设站应统一协调，包括旅游公交线路。

e. 公交停靠站还应配置遮雨遮阳亭、座椅、标准化公交站牌，并根据智能化交通发展要求配置公交运营信息的电子站牌等。

f. 两条以上电、汽车共用同一车站时，有分开的停靠站，其最小间距不宜小于 2~2.5 倍标准车长，共用同一停靠点的线路宜不多于 3 条。

6.3.4 客运枢纽规划

规划方案如下。

根据未来土地使用情况和交通网络规划及对外交通规划，结合交通量综合预测分析，远期规划提出了建立 3 个综合性的内外客运交通换乘枢纽、12 个市内大型换乘枢纽和 11 个中型交通换乘枢纽。

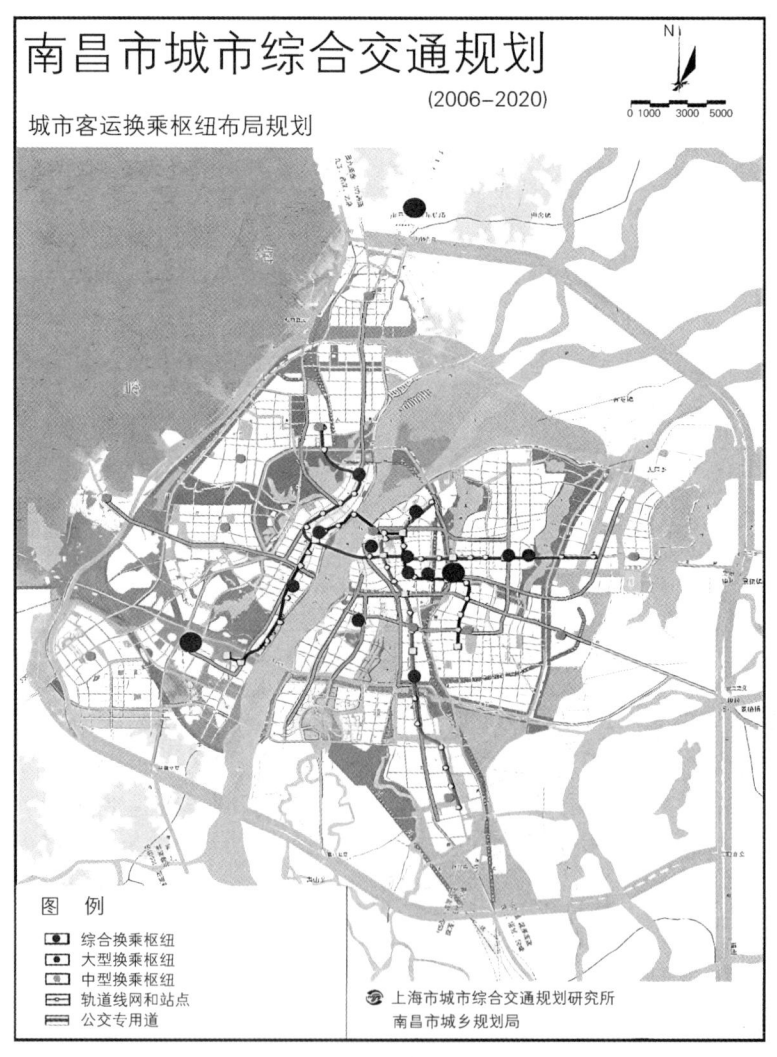

图 6.3-4　2020 年城市客运换乘枢纽规划

6.4 内外衔接系统规划

对外交通是以城市为基点,城市与城市外部区域之间进行人与物运送和流通的各类交通运输系统的总称,包括铁路、水运、公路以及航空运输等。城市对外交通还要与市内交通编织在一起,成为一张有机结合的城市交通网络,交通衔接系统又让它们紧密衔接和相互协调,使城市的基本功能得到充分的发挥。因此,从城市交通规划范畴,如何处理好内外交通之间的关系,完善内外交通之间的衔接,是研究的重点内容,并且对城市交通和社会经济发展具有重要的意义。

6.4.1 内外交通衔接系统目标和功能

随着江西大交通网络构架的建成,南昌将建成与省内外沟通的快速立体交通网络,以南昌为中心到周边的省会城市和沿海的发达城市,形成一个 6 h 经济圈,使南昌成为沿海产业梯度转移的最佳腹地,成为传统和现代工业制造业及其商品集散的重要基地。以现代化空港和港口、高速铁路、高速公路为骨干,以市域道路系统与客、货运系统为后盾,以多式联运的综合枢纽为纽带,充分发挥综合性立体化运输的优势,以保证人流、物流在国内外、市内外安全、快速地流动。

内外交通衔接系统包括客运衔接系统和货运衔接系统,货运衔接系统的相关内容见城市物流系统规划部分,本节主要介绍客运系统的内外衔接规划。

6.4.2 对外交通枢纽规划

1. 对外客运量预测

南昌对外客运交通主要包括公路、铁路、民航、水运四种方式。根据近十年南昌各种对外交通方式客运量的发展趋势,结合城市社会经济发展趋势,预测 2020 年南昌市的全社会对外客运总量达到 1.7 亿人次/年,如表 6.4-1 所示。

表 6.4-1 南昌市客运量预测结果

年份		2005 年	2010 年	2020 年
客运总量/(万人/年)		5 187	8 778	16 568
公路	运量/(万人/年)	3 687	6 496	10 633
	百分比	71%	74%	64%
铁路	运量/(万人/年)	1 346	2 000	5 210
	百分比	26%	23%	31%
水运	运量(万人/年)	18	12.5	15
	百分比	0.4%	0.14%	0.1%
航空	运量(万人/年)	136	270	710
	百分比	3%	3%	4%

（1）从预测结果来看，远期公路客运比重仍占 64%，为 1.06 亿人次，公路运输在南昌市对外客运交通中占据主导地位。

（2）随着高速铁路客运专线的建设，铁路运输总量增加，但是原有的竞争优势会有所减弱，客运量增长趋于平稳，到 2020 年，客运量为 5 210 万人次，比重上升到 31%。

（3）随着经济高速发展，时间价值迅速提高，南昌航空运量迅猛增加，到 2020 年，客运量达 710 万人次，比重提高到 4%，是目前的 5~6 倍，年均增长率为 12%。

（4）由于水运自身速度慢、可达性差的特点，面对公路、铁路和民航的竞争，目前水运的客运比重在 0.5%左右，未来将下降到 0.1%。

2．公路客运枢纽

（1）规划前提。

① 适站量分析。

根据运量预测，2020 年公路旅客发送量为 10 633 万人次，当前公路客运枢纽规模偏小，布局不尽合理。2020 年公路客运站平均日旅客发送量 15 万人次，如表 6.4-2 所示。

表 6.4-2 公路客运枢纽适站量预测结果

年 份	2005 年	2010 年	2020 年
客运发送量/（万人/年）	3 687	6 496	10 633
客运站适站量/（万人/年）	2 263	3 650	5 475
旅客日发送量/（万人/日）	6.2	10.0	15

② 枢纽分类。

一级站：作为全市性公路客运枢纽，站场位置与城市对外客流主方向一致；周边具备完善的公共交通设施，方便旅客的集散、换乘；站场周边具有良好的道路交通条件，不仅便于本站客车的进出，而且减少了该站产生和吸引的交通对城市交通的影响。设计年度日发送旅客人次在 1 万人次以上。

二级站：南昌市是组团布局形态，单靠客运主站，服务半径太大，旅客和居民出行相当不便，而且，客运站过于集中，规模太大，吸引的交通难以疏解，从而影响城市交通。二级站就是对一级站的补充和完善，以扩大服务范围，方便各片区旅客和居民对外出行。设计年度日发送旅客 0.5 万~1 万人次。

三级站：主要为南昌市外围组团人口比较多的地方的居民出行提供方便。设计年度日发送旅客 0.2 万~0.5 万人次。

（2）规划方案。

目前南昌市共有公路客运站 5 个，分别为南昌客运总站、青山客运站、青云谱客运站、徐坊客运站、洪城客运站，另外还有交警、运管部门管理的 8 个客运停车站。公路客运站主要集中在市中心、八一大道两端及中部，长途客运车辆对城市交通的影响较大。

远期保留现有旧城区的南昌客运总站，由于其所处位置为中心区，对八一大道及中心区交通影响很大，因此从规划的角度，应将主要的客运功能外移，变为一个二级辅站兼具旅游功能的客运站比较适宜。适当保留洪城客运站和徐坊客运站为二级站，将其余的二级站逐步置换为城市公共客运枢纽用地或场站用地。将规划新建的公路客运枢纽布设在城市的外围地区，减少对城市交通的影响，同时保证公路客运枢纽与城市大容量公共交通方式间有良好的衔接，能通过城市快速公共客运系统实现公路客运枢纽、铁路客运枢纽和航空枢纽的高效连通。

按照地域平衡分布的原则，结合城市发展总体规划，考虑现有场站设施的利用，旅客集散、换乘的条件以及周边道路的交通状况，南昌市区公路客运枢纽共规划了四个一级客运站，六个二级站、四个三级站。

一级站：汽车客运西站、洪城汽车客运站、长途汽车东站、昌北汽车客运站。

二级站：南昌长途汽车客运总站、徐坊汽车客运站、青云谱汽车客运站、青山路客运汽车站、客运汽车南站、长埭汽车客运站。

三级站：乐化汽车客运站、湾里汽车客运站、罗家汽车客运站、麻丘汽车客运站。

3. 铁路客运枢纽

据预测，2020 年南昌铁路客运量达到 5 210 万人左右，客运比重保持在 31% 左右。

在近中期，铁路客运站都将以南昌火车站为主，应适时对火车站周边地区进行规划整治，缓解火车站地区的交通拥挤状况。对于火车站地区的规划整治，应优先考虑与车站的换乘方式依次为常规公交、出租车、私人小汽车，此外需考虑部分社会车辆的停车换乘。

为增强铁路作为大容量、承担中长距离运输的优势，据铁路部门规划，浙赣铁路将建立南昌快速客运专线，从向塘分叉，跨越赣江，在望城或生米建设客运西站，以减轻南昌站的客流压力。真正将南昌融入经济最发达的交通走廊带中，大大提升南昌对外影响和辐射力。同时，在轨道网规划中考虑铁路枢纽之间、民航枢纽和公路主枢纽之间的良好衔接，实现乘客在大型交通枢纽之间的快速转换。

4. 民航客运枢纽

近年南昌民航客运量增长迅速，2001 年的客运量相比 1995 年增加 25%。未来随着南昌城市社会经济的发展，城市对外交流日益频繁，民航将迎来更加美好的前景。南昌民航客运量将达到 710 万人，客运比重上升到 4%。

根据民航客运量的发展，适时对昌北机场进行改扩建，提高南昌城市民航运输的服务能力和水平。改扩建后的机场规模为 4D 级，主跑道长 3 200 m，该机场将成为我国华东地区主要航空港和干线机场，增强了南昌的空运能力。

5. 水上客运枢纽

近十年在公路、铁路、民航的竞争下，常规水运因速度慢、条件差及可达性差，其客运量呈逐年下降的趋势。目前，南昌水运每年的客运量已下降到 15 万人次左右，客运比例已下降到 0.1%，并且呈继续下降的趋势。除了现有南昌港客运站外，不再规划新的水上客运枢纽。

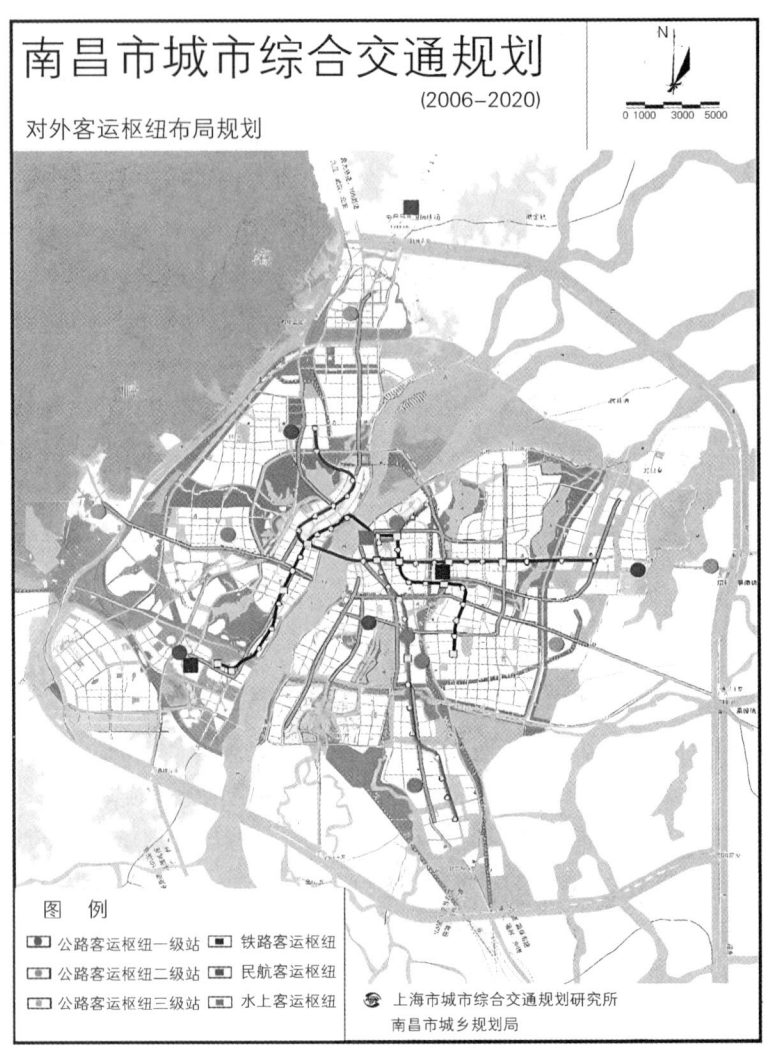

图 6.4-1　2020 年对外客运枢纽布局规划

6.4.3　客运枢纽内外衔接规划

1. 铁路客运枢纽内外衔接规划

（1）南昌火车站市内交通衔接。

个体交通：旅客可通过客车或其他交通工具到达或离开火车站。

公共交通：火车站市内公共交通衔接方式分为地面公交、轨道交通和出租车。

根据轨道交通规划，规划轨道线一号线在火车站附近设站，未来铁路旅客可通过轨道交通迅速到达市内各区域，从而大大增强火车站客流疏解能力。此外，旅客也可以方便地通过出租车来去火车站，并有专设的上下客区。

（2）客运西站市内交通衔接。

个体交通：旅客可通过客车或其他交通工具到达或离开火车站。

公共交通：火车站市内公共交通衔接方式分为地面公交、轨道交通和出租车。另外，与南昌火车站间有轨道交通连接。

根据轨道交通规划，规划轨道线一号线火车站西站附近设站，未来铁路旅客可通过轨道交通迅速到达南昌市各区域，从而大大增强火车站客流疏解能力。

2. 公路客运枢纽内外衔接规划

公路客运枢纽与其他对外客运枢纽站一样，市内交通衔接方式主要为客车等个体交通以及地面公交、出租车、轨道交通等公共交通。

表 6.4-3　规划各公路客运枢纽衔接方式

公路客运枢纽站	主要衔接方式
南昌长途汽车总站	客车、出租车、公交、轨道1号线
汽车客运西站	客车、出租车、公交、轨道1号线
洪城汽车客运站	客车、出租车、公交、远景3号线
长途汽车东站	客车、出租车、公交、远景轨道1号线
昌北汽车客运站	客车、出租车、公交、远景轨道2号线
徐坊汽车客运站	客车、出租车、公交、轨道2号线
青云谱汽车客运站	客车、出租车、公交、轨道2号线
青山路客运汽车站	客车、出租车、公交、轨道2号线
客运汽车南站	客车、出租车、公交、远景轨道2号线
长堎汽车客运站	客车、出租车、公交、远景轨道3号线
乐化汽车客运站	客车、出租车、公交、远景轨道2号线
罗家汽车客运站	客车、出租车、公交、远景轨道2号线
湾里汽车客运站	客车、出租车、公交、远景轨道3号线
麻丘汽车客运站	客车、出租车、公交、远景轨道1号线

3. 民航客运枢纽内外衔接规划

目前南昌机场候机空间大小、出入通道数量及宽度、停车空间大小都严重不足，更为严重的是缺乏与市内连接的大容量、快速客运系统，缺乏高效的、高质量的交通疏导管理系统，缺乏必要的停车诱导系统。

机场内外交通衔接，结合机场候机改扩建，有以下几个方面需要改善：

（1）提供足够的下客区及下客通道，方便旅客下车。

（2）提供足够社会停车空间，到 2020 年，需要 1 000～1 100 个停车泊位。

（3）提供足够的出租车候车区及出入通道。

（4）增加机场快速公交线（4～5 条），通往城市主要地区，引进高档次公交巴士，为乘客提供舒适、便捷的公交换乘系统。

（5）增加进出机场通道，拓宽出入口，保证出入畅通。

（6）设置机场内部及出入交通指示系统，便于旅客快速进行交通方式转换。

未来南昌机场内外有以下两种衔接方式：
（1）个体交通：客车为主，其他方式为辅。
（2）公共交通：公交巴士、出租车。

4. 水上客运枢纽内外衔接规划

考虑到水上客运量规模不大，因此主要还是通过客车、出租车及地面公交进行换乘，轨道不予以衔接。

6.5 城市货运物流系统规划

南昌拥有优越的区位优势，近十年来，货物运输发展迅猛，物流业对南昌发展的作用日显重要。南昌市目前主要有 4 个具有仓储、货运功能或有部分现代物流特点的公路、公铁、公水联运货运场站，分别为洪大物流集团货运中心、青云谱铁路货场、国际集装箱码头、江铃汽车股份有限公司物流部。另有货运场几十个。

目前南昌货运物流系统存在大型货运枢纽数量少、规模小、布局不完善、功能单一、服务水平低的问题。建立一个高效的物流系统不仅是城市生产、生活的需要，也是南昌凭借优越的区位条件增强城市综合竞争力的需要。

6.5.1 物流枢纽布局

1. 货运量预测

根据预测结果，2020 年南昌全市全社会的货运量约 12 634 万吨，公路货运量最大，占 81%；随着高速公路网络的建设、铁路电气化的改造、赣江航道的改善和航空运输的发展，城市对外的货物运输能力得到了提高，南昌作为货运中转枢纽，其地位日益加强，铁路货运比重将达 14%。

通过对场站总体规模的评估，参考相关数据并结合各方式的货运量，计算正常发展情况下，各规划年南昌公路货运枢纽站适站量。到 2020 年南昌市区公路适站量为 612 万吨/年。

表 6.5-1 规划年南昌市社会货运量预测结果

年 份		2005 年	2010 年	2020 年
公路	吞吐量/万吨	3 890	6 260	10 200
	百分比	86.4%	86%	81%
铁路	吞吐量/万吨	392	633	1 738
	百分比	9%	8.7%	14%
航空	吞吐量/万吨	1.57	3	10
	百分比	0.04%	0.04%	0.08%
水运	吞吐量/万吨	269	400	695
	百分比	4.9%	5.5%	5.5%
合计		4 552	7 296	12 634

表 6.5-2　规划年南昌市区公路枢纽货运适站量预测结果

年份	2010 年	2020 年
货运量/万吨	6 260	10 200
适站量比例	10%	12%
适站量/万吨	626	1 224

2. 规划方案

南昌市物流生成点主要包括南昌北站（铁路货运站）、南昌国际集装箱码头、昌北经济技术开发区、洪城大市场、南昌高新技术开发区、民营科技园、昌东工业园区、南昌南站（铁路货运站）。

结合南昌市物流发展现状、经济发展和城市用地布局规划，可将南昌市物流枢纽规划为"两个园区，九个中心，若干配送中心"的总体格局，年货物吞吐能力达到 1 000 万～1 100 万吨。

规划的两大综合物流园区，位于城市主要的物流生成地附近，同时分布在城市发展的南北两极，与南昌城市空间未来发展方向相符，加强了南昌市对外的经济辐射能力，有力支撑了南昌市经济的快速发展。

6.5.2　货物运输通道系统规划

物流系统的货运信道系统是指各物流生成点，特别是机场、铁路货运站、公路货运站等主要物流源之间以及与城市内外联系的货运通道系统。货运通道规划的主要目的是保证主要物流枢纽具有良好的通达条件，有效实现多式联运，达到货物运输的时效性目的。

通过完善道路网络，实施区域差别化货运道路运行系统，提高物流集运效益。根据城市对外交通通道布局和城市的道路网络布局，南昌市货物运输通道系统分为对外货运主通道、周转货运通道和集疏货运通道三个层次。

（1）对外货运主通道：按照物流枢纽布局，物流主枢纽大多集中在城市外围和高速公路出入口附近，因而城市对外高速公路和主要公路的放射线以及过境公路系统是货运车辆骨干通道，这些道路路面结构和交通管理措施要满足大型集装箱货运车辆的运输要求。南昌市对外的主要货运通道，向北利用昌九高速通往九江、武汉、北京；西南方向利用 320 省道通往长沙；向南利用 105 国道、316 国道、温厚高速通往向塘、珠海、福州；向东利用省道通往峡岭、景德镇。

（2）周转货运通道：城市外环线是城市客货混行的主通道，部分在外环以内的物流园区需要专用的或者客货混行的集疏货运通道与城市外环相连，通过外环的周转与城市主要对外联系的高速公路和国道相连通，实现各个物流枢纽货物的快速对外流通。城市的中环线主要用于满足物流枢纽之间的货物周转要求。

（3）集疏货运通道：集疏货运通道分为专用集疏货运通道和客货混行货运通道。一般为城市外围区能够很好连接物流枢纽、周转货运通道和对外货运通道的放射性城市道路。设计集疏货运通道的交通管理措施时需要考虑大型货车的通行要求。

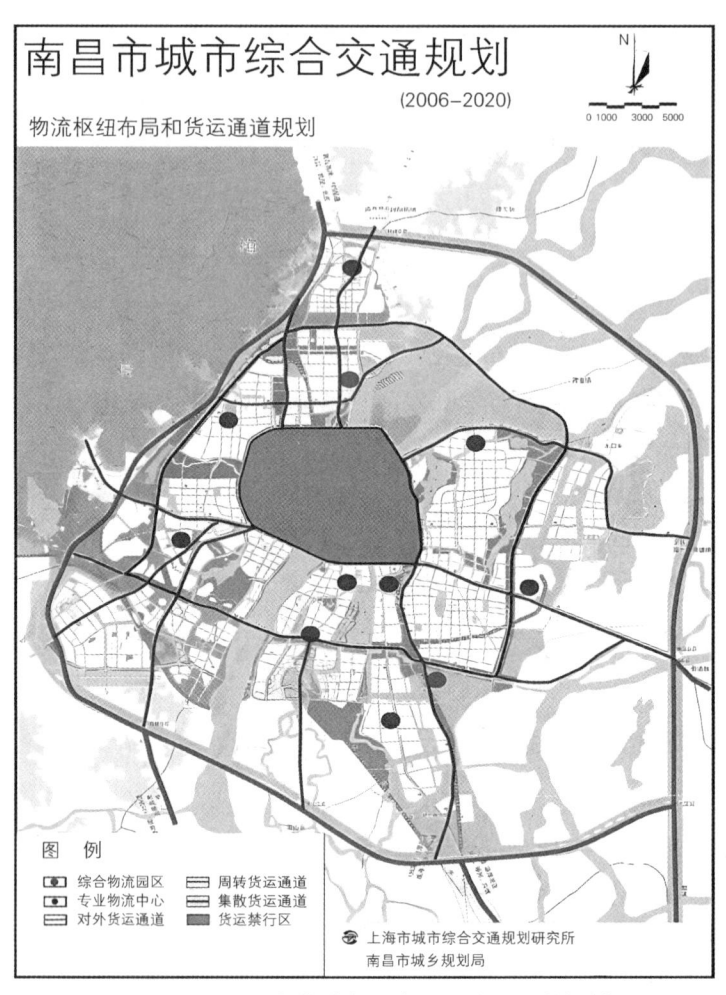

图 6.5-1　2020 年物流枢纽布局和货运通道规划

6.6　城市停放车系统规划

国内外经验告诉我们，必须慎重对待日益突出的停放车矛盾，把机动车停放问题作为交通规划时要解决问题的重要组成部分。而且，停放车供需的平衡可以作为车辆增长与使用的调节器，结合交通管理，达到"以静带动，以静制动"的作用。

现状静态交通往往被忽略了，其实静态交通的供需情况直接影响到动态交通的供需水平。城市中心区在原先用地布局时忽略了静态交通，静态交通设施严重不足，导致大量的车辆无处可放，从而乱停乱放，因此严重降低了道路通行能力，最终影响了交通的通畅。

6.6.1　规划要点和策略

1. 地带一　昌南老城区——低供给模式

结合老城区改造，适度提高配建标准；采用占地少的立体化停车场和地下停车场；提高社会停车场数量占比；适度控制路内停车供应规模。

2. 地带二　昌北新中心区——适度供给模式

对建筑物严格执行配建标准；开发部分配建停车场，提高社会停车场比重；发展停车诱导管理系统；控制路内停车供应规模。

3. 地带三、地带四　外围片区——适度供给模式

提高建筑物配建标准；控制路内停车供应规模；适度增加社会公共停车泊位。

4. 地带五　外围组团——适度超前供给模式

结合枢纽进行停车换乘设施的建设；大大提高居住区配建标准；满足人口导入和车辆发展需求。

6.6.2　2020 年停车总体布局规划

对于停车总体布局应结合南昌市城市总体规划，以配建停车场为主，将公共停车场和路内停车作为补充，根据各区域的停车需求、用地规划及道路情况采取不同的标准，合理规划停车布局。

依据规划目标和在机动车高速发展的态势下，2020 年规划区范围内需配置约 75.3 万个停车泊位，平均 1.24 车位/车，与目前国际上城市 1.2～1.4 个的水平相符。其中配建停车泊位约为 64 万个，占全部停车泊位的 85%，主要为居住区和大型公建配套，基本可以实现自备车"一车一位"，并满足部分社会活动需要。公共停车泊位约 10.7 万个，路内停车位约 0.9 万个。

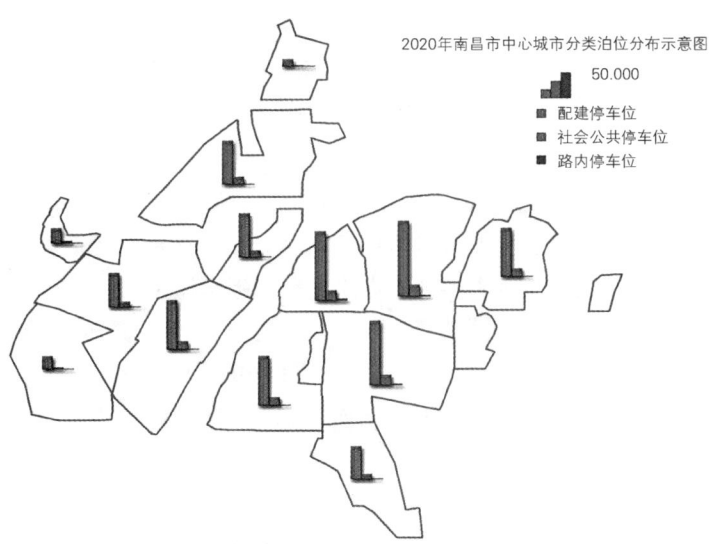

图 6.6-1　2020 年南昌市中心城市分类泊位分布示意图

6.6.3　公共停车场规划

1. 公共停车场布局规划

根据总量及结构规划，确定南昌市 2020 年的公共停车场车位为 107 259 个。

2. 配建指标建议

本小节指的配建车位主要是指在各建筑物所属用地范围内按照相关法规或技术标准设置，以满足所吸引车辆停放需求的设施，包括地上、地下、地面车位。配建停车设施是停车供应的主体，合理地确定配建指标，不仅有助于缓解停车矛盾，更是对调控城市车辆出行需求，缓解道路交通拥挤，减少交通事故等具有重要的意义。

根据国外经验，在机动车数量高速增长阶段，每隔5年左右便对停放车发展进行动态研究和及时调整配建标准是相当有必要的。因此，本研究通过定性、定量的分析，对配建标准的调整提出相应建议，作为今后规划指标调整的重要依据。

建筑配建指标的及时调整不是简单的将指标提高，而是应根据不同区域、不同类别制定相应的停车配建指标。

3. 调整原则

（1）"单位"差别化。

居住类建筑统一以"户"为配建单位，非居住类建筑除特别的几类外，统一以100 m^2作为建筑配建单位；对于特殊的建筑如学校、影院等，则以学生、座位为单位。

（2）"性质"差别化。

"一车一位"是每辆汽车必须基本满足的刚性需求，为保证车辆的基本车位（夜间自备车位），普遍提高各类居住区的汽车停车配建指标。而对于非居住类建筑，进一步根据各个区域的用地、道路条件等做适当的调整，既适当满足停车需求，又减少道路交通的压力。

（3）区域差别化。

伦敦、巴黎、东京、香港等城市的经验表明，白天对岗位密度高、交通矛盾突出的中心区实行需求管理是一种必要而有效的措施。需求管理的主要手段之一就是兼顾各地区需求量和道路容量，合理制定公建的停车标准，控制白天车流吸引总量。

因此，有必要以停车总体发展战略为指导，考虑各个不同地区用地、道路条件等因素，分别进行商业、办公类停车位的调整：中心区基本维持现状；外围区适当提高配建比。通过对中心区非居住类停车设施总量的控制，减少中心区的道路交通和停车压力。

（4）类别细分化。

对于同样用地性质的建筑，根据不同类别制定不同指标，以便于实际操作。比如：宾馆分为三星级以上及三星级以下；办公分为行政办公和商业办公；商业分为商业中心、普通商业楼和大型超市等。

（5）兼顾机动车、非机动车的停车需求。

从国内及南昌市的交通发展趋势来看，客、货车停放需求的增长是近远期的主要热点。但是，从南昌市今后的经济和交通发展情况来看，仍然存在一定的自行车（非机动车）停车需求。在配建车位附保留对非机动车的指标要求。新的标准以现行指标为基础，原则上不作提高，但加以必要补充和完善，例如增加高档住宅、宾馆、中小学校、码头等类别的非机动车配建指标等。另外，尽管南昌市已经实行禁摩政策，但近期仍会保持较高的保有量。根据摩托车的停放特征（一般与非机动车混放），考虑相应需求并折算入非机动车配建标准（根据住房和城乡建设部相关标准，一个摩托车车位按 2 个自行车车位折算)。

4. 配建指标调整建议

遵循上述原则，根据南昌市停车供需现状和机动车量增长的趋势，并参考国内各城市的建筑停车配建指标，建议配建指标调整如表 6.6-1 所示。

表 6.6-1　南昌市建筑停车位配建指标建议

用地性质	分类	地区或说明	单位	指标值	
				汽车	自行车
住宅	一类	平均每户建筑面积≥144 m² 或别墅	车位/户	1.5~2	0.5
	二类	中心区	车位/户	0.4~0.5	2
	二类	外围片团	车位/户	0.8~1	2
	二类	外围组团	车位/户	1~1.2	2
宾馆	三星级及以上宾馆	中心区	车位/100 m² 建筑面积	0.5~0.6	1
		外围片团	车位/100 m² 建筑面积	0.8~1	1
		外围组团	车位/100 m² 建筑面积	1~1.2	1
	三星级以下宾馆	中心区	车位/100 m² 建筑面积	0.4~0.5	1
		外围片团	车位/100 m² 建筑面积	0.7~0.9	1
		外围组团	车位/100 m² 建筑面积	0.9~1	1
办公	行政办公	中心区	车位/100 m² 建筑面积	0.4~0.5	2
		外围片团	车位/100 m² 建筑面积	0.8~1	2
		外围组团	车位/100 m² 建筑面积	1~1.2	2
	商务办公	中心区	车位/100 m² 建筑面积	0.5~0.6	2
		外围片团	车位/100 m² 建筑面积	0.7~0.9	2
		外围组团	车位/100 m² 建筑面积	0.9~1	2
商业	商业中心	中心区	车位/100 m² 建筑面积	0.4~0.5	15
		外围片团	车位/100 m² 建筑面积	0.8~1	15
		外围组团	车位/100 m² 建筑面积	1~1.2	15
	普通商业楼	中心区	车位/100 m² 建筑面积	0.4~0.5	15
		外围片团	车位/100 m² 建筑面积	0.7~0.8	15
		外围组团	车位/100 m² 建筑面积	0.8~1	15
	大型超市	中心区	车位/100 m² 建筑面积	0.4~0.5	15
		外围片团	车位/100 m² 建筑面积	0.8~1	15
		外围组团	车位/100 m² 建筑面积	1~1.5	15
	农贸市场	中心区	车位/100 m² 建筑面积	0.4~0.5	15
		外围片团	车位/100 m² 建筑面积	0.5~0.6	15
		外围组团	车位/100 m² 建筑面积	0.6~0.7	15

续表

用地性质	分类	地区或说明	单位	指标值 汽车	指标值 自行车
餐饮娱乐		中心区	车位/100 m² 建筑面积	0.8~1	5
		外围片团	车位/100 m² 建筑面积	1.2~1.5	5
		外围组团	车位/100 m² 建筑面积	1.5~2	5
影剧院	影院、剧院	中心区	车位/百座	2.5~3	15
		外围片团	车位/百座	3.5~4	15
		外围组团	车位/百座	4~5	15
	一般影（视）厅	中心区	车位/百座	1.5~2	20
		外围片团	车位/百座	2.5~3	20
		外围组团	车位/百座	3~4	20
体育馆	一类体育馆	体育馆≥4 000 座	车位/百座	4~5	25
	二类体育馆	体育馆≤4 000 座	车位/百座	3~4	25
		体育场	车位/百座	3~4	20
		展览馆	车位/100 m² 建筑面积	1~1.2	3
		会议中心	车位/100 m² 建筑面积	1~1.5	3
医院		市级以上医院	车位/100 m² 建筑面积	0.8~1	4
		市级以下医院	车位/100 m² 建筑面积	0.5~0.6	3
学校		小学	车位/100 学生	1~1.5	15
		中学	车位/100 学生	1~1.5	80
		大、中专院校	车位/100 学生	1.5~2	30
		风景名胜区	车位/每公顷游览面积	1.5~2	20
		公园	车位/每公顷游览面积	4~5	20
		火车站	车位/高峰日每千旅客	4~5	20
		长途汽车站	车位/高峰日每千旅客	7~8	20
		客运码头	车位/高峰日每千旅客	3~4	7.5
		工业厂房（仓储）区	车位/100 m² 建筑面积	0.3~0.4	3

*注：（1）表 6.6-2 中车位均指标准车位。汽车车位的标准停车面积按 25~30 m²/车位计算（含通道面积）；自行车车位的标准停车面积按 2 m²/车位计算（含通道面积）。

（2）由于指标具有一定的弹性，在规划审核指标时应根据建筑周边的道路交通现状而定。对于现状道路交通已经较为紧张的取低值，对于现状（或规划）道路条件较好的取高值。对于中大型项目，应结合交通影响分析结果进一步确定合理的配建规模。

（3）体育场、展览馆、风景名胜区、公园、火车站、长途汽车站、客运码头的指标为参考值。实际规划建设过程中可根据工可中客流及交通组织方案研究做相应的调整。

（4）商业中心：建筑面积大于等于 5 000 m² 的商业建筑；普通商业楼建筑面积小于 5 000 m² 的商业建筑；大型超市：建筑面积大于等于 3 000 m² 的商业建筑。

6.7 城市交通管理系统规划

前文提出的道路系统规划、公共交通系统规划、对外交通体系、城市货运交通体系、停放车规划等五个方面的规划是城市建设的硬件规划。这些交通设施的建设为城市交通改善提供了必要的物质基础，然而如何利用这些设施，充分发挥其效率，使交通保持畅通，则需要依赖交通管理系统，即城市交通软件的建设。

国内外城市交通发展的经验表明，交通管理与交通建设至少是同等地位的，甚至比交通建设更重要。只有两者有机结合，相辅相成，才能充分发挥交通系统的功能，保障城市交通的畅通。

6.7.1 交通管理的目标

交通管理从范围上看，可分为宏观管理和微观管理，从其内涵上看，又可分为需求管理（TDM）和系统管理（TSM）。

城市交通现代化的根本思路之一是要实现交通供给与交通需求的平衡，通过交通需求管理，可以有效地调节交通流时间、空间分布，引导交通需求以不同方式转化，抑制不必要的交通出行，从而最大限度地达到供需平衡。

规划目标如下：

（1）通过有效交通流组织，先进的交通控制手段与管理手段，调节交通时间、空间分布，改善城市交通拥堵的情况，提高设施利用效率，降低交通事故。

（2）通过信息智能化服务，为出行者提供实时路况信息，优化出行选择，提高人们出行的机动性和有效性。

（3）通过先进的公共交通管理和公交信息服务，优化交通方式结构，提高环古城地区公交出行比重，降低个体交通出行比重。

（4）通过先进的物流信息平台建设，减少车辆空驶，提高运输效率，促进现代物流的发展。

（5）通过广泛的电子收费政策，提高收费效率，以有效的收费手段来实现交通需求管理。

（6）通过先进的数据库管理，实现交通信息的集成化与共享化。

（7）通过客货运枢纽和停车场站规划，整合和规范客货运市场，调整城市交通的合理布局。

（8）通过有效道路规划和组织，为慢行交通提供必要的空间，减少与机动化交通间的干扰。

6.7.2 交通需求管理规划（TDM）

1. 规划目标

（1）促进和完善城市土地利用的合理布局，以减少不必要的交通产生和吸引源，控制城市需求的不合理增长。

（2）在有限的用地空间基础上，设置各种专用道，加强路权使用管理，制止滥用道路交通空间的现象，从而形成最大效能的交通设施能力。

（3）有效地发展公共交通，使个体交通特别是摩托车尽可能地转移到公共交通方式上来，并引导其他方式合理发展，形成良好的慢行交通环境，构成城市理想的方式结构。

（4）合理调节和控制不同时段、不同区域道路交通量，充分保障交通需求的较高供需平衡。

2. 规划方案

（1）用地调整。

从交通管理需求的目标出发，一方面逐步调整中心区内过分密集的居住用地，将部分居民向外围地区疏散，改善中心区内岗位、人口的分布；另一方面合理发展中心区内金融、商业、办公等为主的第三产业，并将工业、仓储搬迁至外围和新开发区。

应通过城市快速交通网络引导城市发展。轨道网络规划和道路网络规划是依据城市总体规划用地布局确定的，在轨道网络规划和道路网络规划编制完成后，城市用地会更沿着快速交通走廊的轴向开发。因此在总体用地布局确定后，还需对用地进行局部调整，以确保城市用地性质、规模与整体的交通系统协调。

（2）改善慢行交通设施和环境。

根据对南昌市居民的出行调查，可以看到 2005 年南昌居民的自行车和步行的慢行交通比重达到 72.8%，因此应在中心区内设置一定的非机动车专用车道和非机动车专用路，在主干路上实行机非分离，保障中心区内步行空间，减少慢行交通对城市交通流的干扰。

（3）强化对货车、摩托车等交通需求管理。

中心区白天禁止外地货车和小型货车的行驶；在中心区内发放一定量的特别通行证给小型货柜车或特种需求货车，确保中心区内日常运转和建设的货物运输需要。

逐步提高摩托车的入户注册费用，控制城市摩托车总量在 10 万辆左右；中远期在中心区内主、次干道禁止摩托车在高峰时段行驶；严格年检制度，年检不合格的坚决予以淘汰。

（4）通过停车管理进行交通需求管理。

进一步强化停车设施管理，限制路内停车。在可能的支路合理推行路内咪表停车，取消干道边路内停车。中心区适当控制总停车规模，以减少交通压力。

采取区域差别政策，实行不同的停车收费标准。在中心区，外围区、新区、近郊区按从高到低的顺序制定停车收费标准，同等标准的停车场收费依据 10：5：2：1，用价格杠杆来调节各区域停车供需平衡和适当控制中心区交通量。

6.7.3 交通系统管理规划（TSM）

1. 网络层面

网络层面规划涉及三个方面的内容：货运交通系统、客运交通系统和重点区域交通流组织。

（1）货运交通系统。

南昌城市货运交通的组织重点包含综合物流园区、专业物流中心货运集散、城市内部配送货运和过境货运三个方面的内容，相应的管理措施制定如下。

① 合理组织过境交通，通过道路标志系统的诱导和路权的限制，过境货运车辆不得径向穿越城市，原则上均必须经由环线通过。

② 设置城市货运交通限制区以减少货车对城市客运交通的干扰。中心区以内所有道路白天 12 h 禁大（中）货，并对主干道实行分时段禁小货；将现有的 24 h 货车禁行区域扩大到中心区范围，除了具有特别通行证的"货的"等少数货车外，禁止其他货车进入中心区；外围片区及外围

组团内部亦通过路权管理在保证运输效率的前提下缩小货运活动空间。

③ 南昌市物流枢纽被规划为"两个园区，九个中心，若干配送中心"的总体格局，根据城市对外交通通道布局和城市的道路网络布局，南昌市货物运输通道系统分为对外货运主通道、周转货运通道和集疏货运通道三个层次。原则上禁止货运集散车辆直接穿越建成区。通过物流中心建立城市物流配送车辆的集约化运输和错峰作业，均衡流量，通过提高货运效率降低货运出行需求。

a. 对外货运主通道：按照物流枢纽布局，物流主枢纽大多集中在城市外围和高速公路出入口附近，因而城市对外高速公路和主要公路的放射线以及过境公路系统是货运车辆的骨干通道，这些道路路面结构和交通管理措施要满足大型集装箱货运车辆的运输要求。南昌市对外主要货运通道为：向北利用昌九高速通往九江、武汉、北京，西南方向利用320省道通往长沙，向南利用105国道、316国道、温厚高速通往向塘、珠海、福州，向东利用省道通往峡岭、景德镇。

b. 周转货运通道：城市外环线是城市客货混行的主通道，部分在外环以内的物流园区需要专用或者客货混行的集疏货运通道与城市外环相连，通过外环的周转与城市主要对外联系的高速公路和国道相连通，实现各个物流枢纽货物的快速对外流通。城市的中环线主要用于满足物流枢纽之间的货物周转要求。

c. 集疏货运通道：集疏货运通道分为专用集疏货运通道和客货混行货运通道。一般为城市外围区能够很好连接物流枢纽、周转货运通道和对外货运通道的放射性城市道路。采取集疏货运通道的交通管理措施时需要考虑大型货车的通行要求。

（2）客运交通系统。

① 机动车客运系统。

城市主要道路均为客运机动车的主要通道，除专用步行道、自行车专用道和疏港专用货车通道外，都可以通行客运车辆。

中心区范围内主要道路都为客运专用道。

② 公交专用道系统。

公交优先，不仅要在投资建设上优先，更要在运行上优先，实施道路使用优先权。

应用物理隔离等交通管理措施，将公共汽车、出租车的行车空间与其他车辆进行分离，优先保障公共交通工具的通行权利。

交叉口优先通行。对公交线路密集，公交车转向量大的路口，结合区域交通控制系统，设置公交优先的信号，实施路口优先通过。

设置港湾式车站。对规划新建次干道以上道路，必须要设置港湾式公交车站，现有道路在改建过程中，应创造条件，在主要客流集散点建设港湾式车站，以提高公交车停靠能力，减少对其他车辆干扰。

（3）重要区域的交通流组织。

① 红谷隧道昌南中心区交通流组织。

近期按现有规划，首先建设连接中山路双向2车道红谷隧道1期工程，除了中山路外还要积极发挥民德路、孺子路的交通集散功能。

规划控制孺子路越江隧道的线位及出入口，在中远期有条件和需求时，建设红谷隧道2期复线工程，并将1期隧道调整为全部承担南向北越江交通，2期复线隧道全部承担北向南越江交通。

中山路（抚河路以西）由东向西组织单向交通，孺子路（抚河路以西）由西向东组织单向交通。抚生路和桃花路作相应的禁转交通组织。

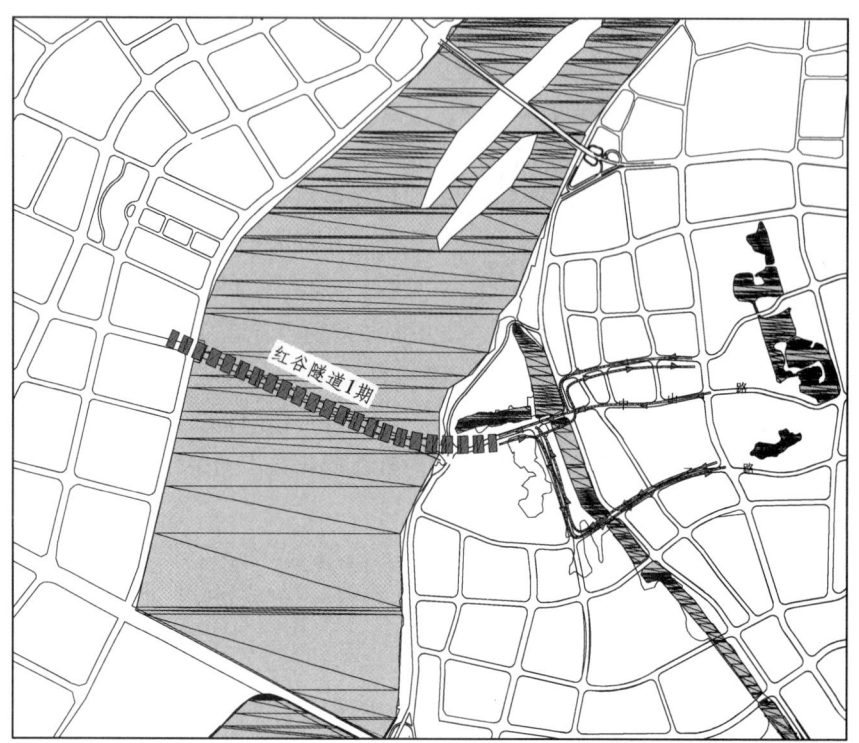

图 6.7-1　近期红谷隧道昌南地区交通组织图

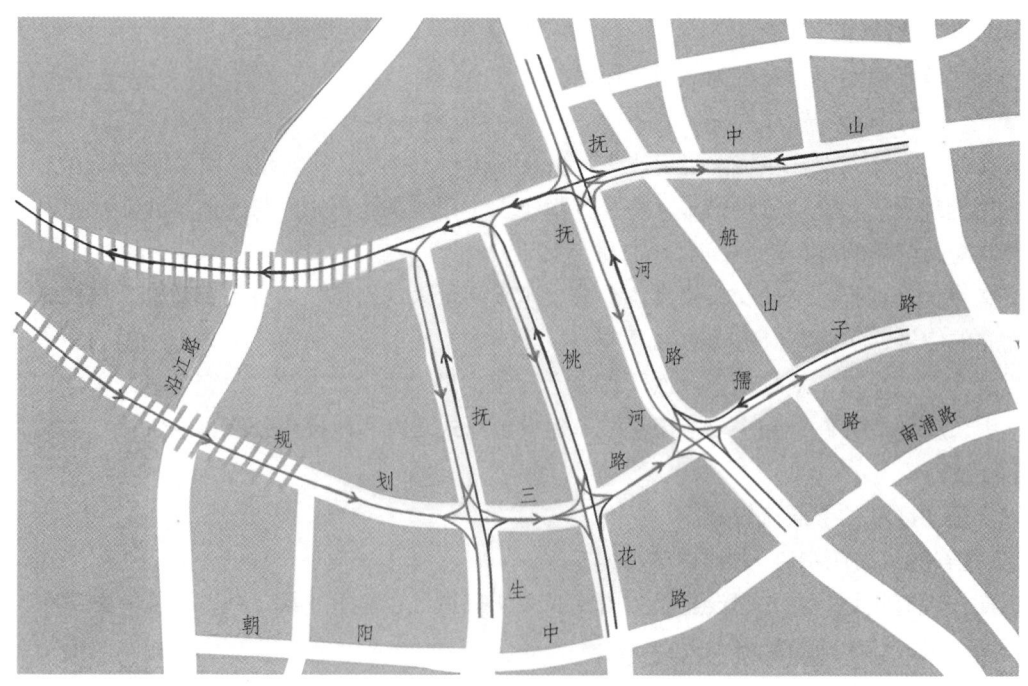

图 6.7-2　远期红谷隧道昌南地区交通组织图

② 洪都大道、新溪桥路、井冈山大道交会地区的交通流组织。

建议井冈山大道利用现有下穿通道，并进行适当拓宽以增大南北向穿越铁路及新溪桥路的通行能力；新溪桥路上跨通过铁路、井冈山大道、洪都南大道。

建议新溪桥路—井冈山大道自东向北方向的衔接采取右转高架匝道的形式；新溪桥路西段—南莲路的衔接采取下穿右转匝道的形式，同时井冈山大道自北向东方向的左转交通也可以利用该匝道进行转向交通组织；新溪桥路—南莲路自东向南方向的交通利用匝道进行左转交通组织；洪都南大道自北向东方向利用高架匝道进行左转交通组织；由新溪桥西段至洪都南大道自西向北右转交通通过匝道进行交通组织；由新溪桥路至洪都南大道自西向北左转方向交通通过高架匝道进行交通组织；新溪桥路—洪都南大道自东向北，南莲路—新溪桥路自南向东通过右转匝道进行组织。

由于穿越节点较为困难，建议其他次要方向的转向交通不经过节点，而是通过相关道路进行交通集散。

③ 二七路沿线交通流组织。

必须保证二七路北段与阳明路东段之间的联系，同时，必须避免洪都大道–阳明路、洪都大道–南京路交叉口交通流出现过多的冲突点，以利于昌北通过洪都大道联系城东与城南，避免外围片区联系性交通经过二七路；由于铁路、用地等制约因素的存在，大规模修建转向匝道的可行性不高，应尽量利用现有设施以及节点附近的支路进行二七路与次外圈区域的转向交通组织，满足交通运行的需求；尽量避免顺外路与二七路之间联系所产生的交通流影响火车站的运行。

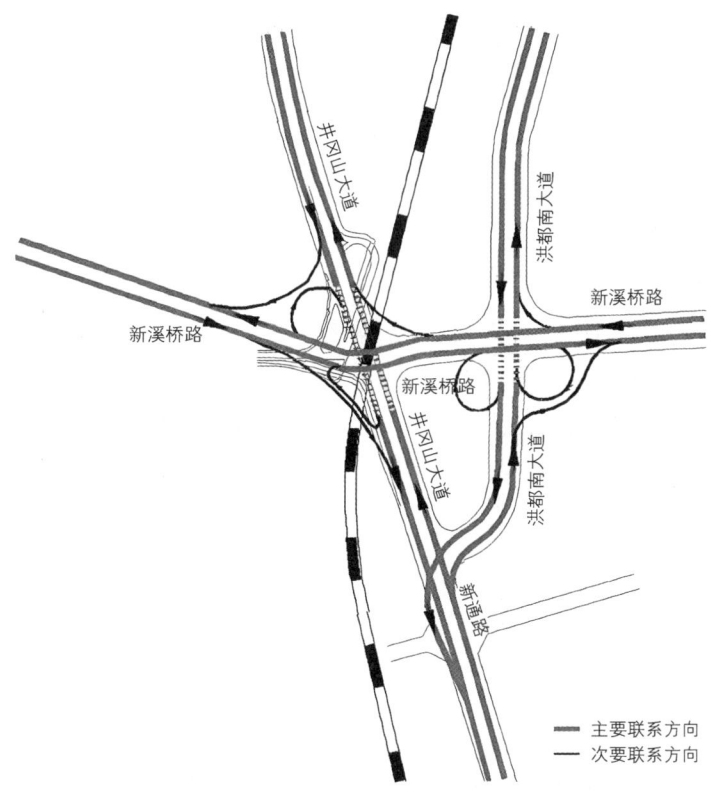

图 6.7-3　洪都大道、新溪桥路、井冈山大道交会地区交通流组织

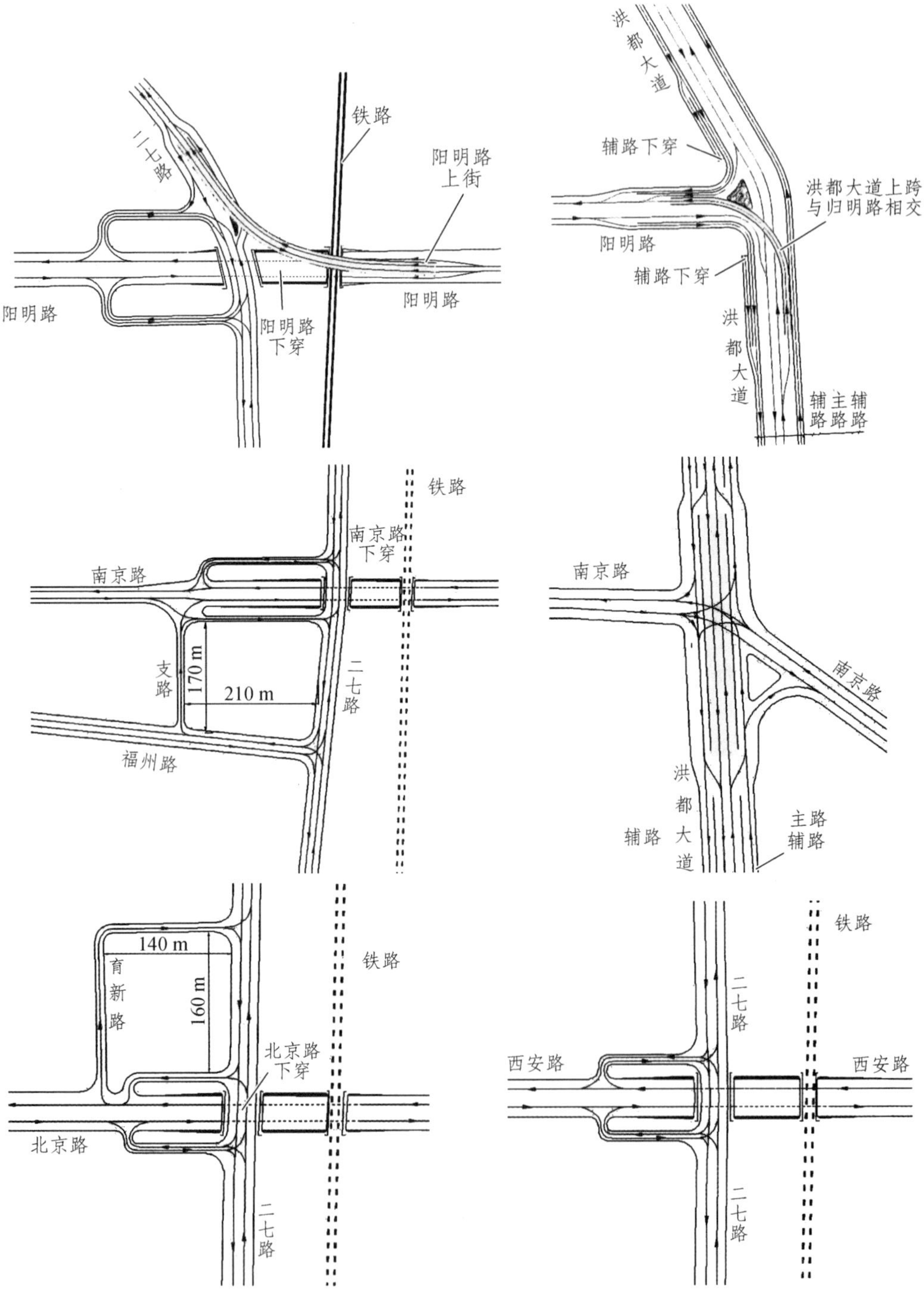

图 6.7-4　二七路沿线节点交通组织

2. 节点层面

交通流组织节点层面的主要研究对象是交叉口和信号灯。交叉口是交通网络拥阻的关键点，从整个网络的通行能力看，一般平交、无渠化的路口通行能力不足路段通行能力的一半，因此交叉口也是交通的主要瓶颈。在城市综合交通规划阶段，不可能对交叉口提出具体规划方案，只提出改善交叉口交通状况的总体对策。

在道路系统规划中，已经确定了城市大型立交位置，本节重点对平面交叉口提出改善对策。

（1）错位、畸形交叉口的改造。

原则上相距不超过 100 m 的两个错位 T 型交叉口改造为十字交叉口；相交 45°以下的十字斜交交叉口调整进口道线形，使交叉角度大于 45°；对于五叉及其以上路口，要保证干线车辆的进出，其他情况可采取禁止进入或离开路口的管理方法。

（2）拓宽交叉口进口车道，对交叉口进行局部改造。

有效的渠化可以大大提高交叉口的通行能力，目前没有经过渠化的交叉口进口车道数大多和路段的车道数相同，要使交叉口通行能力和路段通行能力匹配，交叉口进口车道数至少两倍于路段的车道数，因此在新建道路时，要将交叉口附近道路的红线宽度放宽，一般主干道在交叉口要较路段多放宽 10 m，最小不应小于 6 m，次干道也应放宽 6~10 m，支路要放宽至少 3~5 m；对原有道路，也应参照上述标准尽可能地放宽，若用地上确实有困难，对干道也应放宽 1~2 个车道的宽度。进口道的转向车道应根据车流转向分析来确定。

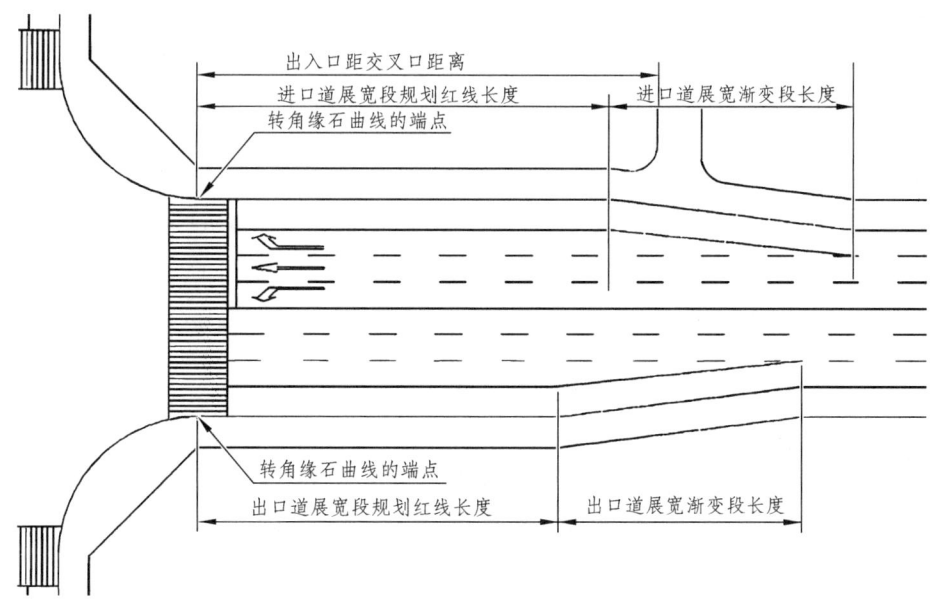

图 6.7-5　进出口道展宽段及渐变段规划红线长度

（3）信号控制。

2004 年，南昌城市信号灯控制的交通口共有 117 个，昌南中心区、昌北中心区的主干道、次干道和部分重要支路都实施了信号灯控制。在控制制式上，所有信号灯控制制式都为单点控制，既没有在部分重要干道上实施线控系统，也没有实施区域信号控制系统，信号灯控制技术比较低，现有单点信号的配时也不尽合理。在交通控制方式上，控制交叉口机动车辆的信号设施比较完备，部分人流量较大的交叉口也设置了行人过街信号灯，但很少设置自行车过街信号灯，交叉口信号控制设施仍然需要完善。对于路段中间的行人过街横道线，普遍缺乏对机动车辆信号灯和行人过街信号灯的控制。

远期考虑道路条件、交通量以及交通安全等因素，依据以下原则设置交通信号灯：

① 与主次干道相交的道路交叉口均应当设置信号灯。

② 干道相交、转向车流复杂的路口应采取多相位信号。

③ 车流量、人流量高的交叉口要设置行人过街信号，自行车流量大的路口还应设置自行车过街信号，信号周期、相位设置应根据交通量分析和渠化设计来确定。

近期外环内昌南地区和红谷滩地区灯控率达到90%，远期主城区灯控率达到90%。

近期在昌南中心区内部建成自适应的区域控制系统，远期将扩大到昌南、昌北整个中环内的中心区范围。

在快速干道、主要放射线则需实施交通信号线控。如八一大道、北京路、南京路等放射性道路上实现绿波交通，近期可选取八一大道作为示范道路。

在外围区主要路口采取单点感应控制。

6.8 近期建设计划

根据南昌市现状交通分析与发展趋势，随着城市化和机动化进程的加快，南昌市交通问题日益突出，交通环境日益恶化，现状交通设施水平与此发展目标仍有很大差距。近期交通改善和发展计划，就是以南昌城市交通发展战略为导向，以远期规划为目标，确定一系列行动措施，指导南昌城市未来3～4年的交通建设，使交通状况有显著的改善。

城市交通近期建设计划与城市总体规划进程密切相关，要保持高度一致，同时既要按照城市总体规划发展需求建设城市交通设施，又要有力支撑城市总体规划实施，促进城市经济发展。

近期规划主要根据《南昌市城市总体规划（2003—2020年）》来编制，建设期限为2007—2010年。

6.8.1 城市发展与交通近期建设实施重点

城市近期发展以赣江为主轴，重点为跨江"西进"发展昌北红谷滩新区和蛟桥片区，适度东拓发展城东的高新技术产业开发区和瑶湖大学园区。城市逐渐向"一江两岸、双核多中心"的城市空间布局演变。城市发展与交通近期建设实施重点主要集中在中心区交通优化、越江交通建设、客运通道建设、货运通道建设等方面。

6.8.2 道路交通

根据近期城市发展需要，将解决现状主要交通问题和支撑城市结构调整相结合，确定路网近期建设规划。

道路交通建设适度超前。交通作为政府调控的手段，对用地发展具有巨大的引导作用。

1. 城市环路建设

在城市圈层式用地布局和环放形态的路网结构状况下，环路系统在城市道路运输和交通组织上发挥着重要的作用。对昌南城而言，形成中心城区外的中环路对疏解旧城区交通、加强昌南北联系等都具有重要意义。而外环路对于解决过境交通干扰具有决定作用。

（1）城市中环路：完成洪都大道改建、西中环线建设、麦庐大街、赣江公路桥建设。

（2）城市外环路：完成昌南大道（胡惠元堤、南隔堤）、富大有堤路堤、昌东大道、西外环线、北外环线（昌北大道）建设。

2. 越江设施建设

完成生米大桥建设。

近期完成新赣江大桥及相应衔接道路建设。

完成红谷隧道一期越江设施建设。

3. 主干路网建设

放射性主干道路：完成北京路、瑶湖大道、解放路、迎宾南大道、南莲路、庐山南大道、昌湾大道建设。

昌南城需要建设的主干道路有：包佛路、城东一路、昌东学府大道、象山南路、高新南大道（顺外路—胡慧元堤）、青山湖大道、青山路、桃花路。

昌北城需要建设的主干道路有：昌九大道、双港大道、麦庐大街、昌北大道、机场路、前湖大道、丰和大道、学府大道（红角洲）。

4. 昌南中心区道路改造和建设

依据前文所述的中心区交通优化策略，针对通过性交通和到达性交通，进行中心区的道路改造。

对中心区的通过性交通，采取"层层疏解"的策略。规划近期连通沿江南路、北路，道路等级为主干路，与城市中环一起形成旧城片区的保护圈。

针对目前次外圈道路密度较低，交通流向八一大道且过度汇集的问题，规划近期拓宽/打通丁公路、二七南路、青山北路，延长并拓宽贤士一路，提高次外圈的道路网密度，减轻八一大道等主干道的压力。

对老城核心区道路的规划，需要考虑历史文化名城保护要求，主要采取梳理、归整的策略。规划近期拓宽/打通象山路、永叔路、苏圃路、系马桩街，适度提高旧城区的设施供给能力。

由于历史的原因，京九铁路在昌南中心区穿城而过，给城市发展带来巨大的分隔。现状主干路跨越铁路采取的都是道路下穿的方式，通行能力降低，形成了路网的瓶颈，同时，与二七路衔接较差，影响了二七路功能的发挥。为了加强中心区与东部、东南部片区及外围区域的联系，必须改造现有的北京路、南京路的过铁路设施，综合考虑与二七路、铁路的立交方式，提高二七路的利用率，为中心区的交通疏解发挥作用。规划近期完善南京路与二七路（铁路）立交、北京路与二七路（铁路）立交。

为了控制交通对老城区衔接路网的冲击，避免在老城中心区周边出现交通拥挤带，随着阳明路的修通，南京路洪都大道以西的路段降为次干路。

规划采纳《南昌市火车站地区综合交通整治规划》中对火车站地区道路网络的规划方案，于近期打通洛阳路，理顺周边支路系统。

针对目前中心区支路系统不完善、断头路多、畸形路口多、机动车非机动车相互干扰严重等问题，规划于近期对支路系统进行疏通，提高集散路网的服务水平。

根据交通发展战略中交通模式内外有别的思想，针对目前南昌市道路对公交重视不足，公交车运行对道路交通流干扰较大的问题，建议近期中心区道路如八一大道、阳明路等增加港湾式停靠站，并适当增添公交车专用道；在部分自行车交通流量大、对机动车干扰严重、存在安全隐患的地方考虑机非物理分隔；增加并规范人行设施的建设。

通过近期的中心区道路改造，配合交通需求管理措施和交通疏解策略，基本缓解现状中心区交通供给不平衡的状况，为城市中心区的发展创造良好的交通环境。

5. 外围路网补强

近期外围片区的交通建设以引导城市发展为主，迅速建立城市道路网骨架。

规划近期建设西安路、洛阳路，加强中心片区与城东的联系，减轻北京西路、南京西路的压力。

规划近期建设丹霞路和民丰路，往东联通瑶湖片区。

随着城市外围建设的需要，适度超前建设：贯通高新大道、青山湖大道、广州路、桃花路、顺外路、抚生路、振兴路等。根据城市开发情况，按规划新建朝阳洲、城南片区支路网，对于部分规划主次干路，在控制住红线的基础上，亦可先按支路建设。

目前城东高新技术开发区发展较快，规划近期建设从城市外环路进入城市货源点的货车通道。

外围新区首先要控制道路红线，建筑物退红线；可以结合城市绿化，采取先建半幅路等措施，根据城市的发展逐步实现目标。在土地使用权转让时要确保城市道路系统的完整，避免新的"大院"产生。

6. 建设项目排序

道路交通设施的改造、拓宽以及新建会对城市的正常运行产生一定的影响。为了避免对城市运行的影响过大，从可操作性上考虑，近期项目的建设必然有一定的跨度，必须对项目建设的先后次序进行系统安排。

6.8.3 公共客运规划

1. 线路

按照客运交通系统规划中对常规公交所确定的规划原则和规划思路，近期以梳理和调整线网功能结构和扫除外围区"服务盲区"为主，每年新增 5~10 条线路。

2. 公交车辆

南昌现状公交车辆拥有水平为 9 标台/万人，远低于国标 10~12 标台/万人的水平，应逐步提高。2010 年主城区人口约为 230 万，按 10 标台/万人的拥有水平计算，预测公交车辆规模为 2 300 标台。截至 2010 年，公交车辆以每年 100 标台的速度新增，同时每年需更新 200~300 辆公交车。

3. 公交停车保养场

现状具有公交停车或保养功能的场站停车面积共 18.7 万平方米，至 2010 年，公交停保场规模按照 120 平方米/标台计时，需要 26 万平方米，需要增加 7.3 万平方米。规划近期增加朝阳洲停保场，规模为 2 万平方米；新增解放东路停车保养场，规模为 2 万平方米；新增凤凰洲停车保养场，规模为 1.5 万平方米；新增红角洲第一停车保养场，规模为 2 万平方米。

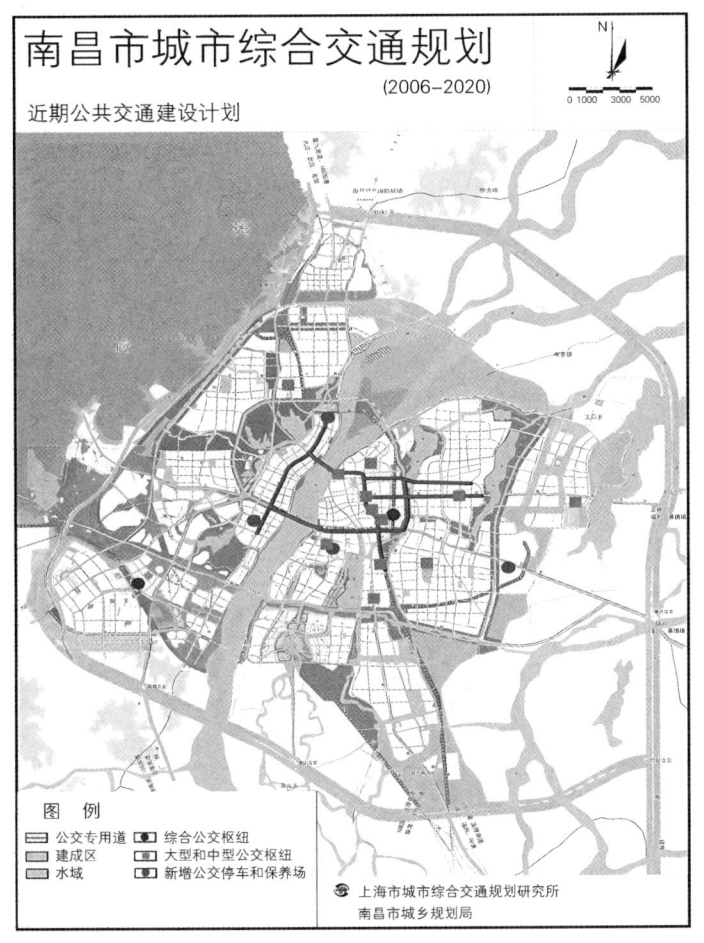

图 6.8-1　近期公共交通建设计划

表 6.8-1　近期公交停车保养场建设计划

站场性质	区位	名称	规模/m²
停车保养场	昌南城区	朝阳洲第一停车保养场	20 000
	昌南城区	解放东路停车保养场	20 000
	昌北城区	凤凰洲停车保养场	15 000
	昌北城区	红角洲第一停车保养场	20 000
合计	—		75 000

4. 换乘枢纽

2010 年，结合对外交通设施或大型吸引点形成 2 个综合性换乘枢纽、8 个大型换乘枢纽、7 个中型换乘枢纽。

表 6.8-2　近期公交枢纽建设计划（部分）

序号	枢纽位置	枢纽性质	序号	枢纽位置	枢纽性质
1	南昌火车站	综合性交通枢纽	8	高新大道	大型交通枢纽
2	南昌铁路客运西站	综合性交通枢纽	9	青山路路口	大型交通枢纽
3	洪城汽车客运站	大型交通枢纽	10	昌北汽车客运站	中型交通枢纽
4	八一广场	大型交通枢纽	11	徐坊汽车客运站	中型交通枢纽
5	长途汽车客运总站	大型交通枢纽	12	长途汽车东站	中型交通枢纽
6	老福山	大型交通枢纽	13	八一大桥桥头	中型交通枢纽
7	昌南大道	大型交通枢纽	14	新溪桥路	中型交通枢纽

5. 公交专用道

建设的重心在中心区，加强昌南、昌北联系通道中公交专用道的建设。结合公交客流分布规律，在主要客运走廊上建成"两横两纵半环"的公交专用道网络，总规模为 46 km。

表 6.8-3　近期公交专用道网络规划说明

公交专用道	长度/km	走向
一横	10.3	庐山大道南、八一大桥、阳明路、八一大道、南京西路、南京东路
二横	6.3	北京西路、北京东路
一纵	6.3	八一大道、井冈山大道
二纵	8.5	丰和北大道、丰和大道
半环	14.6	南昌大桥、洪城路、解放西路、洪都中大道、洪都北大道
合计	46	"两横两纵半环"

6.8.4　对外客运

近期保留现有旧城区的南昌客运总站，其所处位置在中心区，对八一大道及中心区交通影响很大，因此逐步将功能调整为二级辅站兼具旅游功能。改建洪城汽车客运站、新建长途汽车东站、昌北汽车客运站、汽车客运南站、汽车客运西站等几个客运站。

表 6.8-4　近期公路客运枢纽建设计划

名称	性质	位置	占地面积/亩	发送能力/(万人/日)	服务功能
南昌长途汽车总站	改建	八一大道199号	20	1	二级辅站兼具旅游功能
洪城汽车客运站	改建	南隔堤与抚生路西北角	50	1.5	为城西方向旅客服务
长途汽车东站	新建	瑶湖大道以南，西安路以西	83	2	为城东方向旅客服务
昌北汽车客运站	新建	庐山南大道与梅林大道交叉口西北角	70	1.5	为城北方向旅客服务
汽车客运南站	新建	南高公路与富山大道交叉口西北角	32.5	1	为城南以及周边城镇旅客服务
汽车客运西站	新建	在规划铁路西站附近	100	2	为铁路高速客运站和樟树、新余、宜春旅客服务

6.8.5 对外货运

近期对外货运的重点是规划建设公路物流园区、物流配载，建设昌北和昌南 2 个综合物流园区，建设蛟桥物流中心、长埝物流中心、洪城物流中心、先施物流中心、京山物流中心、沈桥物流中心等 6 个专业物流中心。

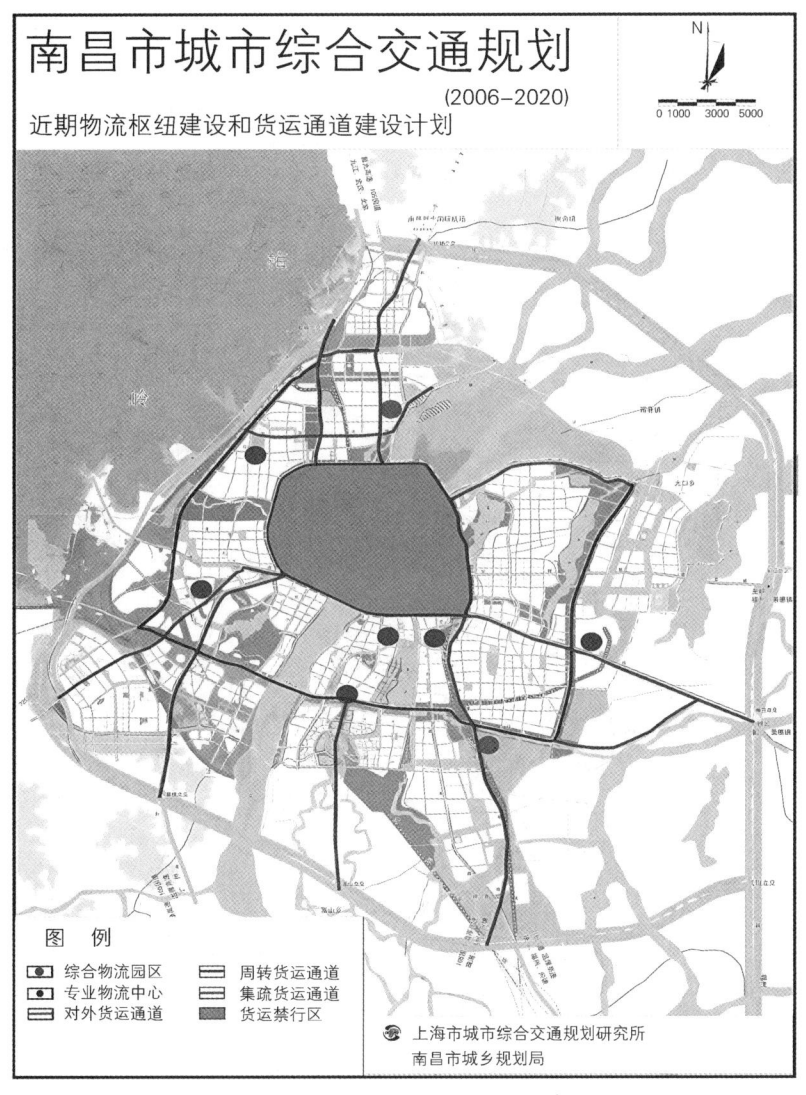

图 6.8-2　近期货运枢纽和通道建设

6.8.6 静态交通

1. 总体对策

近期加快开展机动车停车专项规划，完善停车标准，严格执行停车配建标准，将改变原停车用途的设施归还为停车场地；引入停车场建设和管理的先进机制，加快中心区公共停车场建设，缩小供需缺口；至 2010 年新入户车辆必须有自备车位，大型公建配建停车泊位按规范上限建设，同时大力建设地面和立体的公共停车场所；调整路内停车场的布局，采用累进制计时的咪表收费，提高其利用率和周转率；通过价格杠杆，理顺路内、路外停车价格，减少路内停车需求。

2. 昌南老城核心区近期停车发展计划

解决昌南老城核心区停车问题是近期治理的重点，通过调整停车设施结构，加强供给，改变目前停车泊位缺口大、社会公共停车以路边停车为主的现象，弥补路外社会公共停车场的空白，缓解城市静态交通矛盾。

根据城市停车需求预测以及近期昌南老城核心区停车供给发展的合理构成，老城核心区停车需求总量为 2.4 万停车泊位，其中配建停车泊位 1.8 万个、路边停车泊位 0.17 万个、社会公共停车场停车泊位 0.42 万个。

结合老城核心区近期用地发展和停车需求分布，共设置 31 处路外社会公共停车设施。按照社会公共停车设施布局原则，建议设施布局位置如图 6.8-3 所示。

图 6.8-3　近期老城核心区公共停车场分布

6.8.7　交通管理改善

（1）编制城市交通管理规划。

（2）开展城市重点交叉口的整治工作。

对建成区内主干道和主干道、主干道和次干道相交交叉口进行进口道拓宽、渠化，因地制宜地设置左转提前候驶区；并且实行信号控制，优化信号配时，设置行人过街信号。2005 – 2010 年每年改造、安装 30 ~ 50 个信号灯控制交叉口。

（3）加强路段行人过街管理。

在现有车速较快、人流较多、车流量较大的路段上设置信号来控制人行横道，道路两侧种植高绿化，形成自然分隔带，阻止行人乱穿马路。

（4）落实快速专用货运通道和过境货运通道。

（5）完善城区道路交通标志标线。

近期配合交通组织管理方案，进一步完善各类道路交通标志标线，重点是建成区范围内主要道路和交叉口。

（6）近期外环内昌南地区和红谷滩地区的灯控率达到 90%，在昌南中心区内部建成自适应的区域控制系统，选取八一大道作为线控示范道路，在外围区主要路口采用单点感应控制。

6.9 近期交通发展的政策和保障措施

6.9.1 正确看待小汽车发展，合理控制使用

小汽车进入每家每户是必然趋势，但其带来的交通、环境问题也应该引起足够重视。结合环境保护需要，我国自 2006 年起加强了机动车年检和路检工作，对不符合排放标准的老、旧、破车坚决予以淘汰，到 2010 年路检合格率已达到 80%。

对交通拥挤的中心区，所有的路内和公共停车场实行停车收费，并根据交通拥挤状况提高停车收费标准，调节机动车的使用范围和使用强度。

6.9.2 落实公共交通优先发展政策，提高公交出行比重，缓解交通供需矛盾

要实施公交引导型发展战略（TOD），达到公交发展期望的目标，就必须要有相应的政策保障机制和行动措施。公共交通有一定的社会性和公益性，公共交通企业需要兼顾社会利益与经济利益。如果缺乏政策上的支持，公交的发展往往难以持续，从而助长私人交通工具泛滥。从某种意义上看，公交发展政策的制定往往比具体的技术方案更具有长期的影响和作用力。

1. 公交发展投资政策

公共交通发展需要巨额投入，包括场站建设、车辆购置、运营设施建设、人工费用、流动费用等，但作为一项社会公益事业，不能完全按照市场模式经营，因为公交发达后对整个社会和市民所带来社会效益、经济效益和环境效益是巨大的，是无法用直接经济价值来衡量的，政府应充分认识到这一点。

总结国内外城市公交投资政策经验，结合南昌实际经济发展情况，确定如下投资政策：

（1）建立公交发展专项资金，贴补由企业承担的政策性成本（如老年人免票、学生优惠票）。

（2）适当减免税收，提供贴息贷款。

（3）落实公交线路专营权，在适度放开客运市场原则下，提供优惠政策，吸引外来资金参与本市公交经营和发展。

（4）加快公交设施综合功能开发，开辟公交发展资金来源新途径。

（5）对场站等在用地上应优先保证，以相对低廉的价格提供给企业，以减少企业在地产上的投资。

（6）企业应降低运营成本，逐步提高发展资金比例，使公交发展转入良性循环的轨道。

2. 公交发展管理体制政策

（1）加快公交企业体制改革，形成有序竞争的运营机制。

（2）加快南昌市公共交通的立法工作，通过法律手段规范客运市场，确保公共交通健康发展。

（3）实行城市公共交通企业经营单位的资质认证制度，维护公共交通的正常运营秩序。

3. 公交发展票价政策

（1）全面推行和深化无人售票制度。

（2）加快票价机制改革，实施多层次票价优惠体系，鼓励多乘多优惠。

（3）加强规范化管理，向符合条件的老人、残疾人提供免费服务。

4. 公交发展设施保障

（1）加快建设和梳理次干道及支路系统，提高外围区道路网密度，为公交线网调整和发展创造条件。

（2）严格按照规划要求，采取一定行政措施，保障场站用地。

（3）房地产开发、大型商业设施兴建时，应承担公共交通车站的建设责任。

（4）加快公共交通换乘枢纽的规划和建设，以形成衔接内外、易于换乘的一体化公共交通系统。

（5）重新调配道路使用功能，加快实施公交专用道系统及配套港湾式车站建设。

5. 公交发展技术保障

（1）加快研制和开发公交乘行信息问询服务系统。

（2）逐步建立计算机化调度管理系统，枢纽站设置信息显示屏。

（3）加快公交运行管理、调度的 GPS 系统可行性研究，可以在规划的快速线路上试用。

（4）推广清洁能源在公交车中的使用，加快建设配套的能源供应站及辅助设备。

6.9.3 建立完善停车设施发展和管理机制，扩大停车供应规模

停车设施发展和管理关键的在于机制和政策的扶植，为此，南昌在近期必须按照以下措施，来保障停车设施发展的可持续性，不仅要充分利用有限的停车资源，还要并与动态交通相协调。

1. 建立专门的停车管理职能机构

在管理政策方面，停车系统涉及政府众多管理部门，客观上具有系统管理的特点和统一管理的要求。为克服管理体制上的分散性，建议在城市交通局（或市交警）内成立一个城市停车管理机构，统一负责制定城市停车政策和地方性停车法规，以及承担路内、外停车设施的规划、审批、筹资、建设、管理、价格监控等职责。

2. 建立社会停车场（库）开发经营管理公司

根据当前本市停车供需矛盾突出的问题以及停车开发建设任务艰巨的特征，在鼓励和推动民营化的基础上，由政府投资并通过引进外资组建合资企业或筹建股份制上市公司等形式成立一家社会停车场（库）开发经营管理公司，来作为本市社会停车场（库）投资开发和经营管理的主体单位。

3. 大力推行"自备车位"的发展政策

拥车者"自备车位"政策是确保自备车辆发展与停车容量同步增长的重要措施。日本30多年来一贯坚决实施"自备车位"政策所取得的显著成效即是明证。加快制定在市中心区域内的企事业单位、个人购置机动车辆时，必须具备（购置或租用）停车泊位的相关证明方可上牌的规定，以保持机动车拥有量与停车位的平衡。

4. 推行建筑配建车位向社会开放的发展政策

参照我国台湾地区的做法，在市中心特别是CBD地区，实施公、私有建筑物配建停车泊位部分或全部强制性向社会公共车辆开放，并在税收、贷款、容积率等方面给予优惠。这样，既可以有效缓解停车供需矛盾，又有助于提高配建停车位的使用率和它的经济效益，可谓一举两得。

5. 规范路内停车的发展政策

道路最基本的功能是满足交通。针对南昌市路内停车比例高，违章停车现象严重的特点，制定相应的路内停车点设置提高方案和违章泊车的处罚规定，具体包括对路边停车开展专项治理，控制停车时间，提高停车收费，严格处罚违章停车等措施。

6. 推行智能化停车管理系统（IPMS）

智能化停车管理系统（IPMS）是智能交通系统（ITS）的重要组成部分。南昌是旅游城市和区域经济中心城市，流动人口多，而且炳草岗片区存在部分单向交通道路，IPMS的实施，将大大方便不熟悉本地交通情况的外来车辆。同时，停车设施的车位也将得到更充分的利用。

7. 健全停车行业的收费政策

运用价格杠杆调节路内路外停车收费，社会公共停车场与建筑配建停车场停车收费，是使停车发展走上良性循环，最大限度优化配置资源的重要管理措施。包括大幅提高路内停车点白天的停车收费基价；实行累进计时收费制；按照优地优价原则，拉开市CBD区、中心区、外围区和新城区的停车收费差距等差别收费机制。

8. 发展停车设施的筹资政策

停车场（库）属于城市交通基础设施，投资大、回收难，具有社会公益性特征。因此，必须建立政府、民间、国内、国外的多元化投资体系，设立停车场（库）专项建设资金，并推进停车设施的民营化进程。

9. 完善停车法规

国外的经验告诉我们：城市停车问题的研究和整治，是一个循序渐进、由乱到治的过程。南昌要发展成为未来现代化的大城市，交通（包括静态交通）立法方面的工作理应走在全国前列。因此，健全和完善的停车法规也是实施停车规划的重要保障措施。

6.9.4 组织机构保障措施

1. 强化组织领导，落实目标责任

为加强和推进南昌市交通综合整治工程的实施，协调解决综合交通规划实施中的问题，成立专门领导机构，并设立规划组、道路建设组、场站建设组、交通管理组和政策组等五个责任组，具体承担相应的工作任务。

2. 加强监督控制，强化考核目标

要按交通综合整治实施方案确定的目标要求，以责任书的形式确定工作任务。建立项目社会监督机制，发挥舆论和群众的监督作用，并要加强跟踪考核工作，把工作项目的完成纳入"双文明"目标中去，做到同步实施、同步考评、同步奖罚，把项目责任人的工作实施与干部的提拔任用有机结合起来。在工程建设过程中，要针对征地拆迁等难点问题，建立风险抵押制度。

3. 加大交通整治工程的前期投入，科学地制定实施规划

要分清轻重缓急，有步骤有规划地逐年实施。财政每年要安排专项资金用于交通整治工程方案的各项研究、论证，以制定科学的实施规划，确保投入与产出的平衡，把有限的建设资金用在重要的交通路段，发挥资金的最大实效。

4. 加强宣传力度，广泛征求社会各界意见

要充分发挥舆论阵地的宣传鼓动作用，大力宣传交通综合整治工作的重要意义，积极争取中央、部队和广大市民的理解和支持。要积极听取人大、政协的意见。抓好重点项目和示范项目的建设工作，认真论证。

模块 7 景德镇市"十四五"综合交通运输发展规划

7.1 "十三五"交通运输发展现状

7.1.1 发展成就

"十三五"期间是景德镇市交通发展速度最快、发展质量最好、服务水平提升最显著的时期,面对资金土地供给从紧、节能减排要求提高、宏观调控力度加大等交通运输发展外部制约环节增多的困难,在景德镇市委、市政府的正确领导下,在省交通主管部门的大力指导和支持下,市交通运输部门坚持以高质量发展为指导,紧紧围绕"内外畅通、布局合理、衔接高效、绿色环保、服务优质"总体要求,抢抓政策机遇,狠抓工作落实,使交通运输发展取得了良好成绩,交通运输事业跃上新台阶,在支撑和保障景德镇市经济社会发展方面起到了重要作用。

1. 基础设施建设成果显著

"十三五"时期的末段,景德镇市交通运输线路总里程达到 5 743 km,其中公路约 5 477 km,铁路运营总里程约 169 km,内河航道约 97 km。

(1) 公路。

① 路网规模较快增长。

"十三五"期间,积极实施公路通达工程,网络连通度不断提高。截至 2020 年年底,全市公路总里程达到 5 477 km,比 2015 年年底增加约 765 km,增长 16.2%,全市公路网面积密度和人口密度分别达到 103.52 公里/百平方公里和 32.35 公里/万人,较"十二五"时期末分别增长了 14.48 千米/百平方千米和 3.62 千米/万人。市域形成以 4 条高速公路(济广高速、杭瑞高速、祁浮高速、德昌高速)、2 条国道(G351、G206)、13 条省道(S205、S207、S302、S303、S306、S404、S409、S410、S411、S501、S502、S505、S507)为干线,县、乡道路为支线的四通八达的公路网络体系。

表 7.1-1 2020 年底景德镇市公路行政等级里程一览表   单位:km

合计	高速	国道	省道	县道	乡道	村道
5 477	199	176	570	658	1 301	2 573

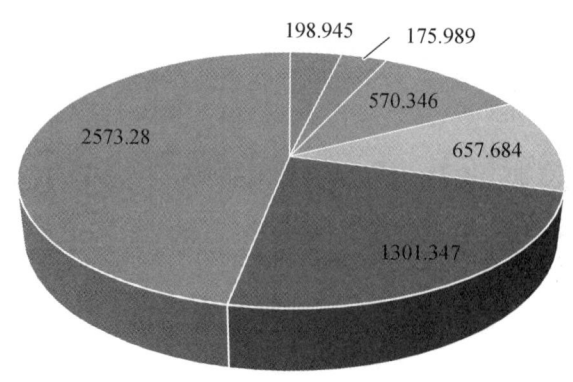

■ 高速公路　■ 国道　■ 省道　■ 县道　■ 乡道　■ 村道

图 7.1-1　2020 年景德镇市公路网里程分布图（单位：km）

表 7.1-2　2015 年与 2020 年公路网指标对比

年份	2015 年	2020 年
总里程/km	4 711	5 477
总面积/百平方千米	52.91	52.91
总人口/万人	164	168
面积密度/（千米/百平方千米）	89.04	103.52
人口密度/（千米/万人）	28.73	32.35

② 路网等级逐步提高。

"十三五"期间，加快推进国省干线公路改扩建工程、县乡道升级改造和建制村通客车工程，路网等级结构日趋合理。截至2020年年底，全市公路总里程达到5 477 km，高速199 km，其中二级及以上公路648.7 km，占比11.85%。基本实现景德镇市与相邻省、市均有二级以上公路相连，景德镇市中心城区至辖下区（县）和区（县）之间通三级以上公路。

表 7.1-3　2020 年景德镇市公路网技术等级　　　　　　　　　　　　　　单位：km

等级	高速	一级	二级	三级	四级	等外	合计
高速公路	199	0.0	0.0	0.0	0.0	0.0	199
普通国道	178	72.6	93.6	9.8	0.0	0.0	354
普通省道	15.6	47.2	361.1	131	31.1	0.0	586.0
县道	0.0	8.96	54.58	352.7	236	3.35	655.6
乡道	0.0	1.45	4.3	93.2	1 171.2	31.1	1 301.3
专用公路	5.3	0.0	0.0	0.0	0.0	0.0	5.3
村道	0.0	0.25	4.6	37.7	2 474	57.4	2 573.9
合计	397.9	130.4	518.2	624.4	3912.3	91.8	5 675

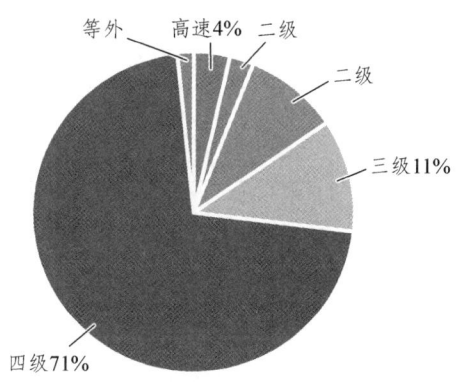

图 7.1-2 2020 年景德镇市公路技术等级分布图

③ 重点工程成果丰硕。

"十三五"期间,加快推进高速公路建设,景德镇高速东西南北"四大门"全面投入使用,高速公路省界收费站的工作取得明显成效;普通国省干线公路建设提速,国道 G206 景德镇南至乐平北道路工程开工建设,G206、G351、S205 等国省干线升级改造持续推进;三龙至湘湖公路建成通车、镇杨公路建成通车、观峰大桥、南港大桥完工、蛟潭至中州公路建设完成,有效地支撑了景德镇市与周边地区的交通联系,有力促进了景德镇市旅游业和沿线地区经济的发展以及地产资源开发,实现了市域内部区(县)的快速交通联系。

(2)铁路。

轨道建设稳步发展。2017 年九景衢铁路的开通,结束了景德镇市不通动车的历史。2018 年昌景黄高速铁路(江西段)正式开工建设,同时积极推进将景鹰瑞梅铁路列入"十四五"国家铁路建设规划项目。

(3)民航。

前期工作有序推进。"十三五"期间,景德镇市政府为解决机场净空安全和城市建设相互制约的现状,释放市区、浮梁县、昌南新区、高新区的发展空间,推动民航事业的发展,针对景德镇市机场改扩建和迁建工作开展了必要的前期工作研究。

(4)公路场站。

场站建设卓有成效。截至 2020 年年底,已建成景德镇客运中心站和乐平汽车站 2 个一级客运站、景德镇汽车东站和乐平市众埠汽车客运站 2 个三级客运站、浮梁县汽车站等农村客运站。全市共有二级以上客运站 2 座,其中一级客运站 2 座、三级客运站 2 座,基本形成了布局合理、层次分明的城乡客运场站体系。

"四好农村路"(镇村公交)工作扎实推进,其中,浮梁县于 2018 年成功入选江西省"四好农村路"(镇村公交)发展试点县(市、区)。浮梁县共辖 18 个乡镇(含罗家桥乡),158 个建制村,实现了建制村水泥路通畅率达 100%、乡镇通客车率达 100% 和建制村通客车率达 100% 的目标。昌江区于 2019 年取得"镇村公交"试点县资格。

表 7.1-4　2019 年景德镇市城乡客运场站（三级以上）现状一览表

序号	站点名称	地址	站级	占地面积/m²
1	景德镇客运中心站	景德镇市昌江区迎宾大道 1 号	一级	23 333
2	景德镇汽车东站	江西省景德镇市珠山区通站路 47 号	三级	3 333
3	乐平汽车站	乐平市大连路与东风路交汇处	一级	49 533
4	乐平市众埠汽车客运站	乐平市众埠镇战备路	三级	16 667

2. 运输服务水平稳步提高

（1）客货运输平稳增长。

"十三五"期间，景德镇市客货运输保持较快的增长势头。客运主要依靠公路、铁路和航空三种交通方式，公路占主导地位。近年来铁路客运量突飞猛进，公路客运量虽有小幅下降的趋势，但总体上仍然占优。根据可统计数据，公路客运量年均增长率为 -3.09%，铁路客运量年均增长率为 9.6%。货运主要依靠公路、铁路和水运三种交通方式，铁路和水运货运量都比较小，公路货运占据绝对主导地位，其中公路货运量年均增长率为 8.19%，水路货运量年均增长率为 4.1%。

表 7.1-5　景德镇市历年客货运周转量一览表

年份	客运量/万人			货运量/万吨	
	合计	公路	铁路	公路	水路
2015	1 955	1 814	141	2 956	180
2016	1 922	1 803	119	3 146	181
2017	1 067	953	114	3 596	185
2018	1 897	1 663	234	4 036	212
2019	1 822	1 550	272	4 365	220
增长率	-1.1%	-3.09%	9.6%	8.19%	4.1%

（2）客运体系逐步优化。

"十三五"期间，景德镇市客运一体化建设工作取得较大突破，基本形成城际客运班线、城市公交客运、镇村公交客运三位一体的客运体系。

一是城乡一体的公共交通网络基本建成。全市长途客运班线、城市公交客运、镇村公交客运基本实现无缝对接。截止 2020 年年底，全市拥有长途客运班线 224 条（省际 52 条、市际 86 条、县际 26 条、县内客运班线 60 条）；城市公交线路 78 条（其中定制公交线路 29 条），年营运里程 1 900 余万千米。"十三五"期间优化调整运行线路 62 条次（同比 2015 年），城市总体规划区内的所有区（县）和高新技术开发区均已开通公交车。二是客运车辆运力和性能逐步提高。全市总体旅客运力与运量基本持平。截止到 2020 年年底，全市拥有道路营运客车 462 辆（其中省际客运班线 52 辆、市际客运班线 89 辆、县际客运班线 55 辆、县内客运班线 122 辆、旅游客车 139 辆、储备运力 5 辆）。截止到 2020 年年底，景德镇市城市公交车辆 430 辆（"十三五"期间新增和更新新能源/纯电动车辆 164 辆），公交线路发展到 49 条（定制公交线路 15 条），相比 2015 年增加了 16 条。"十三五"期间逐步推进出租汽车升级改造，老旧出租汽车逐步退出出租市场，目前出租汽车 762 辆，城区主干道新增一批出租车招扬点、候车点，网约出租车管理得到进一步规范。

（3）货运发展态势良好。

"十三五"期间，全市货运行业发展速度加快，初步形成以干线运输、区域配送和城市配送为主的三级货物运输联动体系。

一是龙头企业初步形成。道路货运企业规模化、集约化经营得到进一步发展，其中拥有 100 辆以上货车的大型货运企业 19 家（部分货运企业接近甚至超过 300 辆），在外省和外市设立了多家分支机构。

二是货运能力逐年增强。截至 2020 年年底，景德镇市共有普通货物运输企业 683 家（珠山区 214 家、昌江区 163 家、浮梁县 83 家、乐平市 223 家），共有普通货物运输车辆 12 513 辆，主要车型为牵引车、挂车、大型普通货车，以从事商品车运输为主。

三是车辆结构不断优化：一些技术先进、含金量高的大吨位货车不断涌现，冷藏、零担、危险品、集装箱等专业货运车辆得到全面发展。截至 2020 年年底，景德镇市共有危险品运输企业 22 家，共有危险品运输车辆 834 辆（车头 578 台、挂车 256 台），车辆智能监控设备安装率 100%。

3. 行业管理能力不断强化

"十三五"期间，围绕部门职责范围，认真履行上级部门工作要求，强化行业管理，施行高效服务，行业管理服务保持良好态势。

（1）养护管理。

公路养护方面，牢固树立"建设是发展，养护管理也是发展"的新理念，建立养护机构，完善养护机制，市政府提供专门配套资金，基本实现"有路必养、养必到位"。尤其是让农村公路养护力度大大提升。

航道养护方面，检查和维护在建跨昌江桥梁的助航标志和航标，按照航标配布图设施数量，确保标位准确、颜色鲜明、灯光明亮；及时了解和掌握辖区内各等级航道上的跨河、临河、拦河建筑物建设情况及其对航道条件的影响并及时向上级主管部门报告。

（2）运输管理。

深化综合交通体制改革，组建市级交通运输综合行政执法机构。严格按照市委市政府改革方案要求，迅速推动方案落实，扎实推进交通运输综合行政执法改革。同时，严格按照省交通运输厅和省运管局等相关文件要求积极开展了景德镇市普通货运车辆全国异地检测和技术等级评定工作。

（3）平安交通。

一是切实强化行业宣传，深入开展专项行动，通过在办公区、人员密集场所采取悬挂横幅、张贴标语、现场询问等方式，大力宣传安全生产常识。

二是紧紧围绕以"深化安全生产专项整治行动"为主体，以防范和遏制重特大责任事故为重点,突出抓住"打非治违"百日行动、"三项整治"行动落实,扎实开展隐患排查。

三是层层落实主体责任,完善应急队伍建设。按照平战结合、专业对口、装备精良、保障有力的原则,组建了3支应急保障队伍,抽调精干人员60人、应急保障车辆30台。

(4)绿色交通。

抓好交通节能减排工作,推动低碳、绿色、节约型交通建设。一是积极引导老旧汽车技术改造或报废更新,加速淘汰能耗高、排放超标的老旧车型,引导鼓励采用高效环保车型,推进运输结构优化调整。"十三五"期间,城市公交新增和更新新能源车辆164辆,出租车不断更新为新能源、环保型的油气混合动力车辆。二是鼓励和引导运输业户使用节能、环保和标准化的运输工具,发展重型车、专用车、厢式车运输,督促危险品运输企业的车辆运载汽油实施节能减排技术改造。

(5)智慧交通。

深入推进公路养护信息检索,应用路面障物预警管理和不停车检测等智慧化系统,全面提高国省干线公路检索管理水平和服务工作能力。"十三五"期间,G206国道三龙金意陶路口至206国道兴溪桥驿站为景德镇市智慧公路建设示范路段,实现交通事件信息、路段运行状态信息实时采集,构建智能路网监测网络。同时,加快信息化建设的步伐,依托全市运政视频监控指挥中心,建立了客货运、城市客运、维修、驾培、运政稽查、票据管理数据库,实现了网络化管理的纵向连通。

7.1.2 存在问题

景德镇市"十三五"交通基础设施发展虽已取得显著成就,但仍存在不足和困难。

1. 综合交通体系有待完善

综合交通运输结构总体上呈现发展不平衡不充分,具体表现为公路网结构不够完善,铁路、民航机场发展滞后,港口资源利用不足。

(1)公路方面。

公路网络的技术等级标准不高,路网规模及高等级公路比例仍需加强。景德镇市境内高等级公路比例占比不高,全市二级及以上的高等级公路仅占公路总里程的11.85%,国省道二级及以上的公路占比为61.11%,农村公路等级偏低,四级及等外公路仍占较大比重。同时G351和G206部分路段穿城而过,对城区交通造成了一定影响,带来了较大安全隐患,因此亟需开展相应绕城过境交通的改建工程,从而更好地改善区域公路网结构,有效避免城外过境交通与城市通勤交通之间的相互干扰。城区内尚无完整的城市环城高速公路,这在一定程度上阻碍了景德镇联系周边区县和区域一体化发展,降低了通行效率,同时也增加了城市内部交通的压力,加大了过境交通的干扰。

(2)航空方面。

罗家机场是国家4C机场,可供麦道82型、波音737型等大、中型客机起降,但由于航班数量较少,机位数量严重不足,其运营情况不尽如人意,吞吐量较少。

(3)铁路方面。

景德镇车站存在着路线单一,火车预留票较少等问题,客货运输受到阻碍。

（4）水运方面。

缺乏高效的疏港铁路和港口集疏运道路，难以大运量和快速地进行公铁联运、公水联运，滞后了景德镇优势水运的发展，内河水运物流这一功能尚未充分发挥，内河航道安全与规划尚未全面落地施行。

（5）综合枢纽方面。

综合枢纽布局有待优化，难以形成快速、便捷、高效的客货运服务网络，公铁联运的客运站比较欠缺，需要在区域交界处多加设立客运枢纽。

2. 运输服务水平有待提升

一是客运服务水平仍待提高：

（1）客运企业公司化、集约化程度不高，客运企业多、小、散，特别是农村客运企业多数是挂靠经营，客运企业的服务品牌意识有待加强。

（2）旅客运输服务方式单一。近年来，虽然景德镇拥有自己的景德镇机场，但是目前公路客运仍然占据主导地位，客运服务运输方式比较单一，要适时增加铁路、民航、水路旅客运输服务方式，相互补充发展。

（3）城乡客运一体化程度不够。客运站使用程度不高，尤其是农村客运站建成之后未能得到充分利用，农村班线服务质量差，与公交线路衔接度不够，群众出行还存在不便。

（4）公共交通运力投入不足。城市公共交通在城市居民出行中所占比重不高，优先发展公共交通作为城市可持续发展的战略尚未以立法保障的形式确定。

（5）网络科技应用不足。尤其是公路客运网络售票的稳定快捷性、网络信息发布等都有待加强。

二是货运发展速度仍然滞后：

（1）货运企业主体规模化、集约化程度不高，企业规模偏小，设施落后，服务水平不高；低成本运输占有量过低，社会物流成本较高。

（2）物流园功能发挥不够，系统功能不全；物流设施设备标准化程度低。

（3）物流标准化信息化建设水平有待提升，需建立完善的市域物流信息公共平台，推动大部分企业开展标准化运输。

（4）缺乏统一的物流管理和政策扶持，物流专业人才缺口较大。

3. 交通外部环境制约加大，交通项目推进受到制约

资金、土地、生态等因素对交通项目推进的制约日益凸显，并缺乏有效的破解方法。资金方面，资金筹措困难，投融资机制不够健全。近几年，交通建设投入不断加大，建设项目投融资渠道单一的问题逐步显现，尤其是干线公路、农村公路等公益性强、经济效益差的领域，尚未找到较为可行的筹资方式，建设资金供需矛盾较为尖锐。土地方面，交通基础设施建设用地的征用困难重重，土地指标日益趋紧，建设项目受基本农田、生态红线等条件的制约严重。环境保护方面，节能减排相应的政策优惠、资金引导、技术支持和奖惩激励等仍显不足；行业能源消耗统计、节能减排服务等基础性工作仍较薄弱。

7.2 "十四五"交通发展形势及需求

7.2.1 形势要求

交通运输作为经济社会发展的基础性、先导性、服务性行业,在引导经济发展上,要发挥交通先行作用,为优化国土开发和产业空间布局提供支撑和引领,使得交通建设、运输产业都成为稳增长、调结构的重要领域,"十四五"期间景德镇市交通运输发展必须在以下几方面有所提升。

1. 把握国家区域战略机遇,要求交通运输业发挥引导作用

"十四五"时期,"交通强国""长江经济带"等国家层面区域发展战略将会更加深入推进。景德镇以千年瓷都和海上丝绸之路主要起点城市而闻名于世,是江西省对接海上丝路核心区福建的重要门户和腹地,对整个江西省加强与国内外文化机构交流合作,快速融入经济全球化具有重要意义。景德镇市应牢牢把握宏观政策机遇,加快崛起进程,着重优化完善对外运输大通道,积极对接长三角经济区和海西地区,为承接沿海发达地区的产业转移打下基础;强化景德镇"世界陶瓷文化中心城市""国家陶瓷文化传承创新试验区""国际文化旅游名城"的发展地位,实现与"一带一路"共建国家(地区)的交通基础设施互联互通,提升景德镇的区域综合竞争力。

2. 适应外部经济发展环境,要求交通运输业加快转型升级

"十四五"时期,推进国家治理体系和治理能力现代化的国家各项改革不断地深入推进,我国经济发展将在一定时期内呈现中高速、优结构、新动力、多挑战的特征。随着财税体制改革、行政体制改革的不断进行,交通运输行业发展将会受到重大影响,这对景德镇市的综合交通运输的发展理念、管理体制、资源配置方式都提出新的要求。

3. 推进新型城镇化建设,要求交通运输业提高服务水平

推进新型城镇化建设,要求通过都市区培育,壮大完善中心城市,增强综合功能,提升产业竞争力,提升和强化中心城市对市域的带动作用,促进城镇化进程,充分发挥其集聚、辐射以及带动作用。坚持以交通共联为基础,以设施共建为核心,以要素共享为保障,构建"一核两轴、一圈两区"区域发展新格局,推动城乡要素平等交换、双向流动。提出形成以铁路、高速公路为骨干,以普通国省道为基础,与水路和民航共同组成的连接东西、贯穿南北的综合交通运输网络,支撑"赣东北"的省域城镇空间结构体系。

4. 推进"双碳"实施,要求交通运输业可持续发展

2019年中共中央、国务院印发《交通强国建设纲要》,对绿色交通发展提出了更高的要求。随着交通运输发展对资源环境影响的不断提升,土地资源、水资源、岸线资源、矿物质能源等各类资源的约束力不断提高,要求把生态文明观念贯穿到交通运输发展始终,推进绿色循环低碳交通运输体系建设,加快节能环保交通运输装备应用,推进多式联运、接驳运输、滚动发班等先进的组织方式,完善绿色交通政策法规、标准规范和统计监测考核评价体系,将节约集约和环保要求贯彻到交通运输发展全寿命周期的整个过程中,加快建设"资源节约型、环境友好型"交通运输行业,增强交通运输可持续发展能力。

5. 构建现代化运输体系，要求交通运输业打造立体交通

构建现代化综合运输体系是实现交通运输现代化最重要的特征。在综合运输体系加快形成和完善的过程中，铁路、水运和航空的大发展，将对区域通道内中长距离公路运输造成强有力的竞争，影响公路网络的流量分布，各种交通运输方式在综合运输体系中的占比、地位也将更加趋于合理和稳定，公路交通作为基础网络的功能将进一步凸显。"十四五"时期，景德镇市应及时适应交通运输需求格局的变动，重新审视现代综合运输体系下各种运输方式的发展重点和发展方向，相互填补其他运输方式的空白薄弱区域，充分连接综合运输枢纽，使铁路、港口码头与公路实现"无缝对接"，加快构建景德镇市现代化综合交通运输体系。

7.2.2 需求预测

1. 需求特征

"十四五"期间，景德镇交通需求将呈现以下五大特征。

（1）客货运输总量保持较快增长势头。

景德镇经济增速由高速转向中高速，交通运输需求增速放缓，但动力仍然充足。客运需求旺盛，随着新型城镇化和城乡一体化的推进，中心城市与周边城市的联系日趋紧密，市域内部交流变得更加频繁。小汽车持续迅猛发展，传统班线客运量增幅不大，但旅游包车、私人机动化出行仍将保持快速增长的趋势。货运需求持续增长，随着经济社会持续发展，原材料、半成品、产成品等货源运输总量也必将持续增长。

（2）消费型运输需求比例将逐步增大。

城乡经济持续快速发展，人民生活水平普遍提高，交通消费结构进一步升级，商务交通出行需求大量增加，个性化出行成为一种新趋势，旅游、休闲、度假、探亲、访友等出行比例大幅度提高，旅游经济、假日经济加速发展，居民消费型出行日益增加，并会带动消费型货物运输增加。

（3）高附加值产品运输比重快速上升。

随着工业化进程的加快，产业结构的优化升级，产品结构向轻重量、深加工、高附加值方向发展，单位产值的货运强度下降，景德镇与福建、南昌、九江、上饶等毗邻省市的物资交流变得更加频繁，货物运输规模和结构发生较大变化；镇村间、城乡间的物资交流日益频繁，小批量、短距离、高效率的货物运输量也将大幅度增加。

（4）各种运输方式将进一步协调发展。

公路以其通达面广、机动、灵活、快速和门到门的运输优势，在短距离客运和小批量、多批次货品运输上占主导地位；水路凭借运能大、运距长、能耗小、成本低、占地少、污染轻的运输优势，在时间性不强的中长距离、大宗货物运输中具有明显竞争优势；铁路拥有运输能力大、运输速度快、运输持续性强、对自然条件的适应性强、运输成本低、安全性能高、环境污染小等优势，在大运量、长距离的城际交通中具有明显竞争优势；民航运输速度快、航线不受地形条件制约，在长途旅客运输以及轻薄短小、高附加值、高时效性物资、鲜活产品、邮件等货物运输中具有明显竞争优势。景德镇市有公路、铁路、水运、航空四种运输方式，今后仍保持公路客运为主，铁路和民航客运为辅的发展模式，对于货运，将有公铁水航四种运输方式，并重视联运，衔接能

力进一步加强。

(5) 运输管理服务质量要求逐步提高。

随着区域城市"一体化"、经济生活"信息化"、产业结构"服务化"和产品结构"高科技化"进程的加快以及人民生活水平的提高，旅客对出行的舒适度、安全性及快捷性，货主对货物运输的方便性、快捷性和经济性的要求在不断提高，长距离、快速度、高频度的客运需求将进一步增加，货运交通则更加规模化、网络化，多方式联运比例提高，"互联网+"在交通领域将得到广泛应用。交通运输管理体制机制改革，也将向以提高管理效率，实现高质量发展为目标转变，新技术的应用将使交通运输行业进入转型升级发展新阶段。

2. 需求预测

(1) 需求规模。

以历年国民经济主要指标、各种运输方式交通运输量统计数据为基础，在定性分析景德镇市综合交通运输发展现状及未来趋势的基础上，综合运用时间序列法、弹性系数法和回归分析法等定量研究方法，对景德镇市综合交通运输量进行预测。预计到2025年，全社会旅客运输量和货运量分别为2 271万人和7 000万吨，分别是2019年的1.16倍和1.6倍，年均增长3.09%、8.19%。客运周转量和货运周转量分别为110 000万人公里和2 150 000万吨公里，分别是2019年客运周转量和货运周转量的1.26倍和1.41倍，年均增长3.98%、5.94%。

表 7.2-1　景德镇市客货运输量预测一览表

年份	客运量/万人			货运量/万吨		
	合计	公路	铁路	合计	公路	水运
2019 年	1 822	1 550	272	4 585	4 365	220
2025 年	2 271	1 800	471	7 398	7 000	398

表 7.2-2　景德镇市客货周转量预测一览表

年份	客运周转量/万人公里	货运周转量/万吨公里		
	公路	合计	公路	水运
2019 年	87 015	1 580 286	1 521 075	59 211
2025 年	110 000	2 275 457	2 150 000	124 457

(2) 空间分布。

① 客运。

根据历年的出行数据特征及未来宏观发展战略，景德镇市未来客运分布省外的主要方向依然是福建、浙江、广东三省，省内的客运分布集中于南昌、九江，市域内部的客运主要分布于乐平。

② 货运。

未来货运分布省外的主要方向依然是集中于浙江、上海、广东三省，省内货运分布集中于景德镇、南昌、九江，与南昌、九江方向的出行会有所增加，市域内货运则集中于珠山区、昌江区。

7.2.3 阶段研判

（1）从总体上看。

虽是经济发展的先行军，景德镇交通运输发展却长期受到自身经济基础薄弱、建设条件较差等因素的制约，与周边邻近省市各项指标比较处于相对落后地位（2020年景德镇生产总量为957.14亿元，人均GDP为5.91万元），"十四五"期间，景德镇交通发展亟需加快，弥补历史欠账，加快推进区域一体化进程，坚持统筹城乡发展，着力打造区域性交通枢纽，为社会发展提供重要支撑。

（2）从阶段上看。

"十四五"期间，景德镇交通运输产业将由"十三五"时期对经济社会发展的相对制约提升为基本适应到有力支撑阶段，将进入综合交通运输体系加快推进、交通建设高峰持续的重要发展阶段，一是需要强化与周边地区的公路运输通道建设，加强与福建、安徽、南昌、九江、上饶等周边省市的交通联系；二是大力配合昌景黄高铁的建设工作，积极推进景鹰城际、安庆至景德镇铁路和皖赣铁路改线建设，加强与南昌、鹰潭、黄山等重点城市的联系；三是着手构建水上交通通道，谋划水运交通等级提升，与周边高等级航道衔接，实现通江达海；四是加快推进景德镇机场的迁建工作，实现景德镇交通向立体化方向发展。

（3）从方式上看。

"十四五"期间，景德镇市将进入交通行业矛盾的凸显期，环境约束、土地约束等交通发展外部环境制约问题将进一步显现，景德镇交通运输发展需要深入贯彻落实"交通强国"战略和"一带一路"倡议，响应国家要求，加快发展方式的转变速度。

7.3 "十四五"时期交通发展思路及目标

7.3.1 规划原则

依据景德镇市的规划总体思路和市委、市政府一系列决策部署精神，牢牢把握景德镇市"十四五"时期交通运输发展的基本趋势，加强区域交通协调发展、城乡交通统筹发展，加强资源整合、坚持适度超期、确保安全，建设、养护、运营、管理并重，实施可持续发展战略。

7.3.2 发展目标

1. 总体目标

坚持交通强国和乡村振兴发展战略，加快景德镇市交通基础设施建设，着力构建衔接顺畅的综合交通体系。到2025年，初步形成经济、高效、便捷、安全、绿色的现代化综合交通运输体系。实现基础设施网络更加高效、运输服务品质显著提高、信息化智能化水平不断提升、交通运输发展更加绿色、安全能力明显增强。基本建成比较完善的现代综合交通运输体系，打造区域重要交通枢纽城市，重点实现"四大建设，三个一体化"战略目标。

（1）实施"四大建设"。

① 建设大交通：以发展现代交通为方向，统筹兼顾各种运输方式的发展，调整优化交通运输

结构，形成功能清晰、布局完善、功能合理的综合交通运输体系，实现各种运输方式协调发展。

② 建设大物流：科学规划布局物流基地，加强综合物流园区、物流中心、配送中心及配送网点建设，加快物流信息平台建设，通过发展现代物流，凸显与周边地区的比较优势，提升景德镇市在融入南昌、对接海西的节点城市地位。

③ 建设大公交：按照安全、畅通、便捷、环保的要求，构建多方式可选、多层次融合、全过程连贯的"一体化""均等化""集约化""低碳化""品质化"客运交通体系，提升客运服务水平和质量。

④ 建设大平台：充分利用现代科技信息手段，大力推进交通服务、监管、指挥信息平台和智能交通建设。构筑融入社会信息化和政府信息化成果的开放式交通运输网络服务与管理体系，推动综合交通智能化管理体系建设，构筑覆盖公路、水路、铁路、物流的信息管理服务系统，实现信息资源共享。

（2）打造"三个一体化"。

① 区域交通一体化：以服务于"南昌都市区、国家陶瓷文化传承创新试验区、长江中下游城市群"为重点，加快区域交通一体化进程，推动区域优势互补，资源整合，促进区域经济一体化和各地区协调发展，为区域经济的合作做好有效的交通运输服务。

② 市域交通一体化：以服务于"二区、一市、一县"为主，完善市域干线公路，形成以景德镇为中心，覆盖景德镇市域的纵横交错、四通八达的公路网体系。

③ 城乡交通一体化：以服务于"现代新市镇、城乡一体新社区"为本，完善城乡路网布局，完善城乡物流网络布局，推进城乡公交一体化，健全城乡交通一体化发展体制机制，统筹城乡发展，打破城乡二元发展格局，实现"城市让农村更幸福，农村让城市更美丽"发展愿景。

2. 具体目标

加快交通基础设施建设，进一步完善公路网络，提高路网等级，提升路网服务功能，完善布局形态，形成既与高速公路网络配套，也与地方主干线公路以及农村公路网络衔接的普通干线公路网，构筑完备的、适度超前公路运输网络。加快区域交通一体化进程，完善港口、码头布局，提升航道等级。

普通公路实行路网升级，提高公路技术等级，提升公路通行能力，提高公路服务水平；实施皖赣铁路景德镇至鹰潭段扩能改造工程，积极推进安庆至景德镇铁路的前期工作；加快码头建设，对昌江航道、乐安河航道进行疏浚，提升航道等级，为景德镇市水上运输填补空白；对运输站场进行合理布局，实行机场、高铁、长途客车、公交等零换乘，适时启动西客站搬迁项目建设；加快机场搬迁和通用机场项目建设步伐；积极实施城市公交战略，提升农村客运班线的服务能力和水平，设立村级寄递物流综合服务站，提高农村物流服务水平。

（1）基础设施。

公路网络得到优化，铁路规模较快增长，干线航道取得突破，民用航空扎实推进，基本建成"布局合理，能力充分"的综合交通网络体系，景德镇在江西综合交通网中的枢纽地位得到提升。

① 规模进一步扩大：到 2025 年，景德镇公路网总里程由 5 434 km 增加到 5 727.86 km。"一纵三横四联"高速公路基本形成，里程由 199.36 km 增加到 349.3 km，县城节点覆盖率达到 100%；

"五纵六横四联"的干线公路网络初步定型，普通国省干线里程达到 746 km，基本覆盖重点中心镇、省级以上经济开发区、4A 级以上景区和主要交通节点；农村公路通达度进一步提高，基本实现城乡交通网络化和一体化。铁路网运营里程由 169 km 增加到 260 km，快速铁路覆盖率（县级节点）达到 90%。机场迁建工作加快推进，力争开工建设。

② 等级进一步提升：到 2025 年，力争国道二级及以上比例达到 100%，普通省道三级及以上比例达到 98%，县道三级及以上公路比例达 72%，建制村通双车道公路比例达 65%，乡镇、3A 级旅游景点通三级及以上公路比例达 100%；城市进出口路段的道路等级达到二级以上。实现景德镇主城区到相邻县城之间存在 1 条高速及 1 条二级以上公路，县城到重点镇（乡）基本通二级以上公路，镇（乡）镇（乡）之间通三级以上公路，镇到村以及村际之间通四级以上公路，村与组户之间通水泥路。基本建成昌江、乐安河三级航道为主的干线内河航道网络。

③ 时效进一步提高：到 2025 年，基本实现景德镇市各乡镇 10 min 内到达国省干线公路、30 min 内上高速公路、景德镇市中心城区 30 min 至相邻县市和 90 min 至所有县市（即半小时交通覆盖：昌江区、珠江区；一个半小时交通覆盖：浮梁县、乐平市）。以济广高速、杭瑞高速、德昌高速为依托，皖赣铁路、景鹰铁路、昌景黄高铁加快推进为契机，形成省内南昌、鹰潭、九江 40 min 交通圈以及省外福州、杭州、武汉、长沙 3 h 交通圈。全面推进景德镇机场迁建工作，形成 90 min 直达京津冀、长三角、珠三角三大经济圈的空中廊道。

（2）运输服务。

建设"公共优先、选择多样"的客运服务体系和"经济便捷，衔接顺畅"的货运服务体系，使民生交通服务水平明显提升。

① 场站设施进一步完善：推进中心城市和副中心城市客运站等级提升，完善城乡公交的农村候车亭和招呼站牌，形成布局合理、规模合适、功能完善的城乡客运场站体系，中心城区拥有 1 个一级公路客运站、2 个以上二级公路客运站，各县区拥有 2 个二级及以上公路客运站，实现"县县有网、镇镇有站、村村有亭、站点有牌"；加快城市公共交通线路首末站、中途站、停保场和出租汽车综合服务中心等基础设施建设，提高城市公共交通服务水平；加快现代物流空间载体建设，基本形成"多式联运物流园-通用集散物流园"两级交通物流基地体系。

② 运输效率进一步提高：到 2025 年，城市公交线网密度基本达到国家规定中小城市 3～4 km/km^2 的标准，人均公交车拥有量达到 10-12 标台/万人，城市公共交通站点 500 m 覆盖率达到 98%，城市公共交通占机动化出行比例达到 40%，形成以城市公交、城镇公交、镇村公交为基本框架的三级城乡客运体系，使农村居民乘车单次出行直达乡镇，一次换乘到达县城区，二次换乘到市区；大力发展以港口、火车站等交通枢纽和产业园区等为主体的综合货运枢纽，初步实现货运物流化，大力提升乡镇通邮条件，乡镇邮政网点覆盖率达到 100%。

（3）行业管理。

建设"服务高效、保障有力"的行业管理系统：以科技信息为手段，安全畅通为目标，以管养并重为着力点，以法制健全为保障，以节能环保为动力，大力推进"智慧交通""平安交通""绿色交通""法制交通"的建设进程。

表 7.3-1 景德镇市"十四五"交通运输发展规划主要指标

指标			2020年	2025年
基础设施	铁路	1. 铁路运营里程/km	169	260.5
		快速铁路里程/km	37.1	128.6
	航空	2. 机场(含通用机场)个数/个	1	2
	公路	3. 公路总里程/km	5 477	5 727.86
		(1)高速公路里程	199	349.3
		(2)普通国、省道里程	746	846.5
		(3)县道乡道里程	1 959	1 982
		4. 公路技术指标	—	—
		(5)普通国道二级以上比例	94.4%	100%
		(6)普通省道三级以上比例(前后比例不一致)	94.6%	98%
		(7)县道三级及以上公路比例	53.6%	72.4%
		(8)建制村通双车道公路比例	—	65%
		(9)乡镇、3A级旅游景点通三级及以上公路比例	—	100%
		(10)国省公路优等路率	—	90%
		(11)县道公路优良路率	—	90%
		(12)乡村公路优良路率	—	90%
		(13)农村公路经常性养护率	—	100%
	水路	5. 航道里程数/km	97	97
		6. 港口数量/个	—	3
运输服务	站场设施	7. 客、货运站场数量/个	—	17
		(1)客运站/个	6	12
		二级及以上客运站数量/个	2	3
		其他客运站数量/个		9
		(2)货运枢纽及站场/个		5
		综合货运枢纽/个		5
		一般货运站场/个		
		乡镇邮政网点覆盖率	—	100%
	公共客运服务	8. 城市公交	—	—
		(1)公共交通占机动化出行比例	—	40%
		(2)城市公共交通站点500 m覆盖率	80%	98%
		(3)每万人拥有公共汽(电)车/标台	8	14
		9. 城乡客运和城乡公交	—	—
		镇村公交路线乡镇覆盖率	—	39%
高质量发展	绿色	交通运输CO_2排放强度下降率		5%
	安全	较大以上等级道路运输行车事故死亡人数下降率		12%

7.4 "十四五"期间交通发展重点及任务

7.4.1 继续增强基础设施供给

以构建现代综合交通体系为核心,着力加强交通运输通道规划建设,完善综合交通网络,科学推进公路、航道、铁路、民航四大运输方式的梯度发展。

1. 运输通道布局规划

立足景德镇千年瓷都、历史文化名城和区域性旅游中心城市的定位,着力实现综合交通主骨架更高水平的网络化。按照运输通道空间层次和服务范围,景德镇位于江西省"六纵六横"的综合运输通道中阜鹰汕通道和岳九衢通道的交会处,景德镇综合立体交通网络总体上呈现"一纵两横"的通道布局。

(1)一纵:阜鹰汕通道。

该通道北起阜阳,经景德镇、鹰潭、瑞金,南接梅州、汕头。通道主要由安庆至景德镇铁路、皖赣线、济广高速(G35)、国道G206和昌江航道组成。该通道是连接省会南昌和省内南部地市的纵向运输通道,主要承担江西与安徽、粤东、海西等地区的南北向交通联系和分流部分京九运量,通道的完善可以为沿线区域经济发展提供交通支撑。

(2)一横:岳九衢通道。

该通道西起岳阳,经九江、景德镇、上饶,至衢州。通道主要由九景衢铁路,杭瑞高速(G56)九景段、景德镇—上饶高速和国道G351组成。该通道将中部地区与长三角地区紧密联系起来,是昌九都市区辐射中西部,加强与长三角地区、中西部地区社会经济交流与融合的重要通道,通道的完善可以加强景德镇对外的交通联系。

(3)二横:沪昆通道。

该通道东起上海,经上饶、景德镇、南昌,至昆明。通道主要由昌景黄铁路、杭瑞高速(G56)景婺黄段和景鄱昌高速组成。该通道是江西省东西向发展的主轴,是全省打造内陆双向开放新高地的重要交通支撑,能加强赣中地区与长三角地区之间的联系,通道的完善则可以促进通道周边区域经济的协调发展。

表 7.4-1 景德镇市区域运输通道规划方案

方向	通道名称	通道组成		建设情况
纵一	阜鹰汕通道	铁路	安庆至景德镇铁路	规划
			皖赣线	扩能改造
		高速公路	G35济广高速	改扩建
		普通国道	G206	改线、升级
		航道	昌江航道	整治提升

续表

方向	通道名称	通道组成		建设情况
横一	岳九衢通道	铁路	九景衢铁路	加密车次
		高速公路	G56杭瑞高速（九景段）	改扩建
			景德镇—上饶高速	规划
		普通国道	G351	改线、升级
横二	沪昆通道	铁路	昌景黄铁路	建成
		高速公路	G56杭瑞高速（景婺黄段）	改扩建
			景鄱昌高速	规划

2. 公路网络优化工程

（1）高速公路。

"十四五"期间，景德镇市将加快推进内外通道建设，打通高速公路与城市道路的衔接瓶颈，加快推进对区域和城际联系具有重要意义的高速公路建设，形成"一环六射两横一联"市域高速公路网。"一环"由G56杭瑞高速、G35济广高速、景德镇南绕城高速组成。"六射"则分别为G35济广高速、G56杭瑞高速、景德镇—上饶高速、景鄱昌高速。"两横"分别为S29祁浮高速和S36德昌高速。"一联"为鄱阳—万年高速。

专栏：高速公路网规划方案

"十四五"期间，规划形成"一环六射两横一联"路网格局，高速公路规划总里程317.84 km，具体如下。

1. 一环（景德镇市境内总长88.03 km）

"一环"由G56杭瑞高速部分九景段与景婺黄段、G35济广高速、景德镇南绕城高速组成。该线路起于景德镇枢纽，经景德镇西互通、景德镇北互通、湘湖互通、涌山互通、鱼山互通、乐平北枢纽与景德镇南互通。景德镇市境内总长约88.03 km。

2. 六射（景德镇市境内总长136.74 km）

（1）第一射：济广高速公路（桃墅互通至景德镇枢纽段，62.25 km）。

G35济广高速公路，自安徽省池州经景德镇市接上饶万年县至鹰潭，景德镇市境内总长约62.25 km。

（2）第二射：杭瑞高速公路（景婺黄段，6.61 km）。

G56杭瑞高速的部分景婺黄段，由东安村，经东流大桥至市界，景德镇市境内总长约6.61 km。

（3）第三射：景德镇—上饶高速公路（50 km）。

规划景德镇-上饶高速公路，全长约95 km，景德镇市境内里程约50 km，双向四车道，路基宽26 m，设计速度100 km/h。

（4）第四射：济广高速公路（乐平北枢纽至乐平互通段，15.38 km）。

济广高速乐平北互通至乐平段，由乐平北枢纽，经新柳村至市界，景德镇市境内里程约15.38 km。

（5）第五射：景鄱昌高速公路（2.5 km）。

规划景鄱昌高速，全长约145 km，景德镇境内约2.5 km，双向四车道，路基宽26 m，设计速度100 km/h。

（6）第六射：杭瑞高速公路（九景段）。
G56杭瑞高速的部分九景段，由景德镇枢纽接鄱阳县。
3. 两横（景德镇市境内总长68.07 km）
（1）第一横：祁浮高速公路（15.39 km）
祁浮高速公路江西段，起自赣皖交界处浮梁县良禾口，止于浮梁县桃墅店村，全长15.39 km，是江西省18条地方加密高速公路之一。
（2）第二横：德昌高速公路（52.68 km）
自上饶经乐平市礼林镇、十里岗乡，景德镇市境内总长52.68 km。
4. 一联（景德镇市境内总长25 km）
第一联：鄱阳—万年高速公路（25 km）
规划鄱阳至万年的高速公路，全长约45 km，景德镇境内约25 km，双向四车道，路基宽26 m，设计速度100 km/h。

（2）普通国省干线。

"十四五"期间将以实施路网提质升级工程、城镇过境交通工程、瓶颈路段建设工程等为重点，全面提升普通国省道干线公路的服务功能和水平，全面提升"五纵六横四联"路网格局，形成运行效率高、服务能力强的普通国省干线公路网络布局。

专栏：干线公路网布局方案

规划形成"五纵六横四联"路网格局。
1. 五纵
（1）第一纵。
位于景德镇市西部，长约130.8 km。由境内国道G206组成，路线为：源港—经公桥镇—蛟潭镇—三龙镇—丽阳镇—鲇鱼山镇—塔前镇—乐平市与万年交界，远期规划等级为一级公路。"十四五"期间，规划G206蛟潭花千谷至唐英大道段升级改造，规划公路等级为一级，25 km；规划G206昌江丽阳至桃林段升级改造，规划公路等级为一级，15.5 km。"十五五"期间，规划原G206三龙至丽阳段西迁，规划公路等级为一级，36.5 km；规划原G206乐平桃林至镇桥段西迁，规划公路等级为一级，31.25 km。
（2）第二纵。
位于景德镇市中部，长约154.64 km。由S205组成，路线为瑶里镇—鹅湖镇—王港乡—寿安镇—涌山镇—双田镇—接渡镇—众埠镇。规划等级为一、二、三级公路。"十四五"期间，规划大田至乐平南段公路改建，规划公路等级为一级，22.6 km。"十五五"期间，规划乐平南至秧畈段改建，规划公路等级为一级，15.6 km。
（3）第三纵。
位于景德镇市西部，长约64.2 km。由S207组成，路线为：蛟潭镇—浮梁镇—鲇鱼山镇。现状等级为一、二、三、四级公路。
（4）第四纵
位于景德镇市西部，长约35.43 km。由S404组成，路线为：黄坛乡—三龙镇。规划等级为二、三级公路。"十四五"期间，规划黄坛至三龙段升级改造，规划公路等级为二级，21.4 km；规划东港至黄坛段升级改造，规划公路等级为三级，14 km。"十五五"期间，规划东港至经公桥段新建工程，规划公路等级为二级，24 km。
（5）第五纵
位于景德镇市南部，长约45 km。由S409组成，路线为：涌山镇—高家镇—众埠镇。规划等级为一、二级公路。"十四五"期间，规划S409新店至众埠段升级改造，规划等级为二级，31.89 km。
2. 六横
（1）第一横。
位于景德镇市中部，长约43.97 km。由G351组成，路线为：洪源交界处—洪源镇—珠江区—湘湖镇—

东安—交界处。规划等级为二级公路，远期规划为一级公路。"十四五"期间，规划湘湖至分水岭段（北迁），规划等级为二级，38.1 km。

（2）第二横。

位于景德镇市北部，长约 46.2 km。由 S501 组成，路线为：闪里镇交界—白茅村—勒功乡—经公桥镇—西湖乡—桃墅交界。现状等级为一、三级公路。

（3）第三横。

位于景德镇市北部，长约 31.03 km。由 S502 组成，路线为：储田村—柳溪村—柏林村—江村乡—严台村。规划等级为二级公路。"十四五"期间，规划浮梁江村至储田公路改建，规划等级为二级，29.8 km。

（4）第四横。

位于景德镇市南部，长约 53.81 km。由 S306 组成，路线为：鸣山交界处—乐平市—浯口镇—高家镇—吴家村—上饶县界。规划为一、二级公路。"十四五"期间，规划浯口至杨范段升级改造，规划等级一级，25.8 km。"十五五"期间，规划德兴至浯口段改建，规划等级为一级，25.4 km。

（5）第五横。

位于景德镇市东北部，长约 81.92 km。由 S302 组成，路线为：梅湖村—峙滩镇—清溪村—锦里村—桃岭村—小源村—南泊村—瑶里镇—市界。远期规划为一、二、三级公路。"十五五"期间，规划白石岗亭至寺前段公路改建，规划等级为三级，17.2 km；规划鹅湖至锦里段公路改建，规划等级为二级，25 km。

（6）第六横。

位于景德镇市西北部，长约 27.48 km。由 S303 组成，路线为：临港镇—中堡村—段家村—下埠塅村—市界。规划等级为二、三级公路。"十四五"期间，规划乐平乐源坂至临港段公路升级改造，规划等级为二级，26.6 km。

3. 四联

（1）第一联。

位于景德镇市西部，长约 8.05 km。由 S410 组成，路线为：洪源村—洗马村—市界。现状等级为二级公路。

（2）第二联。

位于景德镇市西南部，长约 14.18 km。由 S411 组成，路线为：乐港镇—乐安村—镇桥镇—古塘村。远期规划为一、二级公路。"十五五"期间，规划烟竹林至塔背公路改建，规划等级为一级公路，8.5 km。

（3）第三联。

位于景德镇市东北部，长约 11.43 km。由 S505 组成，路线为：锦里村—兴田乡—市界。现状等级为二级公路。

（4）第四联。

位于景德镇市中部，长约 10 km。由 S507 组成，路线为：吕蒙村—历尧村—天宝桥。远期规划为一、二级公路。"十五五"期间，规划湘湖至丽阳公路改建，32.7 km。

① 公路提质升级工程。

根据景德镇市公路网的总体布局，结合土地和资金等资源要素，按照"统筹规划，分步实施，效率优先，兼顾公平，注重整体，加强协调"的基本原则，科学安排普通国省干线公路建设。重点围绕当前低等级公路沿老路拓宽升级，有序推进低等级路段升级改造，提高公路网运行效率，逐步消灭普通省道的四级及以下公路，力争普通省道三级以上比例大于95%，全面提升干线公路网的服务水平和路况质量。"十四五"期间优先安排对路网提升有重要作用的规划建设项目和普通国省干线未贯通路建设，计划完成普通国省道升级改造、路面改造共约230 km。主要实施项目有：G206蛟潭花千谷至唐英大道段、G206昌江丽阳至桃林段、S502浮梁江村至储田段、S404东港至黄坛段、S404黄坛至三龙段、S409新店至众埠段、S303乐平乐源坂至临港段、S205大田至乐平南段、S306浯口至杨范段等公路升级改造项目。

② 城镇过境交通工程。

城镇快速扩张导致的干线公路穿镇段城市化现象已经较为突出，未来随着城镇集约化的进一步发展，越来越多的区域干线公路将逐步被城市包围。开展G206、G351国道绕城改线工作，结合城镇用地变化，优化调整景德镇及乐平城镇发展重点地区的部分线形，以更好地适应城市发展，减少与城市交通的冲突，建设功能层次清晰、整体布局合理的城市结点交通网络。"十四五"期间，重点开展G351湘湖至分水岭段（北迁）改线工程，G206三龙至丽阳段（西迁）改线工程，G206乐平桃林至镇桥段（西迁）改线工程。

③ 瓶颈路段建设工程。

"十四五"期间，优先考虑市域普通国省干线待贯通路段建设，力争解决路网贯通问题，达到路网结构全面优化，形成快速通道互联互通、公路路网纵横交错、功能完善的综合交通体系，从而增强出行灵活性、强化区域联系，改善交通环境，实现片区交通微循环。重点实施三级及以下普通国省道干线公路建设，完善路网布局，提高路网通达性，重点实施S404、S302、S502等瓶颈路段升级改造。

（3）农村公路。

全面推动农村公路工作，全面优化农村公路路网结构，着力加强县道升级改造，建制村通双车道，提高农村公路通达水平和通行能力，切实改善农村居民的出行条件，将农村公路大中修列为常态化工作，尤其是在路面改造方面。

积极推进浮梁县争创"四好农村路"国家示范县创建工作，依托浮梁县丰富的自然资源优势，全面提升农村公路治理能力、推进农村公路网络体系建设、健全管养保障体系、完善农村综合运输服务体系，增强农民群众获得感，使农村公路安全保障能力得到强化，打造"浮梁农村公路"品牌。

（4）旅游公路。

"十四五"期间，重点打造陶阳里、陶溪川、陶源谷等陶瓷文化景区和昌江百里风光带、高岭瑶里、洪岩仙境等山水生态景区。积极推动陶瓷文化与旅游深度融合，加快建设旅游集散中心，推动4A级以上景区进出通道二级公路全覆盖，重点打造景瑶大道旅游公路示范线等，形成民宿体验、生态康养、研学旅行、文化创意等新业态的多功能通道；助力高岭—中国村创建4A级景区。加快交通干线至重点旅游景区旅游公路建设，按二级公路标准推进4A级以上景区进出通道建设，使游客到景德镇市旅游方便、快捷、舒适，真正实现"快旅慢游"。建议增设一条婺源古坦至景德镇瑶里的公路，路线全长约30 km，有利于增强景德镇与婺源的旅游联系。

3. 铁路设施升级工程

按照"网络完善、能力提升"的思路，以新建铁路路网框架为重点，加快景德镇市铁路干线和地方老区铁路建设，提高铁路技术标准，加密景德镇市至南昌铁路班线，扎实做好昌景黄铁路建设服务工作，积极推进阜阳经六安至景德镇铁路、皖赣铁路扩能改造和景鹰梅铁路（阜鹰汕铁路通道）等前期工作，推动景德镇火车东站的搬迁工作。

（1）积极推进昌景黄铁路建设。

昌景黄高铁的建设开通对于景德镇具有划时代的意义，标志着景德镇将进入"高铁时代"，不仅可以借此完善区域高铁网建设，还会促进区域经济发展。同时昌景黄高铁全线建成通车后，昌景黄高铁将与杭黄高铁相通，构建起赣中地区连接长三角地区的快速客运通道，有效促进沿线资源开发，形成一条世界级的黄金旅游线。

（2）皖赣铁路中心城区段外绕。

考虑皖赣铁路的线站能级提升及城市的发展，将景德镇城镇重点发展地区内皖赣铁路搬迁至地区西侧，线路自福港站开始改线，沿城市西部边缘向西南走行，在张家岭附近与既有皖赣铁路联通。结合206国道西迁工程，考虑皖赣线西迁段与206国道共用廊道。取消既有韩坑站、浮梁站、景德镇站及景德镇东货运站，保留鲇鱼山站至景德镇南站区间线路作为皖赣支线，景德镇南站为尽头式车站。争取规划建设依托皖赣铁路西迁的铁路货运物流场站。新设景德镇西站，整合货运及区段站功能。

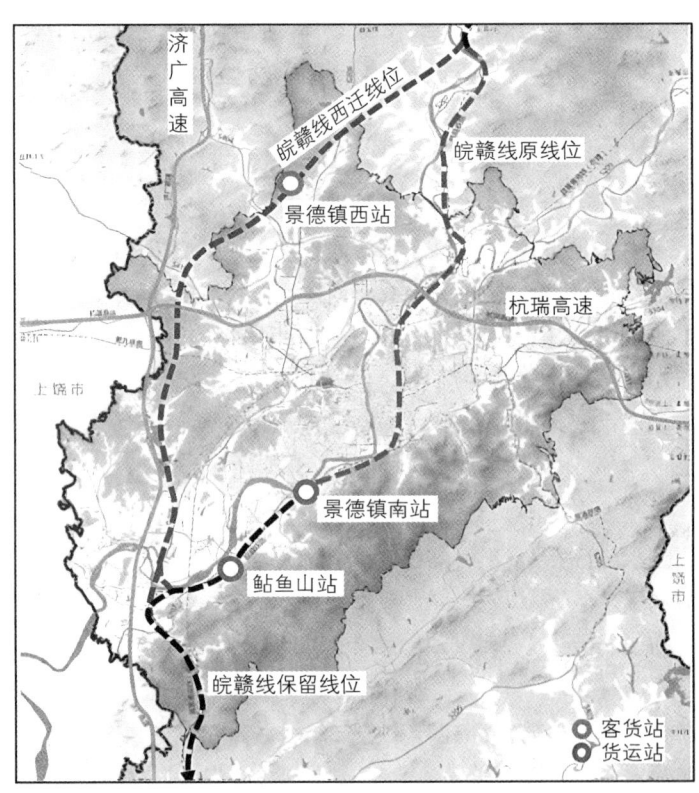

图 7.4-1　皖赣线西迁线位方案图

（3）安庆至景德镇铁路。

在现有九景衢铁路、在建昌景黄高铁两条高快速铁路的基础上，积极协调、规划、新增安庆至景德镇铁路的实施及快速化建设，补充景德镇南北向快铁通道。

规划安庆至景德镇铁路设计为普速铁路，景德镇段与皖赣铁路共用廊道，向北搭接沿江通道。目前安庆至景德镇铁路安徽段计划升级为快速铁路，建议争取到省级政策的支持，与安徽协调统一升级为快速铁路（设计时速200 km）。

"十四五"期间：规划安庆至景德镇铁路由北接入轨皖赣铁路营里站，利用既有皖赣铁路南抵景德镇。

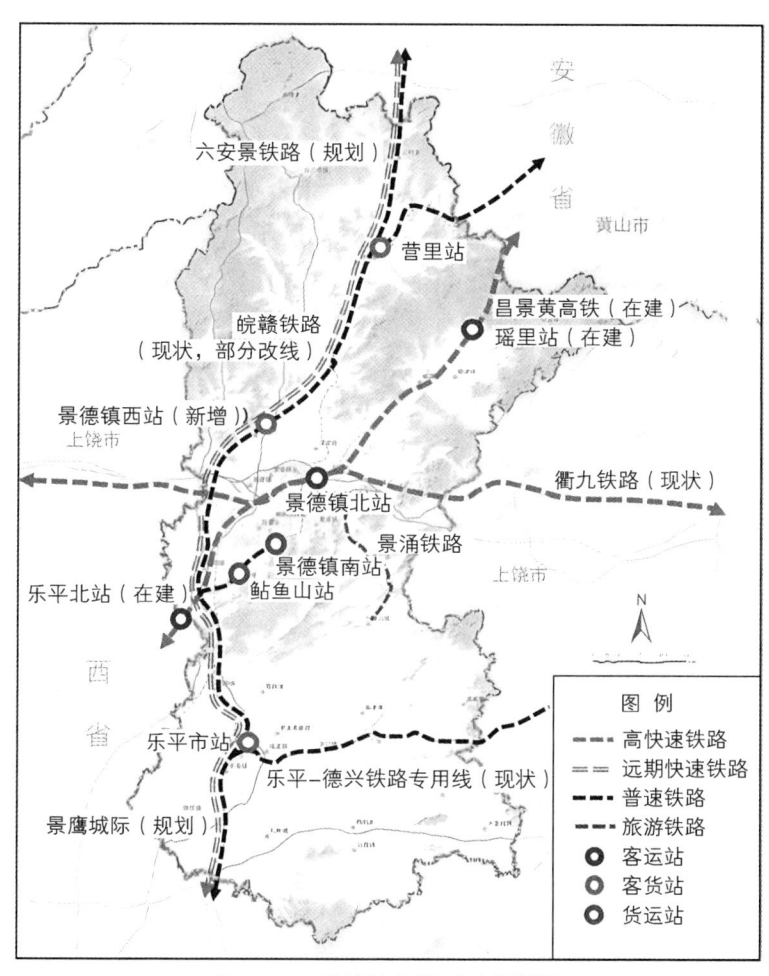

图 7.4-2 景德镇铁路系统规划图

专栏 铁路重点工程

重点项目：续建昌景黄高铁，"十四五"建成通车；开工建设皖赣铁路中心城区段外绕；积极推进安庆至景德镇铁路、景鹰城际铁路前期工作。

（1）昌景黄高铁：自南昌东引出，在乐平城区以北设乐平北站，向北跨越济广高速沿九景衢铁路引入景德镇北站，下穿杭瑞高速后设瑶里站。景德镇段全长 91.5 km，速度目标值为 350 km/h。境内设乐平北、景德镇北、浮梁东 3 座车站。

（2）安庆至景德镇铁路：I 级双线铁路，设计时速 200 km。在景德镇境内设景德镇西和蛟潭 2 座车站，蛟潭站为建议预留车站。

（3）皖赣铁路：当前线路里程约 132 km。城区段外绕，保留德镇南站、鲇鱼山站和乐平站，取消景德镇站、景德镇东站和浮梁站，争取规划建设依托皖赣铁路西迁的铁路货运物流场站。

（4）景涌铁路：为 762 mm 窄轨铁路，以黄泥头为起点，北至原景德镇电厂，南迄庸山矿区，运营里程 41 km。建议与陶瓷文化、自然山水和主题公园相融合，打造精品主题旅游项目。

（5）景鹰城际（远期规划项目）：由景德镇北站引出，与昌景黄高铁共用廊道，在乐平设站后，由乐平城区西侧向南往鹰潭方向。在景德镇境内设乐平北和乐平 2 座车站。建议积极争取新机场预留景鹰城际铁路站点。

4. 水运航道复航工程

（1）航道工程。

"十四五"期间，根据《景德镇港总体规划》，加快推进境内昌江、乐安河复航工作，充分挖掘昌江、乐安河优势，重现"一江一河"通江达海黄金水道功能，开展航道疏浚，采取"分段、分期、分级"的办法逐步推进工程建设。主要工作有航道等级提升和碍航桥梁改造，"十四五"期间重点开展凰岗至姚公渡Ⅲ级航道整治工程、凰岗枢纽改建工程和乐安河航道疏浚工程项目建设。

专栏　航道建设工程

昌江航道提升工程：包括凰岗枢纽改建工程/鲇鱼山枢纽拆除或加固除险工程以及姚公渡至吕蒙大桥渠化航道配套整治工程（含新建2 000 t级船闸1座，整治三级航道77 km，改造碍航桥梁）。

乐安河高等级航道整治工程：依托信江高等级航道双港枢纽建设，整治乐安河鸣山—乐安村46 km航道达到三级航道标准。

（2）港口规划。

根据《景德镇港总体规划》，景德镇港口规划形成四个港区，分别为浮梁港区、城区港区、昌江港区和乐平港区。

① 港区布局。

浮梁港区上起拦水坝村，下至景北大桥，自然岸线长约147.2 km，为浮梁县范围。规划在昌江航道上开发利用鲍家屋里和古县衙岸线，合计450 m，新建旅游客运码头和工作码头，为浮梁县提供水上旅游观光和支持保障服务。

城区港区上起景北大桥，下至官庄大桥，自然岸线长约32.9 km，包含昌江区、珠山区两个行政区。城区港区规划在昌江航道上开发利用宝石码头、人民公园等2段岸线共计0.6 km，新建旅游客运码头、工作码头和水上综合服务区，为景德镇提供水上旅游、水上管理支持服务。

昌江港区上起官庄大桥，下至与上饶鄱阳县交界的高田洪家，自然岸线长约63.6 km，为景德镇昌江区范围。昌江港区规划在昌江航道上开发利用历尧上、历尧下、方家排、义城、良港、丽阳、关山等7段岸线共计4.19 km。规划有历尧、方家排、义城、良港、关山等5个作业区，提供钢材、砂石、焦化产品、矿建材料、适箱货物等货物运输，为景德镇市工业、产业服务。

乐平港区上起洺口镇戴村，下至镇桥镇张家，自然岸线长约168 km，为乐平市范围。乐平港区规划在乐安河航道上开发利用戴村、龙亭、石里、山下村、公园路、邹家、塔山、库前、狐狸墩、鸣山、浒崦、古港张家等12段岸线共计5.95 km。规划有接渡、塔山、鸣山、浒崦和古港五个作业区，提供陶瓷、砂石、货物运输，为乐平市工业、产业服务。

② 港口作业区建设。

推进良港、义城作业区等港口作业区的建设工作，大力发展水运经济，带动周边发展。"十四五"期间预计新增港口年货运通过能力840万吨、12万TEU，新建乐平港区鸣山货运码头并结合水库及码头等，构建水上服务区，提升水上安全应急救援能力。

> **专栏：港口建设工程**
>
> 续建昌江港区义城作业区码头、昌江港区良港作业区码头工程。
> 开工建设乐平港区鸣山货运码头一期工程，"十四五"期预计新增港口年货运通过能力810万吨、12万TEU。

（3）港口集疏运体系建设。

港口集疏运网络最基本的功能是集中与疏散港口的吞吐货物，景德镇港集疏运系统以公路集疏运和航道集疏运两种方式为主。近期主要建设义城作业区至S207疏港公路、乐平市鸣山作业区至S306疏港公路。"十四五"期预计新增疏港公路18.5 km。

① 公路集疏运：根据集疏运功能不同将公路集疏运通道划分为外围层、接驳层和疏港专用层，形成以杭瑞高速、济广高速、德昌高速为外围高速层，沿江高等级公路G206（纵）、G351（横）、S306（横）、S207（纵）、S410、S205为接驳层，以作业区附近相邻县乡道或专有公路等作为疏港专用公路。

② 航道集疏运：昌江航道、乐安河航道和赣江航道共同构成景德镇港区的水水联运、中转的集疏运通道。

表7.4-5 景德镇港区公路集疏运明细

层次	线路名称	里程/km	等级	功能	备注
外围层	济广高速	85	高速	南北向疏港高速	纵线
	杭瑞高速	46	高速	东西向疏港高速	横线
	德昌高速	53	高速	东西向疏港高速	横线
接驳层	G206	132	一级	南北向等级公路	纵线
	G351	43.9	一级	东西向等级公路	横线
	S205 接渡至乐平南互通	13	二级	南北向主干路	纵线
	S207 鲇鱼山—G351	19	二级	南北向主干线	纵线
	S410	8	二级	南北向主干线	纵线

5. 机场改建优化工程

积极推动景德镇市罗家机场迁建4D机场，按4E机场预控，预留增开国际航线的条件；并争取机场与区域及城市轨道网的衔接，加强与铁路枢纽的直接联系，打造景德镇一体化综合运输枢纽体系；加密北京、上海、广州等重要城市航线，适时开通国际航线，建设区域旅游机场，为景德镇与世界对话架设"空中廊道"。

（1）景德镇机场改扩建工程。

新建C类机位4个，隔离机位1个，将现有的一个B类改造成一个C类机位，新建C类1条250 m×18 m垂直联络道，新建消防站2 780 m^2，新建8 000 m^{2}国际航站楼，新建航站楼登机连廊1 000 m^2。

（2）景德镇机场迁建工程前期研究。

景德镇机场迁建工作初步选址于丽阳镇附近，分近远期两步实施。其中：① 近期（至 2030 年），规划飞行区指标为 4C，建设一条 2 800 m 跑道，建设两条垂直联络道连接跑道。站坪可停放 16 架 C 类及以下客机位，规划航站楼面积约为 3.5 万平方米。可满足年旅客吞吐量约 200 万人的需求；② 远期（至 2050 年），飞行区场地条件及平面规划尺寸按 4E 规划预留，跑道长度 3 200 m，规划与跑道等长的平行滑行道，站坪客机位 30 个，规划航站楼总面积约 7 万平方米。

（3）浮梁通用机场建设工程。

浮梁通用机场项目占地面积 170 亩，跑道长 600 m（远期延长至 900 m），宽 45 m，建设期约 2 年。浮梁通用机场位于浮梁县鹅湖镇果儿垄，属于江西、浙江、安徽三省交界地区，机场规划为皖浙赣三省的应急救援基地，具有重要的空域辐射效益。同时，这个项目还完善了景德镇市重点打造的"高岭中国村"大型田园综合体项目的功能与业态。

7.4.2 全面提升运输服务水平

"十四五"期间，顺应社会主要矛盾变化，围绕"建设人民满意交通"的宗旨，树立"出行即服务（MaaS）"的理念，打造更加便捷高效的城际客运服务体系。

1. 客运便捷惠民工程

坚持"行有所乘、乐享所乘"的公共服务理念，推进城乡出行基本公共服务均等化，加快构建多方式可选、多层次融合、全过程连贯的一体化客运换乘体系，客运出行水平明显提升，客运结构进一步优化，努力实现更加通达通畅的国内客运、更加丰富多选的城际客运、更具吸引力的城市公交和更加公平的城乡客运。

（1）加快枢纽场站体系建设。

建设"以市区为中心、县城为纽带、乡村为基础，城乡依托、协调发展、无缝衔接"的城乡换乘枢纽体系，促进城乡客运与市区客运枢纽系统在站点功能和布局上的衔接。

一是加快市县级客运枢纽建设："十四五"期间，重点建设景德镇市综合客运枢纽、乐平市综合客运枢纽 2 个市级大型综合客运枢纽场站，提升市县整体旅客发送水平。

二是加快城市公交场站建设："十四五"期间，计划新增 2 个公交枢纽站，新增 20 处公交首末站，新增 5 个公交停保场。

三是加快农村客运场站建设。"十四五"期间，完善农村公路综合服务站、农村客运站、农村候车亭及招呼牌的建设。已建成的综合服务站和农村客运站投入使用。

（2）完善优化城乡客运网络。

一是完善长途客运班线："十四五"期间，对部分客运班线进行城际公交化改造，一是加密景德镇市各区县至罗家机场快巴运行班次，高标准配置用车；二是完成景德镇至南昌、景德镇至上饶、景德镇至黄山和景德镇至德兴的城际公交化改造工作。

二是提升城市公交服务水平："十四五"期间，初步形成以快速公交为骨架，常规公交为主体，出租车为补充，公共自行车为延伸的多层次公交发展模式。提升居民出行质量，引导城市良性发展，促进沿线用地开发。

三是优化城乡客运衔接模式:"十四五"期间,进一步优化城乡公交与城市公交、镇村公交的衔接模式,建议城乡客运以切向式和对接式为主,城乡客运进入对应的枢纽站与城市公交完成换乘。结合全市乡镇布局,对现有城乡客运班线进一步整合,提升整体运输效率。

四是巩固镇村公交运营成果:"十四五"期间,建立并完善镇村公交运营机制,健全各项规范管理的配套制度,构建优质安全、便捷经济的镇村公交运营服务系统,实施农村公交一体化试点,在"十四五"期间完成2~3个区县的试点工作。

五是大力推进旅游客运发展:"十四五"期间,根据景德镇市旅游景点布局和景点接待游客人次,完善景德镇市旅游公交网络,形成市城区1日游、全市3日游交通圈,以满足游客出行需求。

(3) 深化客运市场结构调整。

① 整合规范运输经营主体。

积极推进城乡客运公司化经营、公交化运营、员工化管理,促进城乡客运经营主体整合,实施规范的公司化改造,所有的客运企业通过二级安全标准化达标,建立诚信考核体系。

② 鼓励发展道路定制客运。

鼓励发展定制客运服务体系,拓展定制客运的规模,发挥客运企业线下资源和道路客运"门到门"的比较优势,满足公众便捷出行、快速出行、个性化出行的需求,积极适应道路客运发展新常态。

③ 加快客运运力结构调整。

科学投放高效低耗、节能环保运力,推进绿色低碳交通运输发展。"十四五"期间,新增、更新新能源公交车270辆,到2025年,城市万人公共交通车辆保有量达到10~12标台。

④ 提升旅游客运服务水平。

"十四五"期间,鼓励客运站增加旅游集散、旅游咨询功能,旅游集散中心与客运枢纽互设咨询中心,鼓励企业形成道路客运特色的旅游项目,有效降低旅客出行成本,提升旅游体验。

2. 货运转型升级工程

加快昌江、乐安河航道现代化和景德镇港港口设施建设,完善港口、物流园区集疏运体系,推进多式联运,实现大宗货物及中长距离货物运输向铁路和水运有序转移。优化城市物流基础设施布局、统筹县乡村三级农村物流站点资源,完善城市和农村物流服务体系。

(1) 推进交通物流基地建设。

"十四五"期间,重点推进建设景德镇北综合物流园区和景德镇南综合物流园区;积极建设景德镇农副产品物流中心及南部、东部、北部3个物流配送中心。

(2) 引导货运市场健康发展。

① 加快物流产业集群发展。

"十四五"期间,依托陶瓷工业、航空产业、汽车产业和旅游商贸服务业,着重打造陶瓷物流产业集群、航空汽车物流集群、城乡快速消费品物流集群,引导制造业释放物流需求,鼓励物流企业主动为制造业提供一体化供应链服务,有效解决物流供需结构性矛盾,促进制造业与物流业的联动发展。

② 推进货运企业转型发展。

a. 培育扶持重点物流企业。整合货运资源，促进传统货运业向现代物流业快速转变，重点培育扶持 3～4 家物流企业，带动以信息化技术为管理手段、集仓储运输为一体的第三方物流的发展。

b. 鼓励中小企业联盟发展。鼓励中小企业实现资源整合，探索中小企业联盟有关制度、运营模式研究，引导小型货运企业经营转变，积极拓展新型业务领域。

③ 改善货运市场发展环境。

设立景德镇市物流产业发展专项基金，用于支持重大物流项目工程，物流公共信息网络平台，冷链物流、农产品物流和物流统计系统等的建设，培育现代物流企业，引导规模以上物流企业资源整合和改造升级。

（3）提升运输装备技术水平。

根据货运工具大型化、专业化、标准化和环保化的发展要求，结合本地货物运输实际，公路加快调整优化车辆运力结构，推动运输装备向大型化、专业化和标准化方向发展。水路加快淘汰老旧落后船型，推广使用标准船型船舶，提升标准船型船舶比例。

（4）推广先进运输组织方式。

① 大力发展多式联运：明确功能定位，加大多式联运扶持鼓励政策，加强组织领导，提升多式联运服务管理水平，建立景德镇市级协调推进机制，推进多式联运综合服务中心建设，深化各部门合作。

② 积极推动甩挂运输：引导市场由单一公路甩挂模式向综合交通甩挂模式转变，由局部甩挂运输向干支相联的网络化发展转变，提升甩挂运输的广度和深度。

（5）构建物流信息公共平台。

建设物流公共信息平台，采取政府推动、企业运作模式，利用科技手段建设具有信息汇总融合、在线交易、信息共享的物流信息中心，协调各个物流基地、市场、企业和行业管理部门的信息，同时和江西省物流信息平台联网。

（6）推广农村物流快速发展。

① 完善农村物流基础设施：加快完善农村物流基础设施，通过建设县级物流集散中心、乡镇物流综合服务站和村级物流综合服务点，推进三级农村物流节点体系建设，形成以农村物流枢纽站场为基础，县、乡、村三级农村物流节点为支撑的农村物流基础设施网络体系。

② 优化农村物流运作模式：以"四好农村路"建设为载体，因地制宜探索、推广"交邮融合+"改革创新发展模式。推广农村客运车辆代运邮件、快件。鼓励邮政、快递企业与农村客运经营者合作，支持更新或投放新能源车辆开展客货邮融合运输业务。开展农村货运物流服务。鼓励运输企业在统筹当地农资、商贸、电商等货源的基础上，结合邮政快递配送线路、频次和时效要求，依托农村物流服务站点、候车亭、村委会、乡村闲置校舍等合理规划运输线路，发展网络货运，开展"定时、定点、定线"的农村货运服务，降低运输成本。推动农村物流绿色发展。鼓励和引导企业推广使用标准化物流周转箱、托盘、集装篮和笼车等开展物流运输循环共用，加快推进物流包装及运输绿色转型，降低农村生产生活物资储运损耗，提升服务品质。推进农村地区公共取送点建设。引导农村物流经营主体依托第三方电子商务服务平台开展业务，鼓励乡村站点与电商企业对接，积极发展农村连锁配送业务，提升邮政基本公共服务水平。

（7）完善邮政与快递服务。

一是加快普遍服务基础设施建设，全面提升邮政普遍服务、特殊服务和竞争性业务的服务能力和水平。二是完成邮政业结构调整，优化市场主体结构、优化业务产品结构、优化网络设施结构、优化区域布局结构，通过对快递服务的产权结构、治理结构、产品结构、人员结构、分配结构的有序调整，提高发展质量，促进企业做大做强。三是深化邮政改革，拓宽邮政服务领域，深度整合城乡相关资源，建立便民高效的邮政服务、快递服务、商务、政务一体的综合便民服务平台。四是完善寄递末端服务，加速城乡快递服务站、智能收投终端和末端服务平台等布局建设。五是融入地方经济发展格局。主动适应经济发展新常态，加强与地方经济发展的相互融合、相互依存，发挥邮政业在服务社会、惠及民生、发展经济、安置就业、促进和谐等方面的作用。六是坚持依法治邮，全面完成"普惠邮政、智慧邮政、安全邮政、诚信邮政、绿色邮政"建设，力求到 2025 年建成与小康社会相适应的现代邮政业。

3. 服务设施优化工程

加快推进国省干线养护中心、道班、驿站等服务配套设施建设，切实提升干线公路服务质量和水平。建设公路综合养护中心，加强公路养护巡查和经常性检查，合理安排养护工程，加强关键设施健康监测，提升养护科学决策水平，健全养护管理制度体系。"十四五"期间，重点对综合养护场站、机械和人员配置等方面进行完善，计划新建 1 个养护中心、4 个养护道班、6 个公路驿站。

4. 服务产业配套工程

驾培方面，贯彻落实《机动车驾驶员培训机构资格条件》《机动车驾驶员培训教练场技术要求》。开展驾校质量信誉考核，提高服务水平和培训质量。开展规范化驾校创建活动，培育驾校品牌，提高教学水平，提升驾校档次。完善监管手段，增强管理效能，规范市场秩序，切实提高培训质量。

维修行业方面，贯彻落实《汽车维修业开业条件》《关于促进汽车维修业转型升级提高服务质量的指导意见》，完善维修市场监控体系和信誉考核体系，创建规范经营、诚实信用、技术先进、服务透明、公平竞争的市场环境。2025 年，全市一类维修企业总数达到 50 家，二类维修企业总数达到 90 家，为社会提供快速、优质、便捷的维修服务。

7.4.3 不断提升行业管理水平

1. 智慧交通创新工程

将加强科技创新能力作为交通运输发展的战略基点，充分发挥信息化引领交通运输转型升级的重要作用，充分利用市场力量推动信息化应用，实现交通运输组织智能化、管理服务高效化和决策支持科学化。

（1）科技创新。

① 创新体制建设，推动科技研发：继续做好统一规划、统一标准、统一法规等方面的工作，充分发挥政府部门的引导和协调作用，积极引导企业、院校和科研机构参与标准研发、科研攻关、

成果应用与推广等工作。

② 加强科技成果转化、推广和应用：建立更具活力的成果推广应用机制，充分发挥政府与市场合力，着力完善以政府为引导、成果的拥有和应用单位为主体、中介机构为纽带的科技成果推广应用体系。

（2）信息化技术应用。

① 推进"互联网+出行服务"建设：协调区域出行信息服务，完善提升公路客运联网售票系统功能，争取到2025年年底，全市三级以上客运站点联网售票服务水平达100%，二级及以上客运站实现视频联网监控。

② 推进"互联网+货运物流服务"建设：建设完善景德镇市物流信息公共服务平台，推进农村物流信息平台和港口物流信息平台建设。提升多式联运信息化水平。

③ 推进"互联网+行业治理体系"建设：推进数据交换共享，建成景德镇市交通行业信息化统一的基础支撑中心，进一步提升对相关应用系统的支撑；建成景德镇市交通行业内外数据服务中心，实现交通运输行业各级部门之间的信息全交换。

2. 绿色交通示范工程

着力提升绿色发展管理能力，推进结构性、管理性、技术性节能减排，加强行业环保监管，集约节约高效利用资源，推动绿色生态的公路、铁路、港口、航道、机场等建设，努力建设资源节约型、环境友好型行业，促进交通运输绿色发展，服务绿色循环低碳示范城市建设。

（1）大力推进低碳交通建设。

① 促进结构性节能减排：大力发展公共交通和内河航运等低能耗交通方式；引导发展专业化运输、甩挂运输等运输效率高、减排效果好的运输方式；引导运输企业向依托港口、公路、铁路货运枢纽的物流园区集聚。

② 发展技术性节能减排：在交通运输项目的前期研究阶段均编制节能篇章；大力推广节能型设备、材料及施工工艺，积极培育电动汽车市场，促进电动汽车产业健康快速发展。

（2）促进资源节约集约利用。

科学规划交通基础设施，节约集约使用土地、岸线和水资源。推广交通废弃物循环利用的新材料、新工艺和新设备，提高资源再利用水平。大力开展路面材料、施工废料、弃渣、港口疏浚土等资源的再生和综合利用，建设资源循环利用试点工程。

（3）提升绿色发展管理能力。

完善节能环保法规政策体系，加快推进绿色循环低碳交通战略规划、组织保障、法规制度标准和统计监测考核四大体系建设。探索建立交通运输行业能源消耗和碳排放总量控制制度、目标分解和责任考核机制、重点企业碳排放报告制度等。

3. 平安交通保障工程

深入开展"平安交通"建设，加强交通运输安全生产和应急体系规划建设，完善机制，健全法规体系，提高交通设施、运输装备安全性能，全面提升安全生产保障水平，有效推进平安交通的建设。

（1）提高交通设施安全性能。

全面整治普通国省道平交道口，减少横向干扰，完善集镇路段机非隔离设施，减少非机动车对机动车安全运行的影响。加强对重大风险领域辨识和全过程动态的监管分析，并结合预警加强实施运行监护和管理养护，加强对老旧场站以及重要通航建筑物等的监测监管。

（2）提升安全应急保障能力。

① 构建安全与应急机制。

完善安全与应急预案体系：建立与自然灾害类、事故灾难类、公共卫生类、社会安全类应急预案相衔接的交通运输应急响应工作程序，明确应急组织体系、运行机制、应急保障和制度管理等要求。

完善安全与应急组织体系：成立交通运输突发事件应急工作领导小组，建立市、县两级安全与应急组织保障体系。强化运输生产动态监控与应急联动，运用互联网技术建立动态安全监管平台，建立统一的交通应急救援指挥平台。

完善安全与应急保障制度：构建通畅的信息传输渠道，制定明确的责任制度，实现应急处置响应及时化，公路一般灾害情况下应急救援2小时内到达。

完善安全与应急协调联动机制：按照"统一领导、分级负责、属地管理、联动协调"的要求，健全完善应急响应机制，确保信息报送、沟通协调、协同处置渠道的畅通。

② 提升安全与应急能力。

以有效降低公路使用者行车安全风险和公路管理养护责任风险为核心，实施公路安保工程建设，提高危桥改造力度，完善交通管理设施，打造"科技示范公路"。以市为基本单元，依托当地骨干运输企业，组建满足抢险救灾人员、物资和战略物资运输需要的应急运输保障车队。

③ 打造安全与应急队伍。

结合公路、航道网络规模、地域分布特点，以养护管理部门、路政管理部门以及日常养护队伍为基础，构建基层公路、航道应急抢险保通队伍，强化资源条件保障，做到有人员、有编制、有经费、有场地，确保具备与安全管理责任相适应的履职条件；加强智能安检和高速安检设备使用，提高安检信息化水平，切实加强寄递渠道的安全保障能力。

（3）增强安全监管能力。

① 完善安全生产责任体系：严格执行安全生产"一票否决"，加大安全生产责任追究力度，坚决预防和减少各类安全事故发生。

② 加强安全监管能力建设：大力推进安全监管规范化建设，强化安全源头管理，严把行业安全准入关口，强化安全生产风险评估和分级分类管控。

③ 夯实安全管理基础：完善安全生产技术规范和标准，推动企业完善安全生产管理体系，健全企业生产经营全过程安全责任追溯制度，推行安全生产审批报备制度，实行重大风险领域的监管监测。

4. 法治交通支撑工程

（1）推进交通运输依法行政：通过强化法律意识、加强制度建设，清晰界定政府与市场边界。完善依法行政各项制度，坚持用制度管权、管事、管人，提高交通运输部门的公信力和执行力。

（2）强化法治交通支撑保障：完善交通运输执法监督网络，形成执法监督的长效机制。加强执法监督和评议考核，建立定性与定量相结合、日常考核与综合考核相结合的行政执法绩效评价考核体系，完善配套的奖惩制度。

（3）深化交通运输政务公开：深化交通行政决策公开，加大交通行业重要改革方案、重大政策措施、重点工程项目在决策前后的意见征集和政策发布，拓展政策解读；深化交通行政权力公开透明运行。

（4）深入开展法治宣传教育：坚持把全民普法和守法作为法治交通建设的长期基础性工作，深入开展法治宣传教育，培育社会法治文化，引导全民自觉守法、遇事找法、解决问题靠法。

5. 农村交通管理工程

"十四五"期间，针对景德镇市农村公路"四难"突出问题，交通运输部门应做好交通安全管理工作。

一是解决路网结构不完善，部分路段通畅难的问题：重点消除农村公路中的"断头路"，避免群众出行和运输产生绕道或走"回头路"，提高农村公路通行能力。

二是解决养护资金需求大，大中修及时跟进难的问题：加强对农村公路桥梁的养护，建立农村公路大中修、水毁灾害恢复重建基金，提高危桥、安保、渡改桥的补助资金。

三是解决事权与财权不匹配，养护责任落地难的问题：坚持确保农村公路管理体系在乡镇落地，切实承担起辖区内乡村公路的养护管理职责。

四是解决路政管理不到位，路产路权维护难的问题：对于超限超载运输的现象必须采取强硬的措施予以坚决遏制，严肃处理破坏公路权益的不法行为，加强执法主体建设，提高执法水平。

6. 管理服务提升工程

（1）加强建养工作管理。

提升工程建设行业监管能力：进一步规范建设程序，扎实做好工程前期工作，加强招投标管理，建立健全质量、信用考核制度和"准入、考核、退出"机制，保持良好的交通建设市场环境，加强工程施工质量管理，加强对工程质量的监控和预控，不断提高工程质量水平。

提高公路航道养护管理水平：加大公路养护工区建设投入，加快推进公路养护工区建设和整修工作，完善相关配套设施，创新养护工区管理机制，统筹应急处置和公路养护发展，加快提升农村公路养护管理水平，建立农村公路管理养护长效机制，建立以公共财政为主的养护资金保障体系。

（2）推进运输管理建设。

建立条块结合、以条为主的管理体系，理顺关系，改革运政稽查队伍，实行综合行政执法，强化源头管理，探索新时期的运政稽查工作。

（3）推进行业改革建设。

① 转变政府职能。正确处理好政府与市场的关系，加快政府职能转变，进一步简政放权，更加注重宏观调控、市场监管、社会管理和公共服务职能的履行。规范和引导市场发展，推进交通

运输市场监管体制改革，加强公共服务职责。建立政府购买交通公共服务制度。

② 大力推进交通运输综合行政执法改革。积极推进综合执法改革，加强跨部门联合执法。整合交通运输行政执法队伍，建立并完善与相关部门联合执法协调机制。

③ 积极探索交通运输投融资体制改革。积极探索创新交通运输准公益项目的融资举措，拓展市场化融资模式，采用政府和社会资本合作（PPP）、股权融资等运作模式，鼓励包括民营资本在内的社会资本参与投资。

（4）推进行业文明建设。

① 深入推进机关和行业作风建设。深化交通行业作风建设，为推进交通运输转型发展和现代化建设创造优良作风环境。

② 培养行业核心价值体系。积极完善文化品牌、文化建设示范单位和先进典型培育等工作载体。组织开展先进典型的系列学习宣传活动，并加大宣传力度。

③ 加强新闻宣传和政务公开。深化行业宣传工作机制改革，完善交通运输行业宣传媒体融合发展平台，建立大宣传工作格局。

（5）推进人才队伍建设。

① 多层次多渠道培养优秀人才。优先培育综合交通运输发展急需人才。适应交通一体化的需要，实施急需人才增量计划，加大综合交通运输发展急需人才的引进和培育力度。

② 统筹推进四支人才队伍建设。以提升专业素质和创新能力为核心，以高层次人才和急需人才为重点，打造一支数量充足、业务过硬、结构合理的交通专业技术人才队伍，以交通执法规范化建设为抓手，着力打造高素质交通运输行政执法队伍。

7.5 规划效果评价及保障措施

7.5.1 效果评价

1. 对外交通的通达程度显著提高

"十四五"时期末段，G351、G206、S205、S409等大部分普通国省干线的升级改造相继完成，昌景黄铁路建成，昌江、乐安河航道的等级提升，景德镇市对外通道的数量和等级进一步增强，对外通行能力进一步提升，景德镇市与海西地区、南昌、赣州、鹰潭等周边省市以及珠三角、长三角的时空距离进一步缩短，这些举措都将有力推动景德镇市经济辐射区域的扩展和经济辐射强度的提升，为景德镇经济持续快速增长奠定更加坚实的基础。

2. 城乡交通的服务能力明显提升

"十四五"时期末段，在区域内干线公路建设的基础上，市域农村公路建设也将同步推进，县道升级改造58 km、建制村通双车道公路111 km，农村地区交通通畅水平进一步提升，市、镇、村公交线网布局进一步优化，配套枢纽场站设施建设更加完善，农村物流基础设施逐步完善，城乡发展的投资环境将进一步优化，对经济开发区、产业基地、旅游景区、服务业集散地的开发以及城乡一体化、新农村建设等将产生更为有力的支撑导向作用，也为景德镇市产业发展和新型城镇化建设提供强有力的支撑。

3. 城市交通的服务水平明显改善

"十四五"期间,深入实施城市公交优先发展战略,积极发展更具吸引力的城市公交,构建了与用地规划协调、道路建设适应、城乡便捷换乘的公共交通体系,满足城乡居民一体化出行需求。通过不断完善公交线网,保障公交路权优先,加快公交基础设施建设,增加公交运力投放,使得公共交通的服务范围进一步扩大,出行结构进一步优化,有效缓解景德镇城市道路交通拥挤,减少汽车尾气排放带来的污染。

4. 运输枢纽的中转功能完整配套

"十四五"时期末段,景德镇市将形成两套运输枢纽体系。一是客运枢纽体系,主要由景德镇市综合客运枢纽、各乡镇客运站和城市公交首末站、中途站组成。二是货运枢纽体系,主要由景德镇北、景德镇南综合物流园区,景德镇农副产品物流中心以及南部、东部、北部配送中心组成。客货运枢纽功能进一步提升,集疏运通道更加顺畅,届时景德镇市各种运输方式的衔接将更加完善,各种运输对象的中转将更加便捷。

5. 绿色交通的发展水平明显提高

"十四五"时期末段,景德镇市客货运输中,火车客运比例和火车、航道货运比例逐步提升,节能环保交通方式得到进一步发展。客货运车辆结构将进一步优化,清洁绿色能源客车比例和大型化、专业化货运车辆比例进一步提高。

6. 行业治理和应急保障体系更加完善

"十四五"时期末段,景德镇市综合交通现代治理稳步推进,交通治理智慧化能力显著增强,营商环境得到明显改善,港口资源整合和事业单位改革成果进一步巩固。突发事件应急保障能力大幅提升,服务国家安全的能力进一步增强,现代交通信用体系基本建成,文明交通和安全交通建设取得显著成效。

7.5.2 保障措施

1. 加强组织领导

交通运输部门要在政府的统一领导下,充分发挥主力军作用,认真履行各自的职责,扎实做好各项工作。要改进和创新管理方式,加强协作配合,形成工作合力。加强部门间的横向协作,提高交通管理整体水平。

2. 争取政策支持

进一步理顺大部制下的综合交通运输管理体制,深化体制机制改革,进一步完善交通基础设施建设、运输市场管理、交通执法、农村公路管养等方面的管理体制和工作机制,加强景德镇与周边城市间在交通发展规划、基础设施建设、运输市场管理等方面的协同合作,推动完善交通运输政策,制定适应全市综合交通运输管理标准体系。

3. 落实资金保障

一是积极争取国家和省市资金补助，并调动地方政府的积极性。二是积极探索市场化运作和融资平台建设，进一步探索市场化动作手段，探索PPP等模式，引导民间资本进入交通运输行业，解决政府投入不足的问题。争取金融机构的信贷支持，充分利用多种金融工具。三是强化对交通建设项目的规范与管理。建立科学的投资决策机制，优化交通投资分配，统筹交通投资项目排序计划，以有限的建设资金获取尽可能大的投资效益。四是贯彻落实国务院关于优先发展城市公共交通的指导意见，完善公交亏损补贴补偿政策。五是提升农村公路改扩建的补助标准，建议在现行的奖励办法基础上，研究针对性的政策措施，消除地方积极性不高、路桥建设不配套等问题。

4. 加强用地保障

一是加强与自然资源部门的沟通协调，保障公益性交通服务基础设施建设用地。加强与自然资源和生态环保部门对接，协调交通项目占用基本农田、国家公益林，"踩"生态红线等问题，保障建设项目要素供给。二是探索以土地资源支持交通发展的政府投资新模式。通过整合现有交通资源、划拨土地、财政资金等组建地方交通投融资机构，通过资本运作、筹集资金等方式加快地方交通建设。三是统筹考虑农村公路土地供给。各地应将农村公路建设用地纳入城乡总体规划中统筹考虑，同时在规划、设计和实施过程中，应合理确定路线方案和技术标准，能利用老路改建的不得新建，确需新建的尽量避免占用耕地。

5. 加强资源保障

在公路建设时，树立交通可持续发展的理念，在加快全市交通发展的同时，加强环境资源的保护，努力建立和谐的交通运输体系。

6. 强化考核评估

加快构建全市综合交通运输发展的科学评估考核体系，重点做好基础设施建设养护、运输服务、现代运输业发展及环境友好型、资源节约型社会创建等领域的考核和评估，逐步建立相关激励机制，推动全市交通运输全面、协调和可持续发展。

模块 8　丰和北大道与黄河路节点改造方案

8.1　项目概况

8.1.1　项目背景

（1）南昌经开区与凤凰洲片区衔接空间是"北融"的重要支点，完善区域衔接路网是支撑经开、红谷滩一体化发展的需要。

南昌经开区与凤凰洲片区均位于南昌市赣江西岸，两者在空间上毗邻。经开区是江西省第一个国家级经济技术开发区，是以新能源汽车及动力电池产业、电子信息产业作为地区两大主导产业的产业聚集区。凤凰洲片区属于红谷滩区，是红谷滩连接赣江新区和经开区的"桥头堡"，是集文化、居住、商贸、办公等功能于一体的中央居住区和市级文化中心。

凤凰洲与经开区的衔接空间是南昌市"东进、南延、西拓、北融、中兴"发展战略中"北融"的重要战略支点，随着南昌市与赣江新区逐步融合发展，其交通联系日益增强，构建畅通、便捷的交通联系通道对经济和交通的发展有着重要意义。

图 8.1-1　研究区位图

（2）受铁路、水系分割，现状经开区与凤凰洲片区路网衔接不畅，皇姑路—丰和大道为右进右出路口，丰和大道—黄河路交叉口成为快慢转换的关键节点，亟需提升通行能力。

红谷滩区与经开区之间的道路连接受凤凰洲北部三角区的铁路、水系、用地等因素的阻隔，导致衔接不顺、功能混乱、规模不足、路网密度较低。对经开区与红谷滩区域的经济融合发展存在阻碍作用。

丰和大道—黄河路交叉口作为连接经开区与红谷滩区最重要的路口，是快慢转换的重要节点，同时涵洞的影响导致了北部京九铁路段拓宽段距离较短且无非机动车道，早晚高峰已经出现拥堵，亟需对丰和大道—黄河路交叉口进行渠化改造，提升路口通过能力，缓解交通拥堵。

图 8.1-2　丰和大道-黄河路口早高峰拥堵图

（3）随着城市的发展，经开区与红谷滩区交通联系日益增加，近期亟需挖潜联系通道的通行能力，以应对未来日益增长的交通需求。

随着城市的发展，"一江两岸、双城八片五组团"的城市空间格局已基本形成，南昌逐步沿江轴向开发，经开区作为江北的重要片区，与红谷滩间的联系日渐密切，根据现状居民出行调查数据可知，经开片区的总对外出行中，红谷滩占比最大，是与经开区联系最紧密的片区。

未来，随着经开区的发展，经开区与红谷滩区之间的联系将日益增大，为应对未来日益增长的交通需求，需采用挖潜扩容、交通组织等方式增加联系通道的通行能力，以缓解交通拥堵。

8.1.2　研究范围及年限

（1）重点研究范围：丰和大道—黄河路节点。
（2）研究范围：北至北一环、南至锦江路、东至赣江、西至乌沙河/京九铁路围合范围。
（3）研究年限：2025 年。

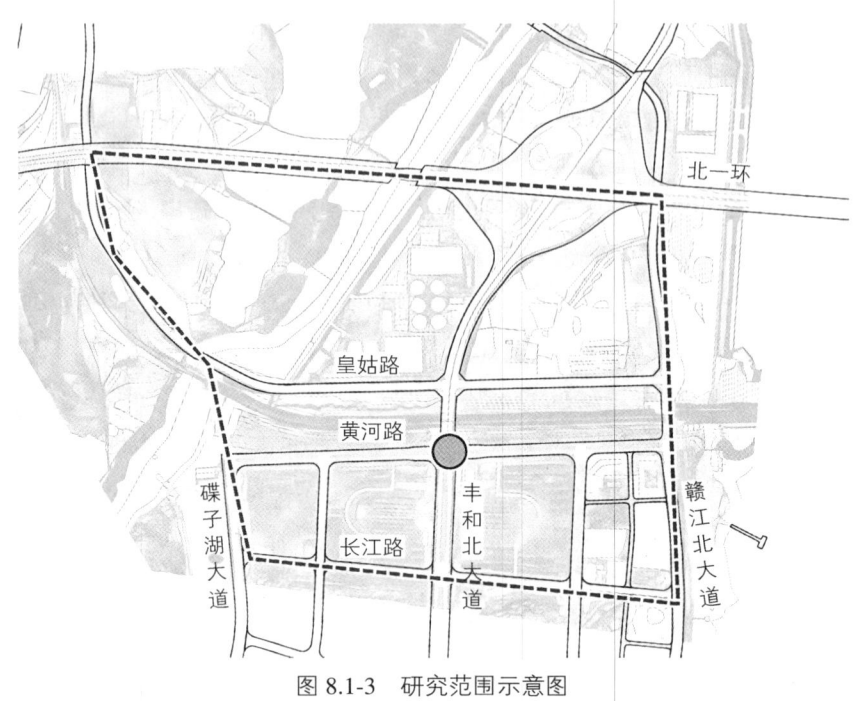

图 8.1-3　研究范围示意图

8.1.3　工作目的及内容

1. 工作目的

结合上位规划，分析片区交通，研究丰和北大道与黄河路节点的改造思路及方案，提升节点运行效率，并确保方案的合理性、可实施性。

2. 工作内容

（1）现状交通调查：对经开区与凤凰洲片区衔接区域道路以及节点进行调查，了解现状道路的功能、规模以及运行情况等，重点调查丰和北大道与黄河路节点现状渠化方案、早晚高峰流量以及周边用地情况。

（2）节点提升改造思路：对丰和北大道与黄河路节点交通运行存在的问题进行系统的诊断和研判，从渠化方案、信号配时、交通组织等方面提出节点的改造思路。

（3）节点详细规划方案：对丰和北大道与黄河路节点进行详细规划，包含详细方案、工程重难点、初步造价等内容。

3. 项目工作依据

（1）《南昌市国土空间总体规划（2021—2035）》（在编）；

（2）《南昌市综合交通系统规划（2021—2035）》（在编）；

（3）《南昌市干线道路网络规划及节点交通详细设计》；

（4）《南昌市居民出行调查（2015年）》；

（5）《南昌市居民出行调查修正（2018年）》；

（6）《南昌市居民出行补充调查（2022年）》；

（7）《凤凰洲片区控制性详细规划调整》；

（8）《南昌市红谷滩"北外滩"地区城市设计及控规优化》；

（9）其他相关规范、统计资料、交通调查资料及研究报告。

8.2 现状分析

8.2.1 现状路网分析

乌沙河在凤凰洲与经开区之间汇入赣江，乌沙河与赣江汇流口所在地的生态禀赋良好，其中鱼目山、孔目湖相连，是南昌经开区进出城车辆的重要途径之地。现状该片区共拥有10条主要联系道路，包括2条快速路（金山大道/港口大道、北一环）、1条干线性主干路（丰和大道）、5条普通主干道（庐山南大道、皇姑路、海河路、经开大道、碟子湖大道）、2条次干路（黄河路、赣江北大道）。

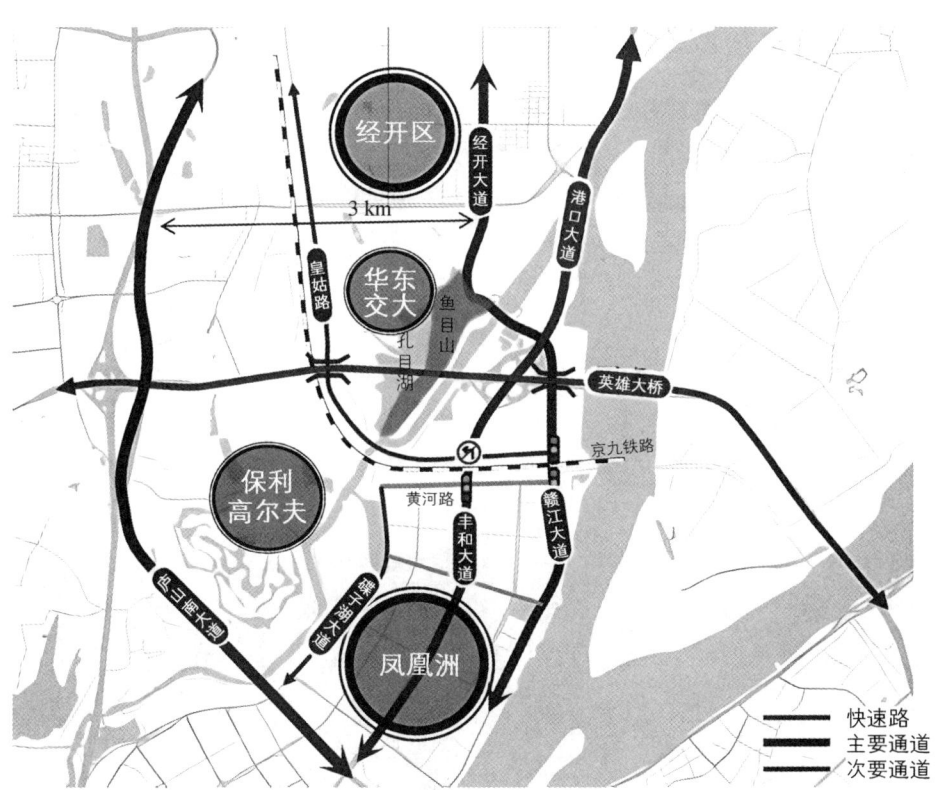

图 8.2-1 现状片区现状干线路网

表 8.2-1　片区联系通道

道路名称	等级	红线宽度/m	断面形式
北一环	快速路	40	双向八车道
金山大道/港口大道	快速路	41	双向六车道高架+双向六车道辅路
丰和北大道	干线性主干道	65	双向六车道
碟子湖大道	主干路	42	双向四车道
经开大道（双港大道以南）	主干路	30	双向四车道
皇姑路—海河路	次干路	30	双向四车道
黄河路	次干路	40	双向四车道
赣江北大道（海河路以北）	次干路	30	双向四车道

1. 丰和北大道

丰和北大道等级为城市干线性主干道，是赣江西岸南北向最重要的交通走廊，主要承担凤凰洲、红谷滩核心区、红角洲之间的交通联系。丰和北大道红线宽度 65 m，主要为双向六车道断面，具体布设形式为 6.5 m（绿化带）+3.5 m（人行道）+12.5 m（机非车道）+20 m（中央分隔带）+12.5 m（机非车道）+3.5 m（人行道）+6.5 m（绿化带）。

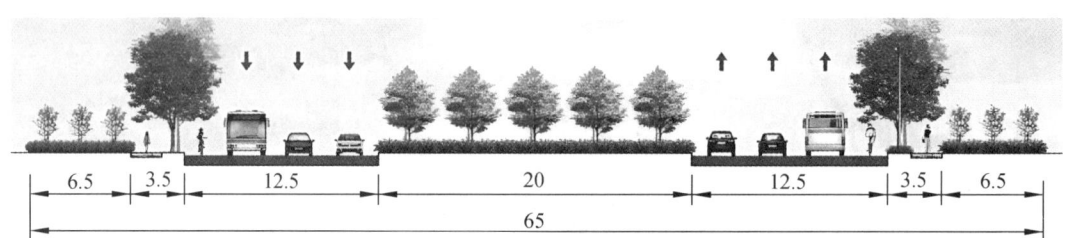

图 8.2-2　丰和北大道现状断面图

由于铁路涵洞限制，丰和大道穿京九铁路段空间变窄，断面仍保留双向六车道，非机动道与人行道共板混行。

图 8.2-3　丰和大道（京九铁路段双向 6 车道）

2. 碟子湖大道

碟子湖大道等级为主干路，是赣江西岸南北向重要的交通走廊，主要承担凤凰洲、红谷滩核心区、红角洲之间的交通联系。碟子湖大道红线宽度 42 m，主要为双向四车道断面，具体布设形式为 7 m（绿化带）+3.5 m（人行道）+22 m（机非车道）+3.5 m（人行道）+7 m（绿化带）。

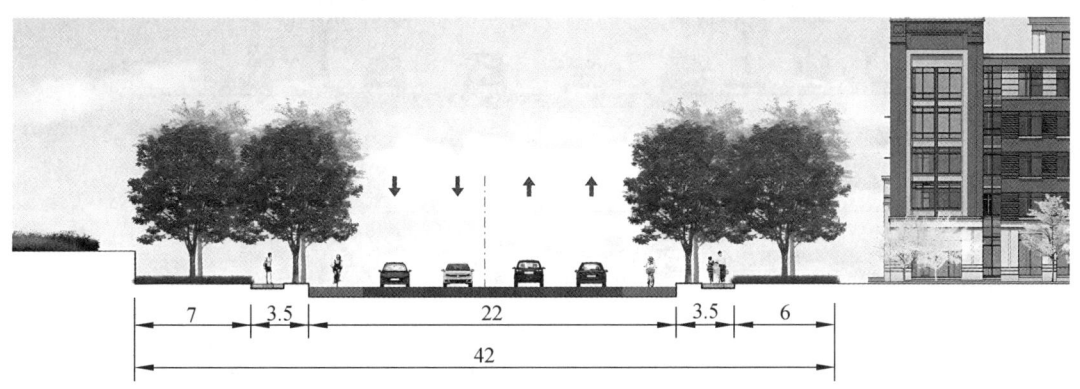

图 8.2-4　碟子湖大道现状断面图

3. 皇姑路/海河路

皇姑路/海河路等级为次干路，是经开区与凤凰洲的重要的联系通道，主要承担凤凰洲、经开区之间的交通联系。皇姑路/海河路红线宽度 30 m，主要为双向四车道断面，具体布设形式为 5 m（人行道）+20 m（机非车道）+5 m。

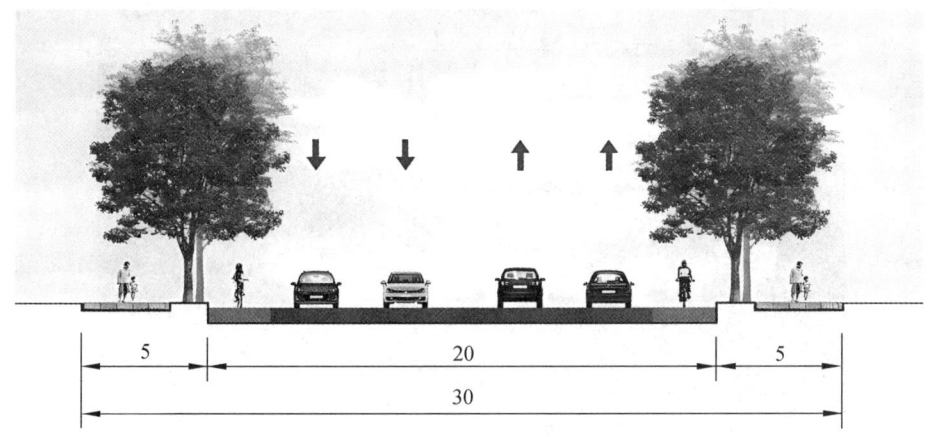

图 8.2-5　皇姑路/海河路现状断面图

4. 经开大道（双港大道以南）

经开大道等级为主干路，是经开区南北向重要的交通走廊。经开大道（双港大道以南）红线宽度 30 m，主要为双向四车道断面，具体布设形式为 7 m（人行道）+16 m（机非车道）+7 m（人行道）。

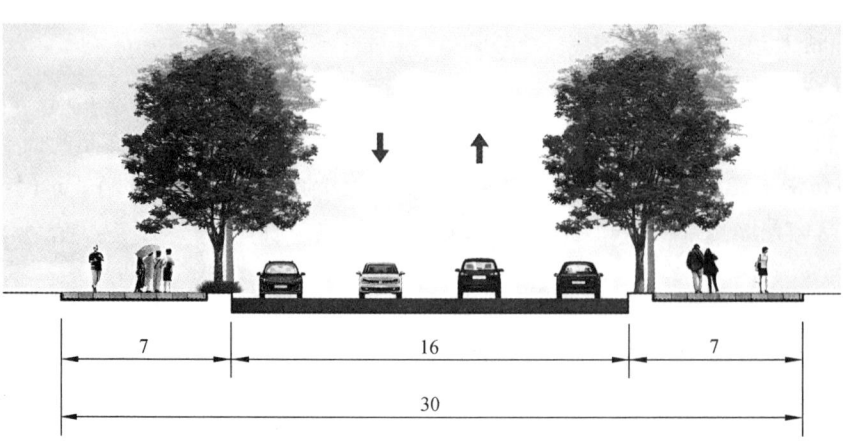

图 8.2-6　经开大道（双港大道以南）现状断面图

5. 赣江北大道（海河路以北段）

现状赣江北大道在研究范围内的定位为城市次干路，北端与经开大道连接，向南与赣江中大道连接，规划衔接海河路、赣江大道和黄河路，是红谷滩重要的集散干道。赣江北大道现状路宽30 m，一块板断面，双向四车道。穿铁路段涵洞已按照规划断面实施完工，为双向六车道，总宽31 m，原涵洞在施工中进行了加固处理，宽度由原来的 7 m 变成了 5 m，成为机动车及行人通道。

图 8.2-7　赣江北大道（海河路以北）断面图

8.2.2　现状用地分析

丰和大道—黄河路节点是连接凤凰洲和经开区的重要节点，是凤凰洲上下北一环的快速转换节点，现状节点西南侧为凤凰花园西区，建设开发完备；节点东南侧为凤凰花园东区和凤凰学校，早晚高峰上下学需求较高；节点北侧由于受京九铁路横穿的影响，仅铁路南侧布设有部分居住小区，铁路北侧为未开发用地。

图 8.2-8 节点周边现状用地图

丰和大道—北一环立交位于凤凰洲北部三角地区,西侧为乌沙河和孔目湖,东侧为赣江;孔目湖两侧存在绿地,乌沙河东侧有防汛堤,与赣江连接处设置有闸门。现状立交西南象限为南昌红谷滩污水处理厂,正处于二期扩建中,污水处理厂与防洪堤之间有 40 m 宽度的绿化防护带;立交东北象限是红谷滩奥林匹克足球公园和凤凰洲体育公园;立交东南侧居住、商业用地出让于南昌华夏艺术谷公司,现状尚未开发;立交西北象限土地属于南昌市土地储备中心,尚未出让。

图 8.2-9 凤凰洲片区用地出让图

8.2.3 现状管线分析

现状丰和大道东侧布设有一根 10 kV 电力电缆、一根雨水管、一根污水管、一根配水管和一根路灯电缆，西侧布设有一根弱电电缆、一根雨水管、一根污水管、一根配水管、一根供水管、一根燃气管和一根路灯电缆。

现状黄河路南侧布设有一根 10 kV 电力电缆、一根污水管、一根配水管和一根路灯电缆；北侧布设有一根供水管、一根弱电电缆、一根燃气管、一根雨水管和一根路灯电缆。

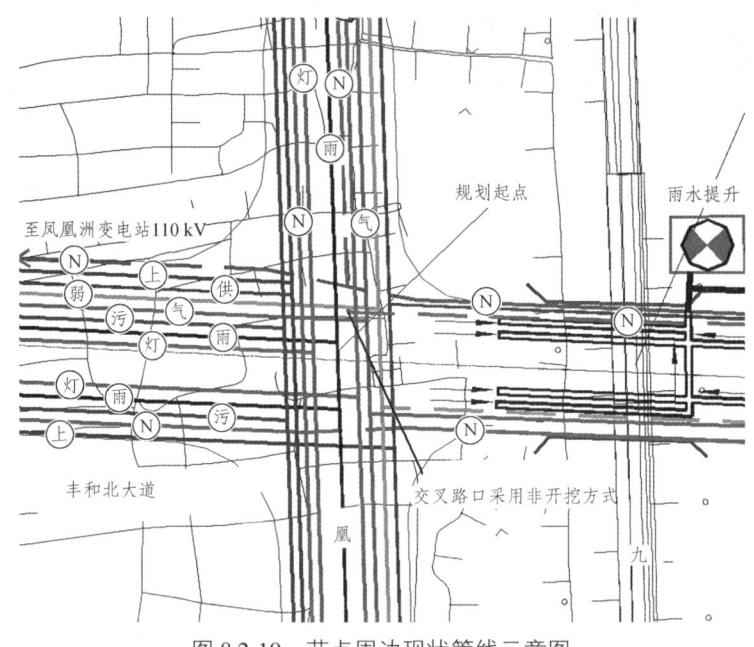

图 8.2-10　节点周边现状管线示意图

8.2.4 现状交通运行情况分析

1. 区域对外交通运行情况

一环中心组团通道的运行情况：经开区与凤凰洲片区处于南昌市一环北部通道，经核查线调查得知，进出一环中心组团北部通道核查线的小客车日均交通量约为 13.96 万辆，其中进入中心城区的日均交通量为 6.9 万辆，出中心城区的日均交通量为 7.1 万辆。

表 8.2-2　一环中心组团对外交通量

编号	通道	全天车流量/pcu		
		入中心区	出中心区	合计
B1	一环中心组团北部通道	69 009	70 629	139 638
B2	一环中心组团东部通道	186 909	189 401	376 310
B3	一环中心组团南部通道	277 899	267 054	544 953
B4	一环中心组团西部通道	134 532	130 575	265 107
总计		668 349	657 659	1 326 008

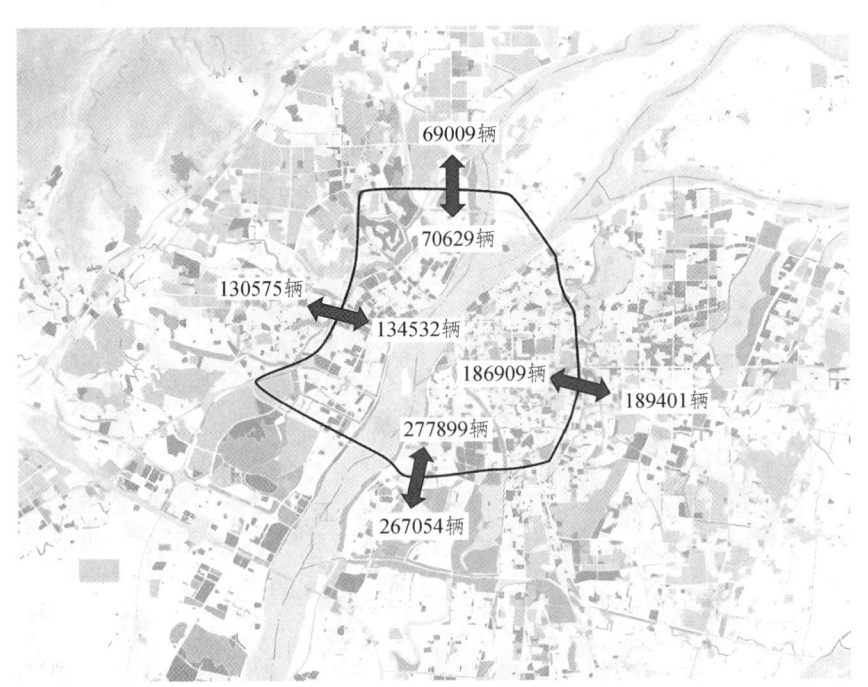

图 8.2-11 一环内外组团小客车交通量

2. 片区衔接交通运行情况

目前衔接经开区与凤凰洲片区的主要道路较为拥堵且不均衡。丰和大道为主要通道，交通运行状态属于中度拥堵，其中，黄河路—丰和大道北进口、丰和北大道立交匝道中度拥堵，但皇姑路、赣江大道、碟子湖大道车少，利用率较低。

表 8.2-3 通道运行情况

道路名称	等级	高峰小时流量/（pcu/h）	饱和度（V/C）
皇姑路—海河路	普通主干路	530	0.2（畅通）
经开大道—赣江北大道	普通主干路	1 200	0.25（畅通）
港口大道—丰和大道	快速路—干线性主干道	4 700	0.85（拥堵）
碟子湖大道	普通主干路	400	0.15（畅通）

现状丰和北大道北往南方向最为拥堵，高峰小时流量达到 2 923 pcu/h，饱和度已达 0.97，通行较为缓慢，南往北方向饱和度约 0.6，运行情况尚可；黄河路西往东、东往西流量分别为 632 pcu/h 和 865 pcu/h，饱和度分别为 0.35、0.48，运行情况良好；皇姑路西往东、东往西流量分别为 437 pcu/h 和 150 pcu/h，饱和度分别为 0.22、0.1，运行情况良好；赣江北大道南往北、北往南流量分别为 756 pcu/h 和 426 pcu/h，饱和度分别为 0.25、0.15，运行情况良好。

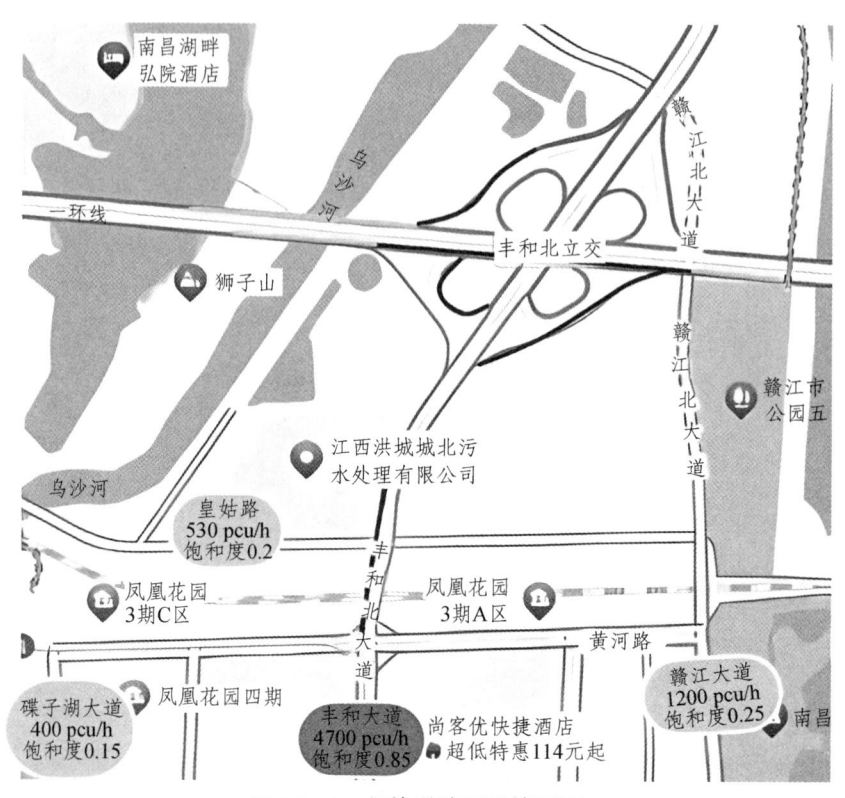

图 8.2-12 衔接道路运行情况图

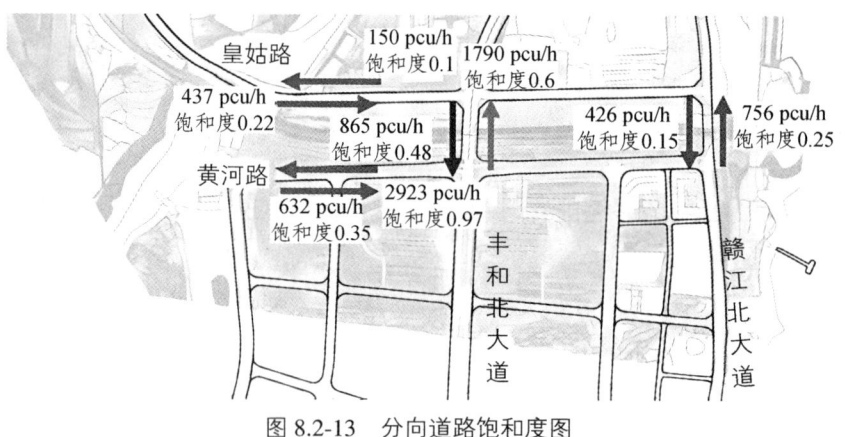

图 8.2-13 分向道路饱和度图

3. 主要节点交通运行情况

（1）早高峰：现状早高峰时丰和大道—黄河路节点交通流量为 5 190 pcu/h，其中南北向交通为主要流向，通行压力加大。具体各进出口流量如下所示：北进口交通流量为 2 601 pcu/h，南进口交通流量为 953 pcu/h，西进口交通流量为 952 pcu/h，东进口交通流量为 685 pcu/h。

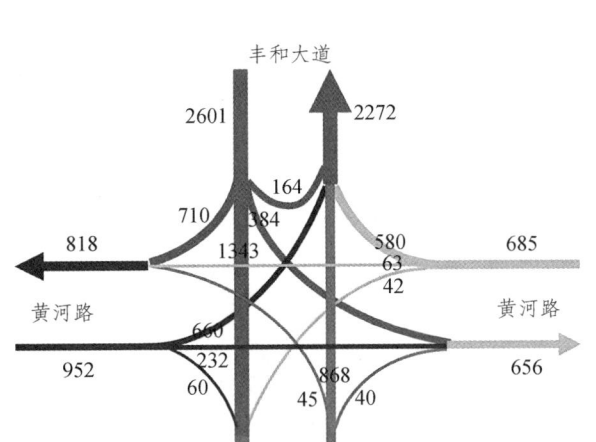

图 8.2-14　早高峰交通流量图

（2）晚高峰：现状晚高峰时丰和大道—黄河路节点交通流量为 4 926 pcu/h，其中南北向交通为主要流向，通行压力加大。具体各进出口流量如下：北进口交通流量为 2 923 pcu/h，南进口交通流量为 613 pcu/h，西进口交通流量为 632 pcu/h，东进口交通流量为 714 pcu/h。

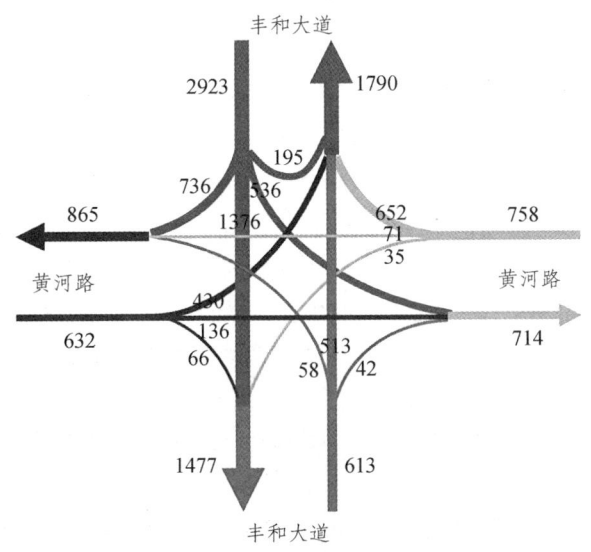

图 8.2-15　晚高峰交通流量图

4．节点堵因分析

（1）受山湖和重大基础设施影响，通道间距过大，交通运行绕行距离较长，交通量集中于丰和大道。

通过运用大数据手段，对通过交通压力最大的丰和大道断面的车流量进行溯源分析，可知从北至南的车流中有 51%来自港口大道、40%来自英雄大桥、9%来自北一环西侧，均为快速路。由于中间缺少衔接通道，所有交通压力均集中于丰和大道。

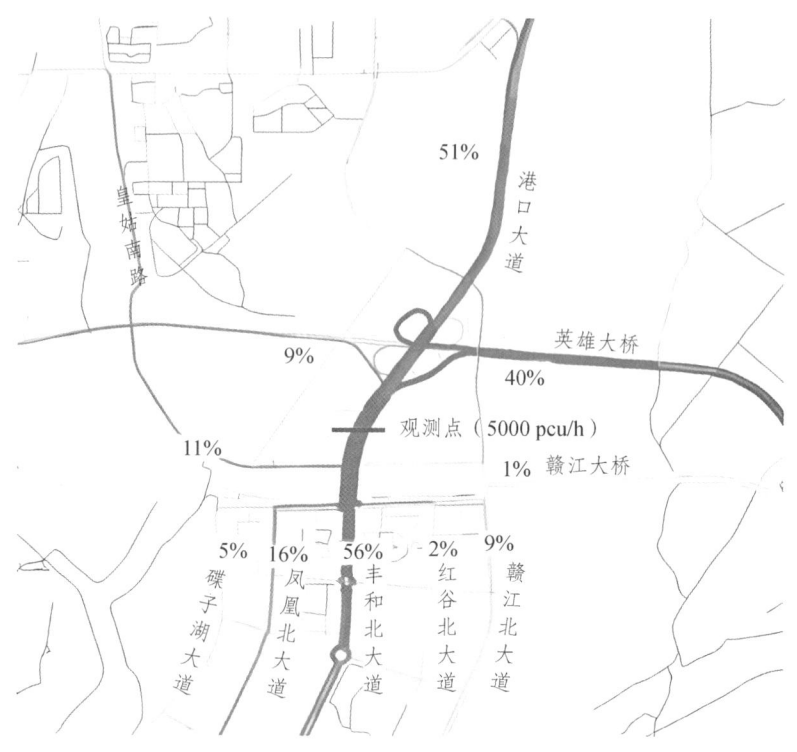

图 8.2-16　丰和大道断面车流来向和去向分布比例

从南至北的车流中，56%来自丰和大道、16%来自凤凰北大道，仅有9%来自赣江北大道、5%来自碟子湖大道。

（2）受重要交通设施、山湖等限制，南北向通道有限。

受重要交通设施（京九铁路、丰和立交）、大型地块（华东交大、保利高尔夫小区）和山湖影响，现状红谷滩与经开区方向（南向北）联系通道较数量为有限，区域开发密度低，集散交通较少，以中长距离交通转换需求为主，现状仅丰和大道承接北部快速路疏解。

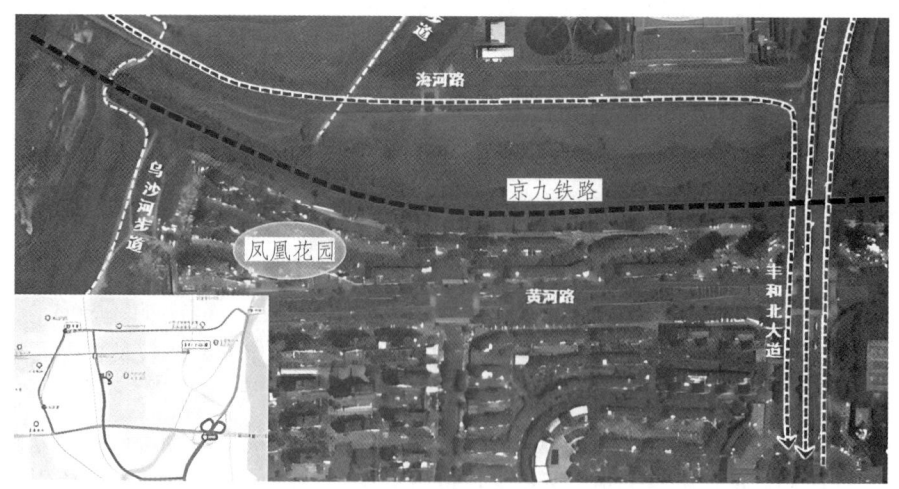

图 8.2-17　范围内缺少南向北通道，绕行距离达到 3 km

（3）受铁路涵洞限制，北进口拓宽空间受限。

丰和大道—黄河路交叉口受铁路涵洞限制（双6+慢行），北进口排队空间受限，且皇姑路掉头北上快速路车流与北往南直行车流交织，导致北进口成为拥堵最严重的地方。

（4）黄河路节点渠化不足，路口潜力未进一步挖掘。

城市道路的平面交叉口既是一个城市交通网络中的节点，也是城市交通的瓶颈所在，交叉口的信号配时、设计以及渠化是否合理，都能够直接影响到城市道路网的整个通行能力。

目前该节点断面瓶颈、秩序混乱、行车流线不畅，原因如下：

① 受现状铁路涵洞限制，路口路段车道不匹配（北进口直行车道仅有两个，与路段不匹配），导致北往南交通拥堵严重，且皇姑路汇入车辆难以进入左转掉头车道，对交通效率、交通安全、出行体验影响较大。

② 路口交通流线不畅，北侧三角渠化岛设置不合理，南北直行车流不顺直，影响直行通行效率。

③ 部分掉头车道设置不合理，未进行展宽，未增加加减速车道，且位置有待优化。

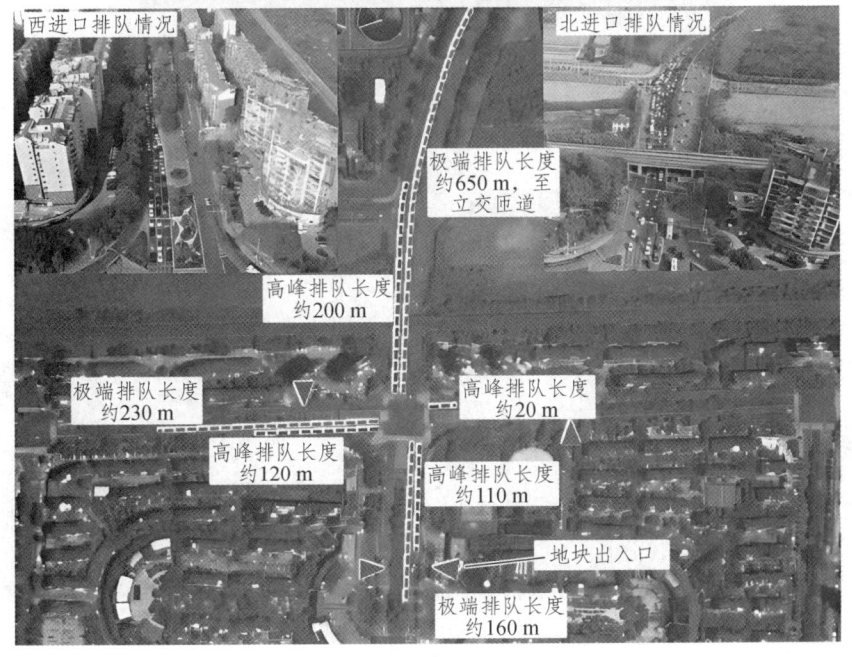

图 8.2-18　丰和大道—黄河路节点南北向排队较长

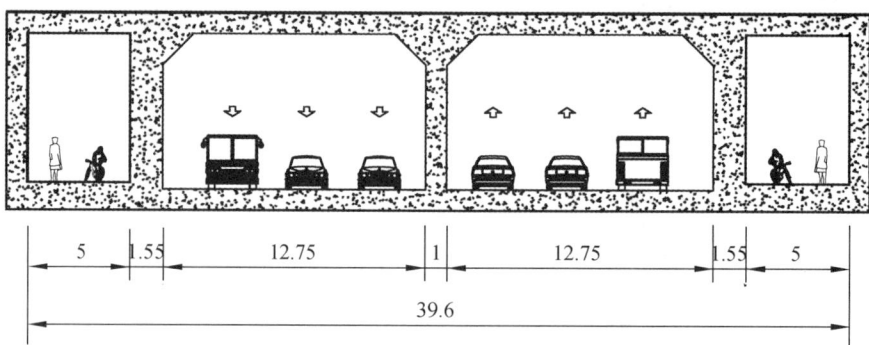

图 8.2-19　下穿京九铁路涵洞断面图

图 8.2-20　黄河路路口问题示意图

8.3 规划思路及方案

8.3.1 规划原则及思路

1. 规划原则

（1）与道路功能定位和总体规划相结合的原则。

满足干线路网规划、轨道网络规划、公交规划等交通规划对本通道的功能要求，充分发挥其在路网中所承担的功能。

（2）可实施、可操作的原则。

结合道路交叉口现状、周边土地利用现状及规划、地形、地貌及现状建筑物情况，合理确定工程改造实施方案，减少周边拆迁量。

（3）与其他重大项目相协调的原则。

规划方案设计时应充分考虑与周边重大项目之间的相互关系及影响，处理好与这些项目的衔接与转换关系，全局统筹，寻求整体效益最大化。

（4）安全性、经济性原则。

合理确定改造方案，在保障项目安全及功能的前提下，减少对现状城市基础设施的破坏，注重对现有设施的利用，避免造成浪费，尽量节省工程投资。

8.3.2 规划思路

（1）节点精细渠化，从"粗放"到"精细"，深度挖掘设施能力。

① 持续推进"短平快"挖潜，可采取进出口道拓宽、增设行人二次过街等待区、非机动车待行区及过街设施、缩小路口范围、增加左转待转区等手段，提升路口通行能力。

② 对路口及过街设施采用零高差设计，全面提升行人通行体验，并体现对弱势群体的人文关怀。

（2）信号配时优化，从"经验"到"数据"，结合交通流量数据完善信号配时。

利用交通调查数据和交警交通监测数据对黄河路—丰和大道交叉口进行分时段、分方向的交通流量分析，制定分时段控制策略，提升交叉口运行效率。

（3）交通组织优化，从"节点"到"网络"，网络层面缓解节点拥堵。

坚持问题导向，通过对区域现状用地布局情况及道路网体系的调查分析，研究是否新增南北向区域连接通道，增加道路网设施供给，缓解南北向交通压力。

8.3.3 方案一：黄河路节点精细渠化

1. 措施一：路口挖潜

在避免大拆大建的原则下，结合拥堵情况增加车道数。其中北侧拓宽1直行、1左转和1个出口车道；南侧拓宽1个左转车道和1个出口道；西侧拓宽1个左转车道。渠化后各进口道通行能力均大幅增加。

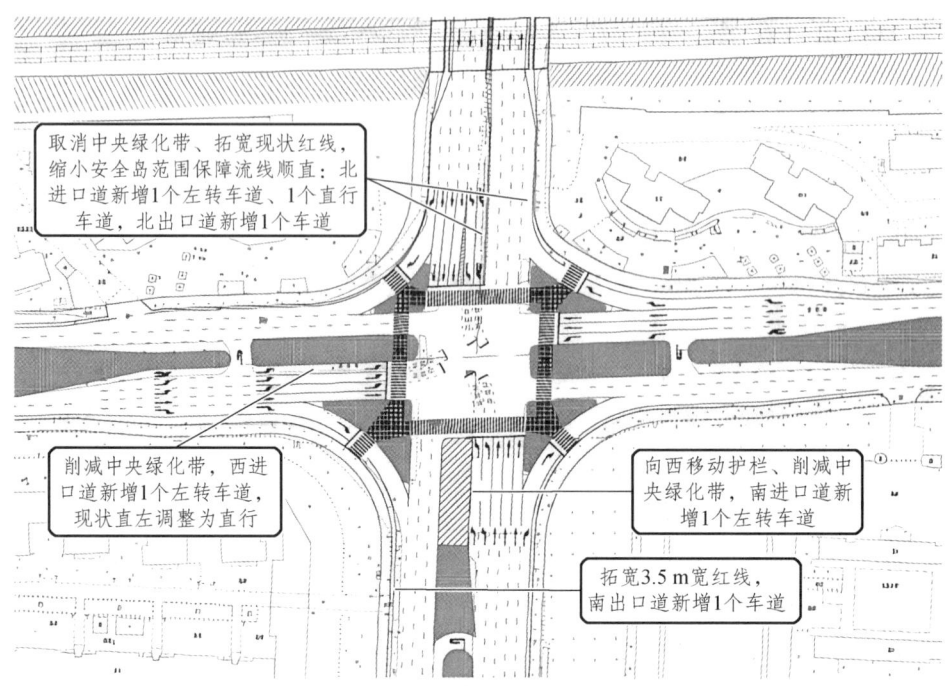

图 8.3-1　路口车道拓宽方案图

结合各进口道排队情况及道路两侧地块开口情况，优化掉头车道位置。西进口、东进口局部削减绿化带，新增掉头加速车道；南进口掉头位置由距停止线 35 m 调整至 70 m，并局部削减绿化带新增掉头加速车道，调整后南口加减速车道渠化长度由 45 m+80 m 增加至 50 m+110 m。

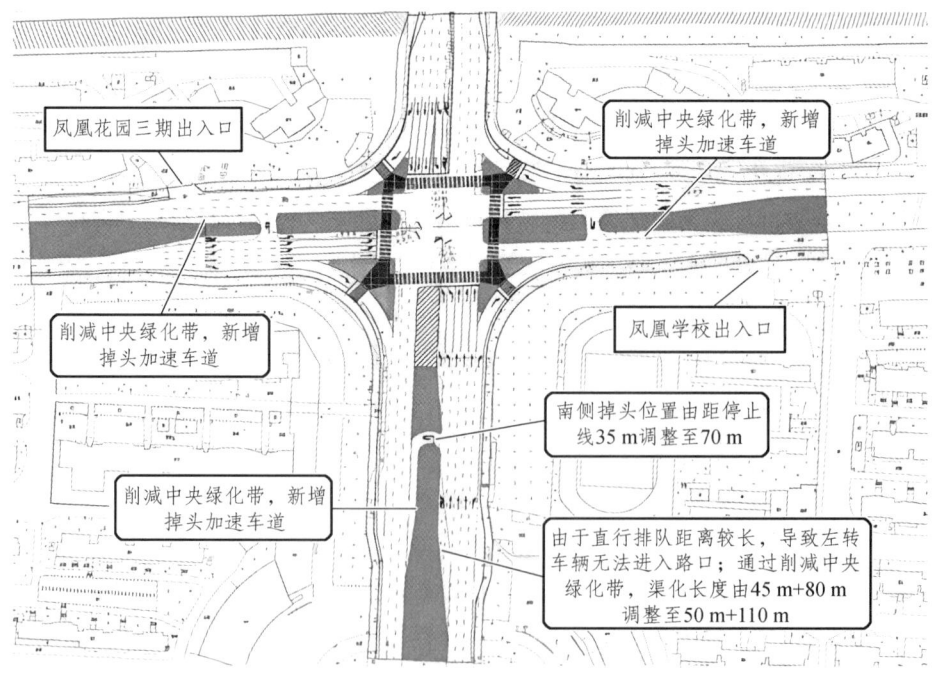

图 8.3-2　优化掉头车道

2. 措施二：结合渠化措施，优化信号配时

采取"一个信号周期内，北进口放行二次"的方法，提高北进口绿灯利用率，提高北进口绿信比，北进口通行能力提升 30%～50%，交叉口通行能力提升 10%～18%。

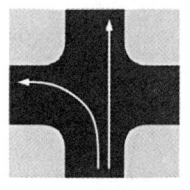 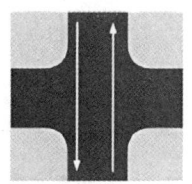 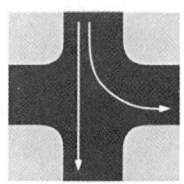 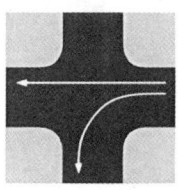 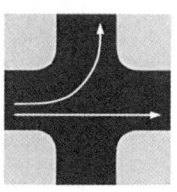

第1相位：19 s　　第2相位：41 s　　第3相位：63 s　　第4相位：24 s　　第5相位：46 s

图 8.3-3　丰和大道-黄河路交叉口现状配时情况

（1）优化前：信号周期 193 s，北往南直行绿信比 52%，北往东左转绿信比 31%。

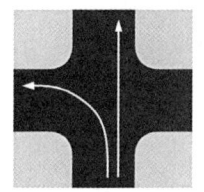 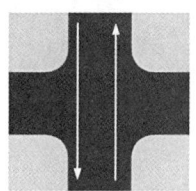 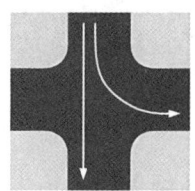 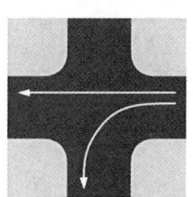 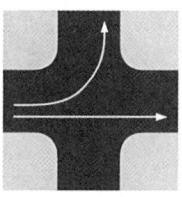

第1相位：16 s　　第2相位：44 s　　第3相位：73 s　　第4相位：24 s　　第5相位：36 s

图 8.3-4　优化后的配时方案

（2）优化后：信号周期 193 s，北往南直行绿信比 57%，北往东左转绿信比 36%。

（3）方案评估：根据仿真模拟方案运行情况，重点对排队长度进行评价，分析得知北进口、西进口改善较明显，排队长度缩减 20～30 m。近期通过交叉口挖潜，优化掉头等措施，可提升交叉口通行能力 10%～18%，建安费约 130 万。

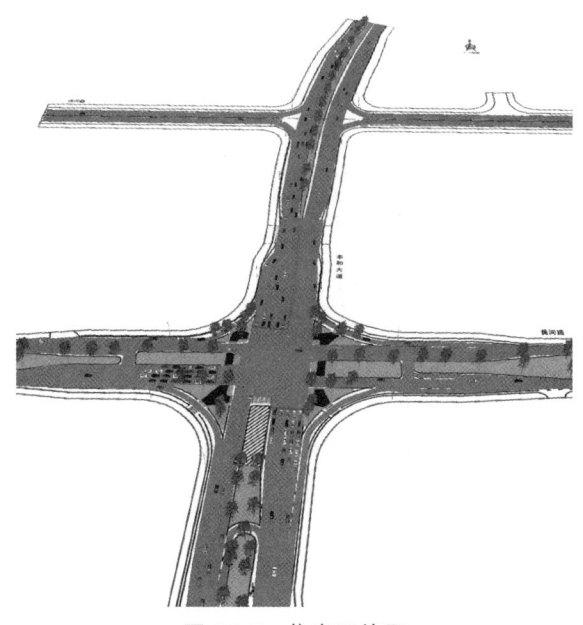

图 8.3-5　仿真评估图

图 8.3-6　改善后各方向排队示意图

8.3.4　方案二：调整皇姑路交通组织

在方案一的基础上，调整皇姑路与丰和北大道节点的交通组织，实现皇姑路与快速路的衔接，避免皇姑路车流在黄河路口调头与丰和大道直行车流交织。

关键问题：① 黄河路节点避免诱增新的交通流，尤其是铁路涵洞瓶颈断面；② 两交叉口距离 180 m，采用信号联控，避免车流倒灌。

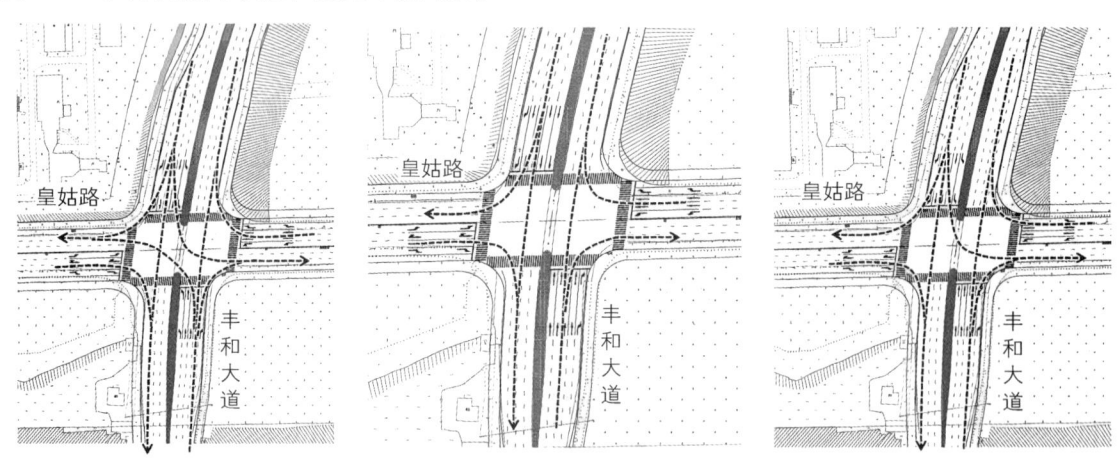

方案一（全方向转换）　　　　方案二（南北禁左）　　　　方案三（南进口禁左）

图 8.3-7　皇姑路-丰和大道交通组织方案比选

两交叉口采用信号联控，通过仿真模拟各个方案运行情况，重点对排队进行评价。

（1）方案一（全方向转换）评估：两交叉口同信号方案，北往南绿波控制，皇姑路北进口高峰期平均排队距离 222 m，南进口排队 195 m（有回堵风险），黄河路节点北进口基本无排队。

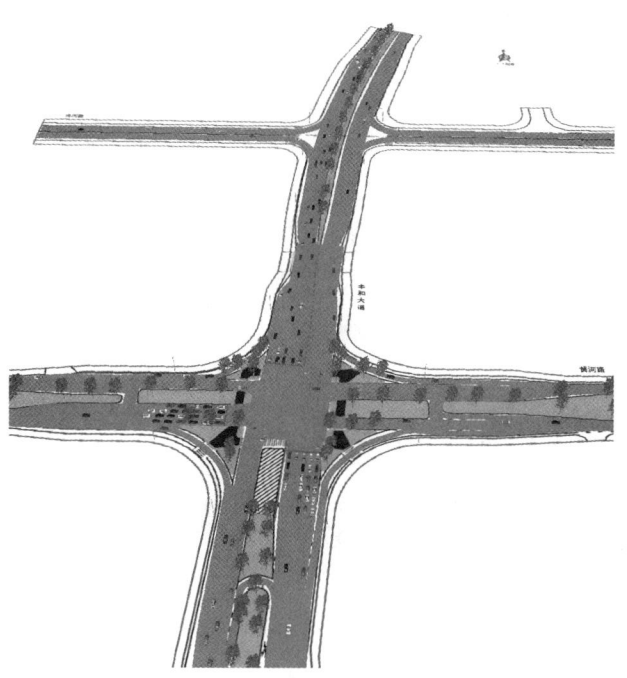

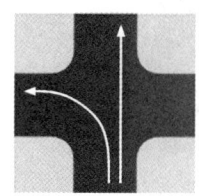 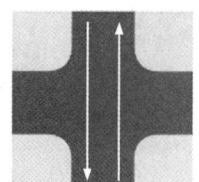 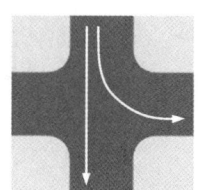 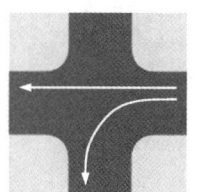 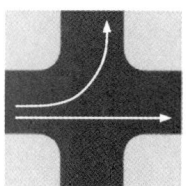

第1相位：16 s　　第2相位：96 s　　第3相位：29 s　　第4相位：25 s　　第5相位：34 s

图 8.3-8　比选方案一仿真模型评估

表 8.3-1　方案一评价指标

时间/s	皇姑路节点南进口			黄河路节点北进口			黄河路节点南进口			皇姑路节点北进口		
	平均排队长度/m	最大排队长度/m	停车次数	平均排队长度/m	最大排队长度/m	停车次数	平均排队长度/m	最大排队长度/m	停车次数	平均排队长度/m	最大排队长度/m	停车次数
200	47	169	47	3	18	4	49	90	28	19	108	40
400	68	195	41	3	17	2	30	102	31	88	221	109
600	44	150	44	1	11	3	18	71	12	157	223	160
800	26	153	15	2	11	2	6	41	12	93	224	34

（2）方案二（南北禁左）评估：信号周期均 200 s，受左转车流交织干扰，黄河路节点北进口高峰期平均排队距离达 225 m，易造成回堵。

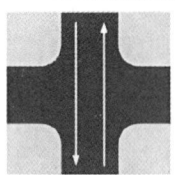 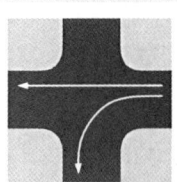 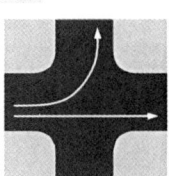 皇姑路

第1相位：141 s　　　第2相位：25 s　　　第3相位：34 s

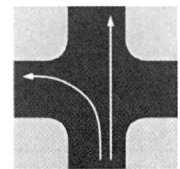 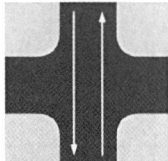 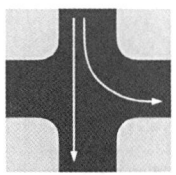 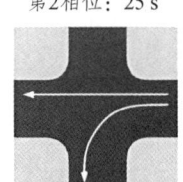 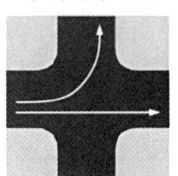 黄河路

第1相位：16 s　　第2相位：76 s　　第3相位：49 s　　第4相位：25 s　　第5相位：34 s

图 8.3-9　比选方案二仿真模型评估

表 8.3-2　方案二评价指标

时间/s	皇姑路节点南进口			黄河路节点北进口			黄河路节点南进口			皇姑路节点北进口		
	平均排队长度/m	最大排队长度/m	停车次数	平均排队长度/m	最大排队长度/m	停车次数	平均排队长度/m	最大排队长度/m	停车次数	平均排队长度/m	最大排队长度/m	停车次数
200	34	132	50	1	11	2	53	90	31	138	224	95
400	41	219	46	21	159	35	27	90	21	144	223	165
600	8	68	28	222	247	259	18	71	15	186	226	200
800	9	74	30	225	241	283	19	58	18	194	224	235

方案三（南进口禁左）评估：信号周期均 200 s，皇姑路节点南进口平均排队距离达 175 m，运行情况相对较好，但仍存在回堵风险。

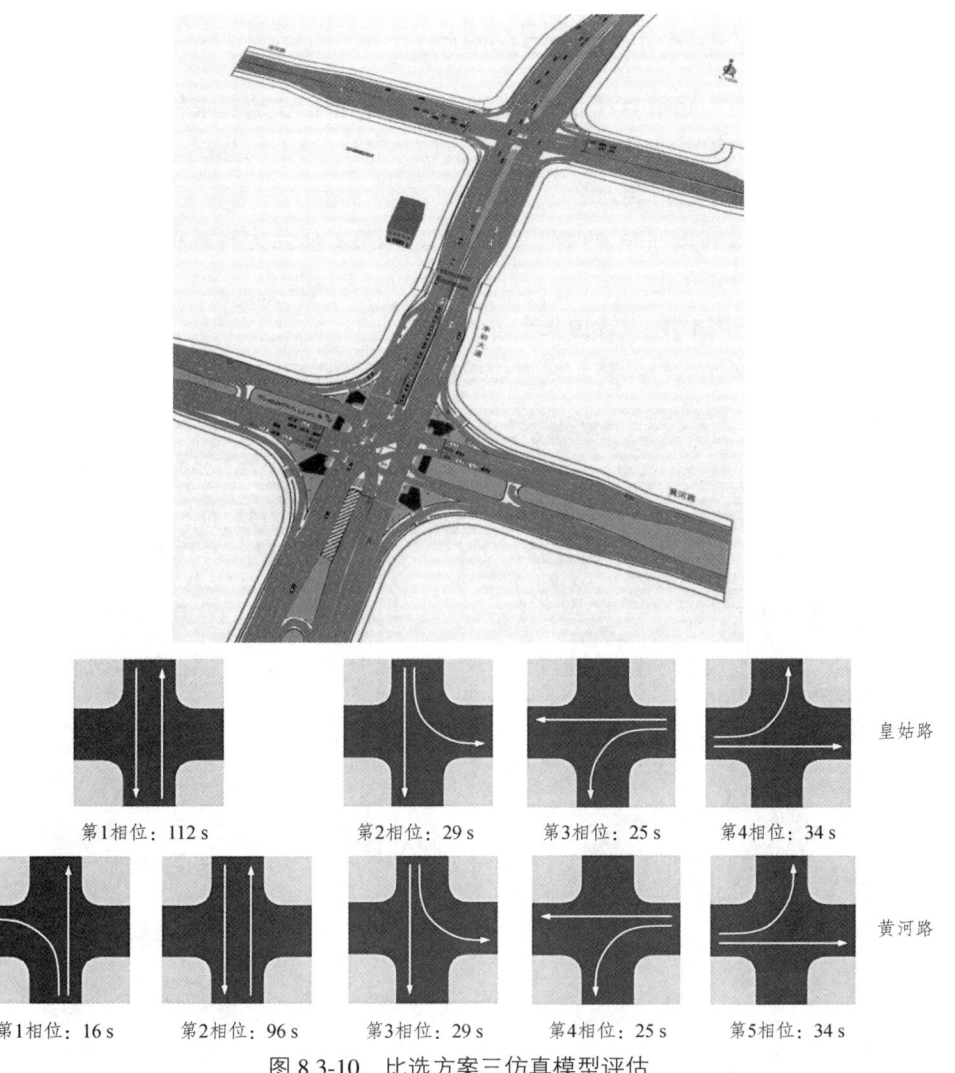

皇姑路
第1相位：112 s　第2相位：29 s　第3相位：25 s　第4相位：34 s

黄河路
第1相位：16 s　第2相位：96 s　第3相位：29 s　第4相位：25 s　第5相位：34 s

图 8.3-10　比选方案三仿真模型评估

表 8.3-3　方案三评价指标

时间/s	皇姑路节点南进口			黄河路节点北进口			黄河路节点南进口			皇姑路节点北进口		
	平均排队长度/m	最大排队长度/m	停车次数	平均排队长度/m	最大排队长度/m	停车次数	平均排队长度/m	最大排队长度/m	停车次数	平均排队长度/m	最大排队长度/m	停车次数
200	47	169	47	3	18	4	49	90	28	19	108	40
400	58	175	41	3	17	2	30	102	31	88	221	109
600	44	150	44	1	11	3	18	71	12	157	223	160
800	26	153	15	2	11	2	6	41	12	93	224	34

结论：两交叉口南北方向采用绿波虽可提升运行效率，但黄河路与皇姑路距离过近（不足 200 m），且为下穿京九铁路瓶颈路段，仍存在回堵风险，建议慎重考虑采用本方案。

8.3.5 方案三：调整黄河路节点交通组织

由于丰和北大道与黄河路节点和北侧立交距离有限，根据交通需求特征，建议优化丰和北大道和黄河路节点的交通组织，调整黄河路为右进右出，同时对沿线公交站进行调整，设置为港湾式公交站台，提升沿线整体通行能力。

（1）优化丰和北大道和黄河路节点的交通组织，调整黄河路为右进右出，丰和大道南北主线双向 6 车道，黄河路双向 4 车道。

（2）东、南、西三侧均优化设置掉头车道。

（3）同时对沿线公交站进行调整，设置为港湾式公交站台。

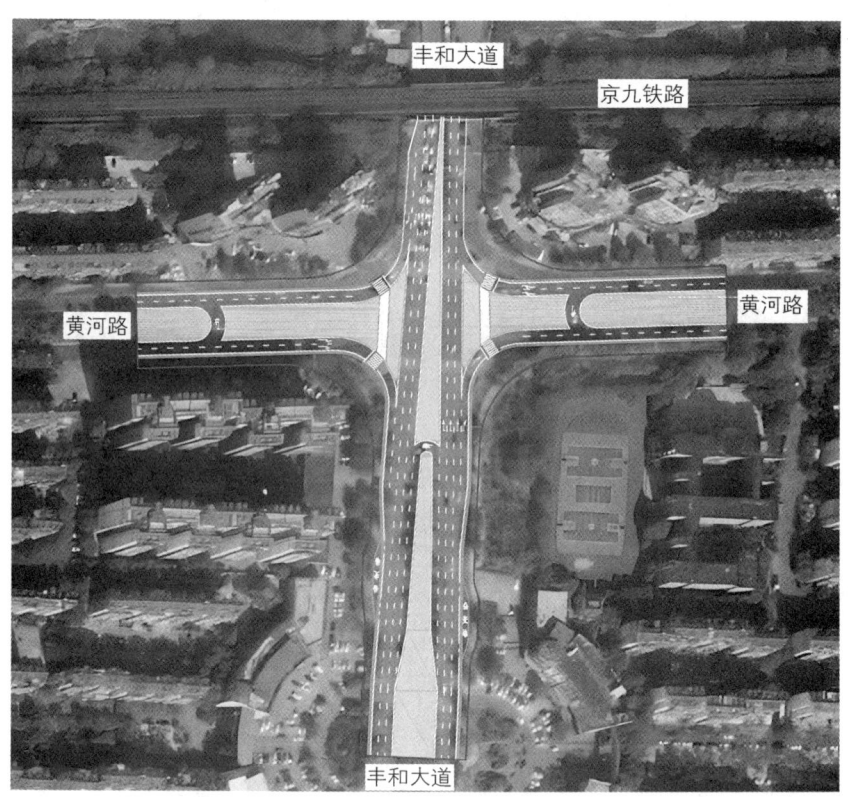

图 8.3-11 节点改造方案示意图

需同步对与黄河路节点南侧相距 370 m 的长江路口进行提升改造升级，并将现有长江路双向 2 车道拓宽为双向 4 车道，以提高快速路疏解能力。其间主要存在以下问题：

（1）根据既有道路条件，黄河路为双向 4 车道，既有道路疏解能力较强；长江路为双向 2 车道，且沿线为密集商业，道路拓宽对沿线影响较大。

（2）长江路口设置有现状的轨道 1 号线长江路站，路中设置有风井，路侧有 3 处地铁出入口，经核实北进口不具备拓宽条件。

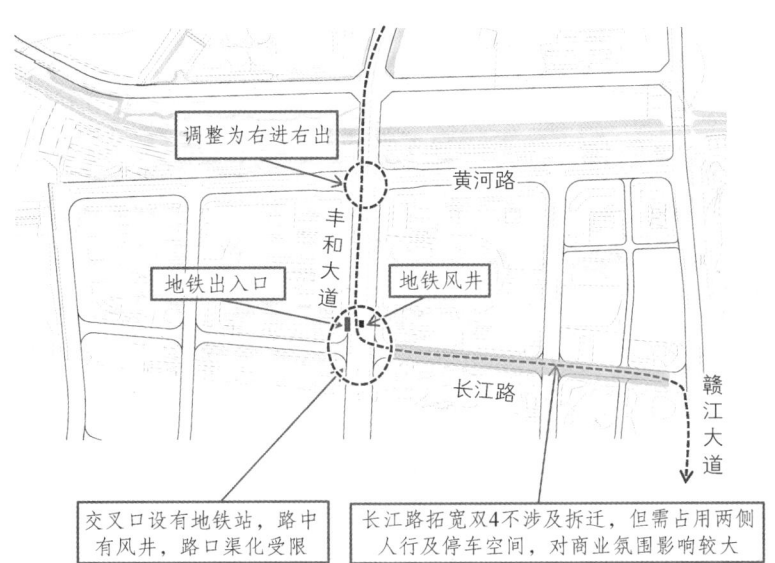

长江路现状断面

长江路沿线建筑

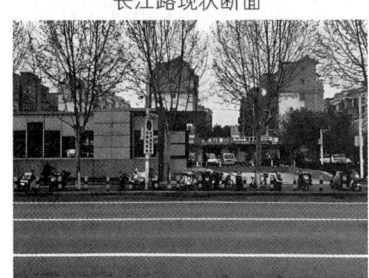
长江路–丰和大道交叉口地铁出入口

长江路地铁风井

图 8.3-12　长江路沿线情况示意图

8.4 结 论

凤凰洲片区为开发成熟区域,且随着赣江大道上下港口大道匝道的建设,黄河路节点近期交通需求增长有限,此节通过对三个节点改造方案的综合对比,推荐采用方案一,通过该方案中精细化的节点渠化措施可满足近期区域交通发展需求。

模块 9　春台路道路交通详细设计案例

9.1 项目概述

9.1.1 项目背景

本项目位于南昌市望城地区西南部，北临经济技术开发区，东接红角洲区，南靠望城工业区，西接湾里区，是望城地区"一城两组团"中的重要组成部分。

春台路起点位于梅岭大道，由北向南经锦苑路，终点位于新建城，道路等级为城市次干路，道路设计总长约 935 m，路宽 30 m。一块板断面形式，机非混行，设计速度为 30 km/h。

9.1.2 研究范围及规划年限

1. 规划范围

本次规划道路为春台路，考虑近、远期工程衔接组织需求，确定本次工程的规划起点位于梅岭大道，终点顺接现状已修建春台路（原石岗路）段，规划长度约 935 m。

详细规划范围：道路及两侧延展 200 m 内开展详细道路工程方案研究，重点在于对道路工程本体进行道路交通详细规划。

规划研究范围：由春兰路、昌西大道、杭南长铁路、西外环高速围合的区域。

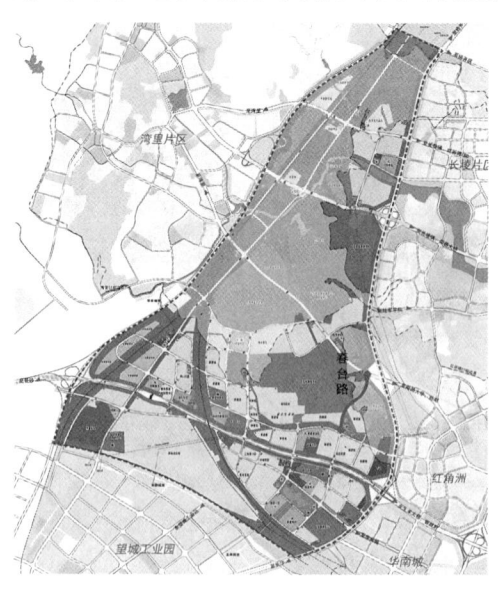

图 9.1-1　研究范围

重点在于分析春台路在区域路网中的功能定位、与其他等级道路的衔接关系、与周边路网优化协调组织，从而确定道路总平面、纵断面、横断面与相交道路交叉口情况，制定恰当的交通组织方式，布局合理的交通设施。

2. 规划年限

根据项目建设计划，结合城市国土空间总体规划，规划年限为 2023 年。

9.1.3 规划内容与依据

1. 规划内容

现状分析、规划分析、交通需求预测及功能定位、总体规划方案、详细方案设计、近期实施方案等规划内容如图 9.1-2 所示。

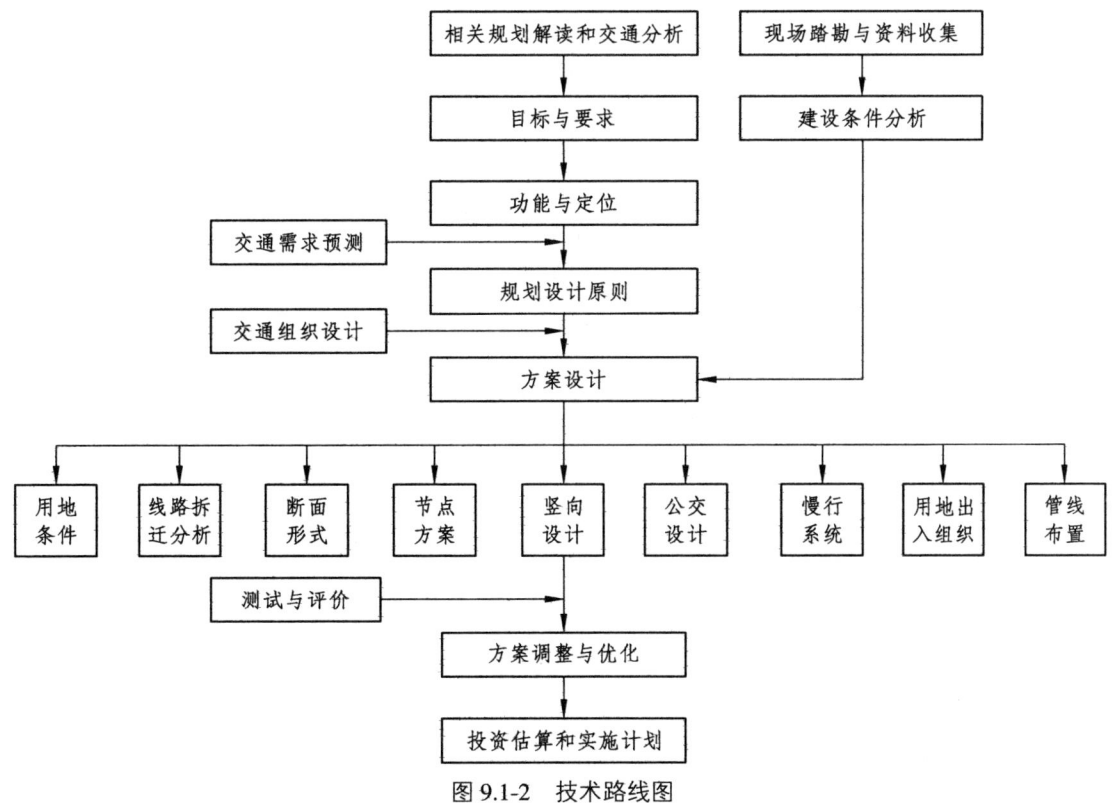

图 9.1-2　技术路线图

2. 规划依据

（1）设计规范及技术标准。

① 《城市综合交通体系规划标准》（GB/T 51328—2018）；

② 《城市道路工程设计规范（2016 年版）》（CJJ 37—2012）；

③ 《城市道路交叉口规划规范》（GB 50647—2011）；

④《城市道路交叉口设计规程》(CJJ 152—2010);

⑤《城市道路路线设计规范》(CJJ 193—2012);

⑥《城市道路路内停车位设置规范》(GA/T 850—2021);

⑦《城市道路公共交通站、场、厂工程设计规范》(CJJ/T 15—2011);

⑧《城市道路交通设施设计规范(2019版)》(GB 50688—2011);

⑨《城市道路交通标志和标线设置规范》(GB 51038—2015);

⑩《道路交通信号灯设置与安装规范》(GB 14886—2016);

⑪《城市工程管线综合规划规范》(GB 50289—2016);

⑫《城市居住区规划设计标准》(GB 50180—2018);

⑬《中华人民共和国道路交通安全法(2021版)》;

⑭《南昌市城市规划管理技术规定(2014版)》。

(2)参考资料。

① 相关城市街道设计导则;

②《南昌市城市道路设计导则》;

③《南昌市综合交通体系规划(2019—2035)》(在编);

④《南昌市国土空间总体规划(2021—2035)》(在编);

⑤《新建区综合交通体系规划(2018—2035)》;

⑥《南昌市望城新区控制性详细规划(修编)》;

⑦《南昌市第二轮城市轨道交通线网规划(2020—2035)》;

⑧《南昌市城市地下综合管廊规划》;

⑨《南昌市居民出行调查报告(2020年)》;

⑩《新建区望城地区控制性详细规划》;

⑪《春台路(梅岭大道至新建城)段现状测量图》;

⑫《南昌市新建区春台路》岩土工程勘察报告;

⑬ 现场踏勘资料。

9.2 现状分析

9.2.1 土地利用现状

1. 区域用地现状

南昌市西部组团分布有望城新区、九龙湖、新丰新城等不同城区板块,由于处于城市化建设阶段,开发进程不统一,尚有大量功能组团尚待开发。望城新区、新丰新城、新建望城工业园区等基本处于尚待推进大规模开发的进程。

图 9.2-1　城市西南部现状卫星图

2. 沿线现状地形

场地位于南昌市望城地区西南部，境内地形较复杂，主要以低山丘陵、农田庄稼为主，分布有较少的水塘，水塘有一定厚度的淤泥。

图 9.2-2　现状地形情况

9.2.2　道路交通现状情况

1. 区域路网现状情况

项目所在的城市西部的南昌绕城高速、枫生高速已建成贯通横向主干路包括南昌大道、梅岭大道，纵向包括双云路等城市跨片区联系的骨架道路。

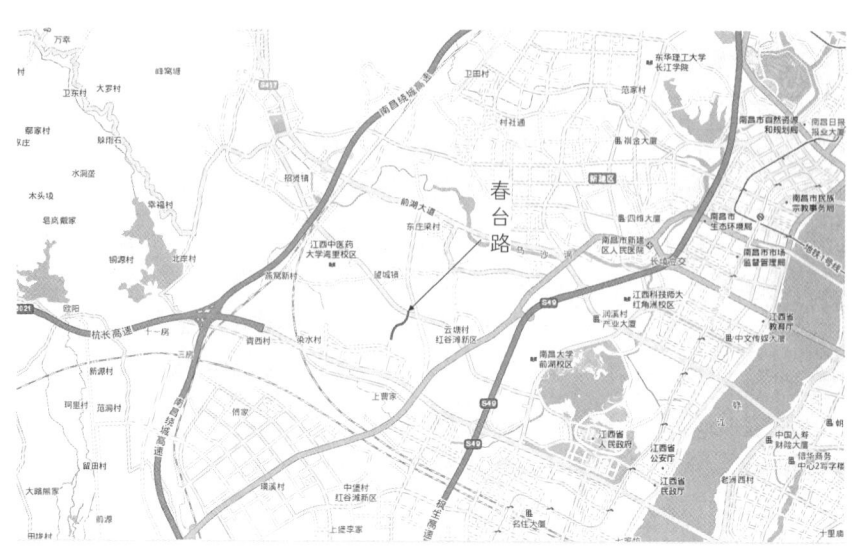

图 9.2-3　城市西南部现状路网

2. 项目道路现状

项目道路起点处（与梅岭大道相交）为双向 2 车道水泥路，终点为已建成的春台路，中部是一片小山坡林地与墓地，墓地出入口开设在现状旧路上，具体方位如图 9.2-4 所示。

图 9.2-4　通道建设情况

3. 沿线相交道路现状情况

梅岭大道为城市主干路，道路为东西走向，断面采用三块板形式，为双向 6 车道，现状交通量适中，满足道路通行需求。

图 9.2-5　沿线相交道路现状情况

锦苑路为城市支路，断面形式为单幅路，双向两车道。道路现状交通量较小，多为周边小区居民使用，锦苑路无非机动车道，交通组织为机动车、非机动车混合行驶。

4. 现状交通组织形式

现状春台路与梅岭大道和锦苑路相交。梅岭大道—春台路交叉口交通组织形式为平面 T 形无信号控制交叉口。锦苑路—春台路交叉口交通组织形式为平面 T 形无信号控制交叉口。

图 9.2-6　春台路与梅岭大道、锦苑路交叉口

5. 周边道路交通量调查

在本项目的交通影响范围内，选取部分重要道路进行交通量调查，项目周边各路段现状流量及负荷度见表 9.2-1。周边道路现状负荷度较低，交通运行流畅。

表 9.2-1　研究范围内现状主要道路流量（pcu/h）及负荷度表

序号	路名	方向	车道数（单向）	现状通行能力	流量	现状负荷度
1	梅岭大道	西—东	3	3 276	729	0.22
	梅岭大道	东—西			634	0.19
2	双云路	北—南	3	3 276	875	0.27
	双云路	南—北			818	0.25
3	敏学路	西—东	2	1 709	361	0.21
	敏学路	东—西			322	0.19

9.2.3 现状公交设施情况

目前有公交线路包括 881 长（短）班、886 路、146 路、170 路、522 路等，联系江西警察学院、豫章师范学院、新建城等方向，为规划片区与周边其他片区公交枢纽的连通和换乘提供了条件。

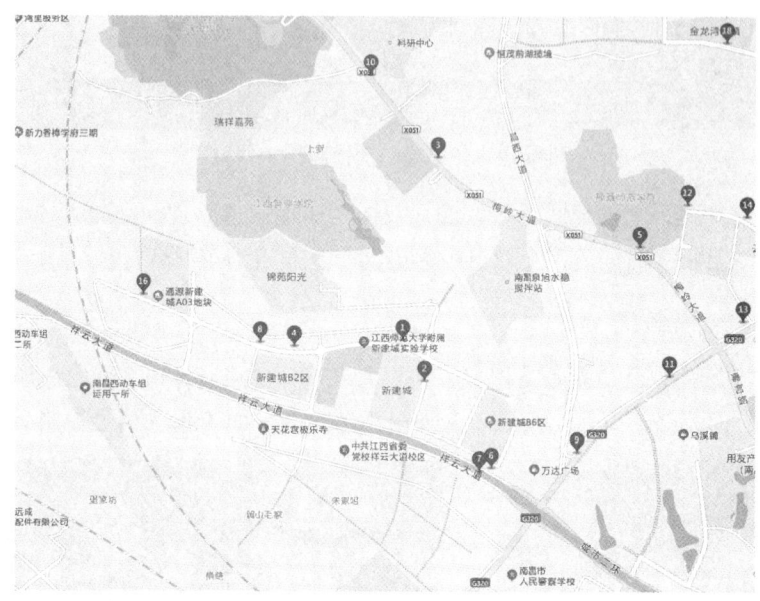

图 9.2-7　现状公交设施布局情况

9.2.4 现状交通运行特征

项目道路所在地基本处于待开发阶段，待春台路及周边规划道路等纵横道路整体形成，与沿线诸多横纵向骨架道路间均能转换，春台路承担的南北分流与转换功能效应将愈发凸显。

图 9.2-8　现状区域路网运行情况

9.2.5 场地条件及市政设施分析

1. 现状地形地貌

场地位于南昌市新建区长陵新城区的西南部，境内地形较复杂，主要以低山丘陵、农田庄稼为主，分布有较少的水塘，水塘有一定厚度淤泥，厚度约 0.5~2.7 m。地形总体一般，地表高程多在 35.81 m~73.42 m。场区地貌以剥蚀残丘和冲洪积沟谷为主。

图 9.2-9　项目沿线场地情况

2. 市政设施情况

规划区内有 3 座变电站，现有 1 条 500 kV 高压架空线、4 条 220 kV 高压架空线、4 条 110 kV 高压架空线。

规划区内现有高、中、低不同等级电力线，现状线路较为零乱，不符合规划区规划要求，影响了规划区的整体布局。

规划区现状线路比较混乱，架空线多，安全性较差，对城市景观也有较大影响。有些线路供电半径较大，电压质量难以保证。高压走廊走向不规整，对用地布局造成了较大影响。

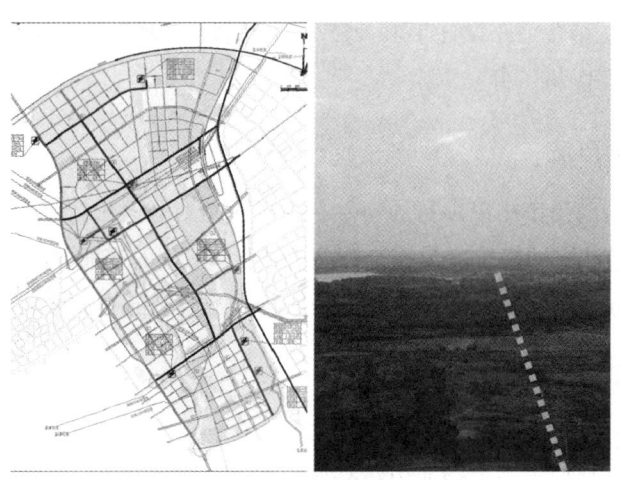

图 9.2-10　现状市政设施分布图

9.3 交通需求预测及功能定位

9.3.1 交通需求预测

1. 总体思路

（1）总体思路。

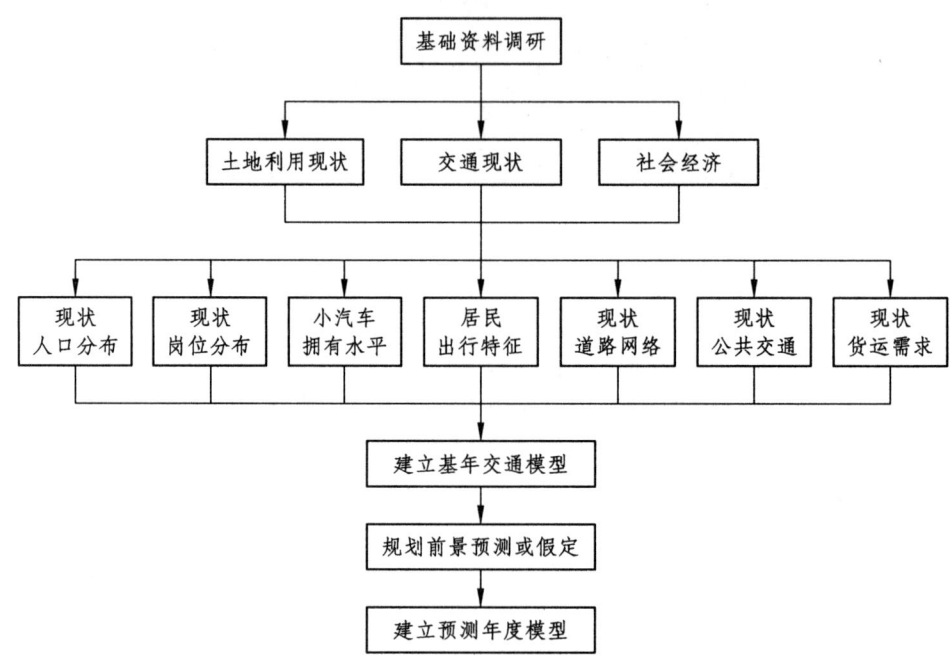

图 9.3-1　交通预测总体思路框图

（2）预测年限。

本次道路交通需求预测年限分为近期和远期。近期主要考虑道路建设完工投入使用初期，即 2023 年；远期规划年，结合道路设计年限（15 年）和新一轮国土空间总体规划年限情况，因而采用新一轮空间规划末年 2035 年。

9.3.2 交通预测方法

利用交通模型模拟南昌市居民出行的特性，主要包括对分区出行量、出行空间分布、出行方式划分以及道路的交通状况的模拟以及评价模型。用于本工程的交通预测模型主要包括网络模型、出行生成模型、出行分布模型、方式划分模型及出行分配模型五个方面的内容。

9.3.3 交通预测结果

（1）路段交通量

根据未来研究区域规划人口、就业岗位的增长情况及未来机动化出行率，得到区域交通发生量、吸引量及区域交通需求总体分布形态。在此基础上，依据未来区域公共交通（轨道、公交）分担率，运用交通模型计算出区域 2023 年、2035 年项目交通量如下图所示。

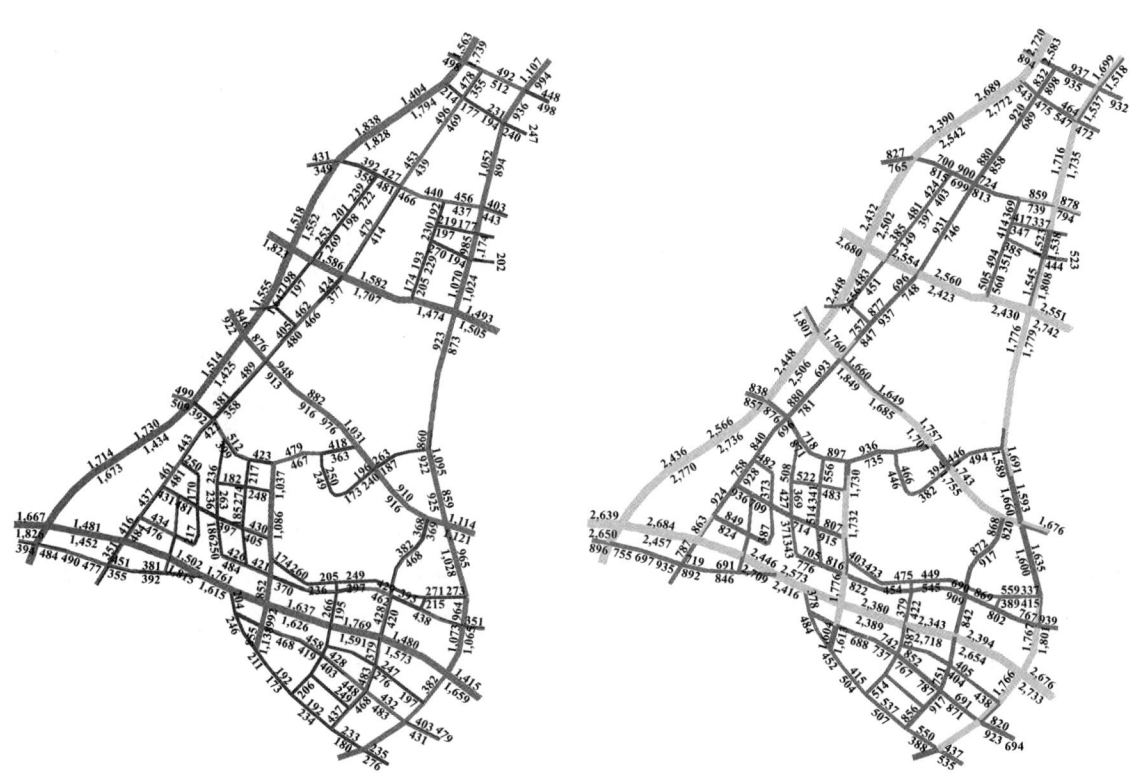

图 9.3-2　近期（左）与远期（右）交通量预测图

根据模型预测结果可知，春台路规划为次干路，道路建成通车后在 2023 年的饱和度可维持在 A 级服务水平，2035 年饱和度仍可维持在 B 级水平，详见表，由此可见，春台路（梅岭大道—新建城）段采用双向四车道标准是合适的。

表 9.3-1　春台路高峰流量预测结果

道路路段	单向最大交通量/（pcu/h）		单向设计通行能力/（pcu/h）	饱和度（V/C）/服务水平	
	2023 年	2035 年		2023 年	2035 年
梅岭大道—锦苑路	369	868	1 709	0.22/A 级	0.51/B 级
锦苑路—新建城	468	917		0.27/A 级	0.54/B 级

（2）主要节点交通量。

根据模型预测，按照控规，春台路沿线相交道路由北向南分别为梅岭大道和锦苑路。2023 年、2035 年各节点高峰小时交通量预测结果如图 9.3-5 所示。

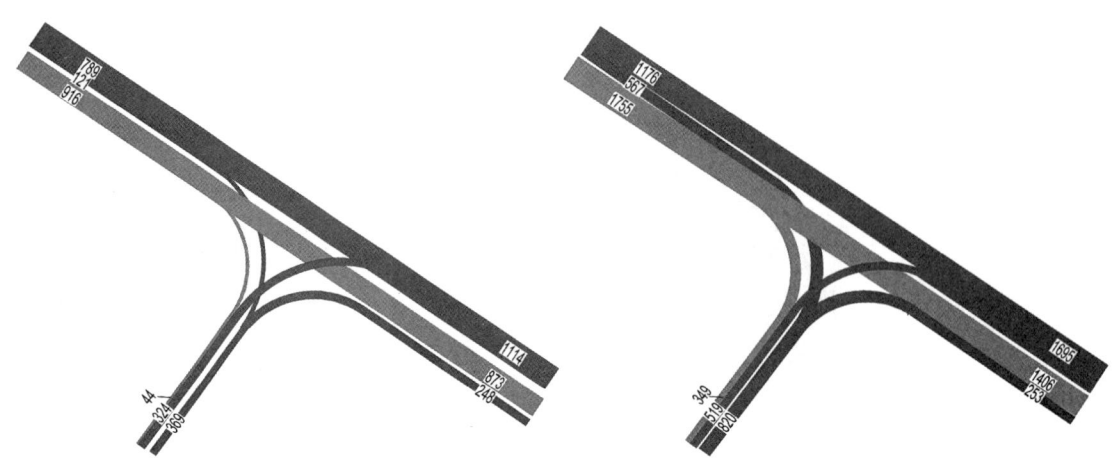

图 9.3-3　春台路-梅岭大道交叉口近期（左）与远期（右）高峰交通量

9.3.4　功能定位

综合考虑上层次城市规划，轨道、公交、道路网等交通规划对春台路提出的要求，以及交通需求分析，春台路（梅岭大道—新建城）为城市次干路，与主干路结合组成干路网，以集散交通的功能为主，同时兼有服务功能。春台路的修建，有利于加强望城地区内部的沟通联系，同时道路两侧土地将大大升值并及时被开发利用，对于吸引投资、土地利用，加速建设成为现代化新区有着积极意义。

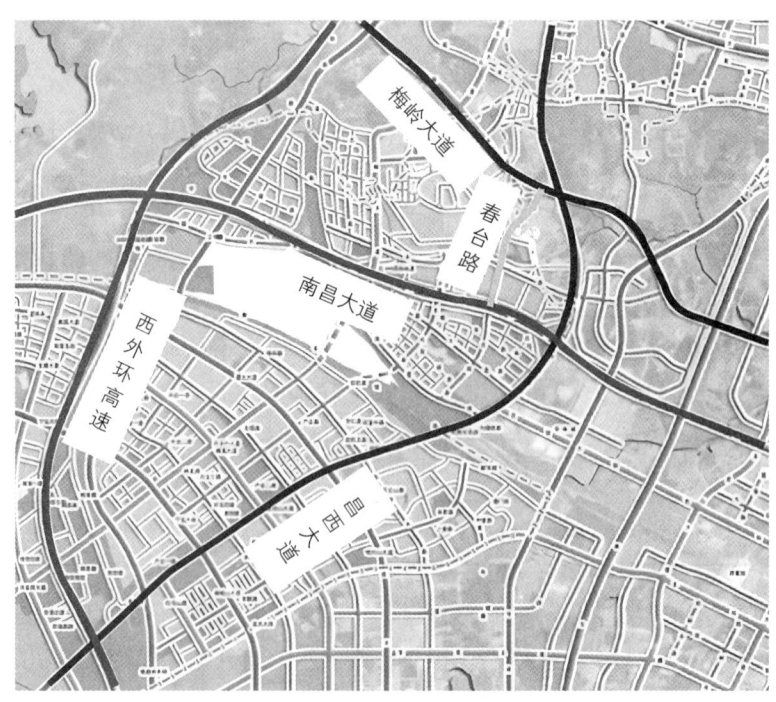

图 9.3-4　春台路功能定位示意图

9.4 总体规划方案

9.4.1 规划思路和原则

1. 规划思路

应根据上位规划对春台路提出的要求以及分析得到的道路功能定位，结合区域现状主要交通问题，在交通需求分析预测基础上，确定道路的横断面方案，然后对道路总体线位方案、交通组织方案等进行规划，确定详细平面、横断面、纵断面方案。本小节交通规划的核心思路如下：

（1）根据道路的功能等级及交通量分析，确定道路的车道数量。
（2）结合场地及道路功能拟定道路断面空间组成，确定道路平面线位、横断面方案。
（3）结合区域交通规划和路网优化协调需求，根据春台路整体交通组织要点，明确交通组织方案。
（4）结合规划分析，确定道路详细方案，并针对重要节点形成详细规划方案。
（5）结合项目建设时序和近期区域路网格局，针对项目近期功能需求，形成近期可实施方案。

2. 规划原则

春台路及其连接线工程作为城市次干路，应具备快速、安全、舒适的行驶条件以及良好的营运效益，但同时须与周边土地及环境相互协调。在规划方案中应遵循以下原则：

（1）满足城市规划的要求。结合道路沿线的用地规划和未来城市的发展，选线时应尽可能避免对沿线规划用地产生严重影响。
（2）满足区域交通规划的要求。处理好道路与区域路网的关系，完善干线交通网络，充分发挥城市快速路为沿线经济建设服务的作用。
（3）满足技术标准的要求。为保证规划的次干路在路网中的功能和作用的充分发挥，应采用与其功能相适应的技术标准。
（4）设计道路横断面时应结合道路功能定位、沿线场地空间与交通需求合理确定断面空间。
（5）与区域道路网系统相适应，合理组织道路交通。项目在规划设计时应充分考虑区域内路网功能，合理确定相交道路交通组织方式，使道路在路网中发挥恰当作用。
（6）满足经济合理性的要求。尊重现状，尽量利用和保护现有基础设施，减少工程量；合理选择道路敷设方式，优化选择上下桥匝道位置，尽可能降低工程造价。

9.4.2 建设规模与技术标准

1. 车道数标准

根据设计车速、车道宽度、车道数、横向干扰及交叉口影响等折减系数，计算得到路段的设计通行能力。路段通行能力计算公式如下：

$$C = C_O \times f_N \times f_w \times f_p \times f_b \times \theta$$

C_O——基本通行能力，取值见表：

表 9.4-1 城市道路基本通行能力取值《城市道路工程设计规范（CJJ 37—2016）》

设计速度/（km/h）	60	50	40	30	20
基本通行能力（pcu/h/ln）	1 800	1 700	1 650	1 600	1 400

f_N——车道数修正系数，单向 3 车道为 2.60，单向 2 车道 1.85；

f_w——车道宽度修正系数，车道宽 3.5 m，系数取为 1.0；

f_p——驾驶员修正系数，驾驶车辆以本市车辆为主，驾驶熟悉，系数取 1.0；

f_b——自行车修正系数，无机非隔离，系数取 0.8，有机非隔离，系数取 1.0；

θ——平面交叉口折减系数，其大小需考虑交叉口进口道展宽和信号控制的综合影响。

2．道路技术标准

按照《城市道路工程设计规范（2016 年版）》（CJJ 37—2012）以及《城市综合交通体系规划标准（GB/T 51328—2018）》，春台路道路等级和主要技术标准如表 9.4-2 所示。

表 9.4-2 道路技术指标表

序号	技术名称	规范指标	本项目采用的指标
1	道路等级	城市次干道	城市次干道
2	基本车道数	双向四车道	双向四车道
3	设计年限	15 年	15 年
4	计算行车速度	30 km/h	30 km/h
5	车道宽度	3.5 m	3.5 m
6	路面荷载等级	标准轴载 BZZ-100	标准轴载 BZZ-100
7	不设超高圆曲线最小半径	150 m	150 m
8	缓和曲线最小长度	25 m	25 m
9	最小纵坡	3‰	9.9‰
10	最大纵坡	7%	3.5%
11	建筑限界净空	4.5 m（车）/2.5 m（人）	4.5 m（车）/2.5 m（人）

9.4.3 总体平面方案

根据平面设计原则，道路总体平面线位与望城地区组团控规应基本保持一致，春台路整体走向为南北向，起点为梅岭大道，由北向南延伸，经锦苑路，终于新建城，顺接现状已修建春台路

（原石岗路）段。按次干路标准设计，重要节点展宽渠化。本案做出三种方案假设，其中方案一起点为梅岭大道，由北向南延伸，设计速度为 30 km/h，具体线位如图 5.1 中蓝色线条所示；方案二设计速度为 40 km/h，具体线位如图 5.1 中绿色线条所示；方案三具体线位如图 5.1 中红色线条所示，设计速度为 40 km/h。

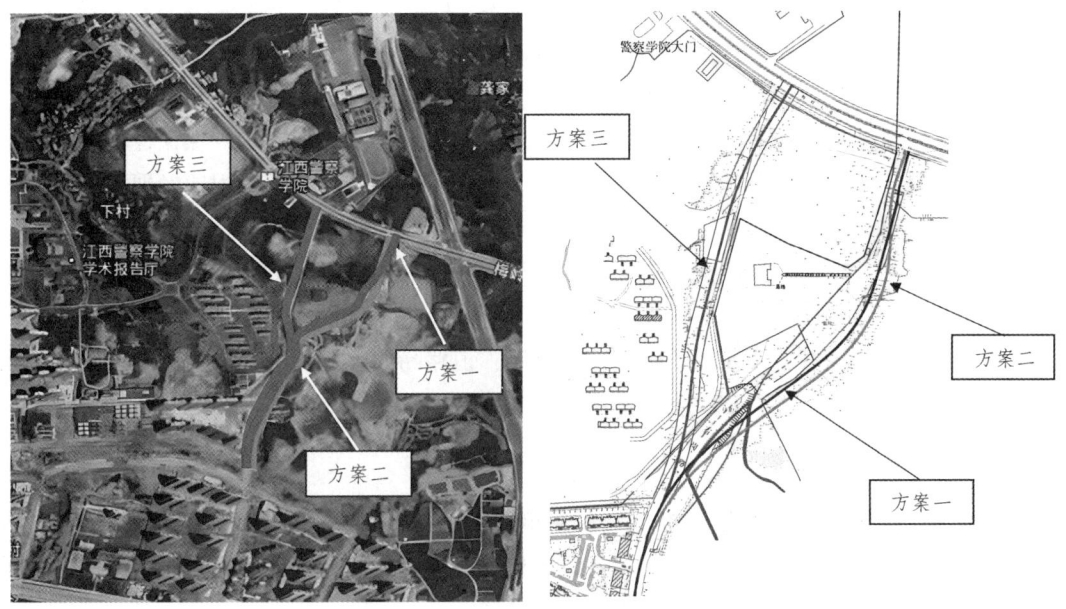

图 9.4-1 道路平面线位规划方案示意图

平面线位设置位置和平面线型设计主要考虑填挖高度、土石方平衡、少占耕地、苗圃、种植地少拆迁等要求，在不过多增加工程造价的前提下，尽量采用较高的技术指标，保持线形的均衡性、连续性，避免线形突变，确保行车安全和提高道路通行能力。综合对比分析各方案的优缺点后，本工程推荐采用线位方案一。

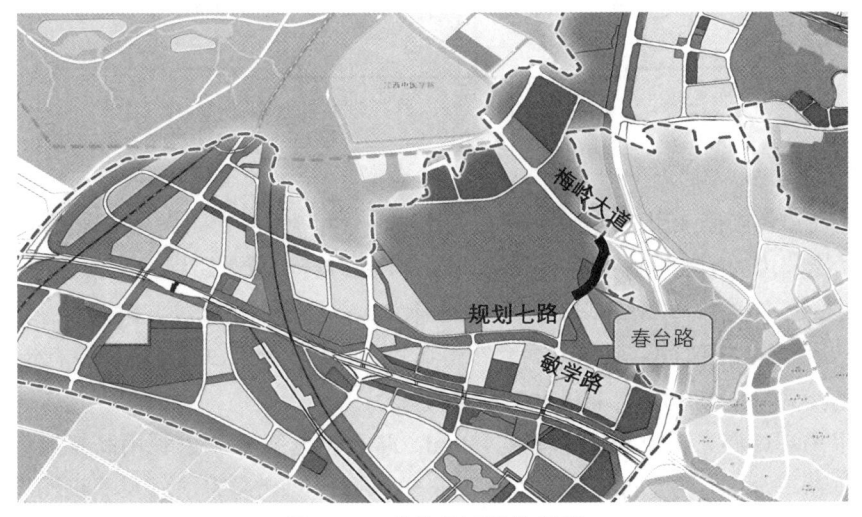

图 9.4-2 道路平面线位规划

9.4.4 横断面规划

1. 横断面设计要点

结合现状及规划道路周边情况、道路功能定位及建设标准，道路横断面设计时应把握以下原则：

（1）落实各级政府政策：窄路密网、海绵城市、慢行优先等。

（2）符合相关规范设计要求：断面设计首先应满足道路交通、海绵城市等规范设计要求。

（3）与区域整体功能相适应：根据区域整体道路功能定位和交通需求，在保证机动车通行能力需求的基础上，考虑道路的公共活动需求和城市景观功能等，满足沿线用地发展需求，支撑未来九龙湖西部组团的发展和交通增长。

（4）以人为本，塑造人性化：适应生活性街道的慢行活动和出行需求，布局尺度舒适、宜人、便捷的人行和非机动车通行空间和林荫环境，鼓励居民户外活动，提高居民慢行出行意愿。

（5）充分考虑与轨道、公交等其他系统的协调：道路断面上应注重常规公交的设置，以衔接片区内外的轨道和快速公交系统，提升区域整体公共交通出行。

2. 控规断面规划

春台路控规规划：道路红线宽 30 m，采用单幅路形式，双向六车道。断面形式：5 m（人行道）+20 m（车行道）+5 m（人行道）。步行道与机动车道利用高差形成空间分离，同时考虑了机动车快速通行的交通需求以及人行通行路权。

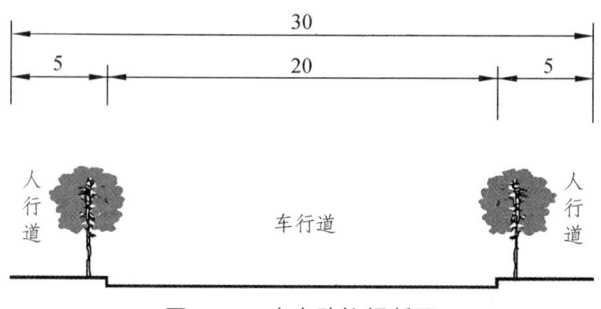

图 9.4-3　春台路控规断面

3. 规划断面

规划基本段道路断面采用控规规划 30 m 道路宽度，可满足春台路作为次干道的交通需求。由于春台路的功能定位为生活性偏强的次干路，与主干路结合组成干路网，承担了一定的集散交通功能，同时沿线又有学校、居住等城市生活用地开发。故做出以下两种方案假设：

方案一沿用控规断面形式，采用双向六车道形式，中间车行道 20 m，两侧各有步行道 5 m（含人行道和外侧景观树），机动车与非机动车混合行驶。

方案二采用单幅路形式，道路总宽度 30 m。步行道与机动车道利用高差形成空间分离，机动车与非机动车分隔行驶，同时考虑了机动车快速通行的交通需求以及非机动车和人行通行路权。

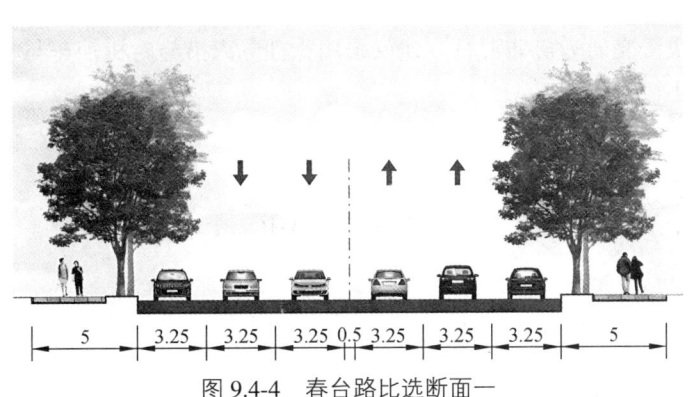

图 9.4-4　春台路比选断面一

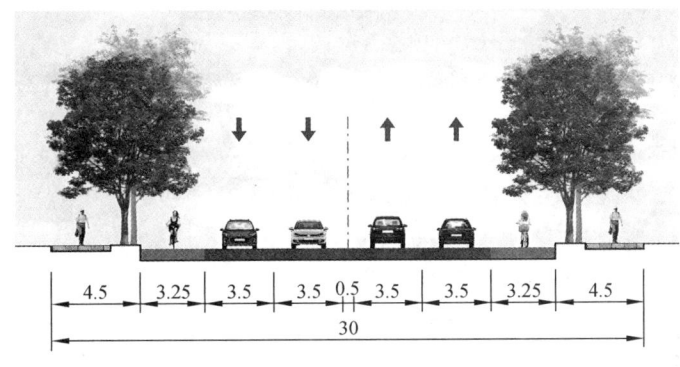

图 9.4-5　春台路比选断面二

表 9.4-3　横断面方案对比表

比较项目	方案一	方案二（规划方案、推荐方案）
车道宽度	机非混行，人行道宽阔	机非分隔，人行道适合
交通安全	机非混行	机非分隔
车道规模	双向六车道	双向四车道
交通需求	机动车道满足	机动车道、非机动车道均满足
道路功能	较快速有序通行	较快速有序通行
景观性	一般	一般
人行道行人安全性	一般	较好

考虑春台路主要起集散交通的作用，兼有服务功能。道路东西侧大部分为住宅，人流量较大，为便于周边居民出行，本道路采用双向四车道布置，非机动车在道路两侧行驶。采用方案二的断面形式既满足了机非车辆通行需求，又提高了通行效率与安全性，故本工程推荐采用方案二。

9.4.5　交通组织规划

春台路为城市次干路，起点位于梅岭大道，向南延伸，经锦苑路，至终点顺接现状已修建春台路（原石岗路）段，道路沿线以居住、教育及生活配套职能为主，具有一定的交通功能。春台路具体的交通组织如下：

（1）道路本体快慢交通为机非混行，建议采用物理隔离措施对机动车与非机动车进行空间分离以提高交通安全性。

（2）与梅岭大道相交，为T字形交叉口，采用信号控制形式；与锦苑路相交，为T字形交叉口，采用信号控制形式。

（3）共形成2个交叉口，交叉口均为T字形，其中2个均为平A1类（交通信号控制，进口道展宽交叉口）。

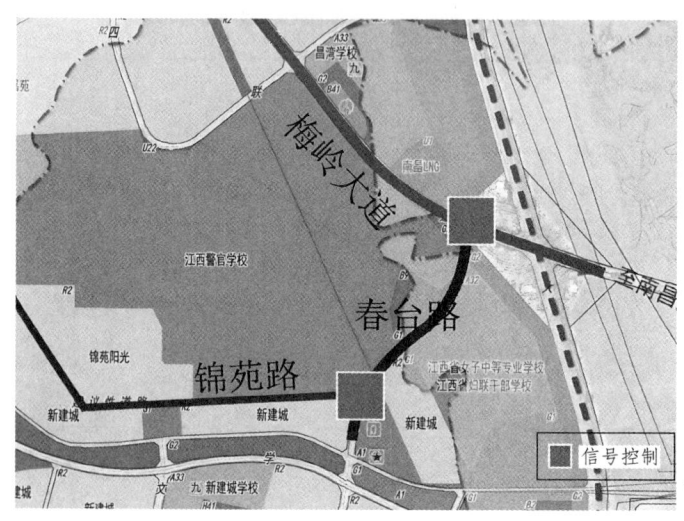

图 9.4-6 项目交通组织图

9.4.6 公共交通系统规划

规划在春台路布设公交站台，方便结合交叉口渠化设置港湾式公交站台，同时形成公交干路之间的换乘，服务沿线用地的公交出行。

参照项目周边用地规划，并结合学校、住宅等，拟在本项目规划道路上设置1组常规公交站点，作为港湾式公交站台。

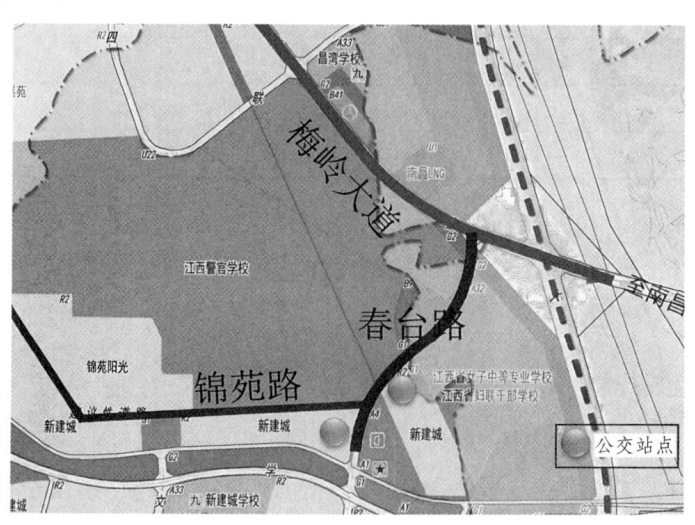

图 9.4-7 区域公交站点布置图

9.4.7 慢行交通规划

结合道路的交通组织规划，在交叉口设置人行过街横道与非机动车过街设施，与交叉口渠化协调设计，并采取交叉口伴随信号灯同步过街；结合各开放平面交叉口设置慢行过街，包括梅岭大道与锦苑路道路交叉口，共规划设置 2 处平面慢行过街设施；人行过街横道长度超过 16 m 时（不包括非机动车道），应在人行横道中央规划设置行人过街安全岛。

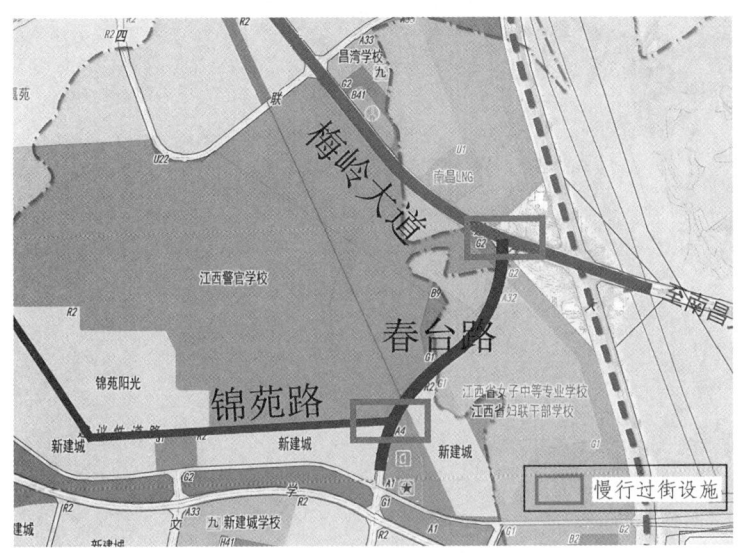

图 9.4-8　区域慢行通道布局示意图

9.5　详细规划方案

9.5.1　规划原则

（1）依据确定的断面及线位，确定初步的平面规划方案。

（2）按照上位规划现状情况，对沿线相交道路开口进行渠化设计，对重要节点进行渠化展宽，对红线做好控制预留。

（3）根据确定的公交站点布局，对站点布置予以落实，并与出入口、交叉口及慢行过街相结合，对沿线公交车站采用港湾式形式。

（4）结合沿线相交道路交叉口位置、公交站点布置及用地开口情况，重新确定路段人行横道位置。

9.5.2　平面详细规划方案

结合项目整体条件，在对功能和组织进行综合判断的基础上，根据道路横断面的设计方案，形成总体的规划设计平面方案。沿线结合主要交叉口及路段共布设了 1 组港湾式公交停靠站。港湾式公交停靠站主要通过道路红线预留空间设置。

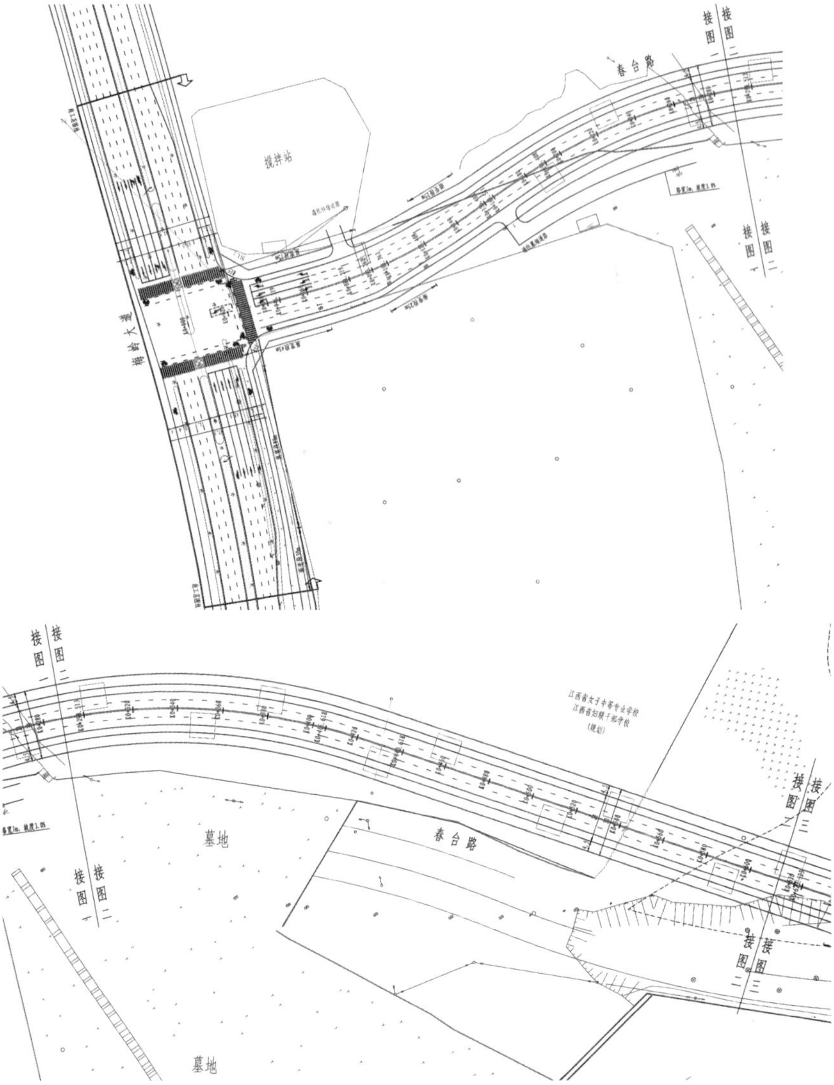

图 9.5-1 春台路平面方案图 1、2

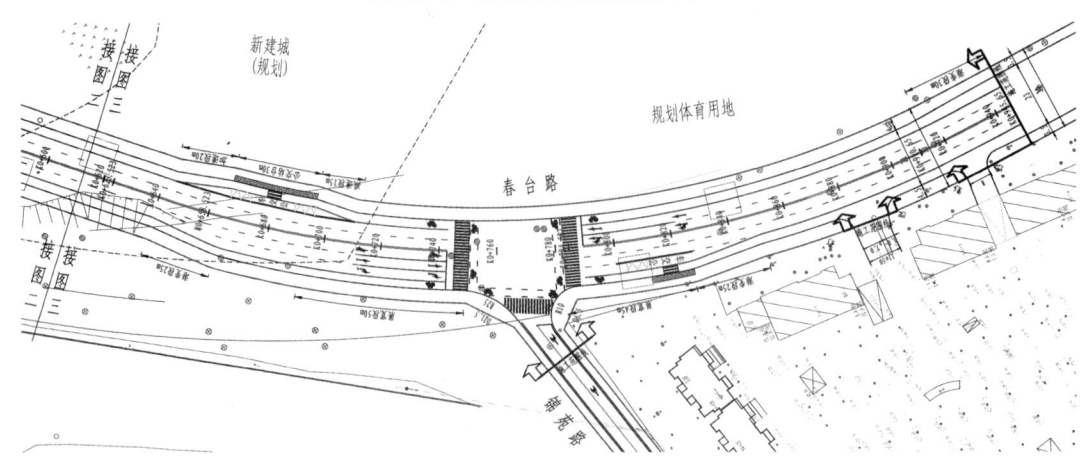

图 9.5-2 春台路平面方案图 3

9.5.3 交叉口交通设计

设置平、纵曲线可能影响行车视距路段,应进行视距验算。

表 9.5-1 停车视距

设计速度/(km/h)	100	80	60	50	40	30	20
停车视距/m	160	110	70	60	40	30	20

交叉口道路红线应满足视距三角形要求。交叉口的转弯半径宜按以下要求控制:主干路为 30 m ~ 35 m,次干路为 20 m ~ 25 m,支路为 10 m ~ 15 m。不同等级道路相交时,转弯半径按较低等级道路控制。

9.5.4 沿线重要节点

1. 梅岭大道节点

(1)节点现状情况。

梅岭大道与春台路节点位于江西警察学院东侧,节点范围内有少量建筑,并涉及少量防护绿地。根据相关控规用地规划,节点实施的条件较好。

图 9.5-3 梅岭大道节点现状

(2)节点方案。

梅岭大道为东西向主干路,路段车流量较大,道路两侧多为教育、居住用地,有少量工业用地。未来节点有较大车流,应结合梅岭大道的规划断面形式,进行节点方案设计:

① 东进口结合红线展宽,渠化为"四进三出"的车道布局,西进口渠化为"四进四出"的车道布局。春台路为 2 个左转和 1 个右转专用道

② 路口通过加大人行道转角缘石半径，满足慢行交通待行及右转非机动车正常通行的需要，并降低车辆右转速度。

③ 路中通过设置行人二次过街驻足区来保障行人过街安全。

④ 交叉口西进口借助绿化带，在进入交叉口前设置提前调头。

⑤ 节点范围通过不同颜色沥青铺装及指向箭头，分离慢行交通候行、通行空间，减少非机动车逆行，提升慢行过街秩序，保障慢行交通安全。

2. 锦苑路节点

（1）节点现状情况。

锦苑路与春台路节点位于新建城附近，节点范围内主要为居住用地，节点实施的条件较好。

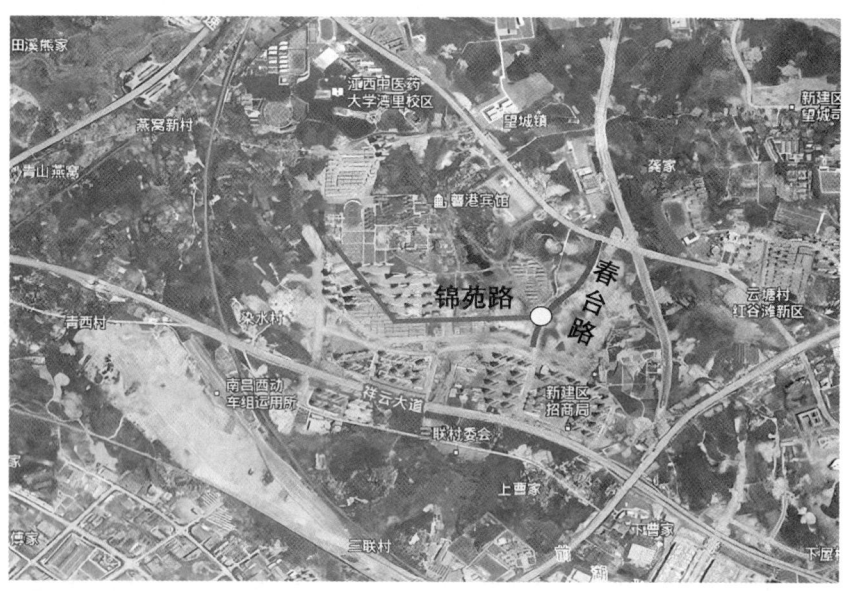

图 9.5-4　锦苑路节点现状

（2）节点方案。

锦苑路为支路，沿线多为居住用地，道路功能以服务性为主，沿街居民活动有一定的慢行通行需求。结合锦苑路规划的断面形式，进行如下的节点方案设计：

① 通过加大路口人行道转角缘石半径，满足慢行交通待行及右转非机动车正常通行的需要，并降低车辆的右转速度。

② 节点交叉口设计为平 B1 类交叉口，道路中心隔离封闭，锦苑路右进右出通行。北进口为 2 个直行车道和 1 个右转车道，南进口仅直行。

③ 节点范围通过不同颜色沥青铺装及指向箭头，分离慢行交通的候行、通行空间，减少非机动车逆行，提升慢行过街秩序，保障慢行交通安全。

9.5.5　竖向规划方案

本次春台路竖向规划设计中，交叉口设计标高与控规标高基本保持一致，相差控制在 0.5 m

以内。标高范围为 33.4～43.7 m，坡度范围为 1%～3.5%。道路填方深度和填方量较大，主要考虑满足片区整体场地消化起步区土方填土需求。

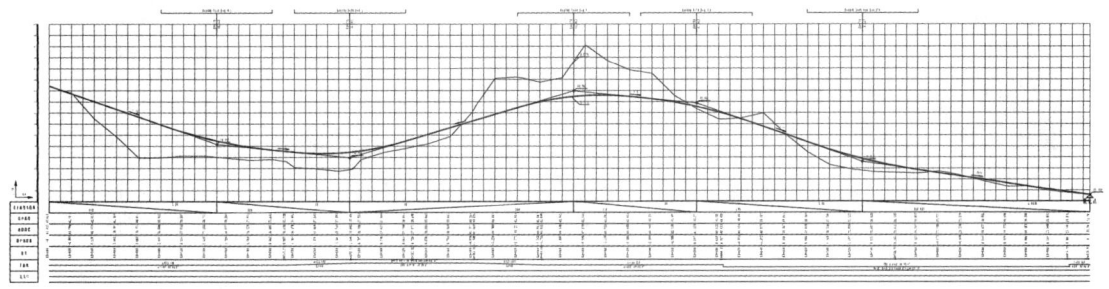

图 9.5-5　春台路竖向规划图

9.6　相关规划指引

9.6.1　慢行交通设计

项目步行交通设施包括步行道、步行过街设施和交叉口转角空间，本节针对步行道的设计进行说明，而步行过街设施和交叉口转角空间的设计则在后文进行详细说明。

1. 慢行设施设计指引

（1）慢行道设计指引。

步行道设置应进行分区，分别满足设施设置，步行通行及其他活动需求。

图 9.6-1　步行道分区示意图

（2）非机动车道。

① 非机动车道应采用地面标识、标线、彩色涂装等方式，提醒机动车避让非机动车，避免机动车占用非机动车道停车。

② 在宽度大于 3 m 的自行车道入口处，应设置阻车桩，以阻止机动车驶入。阻车桩宜选用弹性材质，粘贴醒目的反光膜，确保安全。

图 9.6-2 非机动车道示意图

2. 出入口优化设计

机动车出入口宜设置垂直式缘石坡道,人行道标高应保持不变,并采用差异化的铺装形式予以提示。此外,宜设置阻车桩,防止机动车驶入人行道。

图 9.6-3 出入口优化设计示意图

9.6.2 过街设施设计

1. 交叉口过街设计指引

(1)人行横道与人行道衔接处应保持通畅。避免在相应位置种植行道树及设置灯杆等设施,始终保持过街空间通畅。

(2)路口标识与信号设置应为直行行人和非机动车提供保障。信号控制交叉口宜设置左转相位,避免转向机动车与直行行人和非机动车发生冲突;当直行与转向车辆共用信号时,应增加标志牌或信号灯,提醒转向机动车避让直行过街行人。行人较多的路口应禁止机动车红灯右转。

(3)人行横道的布置应尽量与扩展式路缘石、照明、标识结合,提供慢行者穿越交叉口时的可视性。

(4)交叉口中央分隔带和安全岛的设计要素。

2. 路中过街设置设计指引

图 9.6-4　路中过街设置设计示意图

（1）路中行人控制的过街信号：当可插间隙出现频率小于每分钟一次的时候，需要采取其他控制方式。

（2）中央分隔带和路中安全岛：中央分隔带和路中安全岛将道路两个方向的车流分隔开来。

9.6.3　绿道设计要点

绿道设计时以自然要素为依托和构成基础，串联城市游憩、休闲等绿色开敞空间，以游憩、健身为主，兼具市民绿色出行和生物迁徙等功能。

图 9.6-5　城市绿道

9.6.4　公共交通站点设计指引

1. 普通公交停靠站站内设施设计

（1）停靠站及周边应有明显的标志，并应与灯杆、站棚等结合设计。停靠站的造型和色彩应和周边景观协调。

（2）站牌的交通信息应全面（含线路图及站名、时刻表等）、清晰、明确。

（3）停靠站信息牌、停靠站棚内和上车通道应保持良好的照明，照明设施可与站棚一体化设置，也可利用原有街道照明设施。

（4）乘客人数较多，等车时间较长，炎热或多雪气候地区停靠站应提供雨棚和座椅。

（5）在停靠站、枢纽站和线路沿线应提供动态信息和静态信息。

图 9.6-6　普通公交停靠站内设施示意图

2. 普通公交停靠站站外设施设计

（1）停靠站应避免上下车客流影响步行通行空间的正常使用。

（2）停靠站候客站台与建筑边界之间应进行良好的步行系统设计（如多雨地区可设置带雨棚的人行道），以提高公交的吸引力和舒适性。

（3）停靠站换乘自行车的需求量较大时，应进行停靠站与自行车的换乘衔接设计，设置自行车停放区、公共自行车租赁区等。

图 9.6-7　普通公交停靠站外设施示意图

9.6.5　海绵城市设计指引

"海绵城市"是指城市能够像海绵一样，在适应环境变化和应对自然灾害等方面具有良好的"弹性"，下雨时吸水、蓄水、渗水、净水，需要时将蓄存的水"释放"并加以利用，实现总量控制、雨水资源化利用、污染控制和峰值控制四大目标。主要措施归根结底为六个字：渗、滞、蓄、净、用、排。

(a) 透水铺装　　　　　　　　　　　(b) 环保型雨水口

图 9.6-8　绵城市设计示意图

9.6.6　智能交通设计指引

1. 智能交通系统构成

与道路体系密切相关的智能交通系统包括为交通信号控制系统、交通监视系统、非现场执法管理系统、交通诱导系统、微波流量检测系统、智能卡口查控系统，它们共同构成了城市道路智能交通系统。

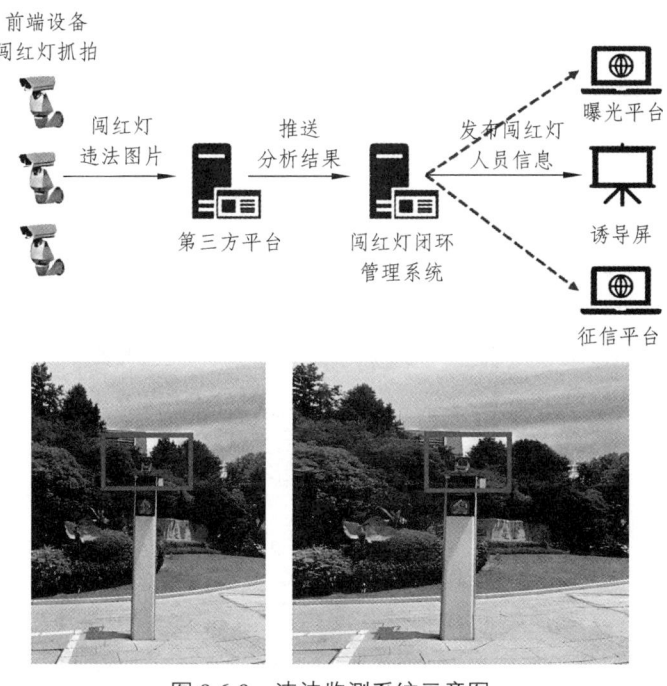

图 9.6-9　违法监测系统示意图

此外，在常规智能交通系统的延伸领域中，延伸出智慧停车与车联网的概念。智慧停车可通过设备智能化识别车牌，自动化完成泊车、收费，并可实现车位搜索、车位导航等功能，从而提升车位的使用效率。车联网则是通过路侧监测设备的信息识别，依靠信号传输，实现包括车与车、车与人、车与网络、车与基础设施等在内的网络连接。

2. 智慧灯杆设计

相关统计显示，目前全国范围内分布着"数千万级"的社会杆塔资源。这些杆塔种类繁杂、功能单一、数据孤岛现象严重，且因管理部门分散、需求不同，重复开挖、重复投资造成的浪费资源现象频出，亟需对城市道路上的公共基础设施进行整治和精细化管理。智慧灯杆便应运而生。

智慧灯杆作为智慧城市建设的新型公共基础设施，能够承载多种设备设施和传感器，并通过各种通信技术接入网络和平台，在互联网、人工智能、大数据等技术的赋能下，为城市和人们提供丰富便捷的智慧应用和体验。

现如今除了一键报警、环境监测、广播音响、智慧照明等比较常见的功能已在智慧灯杆上实践应用，依托于智慧灯杆的大范围架设、5G基站的搭载以及数据采集传输等功能的实现，进一步推进了自动驾驶和车路协同的施行。此外，智慧灯杆还集成了充电桩、智慧斑马线、智能垃圾桶、智慧公交站牌、LED信息发布屏等功能应用。

合杆是一种道路上可搭载照明、交通、监控、通信等多类设施的杆件，按照多杆合一、多箱合一和多头合一的要求，对各类杆件、机箱、配套管线、电力和监控设施等进行集约化设置，实现共建共享，互联互通。通过采用新材料、新工艺和新技术，减小综合杆杆径和箱体体积，提高设施的安全性及安装、维护和管理的便捷性。多功能合杆示意图如图9.6-10所示。

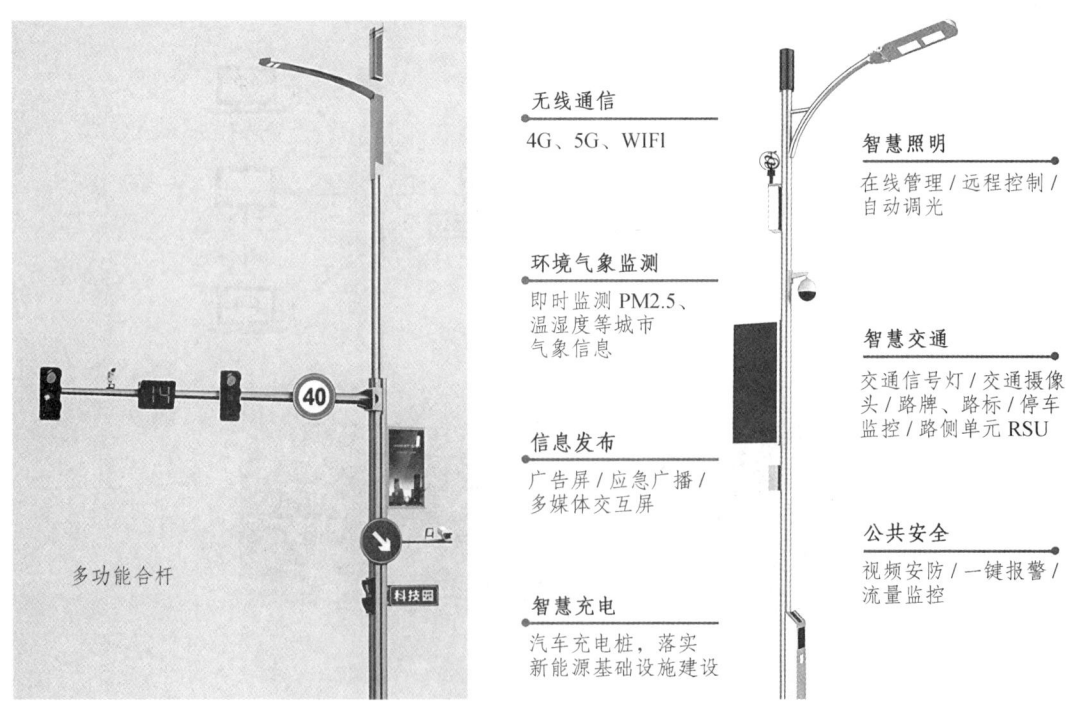

图9.6-10　多功能合杆示意图

模块 10　南昌市湾里区停车场三年建设专项规划案例

10.1　规划修编的必要性

现阶段南昌市和湾里区的形势均有了新的变化，随着湾里区总体规划的编制调整，原停车场建设规划中选取的部分场地规划性质发生了变化，无法继续用于建设公共停车场。目前，湾里区急需对原规划点位进行论证，对不能推进的点位应加以说明和调整，即开展《南昌市湾里区停车场三年建设专项规划》修编工作。

10.2　规划范围和年限

10.2.1　规划范围

总体研究范围：湾里区中心城区，面积约 33.9 km^2；
重点研究范围：中心城区内西外环高速以西的区域，约 18.8 km^2。

10.2.2　规划年限

规划基年：2017 年。
规划年限：2017—2020 年。
远期展望：2030 年。

图 10.2-1　规划范围图

10.3 停车现状特征与问题分析

10.3.1 城市发展概况

湾里区位于南昌市西郊，是著名的旅游胜地梅岭的所在地，全区80%以上区域为山体，中心城区位于梅岭南麓，现状建成区面积约15 km²，规划面积33.9 m²，2020年规划人口10万人。

湾里区中心城区现状开发规模较小，以居住、商业服务用地为主。中心城区承担了湾里区行政、商贸、金融、文化、医疗、科教及配套服务的中心功能，集中了优质的医疗、教育资源。城区自北向南逐步拓展，老城区位于中心城区的北部，人口与就业岗位密集，交通需求集中，老城的交通、人口以及环境之间的矛盾明显。老城区主要为居住用地和商业用地，其次为绿化、行政、医疗、工业用地。工业用地主要集中在老城区边缘。此外，老城区建筑密集，街巷纵横，但系统性差，交通基础薄弱，容量受限，扩容不易。当前阶段，老城内部旧城改造项目逐步完成，新城区发展已日趋成熟，随着将来行政中心南迁至岭秀湖，老城区的功能将逐步向南部新城区疏解，老城功能高度集聚的情况将有所缓解。

湾里区全区旅游资源丰富，著名景点包括中心城区北部的洪崖丹井，梅岭镇范围内的七色花海、梅岭老街、竹海明珠，太平镇范围内的太平心街、狮子峰等，是南昌市乃至全国游客的旅游度假胜地。

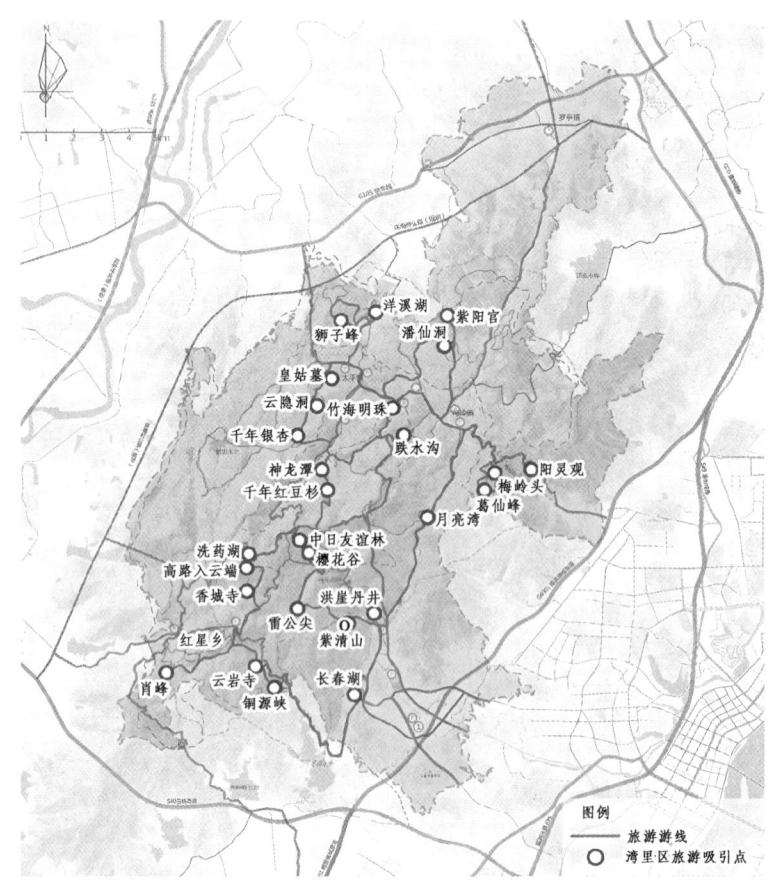

图 10.3-1　湾里景区分布图

10.3.2 现状停车问题梳理

当前湾里区的停车情况总体好于其他城区，现状矛盾主要存在于旅游区及待改建的老旧城区，面对城市化、机动化进程，湾里区结合旅游景区构建和旧城改造优化停车设施布局、逐步推进停车设施建设，从而保障停车发展平稳过渡。

1. 现状停车设施对旅游高峰的应对性不足

湾里区梅岭风景名胜区旅游高峰期间机动车流量大。提取 2016 年和 2017 年五一放假期间湾里区进出城车流量卡口数据和对比分析红湾公路、蛟万公路、兴湾大道和幸福南路几条主要进出景区通道，可知红湾公路和兴湾大道车流量占比在 65% 以上，而 2016 年主要通道五一期间车流量总数近 13 万，2017 年总数约 15.6 万，2017 年比 2016 年增长约 21%。2016 年日均总流量为 4.3 万，2017 年增长至 5.2 万。

现状停车设施对旅游高峰的应对不足。区内缺乏大型的换乘停车场以及旅游公交接驳设施，游客前往景区基本依靠自驾，周末及节假日旅游高峰时段，大量的停车需求外溢至景区通道，影响道路通行并产生安全隐患。

旅游高峰停车需求：中心城区内约 450 辆，目的地主要为洪崖丹井、紫清山、乌井水库。

旅游高峰停车分布：中心城区范围内，停车主要分布于乌井路、紫清路等景区通道。

旅游高峰停车时段：停车高峰为 9:00～16:00。

面向游客泊位供给：缺乏面向游客的统一性、集中性的停车场地，旅游停车基本为随意停放。

图 10.3-2　现状景区通道占路停车图

图 10.3-3　现状景区门口随意停车

2. 城区老旧建筑周边路内停车矛盾明显

城区老旧建筑周边路内停车矛盾明显。旧城改造稳步推进，新建建筑停车配建标准执行严格，但是现状待改建老旧建筑周边停车矛盾明显，基本依靠道路空间解决，问题变为管理缺位带来的效率低、秩序乱。

目前城区停车矛盾尚不突出，由于旧城改造工作推进力度较大，新建建筑及小区的配建标准较高，旧城区内停车问题主要存在于对道路空间的占用。现状城区内部共施划路内泊位402处，夜间停车位384个，在泊位以外的违法停车位119个；工作日高峰停车位468个，在泊位以外的违法停车位148个。城区内停车矛盾较大的路段主要包括旧城区范围内的幸福路、工农路、翠岩路以及旅游高峰期的紫清路、洪崖路。

违法停车现象主要集中出现在老城片区，路内停车中，白天违停的比例为32%，夜间违章的比例为31%，停车秩序有待整治。其中，白天时段：合法停车320辆，违停148辆；夜间时段：合法停车265辆，违停119辆。

图 10.3-4 现状路内泊位分布

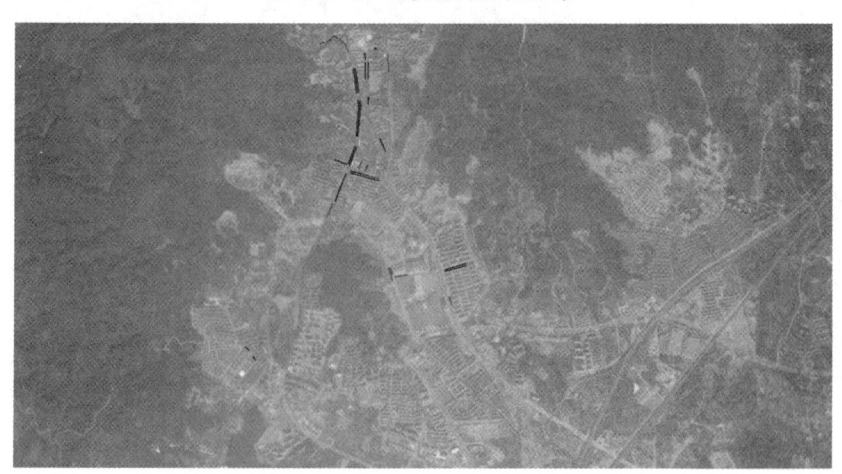

图 10.3-5 现状工作日白天高峰路内违停分布

图 10.3-6　现状夜间路内违停分布

图 10.3-7　幸福路北段路内停车现状

图 10.3-8　工农路周边路内停车现状

图 10.3-9　幸福路南段路内停车现状

3. 规划停车场对现状问题的针对性不强

城市总体规划、控规中对于公共停车场的布局选址基本为城市较新的建设区，目前以控制为主，难以对解决现状问题产生实际功效。

（1）公共停车场规划情况。

湾里区总体规划调整后规划公共停车场4处，包括洪崖停车场、尚仁停车场、八面山停车场、招贤停车场和长春湖路停车场，总面积24 100 m^2。

（2）公共停车场建设机制。

目前湾里区公共停车场的规划、建设、运营缺乏统一的管理部门，停车场建设缺乏稳定的建设计划与资金来源。停车职能的主要分工如下：交巡警大队负责车辆违停处罚和确定路内泊位的设置并负责路内泊位的划线；规建局负责路外公共停车场的用地控制规划及建设工作。

图10.3-10　湾里区规划公共停车场布局

公共停车场建设缺乏固定建设计划及扶持政策：资金来源以政府财政投资或国有企业投资为主，该类投资建设模式较为单一，建设资金数额不高，且缺乏稳定性、持续性，难以支撑公共停车场的持续建设；土地拆迁费用、相关税费减免等方面尚无优惠政策，导致停车场建设、运营成本过高，难以引入社会资金。

10.4 缓解停车难问题的对策建议

10.4.1 停车总体发展态势的认知

湾里区城区规模较小,停车问题相较其他城区并不突出,当前停车矛盾主要存在于旅游高峰期的游客停车以及待改造的旧城区路内停车,在时间与空间分布上都存在局部性,随着旅游体系的逐步完善和旧城改造的逐步推进,湾里区将有机会避免停车问题的进一步显现。

1. 对旅游停车发展的研判

中心城区范围内的旅游停车问题主要集中于紫清山、乌井水库等较近的景区,建设停车设施时,应当结合旅游设施进行整体打造,以在建的游客集散中心为核心,推动游客停车与公交接驳体系的构建,同步分散布局具有针对性的停车设施。

2. 对城区停车的研判

结合旧城改造和新城建设,严格执行配建标准,避免产生欠账,推动配建开放与泊位共享,要求停车问题在建筑内部解决。对于现状停车问题集中的地区,可以通过临时性停车空间和泊位开放共享来满足当前需求。

10.4.2 战略思考

1. 发展抉择

为了应对湾里区未来停车发展趋势,有效改善城市停车面貌,在停车发展思路上面临着如下抉择。

(1)抉择一。

自我平衡的思路:对停车问题取放任的态度,依靠停车条件的自我约束形成不稳定平衡。历史上我国的许多城市在较长时间内对停车问题采取的措施都缺乏力度,或只治标不治本,造成了特定时期停车矛盾不断恶化的状况,证明了停车发展需要政府的宏观引导和规范控制。

(2)抉择二。

满足需求的思路:以停车需求为导向,保障停车设施的充分供应。以小汽车大国美国为例,其用地相对宽松,20世纪70年代以前实行了宽松的停车供应政策,但城市中心等许多地区的停车供应能力远远满足不了停车需求的增长。湾里区,尤其是老城片区用地紧张,资金和资源有限,满足需求的思路从根本上就难以成立。

(3)抉择三。

调节需求的思路:通过交通体系的建设,将公共交通作为中心区和通勤出行的主要方式,提供多样化的交通服务,引导人们的出行行为,减少特定地区的停车需求,保持与用地发展相协调的适度供需平衡。根据国内外经验对比,从湾里区的实际出发,选择调节需求的模式作为未来的停车发展方向,适应湾里区停车发展要求,实现可持续发展。

2. 战略协调

在国家积极推进汽车产业的背景下，湾里区的停车问题不仅仅是简单的供求矛盾。停车战略对策是湾里区应对小汽车快速进入家庭，解决城市交通当前和长远发展的核心战略之一，必须与总体的城市交通发展战略对策协调一致。

3. 远近结合

停车发展战略与对策应立足于调控小汽车的理智使用与解决当前停车紧张、停车矛盾并举的方针。长远的和根本性的立足点是前者。从近期来讲，既要缓解日益突出的停车矛盾，又要理顺停车政策、规划、建设、管理、经营的各种关系，形成良性的停车发展体制和机制。

（1）内外并举。

停车问题的解决必须"内外并举"，即一方面跳出停车看停车，走优先发展公共交通之路，通过公交吸引力和竞争力的提高和差别化的停车政策调控，减少人们对私家车的依赖。另一方面，要通过保障基本车位的供应和有效调节停车资源的利用，来满足小汽车普及化的停车需要。

（2）系统工程。

停车问题的解决是一项复杂的系统工程。必须从政策引导、规划控制、市场激励、价格调节、科学管理等多方面入手、远近结合、软硬兼施、标本兼治。

10.4.3 战略任务

（1）战略任务一：增加停车设施供给，缓解停车供需矛盾。

基本对策：

① 根据车辆发展阶段，提升与优化建筑配建停车指标，增加配建泊位供应，避免停车历史欠账的进一步扩大。

② 注重公共停车场的规划建设，缓解重点地区的停车供需矛盾。

③ 鼓励建筑内部挖潜改造，引入立体停车设施，缓解周边停车矛盾。

④ 因地制宜设置路内泊位设施，调节停车运行状况。

（2）战略任务二：建立停车政策分区，明确差别化的停车政策，优化车辆分布。

基本对策：

① 根据不同地区的交通特性需求，制定差别化的停车配建指标数值，实现动静态交通的供需平衡。

② 将公共停车设施作为城市基础设施加以重视，不同地区公共停车场采用差别化的鼓励政策，有效实现交通资源分配。

③ 不同地区采用不同的停车收费标准，一般中心区高于城市外围地区，通过价格杠杆实现交通均衡分布。

（3）战略任务三：建立完善的法规体系和执法力量，加强停车违章处罚力度与覆盖范围，保障停车有序；引入智能化停车信息系统，促进停车泊位充分利用。

基本对策：

① 加强停车执法力量建设，改善管理手段，提高停车管理覆盖率。

② 引入智能停车诱导系统，提高泊位资源的利用效率，减少车辆寻泊位的无效绕行。

③ 鼓励配建开放，建筑泊位错时共享，提高公建利用率。

④ 路内停车引入地磁或红外线检测技术，提高停车管理水平。

（4）战略任务四：制定停车建设扶持政策，引导停车产业化发展。

基本对策：

① 加强停车场用地的规划控制，停车用地给予优惠土地政策。

② 建设停车专项基金，给予公共停车场建设资金补贴。

③ 合理制定停车价格体系，提升公共停车收益。

④ 允许进行部分商业开发，作为公共停车的建设补偿。

（5）战略任务五：研究景区停车换乘管理政策，控制景区机动车流量。

基本对策：

① 完善景区公共交通系统，方便游客乘坐公共交通。

② 建设城区停车换乘集散中心，为游客提供换乘服务。

③ 以静制动，控制景区机动车流量。

10.5 规划目标

10.5.1 近期目标

（1）旅游停车：面向季节性高峰性客流建设停车设施，清除占用旅游道路的停车位。

（2）城区停车：缓解老城区路内停车矛盾、推进新区停车建设。

10.5.2 远期目标

（1）差别化：以配建泊位为主体、公共停车场位辅助，形成新城足量老城适量的停车供应体系。

（2）集约化：结合需求发展和运行情况，推动停车设施立体化、集约化发展。

（3）产业化：制定停车建设扶持政策，吸引社会资金，引导停车产业化发展。

10.6 湾里区近期缓解停车难的思路

针对停车难问题最为突出的老城区，梳理工作思路如下。

1. 老城区特征

（1）老城区属于高密度开发的老城区，为人流、车流集中区。

老城区作为湾里区的商业办公中心，吸引了大量的人流、车流。由于车位不足，现状停车供需矛盾已经较为突出，影响了地区功能和档次的提升。高峰期间部分干道拥堵的情况同样存在，不容忽视。

（2）老城区改造的高容量开发，导致停车需求大幅度增长

老城区正在进行老城改造，从而吸引更多量的停车需求，如何正确地规划停车系统是处理好本地区动静态交通的关键。

（3）老城区道路条件难以承受大量的汽车吸引量，必须控制停车供应总量。

老城区道路用地条件有限，现有路网不可能进行大规模的改造和新建，核心区道路难以承受更多的汽车吸引量，因此必须控制停车供应总量。

2. 主要行动方向

（1）以静制动，适度保持停车泊位欠缺，大力发展公共交通。

老城区车位有限，充分利用车位，提高周转效率是关键。所以必须采用智能化技术，如建设完善的停车诱导系统来提高停车车位的利用率。

（2）推进公共停车场建设，适度限制配建停车建设，提高周转率。

结合核心区大量的老城改建，同步配建适度规模的停车场库，有控制地发展。这既有利于通过扩大供应规模来提高区域的层次，又能保持行车-停车平衡发展。同时由于老城区还存在大量老式建筑，配建车位仍属于紧张状态，应重视公共停车场库的建设，起到调节供应布局、弥补配建停车车位缺口的作用。

① 严格限制白天路内停车，促进核心区路网容量提升。

由于核心区道路条件限制，本身道路资源就有限，所以应该严格控制白天路内停车，促进核心区路网通畅。

② 充分利用智能化技术提高停车位的利用率。

3. 分阶段发展政策

（1）第一阶段：近期增加供给，缓解供需不足矛盾。

（2）第二阶段：适度供应，保障基本车位需求。

（3）第三阶段：限制泊位供给，鼓励公交出行模式。

4. 规划思路

以老城为主要对象，改善的行动重点为停车场示范性建设与重点路段停车整治，总体措施为"疏堵结合、建管并举"，主要从规划、政策、建设、收费、经营、管理、科技等几个方面展开工作。

（1）疏：因地制宜、挖潜改造、划设路内停车等增供手段，缓解重要区域矛盾；

（2）堵：加强路内违法停车打击力度，突出公交优先，抑制老城区内小汽车的过度使用。

（3）建：加强公共停车投入力度，出台鼓励政策，加快公共停车设施建设

（4）管：出台停车收费办法，规范停车秩序。

10.7 湾里区近期缓解停车难的措施建议

以缓解当前停车矛盾为基本目标，高效整合既有停车资源，确定公共停车规划整体布局，并通过相应政策保障停车场建设的落实。

措施一：推动各类建筑利用内部空间挖潜扩容，提升停车供给容量。
措施二：加快湾里旅游相关项目的建设进度，整体开发建设社会停车场。
措施三：推动公共停车场示范性建设，缓解重点地区供需矛盾。
措施四：因地制宜，根据道路条件、交通运行来合理布局路内泊位。
措施五：区政府牵头成立停车领导小组，设置专项基金，统筹规、建、管工作。
措施六：严格执行停车收费管理，开展老城区和景区车辆违停专项整治工作。
措施七：鼓励单位配建泊位的对外开放，完善配套设施、引入停车诱导系统。
措施八：严格执行建筑停车配建标准，避免"停车欠账"产生。
措施九：响应国家节能减排政策，建设充电设施或预留建设安装条件。
措施十：建设占地少、成本低、见效快的地下或立体式停车设施。

10.8 公共停车场三年建设规划选址调整及建设计划

10.8.1 规划原则

应当注重与用地、体制等实际外部条件相结合，在用地、体制、财政条件许可的前提下，制定切实可行的近期实施计划。

增供效应：通过强化近期公共停车场的规划建设，满足停车需求，平衡停车供需矛盾，逐步达到优化交通出行结构的目标。

示范效应：通过建设示例，寻求适合湾里区城市发展、具有可操作性的停车场建设模式，拓展思路，为城市未来不同地区的停车场建设提供示范。

治堵效应：以静制动、动静平衡，通过公共停车场近期建设增加供给，减少路内随意停放，缓解重点片区、节点的交通拥堵现象。

有序效应：强化公共停车场的优质管理，打造管理示范区，提升停车设施运行效率和服务水平。

10.8.2 工作思路

湾里区应依据现状停车供需矛盾的状况，着重解决目前已经出现或即将出现的问题，重点缓解停车供求矛盾突出区域停车设施供给瓶颈。建议以旧城区居民停车和游客停车为突破口，推动公共停车场的建设工作，并对路内停车乱象进行集中整治。

停车场建设：在停车矛盾突出的地区推动公共停车场建设和建筑内部停车挖潜扩容。

路内停车整治：结合公共停车场建设，开展路内违停整治，并逐步取消主干路两侧影响正常交通运行的路内泊位。

管理手段提升：对违停查处以及停车收费的责任主体进行明确分工，划定执行标准，确保管理措施落实到位。

建设公共停车场时要求各个部门要各司其职，政府部门主要掌握土地资源，对土地资源的使用进行控制，制定停车设施建设以及管理的相关政策，营造适合停车产业化发展的环境，从而推动产业化的发展，引导停车设施的建设。

相关的管理部门要落实政府关于停车设施建设管理的相关政策，支持停车产业化的发展。在政策的指导下，进行停车设施的规划，并落实相关停车设施的用地需求。编制停车场建设计划，推动停车设施建设。

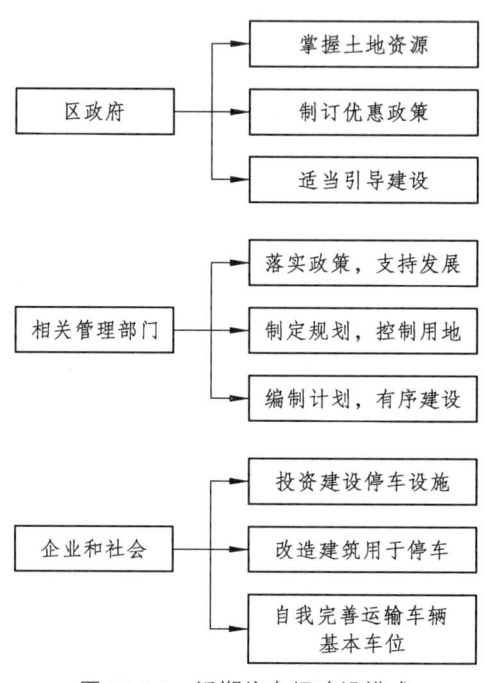

图 10.8-1　近期停车场建设模式

10.8.3　公共停车场近期选址

1. 选址原则

面向"历史欠账"、使用泊位为主，兼具夜间需求；结合土地利用与道路交通，保障出入便捷；利用绿化、广场、公交首末站等综合开发；停车场布局尽量小而分散，以 50～150 辆为宜。

2. 选址模式

重点考虑现状停车供需矛盾突出的地区，综合考虑实施的必要性与可行性，经多轮方案比选并与相关主管部门沟通协商后，建议湾里区公共停车建设采用如下四种建设模式：

（1）模式一：单位外迁——整合现有资源。

结合企事业单位、老旧工厂等单位外迁，将单位用地改造为停车场用地，对外迁后的用地进行集中改造整治，建设临时性停车空间，远期可以结合用地开发对未来泊位的供给形式进行综合考虑。缓解周边停车矛盾。

（2）模式二：独立用地——结合城市建设及改造。

在湾里区正在进行的改造过程中，对于拆除旧建筑所获得的土地，建议其用为公共用地，积极控制停车场用地，主要用于缓解老城相关配套设施不足的问题。

（3）模式三：综合开发——与交通场站等设施共同建设。

在综合考虑到经济性情况下，建议采用综合开发模式，即新建建筑在满足自我配建的基础上，需另外建设服务社会的公共停车场。结合客运枢纽、公交场站等积极推进地块停车复合开发模式。

（4）模式四：绿地/广场地下——结合人防工程建设。

根据相关技术规范和法规，绿地主要包括公共绿地、宅旁绿地、配套公建所属绿地和道路绿地。结合既有绿地或新建绿地，在停车矛盾突出地区，可因地制宜地利用绿地广场等进行优化改造。

3. 选址方案

（1）城区选址方案。

《南昌市湾里区停车场三年建设专项规划》原规划中2016—2018年湾里区城区计划建设公共停车场3处，分别为乌井路南、八面山、紫清山停车场，规划新增泊位约420个。

乌井路南停车场用地为商业用地，建议远期整体综合开发配建补足公共泊位，调整为2018年建设计划。八面山停车场将与磨盘山公园远期统一规划、整体开发，因此将其列为远期建设计划。由于紫清山停车场规划用地性质发生调整，规划调整为商业用地，目前待出让，无法继续建设社会公共停车场，因此在本次修编中取消此处选址。

表10.8-1　原规划建设公共停车场

序号	编号	位置名称	建设模式	形式	占地面积/m²	泊位数/个	调整内容
1	Y-1	乌井路南停车场	单位搬迁/开放	地面泊位	3 490	100	列为2018年计划
2	C-2	八面山停车场	独立用地	地面生态泊位	5 673	150	列为远期计划
3	Y-2	紫清山停车场	单位搬迁/开放	地面泊位	5 800	170	取消

区政府计划于今年启动湾里区旅游集散中心建设工程，其配套停车场采用立体式形式，约提供1 500个泊位。旅游集散中心停车场主要服务于景区游客，满足其停车换乘需求。另外计划于今年在磨盘山公园东侧、规划公共停车场北侧新建一处地面生态式停车泊位，约提供泊位120个，主要满足磨盘山公园停车需求，兼顾周边办公停车，并将这两处列入近期建设计划。

表10.8-2　规划调整建设公共停车场

序号	编号	位置名称	建设模式	形式	占地面积/m²	泊位数/个
1	Y-1	乌井路南停车场	单位搬迁/开放	地面泊位	3 490	100
2	X-3	旅游集散中心停车场	整体开发	立体式停车场	32 356	1 500
3	X-4	磨盘山公园停车场	独立用地	地面生态泊位	6 000	120

（2）景区选址方案。

《南昌市湾里区停车场三年建设专项规划》规划中2016—2018年湾里区梅岭景区计划建设或

扩容公共停车场8处，规划新增泊位约720个。目前已建成梅岭工商局停车场、梅岭地税局北停车场、龙湾广场停车场、太平心街停车场共4处，新增泊位260个。

本次修编保留未建或尚未扩容的七色花海停车场、梅岭老街停车场、竹海明珠景区停车场、狮子峰景区停车场4处为景区服务的公共停车场，将其列入2018年建设计划。

此外，区政府计划于今年启动月亮湾森林公园和九龙溪工程，其配套车场均采用地面泊位形式，其中月亮湾一期工程提供59个泊位，九龙溪停车场约提供256个泊位，共计315个停车泊位。月亮湾和九龙溪停车场主要服务于景区游客，将其列入近期停车场建设计划。

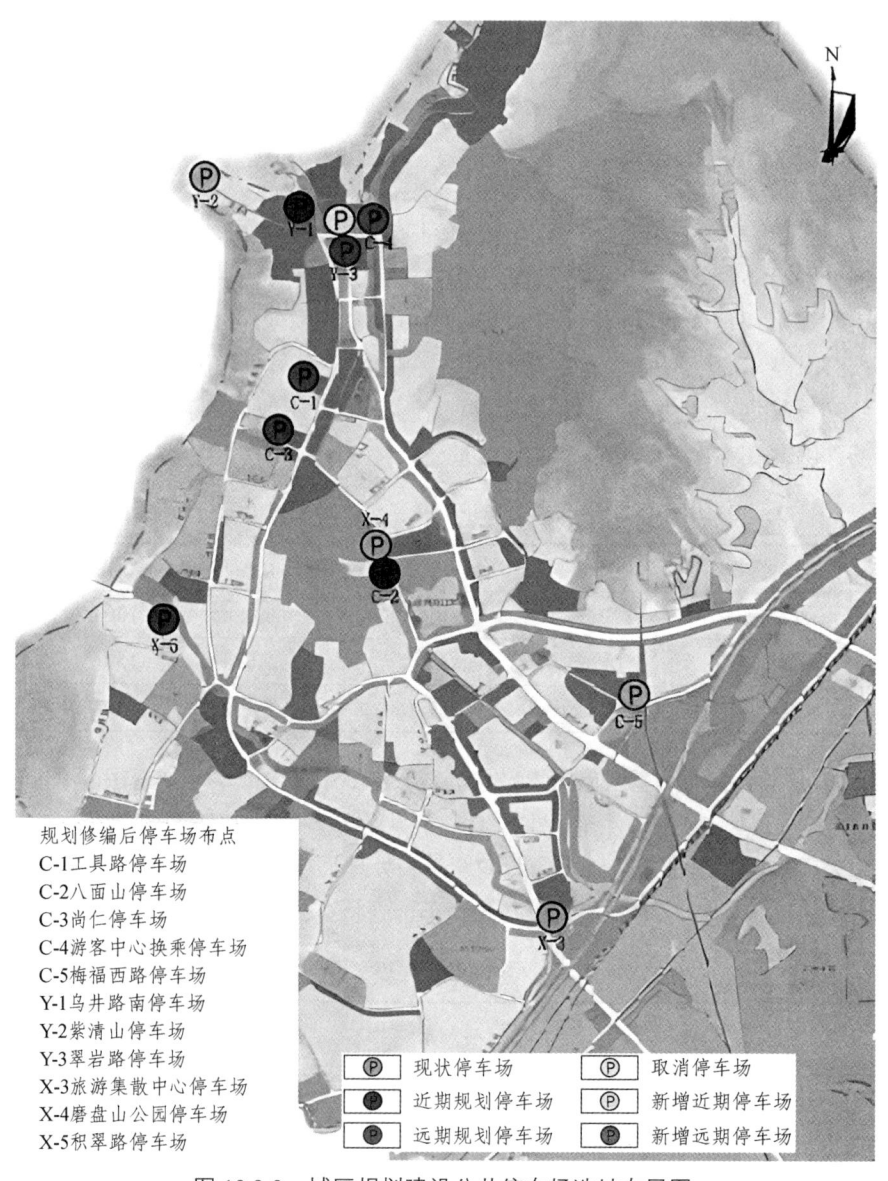

图 10.8-2　城区规划建设公共停车场选址布局图

规划修编后景区新增总泊位数1 035个，其中2017年新增泊位数315个。选址均位于景区分级保护规划划定的三级保护区内，符合规定。

表 10.8-3　景区规划建设公共停车场

序号	编号	位置名称	建设模式	形式	占地面积/m²	泊位数/个	调整内容
1	J-3	梅岭工商局停车场	单位搬迁/开放	地面泊位	1 400	50	已建成
2	J-4	梅岭地税局北停车场	空地改造	地面泊位	1 300	50	已建成
3	J-5	龙湾广场停车场	独立用地	地面泊位	1 800	60	已建成
4	J-7	太平心街停车场	现状扩容	地面泊位	3 000	100	已建成
5	J-1	七色花海停车场	现状扩容	泊位扩容	7 500	100	列为2018年计划
6	J-2	梅岭老街停车场	单位搬迁/开放	地面泊位	3 100	100	列为2018年计划
7	J-6	竹海明珠景区停车场	现状扩容	泊位扩容	8 500	190	保留
8	J-8	狮子峰景区停车场	独立用地	地面生态泊位	2 200	70	保留
9	X-1	月亮湾停车场	整体开发	地面泊位	2 270	59	新增
10	X-2	九龙溪停车场	整体开发	地面泊位	11 680	256	新增

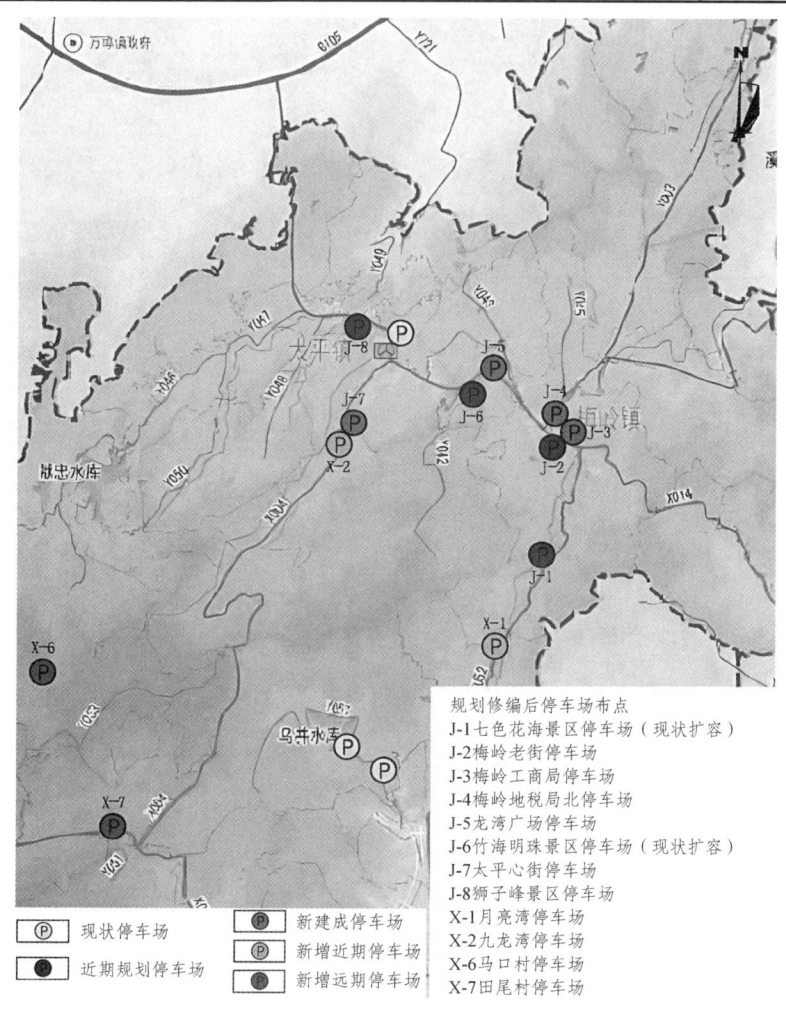

规划修编后停车场布点
J-1 七色花海景区停车场（现状扩容）
J-2 梅岭老街停车场
J-3 梅岭工商局停车场
J-4 梅岭地税局北停车场
J-5 龙湾广场停车场
J-6 竹海明珠景区停车场（现状扩容）
J-7 太平心街停车场
J-8 狮子峰景区停车场
X-1 月亮湾停车场
X-2 九龙湾停车场
X-6 马口村停车场
X-7 田尾村停车场

Ⓟ 现状停车场　　Ⓟ 新建成停车场
● 近期规划停车场　Ⓟ 新增近期停车场
　　　　　　　　　Ⓟ 新增远期停车场

图 10.8-3　景区规划建设公共停车场选址布局图

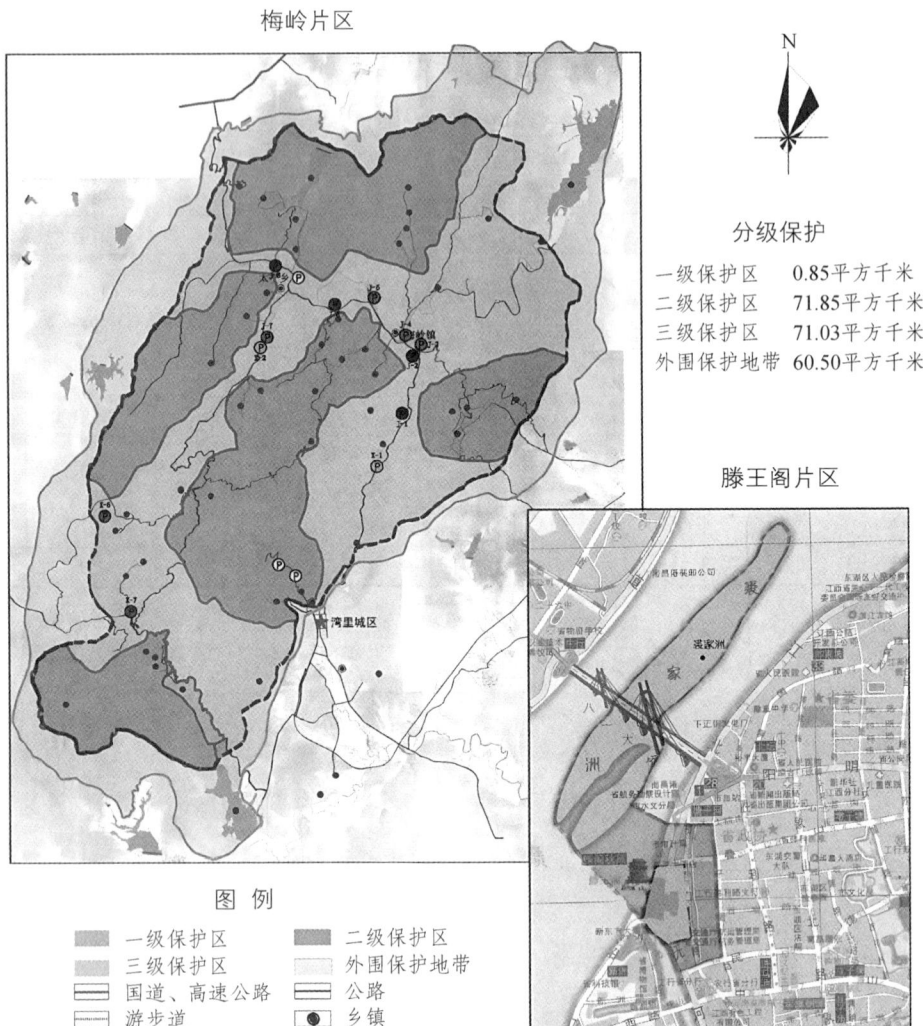

图 10.8-4 景区规划停车场与景区分级保护范围的位置关系图

10.9 城区公共停车场近期建设示例

10.9.1 旅游集散中心停车场

湾里区规划远期采用私人自驾车换乘景区大巴前往梅岭的发展模式,因此在城区西南角天宁路一侧规划了一个大型换乘接驳点,即湾里区旅游集散中心工程项目,结合该项目整体开发建设了立体式停车场,并设置有1 500个小汽车泊位。

（1）用地现状：停车场、绿化用地。

（2）用地规划：公园、绿地。

（3）建设形式：整体开发,立体式停车场。

（4）服务对象：服务景区游客停车换乘需求。

（5）建设年限：2017年。

图 10.9-1　X-3 旅游集散中心停车场

（6）道路承受能力分析：根据旅游集散中心初步交通组织分析方案，项目北侧规划金梅街穿越东侧水系接红枫路、天宁东路。主出入口设置在规划金梅街和贤圃路上，设置两个进口，一个出口。按最极端情况，高峰小时有 1 500 辆车涌入停车场，金梅街和贤圃路出入口分别有 750 辆车进入，道路饱和度将达到 0.75，出入口的排队长度为 3 辆车。规划金梅街和贤圃路均为 15 m 宽，建议拓宽其道路红线至双向四车道，渠化展宽周边交叉口，提升道路和交叉口通行能力。由于该停车场规模较大，建议在项目方案确定后编制交通影响评价报告。

（7）建设建议：加强道路接驳和交通指引，无缝对接集散中心。

（8）管理建议：通过自动扫描车牌便能放车辆进出的停车管理设备，提高停车场使用效率。提供停车换乘优惠，鼓励游客换乘景区大巴，减轻景区停车压力。

图 10.9-2　旅游集散中心停车场社会车辆交通组织初步方案

10.9.2 磨盘山公园停车场

计划于今年在磨盘山公园东侧建设地面生态式停车场，增加泊位 120 个。

（1）用地现状：广场、绿化用地。
（2）用地规划：公园、绿地。
（3）建设形式：地面生态停车场。
（4）服务对象：服务公园游客和周边办公、居住停车需求。
（5）建设年限：2017 年。
（6）建设建议：建设生态式地面泊位，与周边环境协调统一。
（7）管理建议：加强路内停车管理，严查违停。

图 10.9-3　X-4 磨盘山公园停车场

10.10　主要景区停车改善建议

10.10.1　改善目标及改善对象

针对湾里区丰富的旅游以及周末节假日旅游高峰大量游客涌入景区的情况，对主要景区周边停车供需失衡的情况提出相应的改善建议，在一定程度上缓解景区停车难的问题，主要的研究内容包括：

（1）主要景区周边停车场现状评估。
（2）主要景区周边停车场建设建议。
（3）主要景区周边停车场管理建议。
（4）其他优化建议。

10.10.2　改善建议

1. X-1 月亮湾停车场

结合月亮湾森林公园工程整体开发，其配套停车场采用地面生态式泊位，一期工程约提供 59

个泊位，远期二期工程另增加 80 个泊位。

（1）用地现状：景区、绿地。

（2）规划用地：公园、绿地。

（3）建设形式：整体开发，地面泊位。

（4）服务对象：服务月亮湾森林公园及周边景点停车需求。

（5）建设年限：2017 年。

（6）建设建议：结合景区整体开发，建设地面生态泊位。

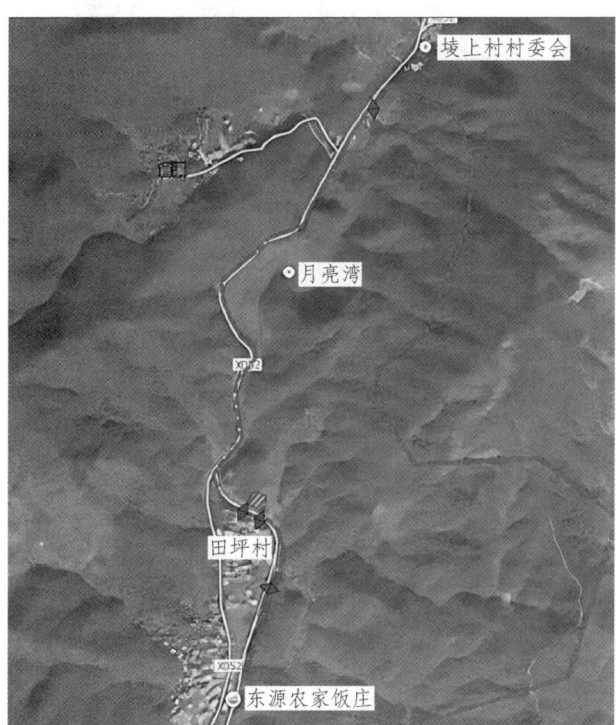

图 10.10-1　X-1 月亮湾停车场

2. X-2 九龙溪停车场

结合九龙溪工程整体开发，其配套停车场采用地面生态式泊位，约新增 256 个泊位。

（1）用地现状：空地、村庄用地。

（2）规划用地：公园、绿地。

（3）建设形式：整体开发，地面泊位。

（4）服务对象：服务九龙溪及周边景点停车需求。

（5）建设年限：2017 年。

（6）建设建议：结合景区整体开发，建设地面生态泊位。

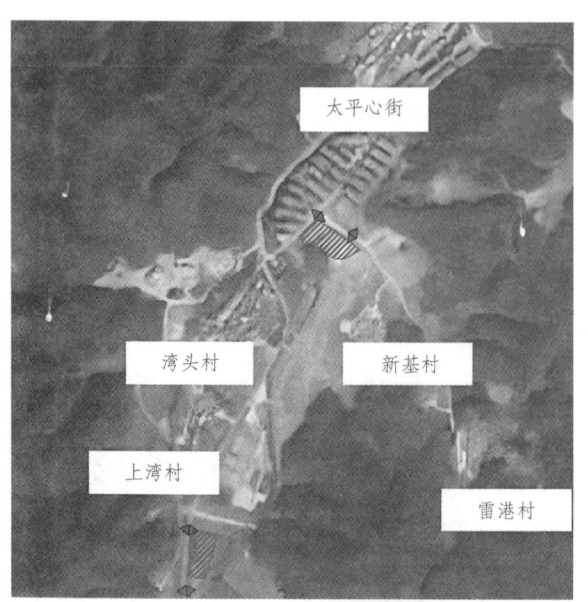

图 10.10-2 X-2 九龙溪停车场

3. J-1 七色花海景区停车场建设建议

既有停车场扩容，小汽车泊位增加 100 个。面积 7 500 m²。

（1）用地现状：停车场，泊位约 380 个，北 240 个，南 140 个。

（2）规划用地：停车场用地。

（3）高峰停车：旅游高峰停车需求约 450 个。

（4）建设年限：2018 年。

（5）建设建议：北停车场逐步改造为高差斜向式停车场；结合北侧停车场扩容，南停车场北区改造为大客车停车场，边界采用乔木分隔，南区逐步建设为七色花海景区，提升整体景观品质。

（6）道路承受能力分析：改造后总泊位数约 480 个。停车场出入口设置在幸西公路（X052）上，按最不利情形假定高峰小时有 480 辆车进入停车场，出入口排队长度为 3 辆车，幸西公路饱和度为 0.69。

图 10.10-3 J-1 七色花海景区停车场

4. J-2 梅岭老街景区停车场

利用学校拆迁用地，建设地面停车场泊位约 100 个，远期结合综合开发建设泊位。

用地现状：待迁学校操场，面积约 3 100 m²

高峰停车：旅游高峰停车泊位需求约 100 个。

规划用地：金融商业用地，调整为停车场用地。

建设年限：2018 年。

建设建议：近期清理场地，施划临时泊位，远期结合地块综合开发并采用代建的形式补足泊位。建议增加旅游专线公交，连接其他主要景区，方便游客停车换乘。

图 10.10-4　J-2 梅岭老街景区停车场

5. J-6 竹海明珠景区停车场

现状停车场东区逐步改造为高差斜向式停车场，增加停车供给。

（1）用地现状：停车场，原泊位 130 个，后期增设 280 个，共 410 个。

（2）规划用地：停车场用地。

（3）高峰停车：旅游高峰停车需求约 480 个。

（4）建设年限：2018 年。

（5）建设建议：停车场东区高程较低，建议自东向西逐步改造高差斜向式停车泊位，预计远期共可提供小汽车泊位 600 个，西区停车空间施划部分大客车泊位，约 30 个

（6）道路承受能力分析：改造后总泊位数约 660 个。停车场出入口设置在蛟万公路（X041）上，设置三个出入口（一双两单），按最不利情形假定高峰小时有 660 pcu 进入停车场，出入口排队长度最长为 2 辆车，蛟万公路饱和度为 0.79。

图 10.10-5　J-6 竹海明珠景区停车场

6. J-8 狮子峰景区停车场

挖掘景区周边空地空间，整合停车资源，灵活组织停车。

（1）规划用地：居住用地调整为停车场用地。

（2）现状停车：停车场小车泊位 230 个，大车泊位 10 个。

（3）高峰停车：旅游高峰停车需求约 400 个。

（4）建设年限：2018 年。

（5）建设建议：狮峰学校整合操场用地，旅游高峰加大对外开放力度，增加泊位供给约 130 个，2018 年西侧整合现状边角用地建设地面停车场，增加泊位供给约 70 个，面积约 2 200 m^2。

图 10.10-6　J-8 狮子峰景区停车场

10.11 公共停车场三年建设计划

10.11.1 进度安排

1. 城区整体进度安排

2017年：建设公共停车场2处，新增泊位1 620个。

2018年：建设公共停车场1处，新增泊位100个。

2. 景区整体进度安排

第一阶段（2016年）：已建设完成公共停车场4处，新增泊位260个。

第二阶段（2017年）：规划建设公共停车场2处，新增泊位315个。

第三阶段（2018年）：建设公共停车场4处，新增泊位460个。

2017年城区和景区新增总停车泊位1 935个，2018年新增总停车泊位560个。后期公共停车场建设过程中，可根据用地条件的变化，对停车场建设安排进行灵活调整。

10.11.2 建设计划与投资估算

进行投资估算时，仅考虑土建费用以及设备安装费用，不考虑土地价格，停车泊位按单位造价匡算，总投资估算为3 600万元。

10.12 远期公共停车场用地规模控制建议

10.12.1 远期公共停车场总体控制方案

1. 规划目标

结合研究范围内现状停车矛盾突出的地区和已经存有潜在停车问题的地区，结合城市总体规划、控制性详细规划等上位规划中对公共停车场用地的规划要求，梳理2018年以后实施的远期公共停车场建设项目库，方便城市建设、停车建设后续工作的开展，逐步缓解该地区日益严重的停车难的矛盾，使停车问题的解决走向良性循环的轨道，并为改善城市公共停车环境和整体形象提供科学的决策依据和支撑。

2. 总体控制方案

根据《南昌市湾里区停车场三年建设专项规划》，远期控制停车场5处，新增泊位约1 050个。

专项规划中列入近期建设的八面山停车场将与磨盘山公园远期统一规划、整体开发，因此将其列入远期规划控制；随着湾里区总体规划调整，新增一处社会公共停车场用地——积翠路停车场，将其一并列入远期规划控制。为满足洗药湖景区停车需求，远期计划在马口村和田尾村建设两处路侧式停车场，新增泊位约26个。

此次修编，新增4处停车场，新增泊位626个，总泊位数为1 606个。

10.12.2 远期停车场控制示例

1. C-2 八面山停车场

结合磨盘山公园统一规划、整体开发，建设绿地立体停车场，泊位400个。

（1）用地现状：空地、绿化。
（2）用地规划：城市绿地、停车场。
（3）建设形式：远期结合磨盘山公园统一规划、整体开发，建设立体式停车场，面积5 673 m^2，建设泊位400个。
（4）服务对象：白天服务周边景区、公园停车需求。
（5）建设年限：2019年。
（6）建设建议：结合行政中心搬迁、磨盘山景区开发、岭秀湖公园客流增长，推进停车场建设，按生态景观型停车场建设
（7）道路承受能力分析：停车场出入口设置在磨盘山北路上，按最不利情形假定高峰小时进入停车场流量为400 pcu，出入口排队长度最长为2辆车，磨盘山北路饱和度为0.55。
（8）管理建议：岭秀湖周边加强路内停车管理，严查违停。

图10.12-1 C-5 八面山停车场

2. C-4 游客中心换乘停车场

结合游客集散中心建设，建设大型换乘地面停车场，泊位500个。

（1）用地现状：办公设施。
（2）用地规划：停车场用地。
（3）建设形式：建设地面生态停车场，面积18 000 m^2，泊位500个。
（4）服务对象：服务游客换乘停车需求。
（5）建设年限：2019年。
（6）建设建议：停车场可满足外来自驾游客换乘停车需求。

（7）道路承受能力分析：停车场出入口设置在洪崖路、翠岩路和七彩路上，按最不利情形假定高峰小时进入停车场流量为 500 pcu，出入口排队长度最长为 1 辆车，洪崖路饱和度为 0.75。

（8）管理建议：周边加强路内停车管理，严查违停。

图 10.12-2　C-4 客运中心换乘停车场

项目名称	南昌市湾里区停车场三年建设规划（修编）	图 例	城区研究范围　景区研究范围　城区重点研究范围	图 名	研究范围图	日 期	2017.6
编制单位	南昌市交通规划研究所					图 号	01　12

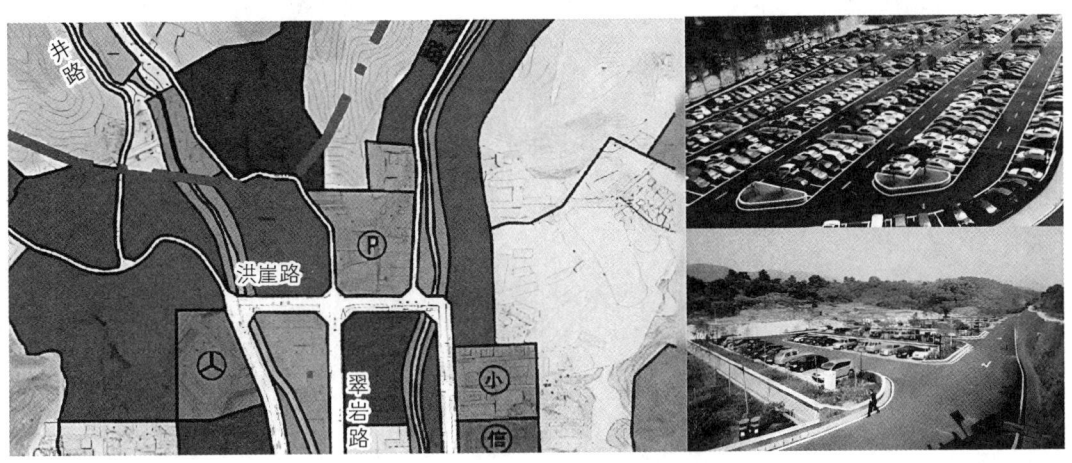

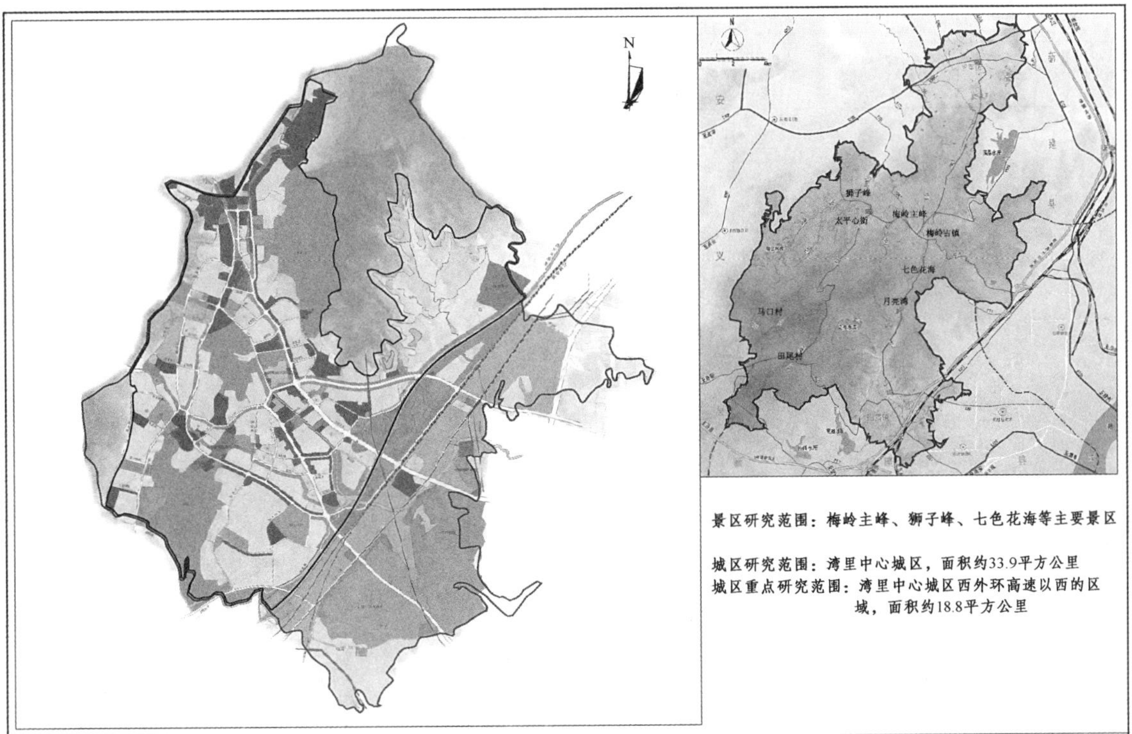

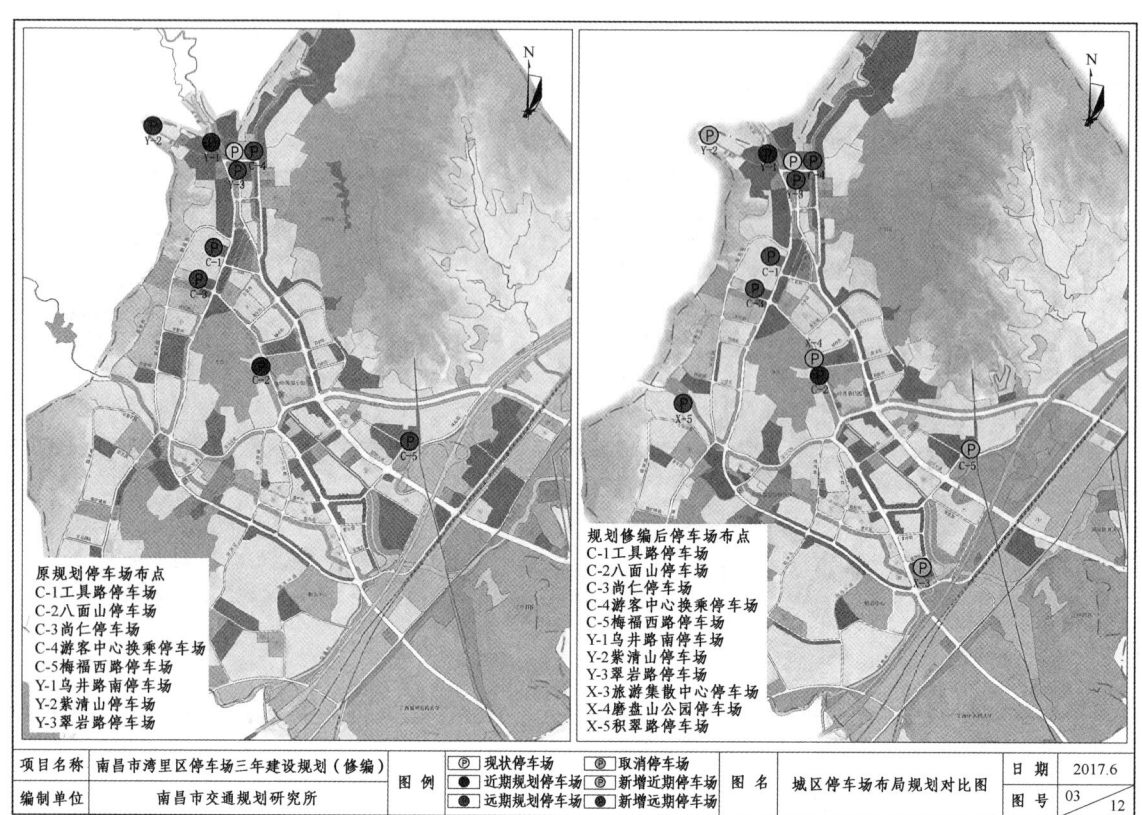

图 10.12-3 城区停车场布局规划对比图

模块 11 莲花县"十四五"城乡客运一体化发展规划案例

11.1 规划概述

11.1.1 规划目标与范围

推进城乡公交一体化,既是道路运输企业可持续发展的必然选择,也是规范客运市场的有力措施,是提升道路客运服务水平的新举措,是广大人民群众出行的实际需求。随着莲花县村村通水泥(沥青)路的大规模建设,为继续加快城乡客运一体化发展速度创造了良好的道路条件,在深入调查研究的基础上,编制完成了莲花县"十四五"城乡客运一体化发展专项规划。

1. 规划目的

(1)树立"四好农村路"(镇村公交)发展试点典型

响应 2020 年江西省省级"四好农村路"(镇村公交)发展试点精神,力争在试点县(市、区)建立"客运出行便捷、经营安全规范、物流体系完善、组织保障有力"的镇村公交发展模式。

(2)确立公共客运交通优先发展地位

通过规划优先、投入优先、财税政策优先、道路交通管理优先,保证公共客运交通用地需求、资金投入、高效运营和换乘方便,增强公共客运交通方式的吸引力度。

(3)加强客运网络区域衔接

加快构筑以常规公共客运为主体、与莲花县和对外交通紧密衔接的多层次、集约型、一体化公共客运交通网络,提高城镇公共客运交通资源的配置效益和运输效率。

(4)提高公共客运交通服务水平

以公共客运交通换乘枢纽为依托,优化公共客运交通线网,增强出行机动性、可达性和可选择性,改善换乘设施条件,缩短出行时间。

2. 规划范围与时限

(1)规划范围。

本次公共交通发展规划范围为两个空间层次:县域和城市规划区。其中县域涵盖了行政辖区内 5 个镇和 8 个乡,面积约 1 072 km^2。城市规划区与《莲花县城市总体规划(2011—2030)》确定的城市规划区范围一致。包括琴亭镇 70.38 km^2(5 个居委会、23 个村),升坊镇 48.82 km^2(9 个村)。莲花县地理位置如图 11.1-1 所示。

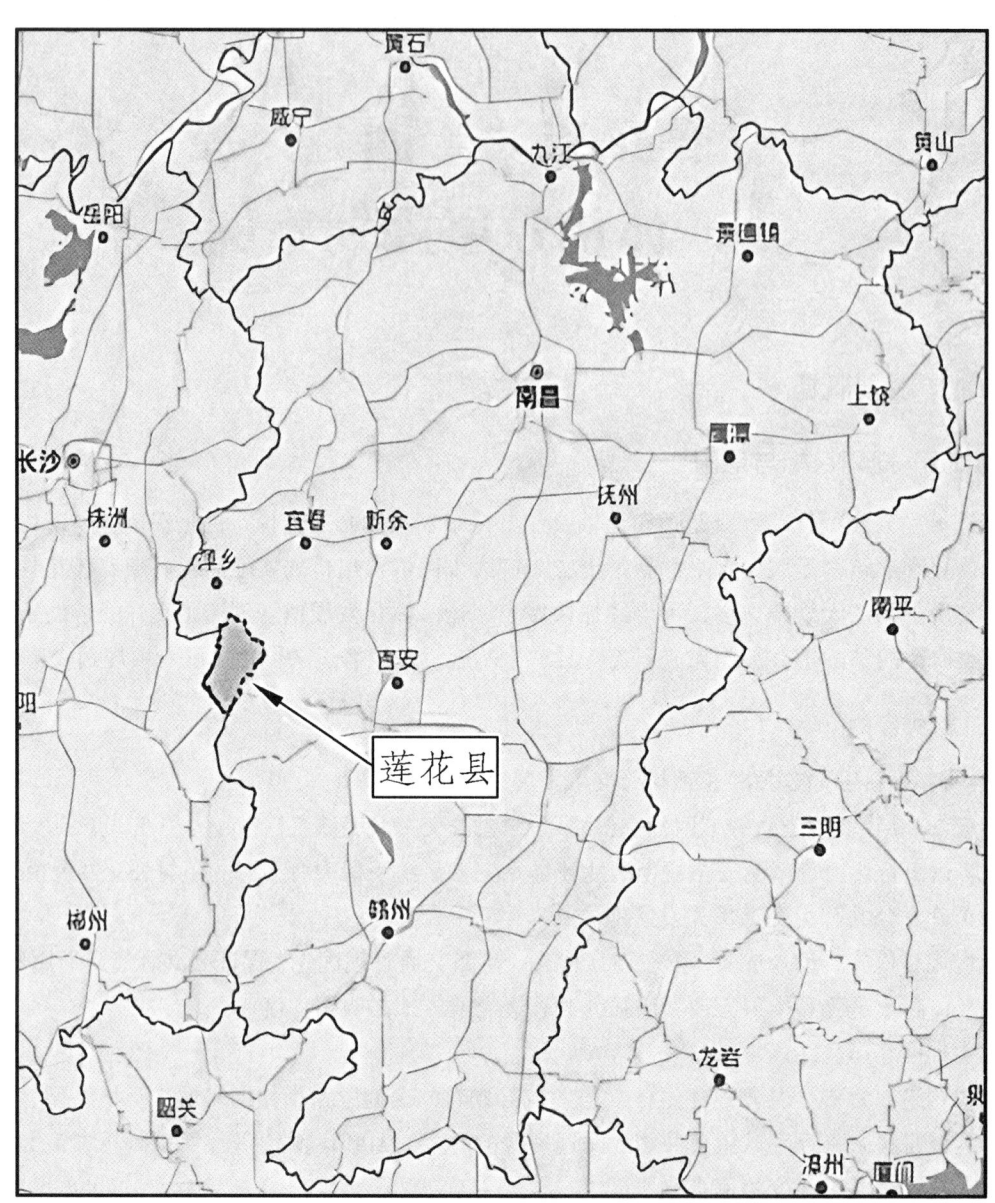

图 11.1-1　莲花县地理位置

（2）规划时限。

规划时限为"十四五"期间，即 2021—2025 年。

11.1.2　规划依据

（1）《莲花县城市总体规划》（2011—2030）；

（2）《国务院关于城市优先发展公共交通的指导意见（国发〔2012〕64 号）》；

（3）《交通运输部关于贯彻落实〈国务院关于城市优先发展公共交通的指导意见〉的施意见（交运发〔2013〕368 号）》；

（4）《2020 年江西省省级"四好农村路"（镇村公交）发展试点专项资金申报指南》；

（5）《江西省"四好农村路""运营好"指导意见赣交运输字〔2018〕32号》；

（6）《江西省交通运输厅关于2018年度江西省城乡道路客运一体化发展水平评价工作情况报告》；

（7）《莲花县城乡客运一体化发展中长期规划（2016—2020）》；

（8）《莲花县"四好农村路"（镇村公交）发展工作实施方案》；

（9）《莲花县农村客运公交化电动化改造实施方案》。

11.1.3 规划内容

在对现有公交线网近期进行优化的基础上，提出莲花县城市公交线网中长期规划方案；结合莲花县城乡公交发展和居民出行需求，提出莲花县城乡公交发展规划；提出规划实施的保障体系。规划内容如下：

（1）莲花县城乡客运一体化发展现状及问题分析：包括莲花县城市公交和镇村公交发展现状调查、居民公交出行调查及对城乡客运一体化发展存在问题的分析。

（2）莲花县城乡客运一体化发展线网规划：在城乡客运发展现状及居民公交出行调查的基础上，构建居民出行预测分配模型，对城乡公交进行客流分配，分析城区和村镇公交客流走廊，对县、乡、村三级公交线网进行布局优化和中长期规划。

（3）莲花县城市公交和镇村公交基础设施布局规划：根据公交出行需求预测，对公交停靠站、候车亭站点、公交场站设置进行优化和中长期规划。

（4）莲花县城乡客运服务一体化规划：按照省厅"四好农村路"（镇村公交）发展试点和交通运输部城乡交通运输一体化示范县创建工程考核要求，进行莲花县城乡客运服务一体化发展规划。

11.2 莲花县城乡公共客运发展现状分析

11.2.1 公共客运发展概况

莲花县加快推进城乡客运一体化建设，截至2020年8月，已开通镇村公交线路38条，投入运营的纯电动汽车58辆。同时，17条农村客运班线，共计车辆数53辆，莲花县镇村公交线路占比61%，新能源汽车占比52%。

莲花县拥有二级客运站1个，农村客运站6个，其中三级站2个、四级站4个、充电站4座、安装充电桩18套、港湾式公交站台31个，农村客运候车亭155个，具备通客车条件的行政村2 km范围内均设有候车亭，覆盖率达100%。莲花县农村综合服务站、农村客运服务站点以及运行的公交线路，全部由四家汽车运输公司经营，分别为长兴汽车运输有限公司、公共交通汽车运输有限公司、恒达汽车运输有限公司和联顺客运有限公司。莲花县现有7个在运营的客运站，分别为莲花县汽车站、兴业客运站、高洲客运站、升坊客运站、井头客运站、湖上综合服务站、坊楼综合服务站。规划客运站有4个，分别为良坊客运站、闪石客运站、荷塘客运站和路口客运站。

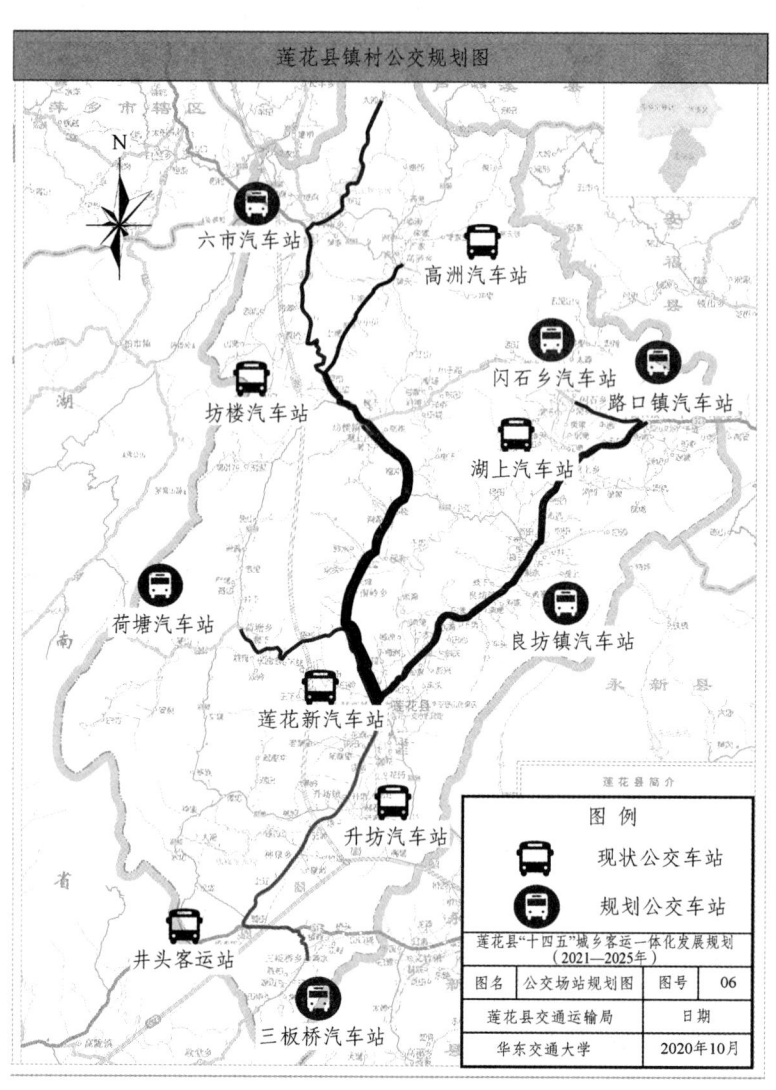

图 11.2-1 莲花县客运站现状和规划分布

11.2.2 公交车辆配置现状分析

一般通过城市万人拥有公交标台数指标来反映城市公交客运实际能力。也就是服务于城市一定空间内每万人拥有的公交车辆标台数。即

$$公交车辆拥有率 = \frac{服务于市区居民出行的公交车辆标台数(标台)}{市区人口(万人)}$$

在畅通工程中要求：C、D 类城市一类管理水平该指标≥9 标台/万人、二类管理水平 7~9 标台/万人。在《城市道路交通规划设计规范》中，中、小城市为每 1 200~1 500 人一辆标准车，即 7~8 标台/万人。

据统计，莲花县城区人口 11 万，规划区（中心城区）总人口近 16 万，县城拥有运营公交车辆 132 辆，折合标准公交车 132 标台（7~10 m 的公交车为标准车。10~13 m 车型折算为 1.3 标台，16~18 m 车型折算为 2.0 标台，大于 18 m 车型折算为 2.5 标台），万人公交车拥有量为 8.25 标台，略高于《城市道路交通规划设计规范》中规定的中小城市 7~8 标台/万人的标准。应更多地从公交线网的便捷性和出行比例等方面考虑，将公交车辆拥有总量作为参考指标。

11.2.3 调查方案简介

为做好莲花县城乡客运一体化规划，全面掌握莲花县公交需求特征，华东交通大学交通工程设计研究院设计了能够满足项目后期规划所需要的相关调查内容。2020 年 8 月，在莲花县交通运输局的具体组织与协调下完成了调查。调查工作主要从以下五个方面进行：

（1）公交跟车调查；

（2）公交站台询问调查；

（3）城乡客运班线跟车调查；

（4）城乡客运场站情况调查；

（5）城区长途客运及城乡公交情况调查。

11.2.4 公交出行调查分析

课题组于 2020 年 8 月 16 日至 2020 年 8 月 19 日针对莲花县城乡客运出行状况进行了问卷调查，收回的有效数据有 898 份。其中：对县域居民进行出行调查，分析居民各出行方式的占比和年龄分布；公共交通调查问卷星分析，对问卷星的各数据进行图表分析及总结现状存在问题；城乡客运一体化网络调查分析，分析县域居民出行方式情况、主要存在问题、期望客运运行模式或票价等；线路客流量分析，对一些代表性线路和问题突出线路进行跟车调查和分析。

11.2.5 城乡道路交通现状分析

出城区道路宽阔，道路设施条件良好，城乡道路都已白改黑，道路硬件设施较好，城乡道路路面车道分隔线存在很多磨损，需要重新布设。319 国道及 322 国道部分道路上机非混行严重，过境车辆较多，存在路边随时停车的现象，导致造成道路运行状况较差。

1. 公交线路规划滞后

城区道路缺乏系统专业规划，路网结构、道路等级布局不合理，城区许多道路狭窄、路幅较小，难以形成合理畅通的道路网络，给交通主干道造成了巨大的行车压力。

2. 公交首末站、停车场用地缺乏保障

目前莲花县公交首末站布设较为缺乏，难以保证公交正常的运营调度。公交停车保养场地、首末站规模不能适应发展的需要。公交港湾式停靠站的建设发展速度缓慢，停靠站的设施建设有待加强。

3. 公交服务水平低

公交基础设施建设严重滞后、如公交候车亭（点）数量过少，站点设置不合理，带来了许多弊病。随地招手、随地停车、路边回车等现象时有发生，既影响了交通秩序，又存在安全隐患。另外，公交准点率低、中心区车速慢、外围区上下客随便等，大大影响了公交的服务质量。

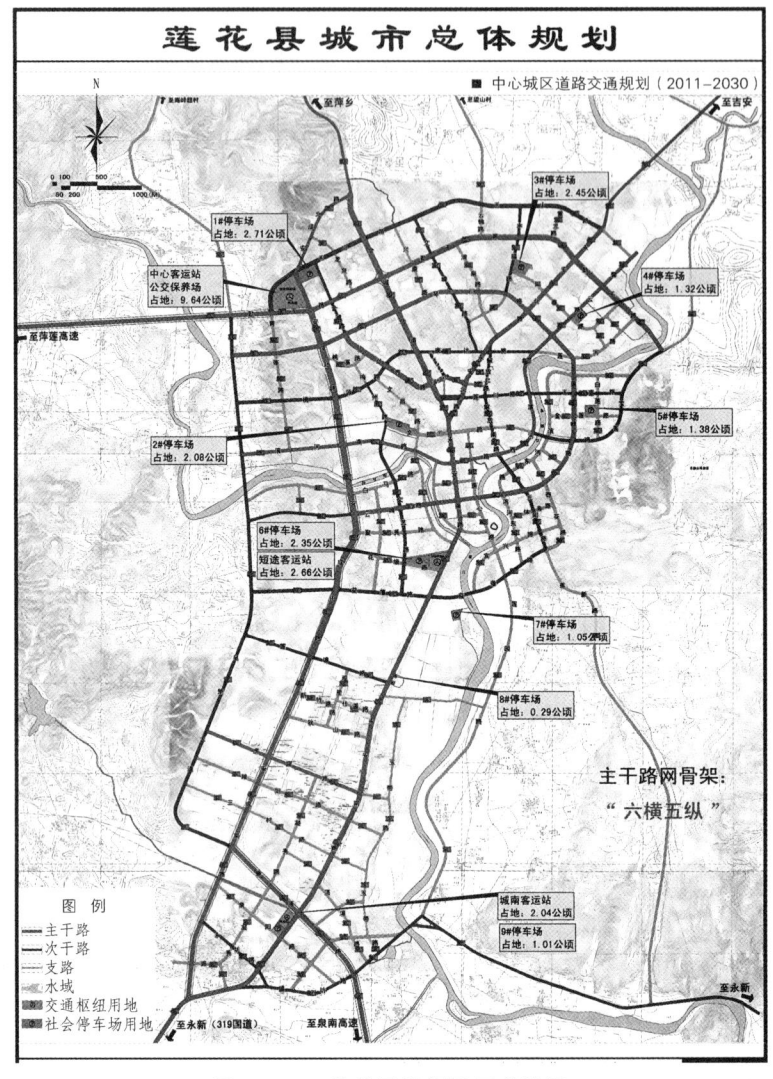

图 11.2-2 莲花县总规城区道路网

4. 三轮拐的营运影响城市形象，出租车营运受到严重影响

城区非法营运三轮拐冲击了公共交通客运市场，这些车辆擅自从事客运工作，行为规范无法保证，与出租车、公交车争抢客源，侵害合法经营者的利益，也给交通安全带来重大隐患。

5. 公交发展资金缺乏，制约公交进一步发展

城市公共交通企业属公益事业，执行低票政策。据走访调研，目前公交公司经营成本逐年增长，一是燃油价格、人工成本及其他各项管理成本不断上升，致使公交公司一直处于亏损状态；二是车辆更新压力大，经营成本的不断上升，使得公交企业经营举步维艰。

6. 政府扶持力度不够

公交属于公共事业，公交的长足发展与政府的支持力度息息相关。在政策上，政府应该在财政税收减免等方面对公交采取更多的倾斜措施，在用地开发时也应优先考虑公交项目。

11.3 公共交通需求预测

11.3.1 交通分布预测

根据莲花县城市发展水平，居民出行调查抽样率的大小，选用了双约束重力模型进行居民出行分布预测。本次调查中，采用居民出行纸质和网络调查问卷的方式，收回有效数据 898 份，有效率为 89.8%。

11.3.2 客运交通方式划分预测

经过居民出行调查得到的莲花县城区居民各出行方式的出行量比例如表 11.3-1 所示。

表 11.3-1　不同出行方式出行量的比例

出行方式	步行	自行车	电动车	公交车	出租车	摩的	摩托车	私家车	其他
比例	22.2%	8.4%	24.3%	9.6%	2.1%	17.9%	4.7%	9.6%	1.2%

由表 11.3-1 可知，莲花县城区居民公交出行比例较低，仅有 9.6%，步行、电动车和拐的、私家车出行所占比例较高。造成这种现象的主要原因是，随着莲花县居民的人均收入提高，居民更加青睐出行省时、方便、自由的个体化机动交通工具；另外莲花城区规模相对较小，使用非机动车就能较好地满足日常的出行要求，因此公共交通无明显距离优势。

表 11.3-2　莲花县城区 2020 年末居民出行方式结构建议值

出行方式	步行	自行车（含电动自行车）	公交	出租车	拐的	摩托车	私家车	其他
比例	23%	30%	13%	4%	10%	5%	11%	4%

表 11.3-3　莲花县城区 2025 年居民出行方式结构建议值

出行方式	步行	自行车（含电动自行车）	公交	出租车	摩托车	私家车	其他
比例	22%	28%	18%	7%	5%	15%	5%

表 11.3-4　莲花县城区 2030 年居民出行方式结构建议值

出行方式	步行	自行车（含电动自行车）	公交	出租车	摩托车	私家车	其他
比例	20%	24%	25%	8%	4%	16%	3%

11.3.3 莲花县城区公共交通需求预测

1. 公共交通客运量预测

根据莲花县居民出行总量预测和公交出行方式结构，预测规划年（2025年）莲花县公交日均出行量为2.20万人次，规划年（2030年）莲花县公交日均出行量为4.00万人次。

2. 公共交通出行分布量预测

利用已得到的交通出行OD分布和各交通小区间的公交出行方式比例，可得到规划年莲花县公交出行OD分布，莲花县城区2025年交通小区交通吸引量与发生量如图11.3-1所示，莲花县城区交通需求预测期望线图，如图11.3-2所示。

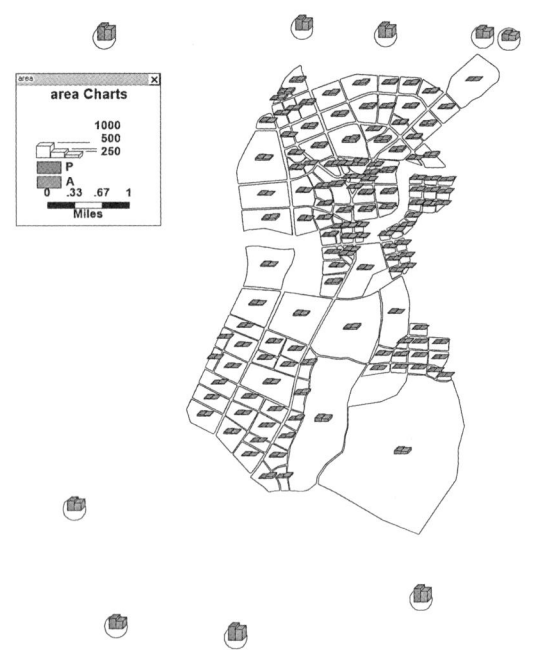
图11.3-1 莲花县城区2025年交通小区交通吸引量与发生量

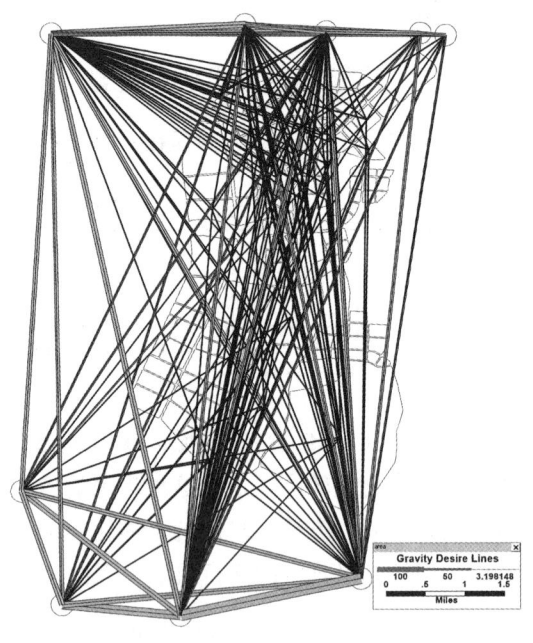
图11.3-2 莲花县城区交通需求预测期望线图

11.4 城乡公共交通发展战略研究

11.4.1 国内外城乡公交发展经验

1. 国外城乡客运交通发展经验

纵观世界各国大城市客运交通的发展历史，大致可归纳为两种发展模式：一种是以美国为代表的大量发展私人小汽车的模式，一种是以日本、法国、墨西哥等为代表的大量发展公共交通的模式。

（1）从美国客运交通发展得到的启示：在城市交通结构尚未完全稳定、私人小汽车交通发展处在上升阶段时，应抓住机遇，切实贯彻优先发展公共交通的战略，引导客运交通结构向低碳、绿色的方向发展，避免今后为扭转过度依赖小汽车的状况而付出巨大的代价。

（2）从西欧诸国客运交通发展得到的启示：应进一步加强城市公共交通基础设施建设，包括线网结构的优化和停车场、换乘枢纽的建设，特别是要加强进出萍乡市城区的换乘枢纽、乡镇公交与城市公交换乘枢纽的建设；进一步完善城市布局和交通规划，加强管理，提高服务水平，使现有交通设施能力充分发挥效益，引导人们的出行转向公共交通。

（3）从日本客运交通发展得到的启示：城市需制定科学的交通发展政策和可行的技术经济政策，发展大容量、快速的公共交通方式，逐步建立以快速公交为骨干，多空间、多层次、多交通方式选择的综合公共交通系统。

（4）从墨西哥城市客运交通发展得到的启示：有效控制私人交通发展，对公共交通的发展给予政策和经济等方面的倾斜，使公共交通市场份额逐步增加，城乡客运交通结构日趋合理。

2. 国内城市客运交通发展经验

（1）从深圳客运交通发展得到的启示：站在政府层面上转变观念，真正树立起优先发展公共交通的思想，同时不断开发市场，开设特色公交服务。针对莲花县的具体情况，对大型企业集团聚集地开行高密度的通勤交通是服务的一个重点方向。

（2）从扬州客运交通发展得到的启示：规划建设公交专用道是改善公交密集线路道路通行效率的一种行之有效办法。除了上述两个城市（深圳、扬州）之外，其他城市也无一例外的将公共交通放在优先发展的地位，可以说，公共交通是最适合中国城市发展的交通方式。

3. 经验总结

在萍乡市以及在莲花县，通过公共交通来解决未来城市居民出行需求已日渐成为普遍共识。目前全国正处在城市机动化发展的关键阶段，通过本次城乡公交一体化规划不仅为未来莲花县的城乡交通发展打下良好基础，也对引领以公交为导向的新型城镇化发展方向具有重大意义。

11.4.2 城乡公交一体化的提出

1. 新型城镇化和城乡一体化发展趋势

公共交通是城乡重要的公共服务产品，公交一体化是实现新型城镇化的重要保障和前提之一，有利于为城乡居民提供均等化的公交服务，实现公交资源的均衡配置，方便广大城乡居民出行。

2. 城乡公交一体化

在城乡一体发展的新型城镇化大背景下，城乡公交一体化对于促进新型城镇化发展的作用越来越受到国家的重视。

（1）城乡公交定义：城区（或中心镇）与镇（或村）之间的公共交通联系方式，依托城市道路和公路布设固定路线并统一编号，设置沿途固定停靠点和首末回车场站，采用公交车型并借鉴城市公交的运营管理方式。城区与镇之间的线路称为干线公交；中心镇为片区范围的重点镇，片区中心镇往下的线路为支线公交。

（2）城乡公交一体化的必要性：一是新型城镇化发展的需要，促进城乡协调发展，使城乡居民能够共享城市文明和社会经济发展的成果。二是城乡客运交通发展的必然趋势，将分散的城乡客运市场整合成统一规范的客运市场。

11.4.3 莲花县城乡公交一体化发展战略与目标

1. 公共交通发展战略

（1）总体战略。

坚持以人为本，大力发展公共交通，满足城乡居民日益增长的公交出行需求，形成更为协调、便捷、舒适、安全的优良公交体系，逐步缓解城市交通压力和改善交通环境，塑造合理的客运交通方式结构，实现莲花县客运交通和用地布局的可持续协调发展，实现城乡公交一体化。

（2）公交功能定位。

将"公交优先"作为城市交通发展的主要策略，大力发展公共交通；通过科学规划建设城市快速、高效、安全、舒适的公交网络系统，提升莲花城乡公交整体服务水平，逐步提高公共交通吸引力，引导居民转向选择公交出行，从而促进莲花县客运交通体系的健康可持续发展，形成公共交通、小汽车与慢行交通协调发展的交通模式。

2. 公共交通发展目标

建设一个安全、方便、快速、准时、舒适、惠民的公共交通体系（"一个目标"）；实现老百姓满意、公交职工满意和政府满意（"三个满意"）；为莲花县创建一个安全、有序、方便、人性、高效的公共交通出行环境（"五个创建"）。

3. 公共交通规划指标

莲花县公共交通规划指标如表11.4-1所示。

表11.4-1 莲花县公共交通规划指标

城区公交规划指标	农村公交规划指标
"十四五"（2025年）指标	"十四五"（2025年）指标
规划城市居民每万人公交车拥有量达到10标台； 公共汽车交通出行占居民总体出行比例达到20%； 莲花县城区内居民单程公交最大出行时耗不大于30 min，莲花县城区至萍乡市中心城区单程公交最大出行时耗不大于80 min； 规划城区公交线路密度不小于3.0 km/km²； 乘客平均换乘次数不大于1.4； 公共交通线路平均非直线系数不大于1.4； 市内公交站点间距应为500～800 m，城市边缘区公交站点的间距可以达到800～1 000 m；公交车站服务面积占城市用地的比例，以300 m半径计算，不小于城市用地面积的50%，以500 m半径计算，不小于城市用地面积的90%； 高峰时段公交的平均满载率不大于90%，平峰时段的平均满载率不大于70%； 新能源公交车占比达到10%以上	半日往返——各乡镇以公交方式与莲花县城区实现半日往返； 各镇建设专用公交场站； 重点镇与中心城区之间有直达线路，其他乡镇集镇与中心城区之间公交换乘不超过1次； 按1 km半径计算，线路行政村覆盖率100%； 乡镇农村客运站覆盖率达100%，建制村候车亭覆盖率达100%； 建制村通客车率100%，镇村公交线路数占县域内总的农村客运班线比例达100%； 建制村农村客运站点 2 km 覆盖率达到100%； 农村客运车辆公交化比率达30%

11.4.4 城乡公交一体化服务体系概念设计

城乡公交一体化服务体系设计的目的就是较完整地提出城乡公交服务体系结构框架，力争莲花县小汽车涌入家庭之前确定公共交通的主体地位。

1. 城乡公交一体化服务体系

根据莲花县城乡公交发展的现状及上位规划情况，实现县域范围内公交城乡一体化，提高常规公交覆盖率，通过建设公交出行信息系统提升莲花县公交服务水平。

2. 公共汽车交通服务体系设计

将莲花县公交服务系统分为三个层面：县域层面、城镇层面和镇域层面。

（1）县域层面：将县中心城区，县域重要镇区作为相互之间连接的节点，完善这些节点间的公交网络联系，形成整个市域的公交系统。

（2）城镇层面：促进城乡一体化发展，实现公共服务均等化和公共设施均衡配置，适应城乡发展的需要。

（3）镇域层面：莲花县镇域线路的布设应在现有的基础上实现"村村通公交"。

3. 公交出行信息系统

乘客信息服务手段有多种，可以是网站（主要提供运营信息查询）、电子站牌（路边信息提示设备）、车内设备（报站系统、显示屏等）、场站或路边的查询终端（交互式的查询系统）、枢纽站的客流引导系统、与电信部门联合提供的短信服务等。

11.5 城乡公共交通线网规划

11.5.1 规划概述

1. 规划原则

以莲花县的城市发展规划和公交发展为背景，以现状调查结果和预测的公交 OD 量为依据，以方便居民出行为目的，使公交充分发挥基础产业的作用，对 2025 年莲花县公交线网提出整体布局方案。在本次规划中着重需要解决以下几个问题。

（1）公交公司多而杂：莲花县目前有四家公交公司，每家公司负责不同的线路，均为私营企业，不属于莲花县交通运输局管辖范围之内。

（2）公交线路及发车时间和班次需调整优化：现有公交线路重复系数较高，导致资源浪费。许多乘客建议公交线路调整发车时间。部分线路每天发车班次低于 6 班，不满足镇村公交发展试点要求。

（3）公交停靠站点：根据《公交场站设计规范标准》，几条公交线路重复经过同一路段时，中途站宜合并。停靠站的通行能力应与各条线路最大发车频率总和相适应。

（4）公交票价问题：许多乘客建议公交票价优惠一些，按照里程收费或者统一收费都能被接受。

2. 规划思路

公交线网规划是在现有公交线路的基础上，根据未来城市空间结构及用地性质的变化引起的客流产生、吸引点及客流走向的变化情况，对原有线路的走向、站点进行调整，并根据需要开辟新的公共交通线路。城乡公共交通线网规划思路如图 11.5-1 所示。

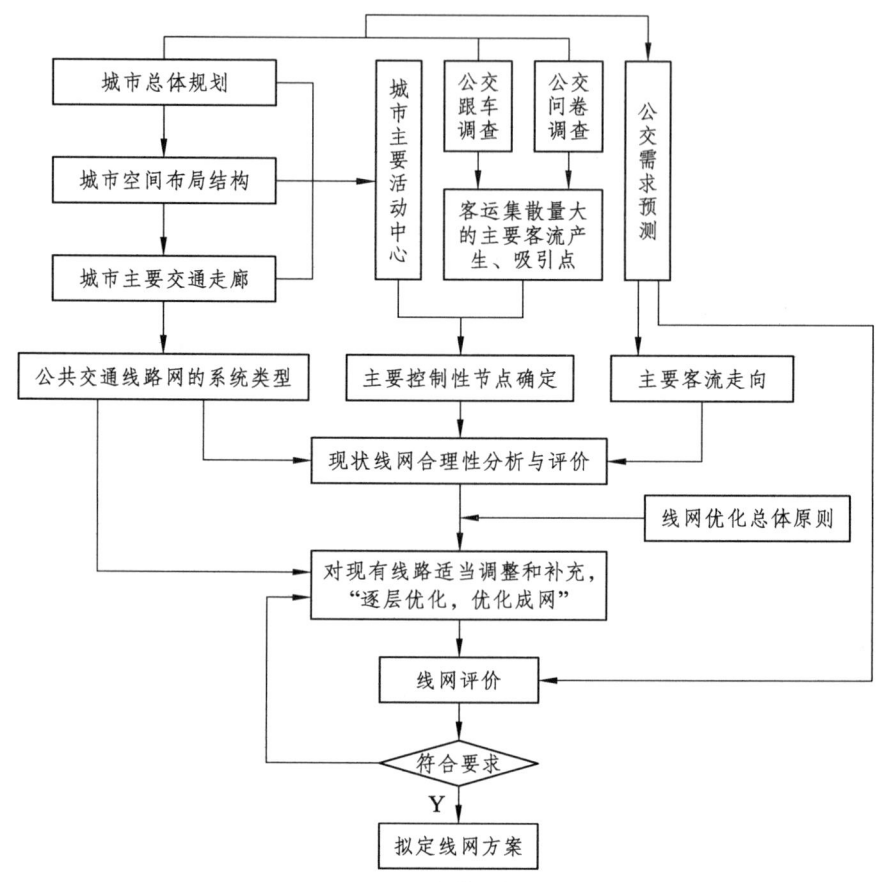

图 11.5-1　公交线网规划思路

11.5.2　公交线网规划

本规划将莲花县公交线网划分为三个层次：城区公交、城镇公交以及镇村公交。

1. 城区公交规划

（1）规划思路。

加强片区之间的联系，尤其是核心区和主要居住区之间的线网布设；结合停车场布局考虑线路布局以利于公交线路之间的换乘及其他交通方式与公交之间的换乘；结合城市出入口布局及客运场站的布局考虑城区公交与镇村公交之间的衔接。

（2）线路调整及线路优化。

调整公交枢纽站，例如恒达汽车站和兴业汽车站相近，保留车站建设及设施更规范齐全的兴业汽车站。汽车枢纽站调整为三个：莲花新汽车站、升坊汽车站和兴业汽车站。莲花新汽车站和升坊汽车站主要负责城区外围客运及城镇客运，兴业汽车站主要负责城区内部客运。线路调整如下。

① 线路1：路线大致保持不变，线路始末站为升坊汽车站和兴业汽车站，微调中间站点名称，线路名改为104路。

② 线路2：微调线路。始末站为斜田和财政局，线路名改为105路。

③ 线路4：考虑到勤王路与广兴路之间的金城大道路段公交线路重复系数高，微调路线，路线调整为从升坊汽车站出发截止至莲花县新汽车站，线路名改为103路。

④ 线路3、5、6和7都调整了路线，各线路优化调整后，线路名编号分别为106路、107路、101路和108路。分别覆盖了赛狮路、君子路、潞江—琴亭和解放南路，广兴路以及凫村。

近期公交各线台班如表11.5-2所示。

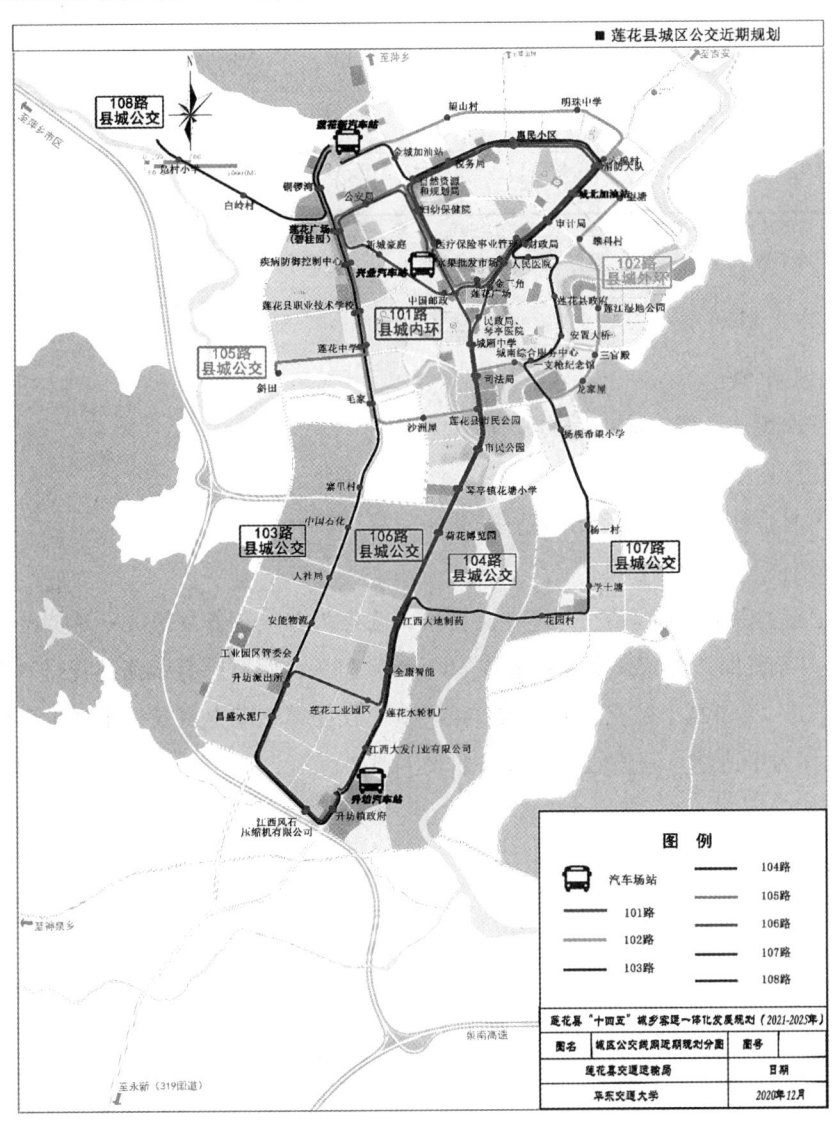

图 11.5-2　城区公交近期规划图

表 11.5-1　近期公交各线安排台班表

线路	站点数	里程/km	停车时间/s	速度/(km/h)	运行时间/min	发车间隔/min	车辆数/台
101 路	16	8.8	25	20	40	15	3
102 路	18	12.7	25	20	85	15	4
103 路	16	8.5	25	20	60	15	4
104 路	20	11.4	25	20	75	15	5
105 路	11	5.6	25	20	40	15	3
106 路	13	8.7	25	20	60	15	4
107 路	22	14.7	25	20	95	30	3
108 路	3	3	25	20	30	15	2

注：常规公交首末站时间安排：夏季：6:30—18:30；冬季：6:30—18:00；
　　微公交首末时间安排：夏季：6:30—20:00；冬季：6:50—19:30。

2. 城镇公交规划

（1）规划思路。

① 遵循线路覆盖主要客流走廊的原则。

② 线路长度适中。

③ 线路重复系数与非直线系数应适中。

（2）线路调整及线路优化。

调整及优化后城镇公交起始站为莲花县县城，终点为莲花县各乡镇，不延伸至各村。城镇公交一共规划了 7 条线路，所有公交线路名称均以"2"打头。保留原有线路莲花—六市乡，将其命名为 204 路公交。为了减小公交重复系数，南岭乡、良坊镇、湖上乡及神泉乡没有作为公交线路终点站，而是作为中途站。调整优化后线路如表 11.5-3 所示。

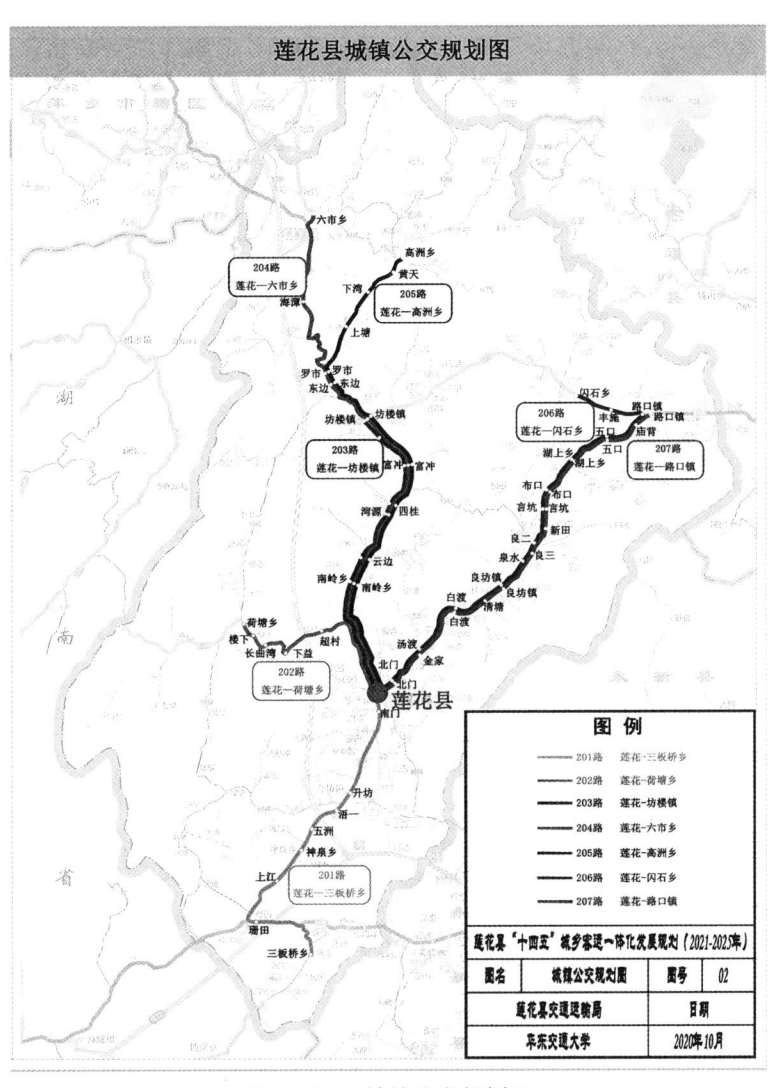

图 11.5-3 城镇公交规划图

表 11.5-2 城镇公交规划线路

线路名称	线路走向	途经站点
201路	莲花—三板桥乡	南门、升坊、浯一、五洲、神泉乡、上江、珊田
202路	莲花—荷塘乡	超村、下益、长曲湾、楼下
203路	莲花—坊楼镇	南岭乡、云边、湾源、四桂、富冲、奢下
204路	莲花—六市乡	南岭乡、湾源、富冲、坊楼镇、东边、罗市、海潭
205路	莲花—高洲乡	南岭乡、云边、四桂、富冲、坊楼镇、东边、罗市、上塘、下湾、黄天
206路	莲花—闪石乡	北门、杨渡、白渡、良坊镇、泉水、良二、言坑、布口、湖上乡、五口、路口镇、丰施
207路	莲花—路口镇	北门、金家、白渡、清塘、良坊镇、良三、新田、言坑、布口、湖上乡、五口、庙背

3. 镇村公交规划

（1）规划思路。

① 公交线路延伸至各村。

② 为了加强各乡镇之间的联系，方便莲花县居民，在某些乡镇之间设公交线路。

③ 线路非直线系数和重复系数不宜过大，满足公交线网覆盖率的要求，尽可能覆盖城市所有乡镇。

（2）线路规划。

镇村公交一共有 25 条线路，所有线路名称均以"3"开头。选取了 7 个乡镇作为枢纽，分别为升坊镇、荷塘乡、坊楼镇、高洲乡、路口镇、良坊镇、湖上乡。莲花县镇村公交规划如表 11.5-4 所示。

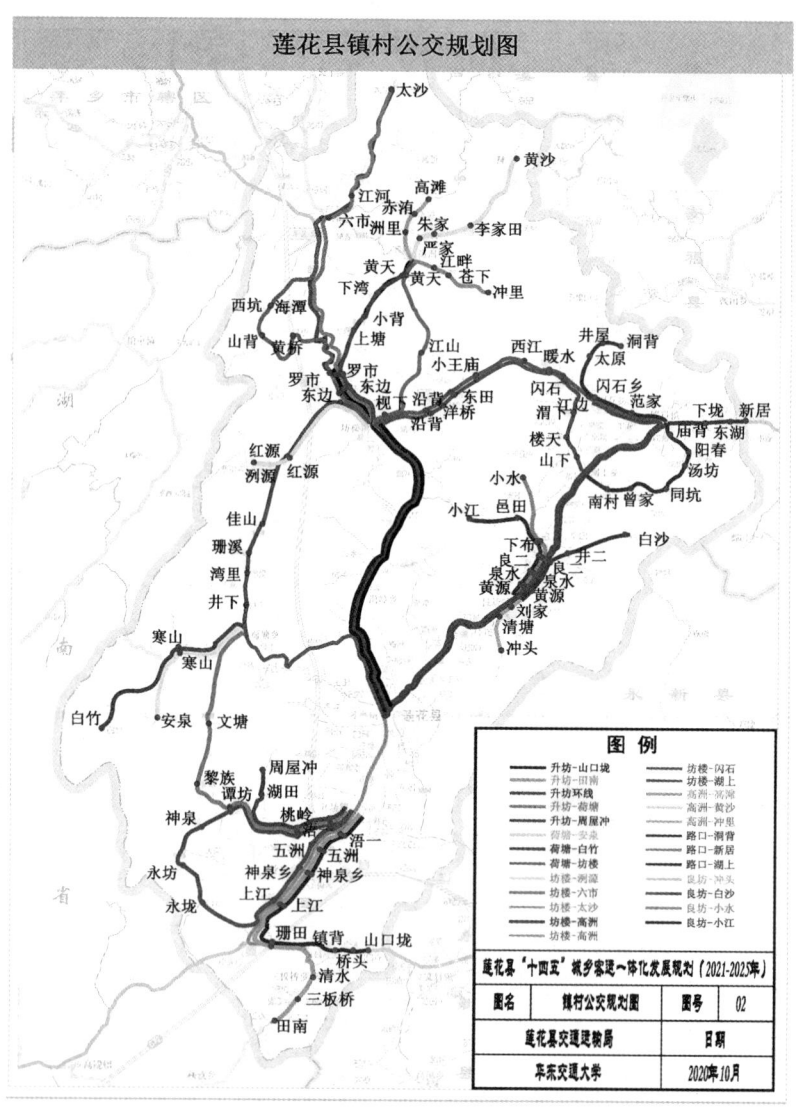

图 11.5-4　镇村公交规划图

11.6 城乡公交场站规划

11.6.1 规划概述

1. 规划内容

根据住房和城乡建设部颁布的《城市公共汽车和无轨电车工程项目建设标准》，本规划将公交场站分为枢纽站、停车场、保修场、首末站、中途站5类，其定义和功能如表11.6-1所示。

表11.6-1 公交场站的分类

分类	定义	场站功能
枢纽站	多条公交线路和多种交通方式的汇集点，为乘客提供换乘服务	完成常规公交与轨道交通、铁路、长途客运等方式的换乘
停车场	夜间驻车的场所	停车，简单的车辆保养
保修场	夜间驻车、车辆保养的场所	车辆的保养、配件加工、修制，修车材料的储存、发放工作
首末站	公交线路的始发站和终点站，部分还是车队的所在地和夜间驻车的场所	运营管理，车辆到发、停车、车辆小修等
中途站	公交线路途经站	旅客转乘、候车，分为普通车站、港湾式车站等

公交场站布局规划的主要任务是确定各种公交场站的位置及用地规模。公交场站的位置一般根据城市发展规划与用地实际情况，结合站点覆盖密度、服务半径、线路起终点、公交换乘功能等来选取；公交场站用地规模一般根据所服务的运营车辆数而定。

2. 规划原则

（1）新旧兼容、远近结合的基本原则。
（2）需求与供给相结合的原则。
（3）定性和定量相结合的原则。
（4）场站规划与县城"总规"相适应的原则。
（5）近期规划和远期规划相协调的原则。

3. 规划方法

根据需求分析可以知道各地所需场站的用地规模和场站数量，布局规划的过程就是将需求的站场落实到具体地块，明确站点位置与用地规模。

11.6.2 场站用地标准和建设要求

1. 用地标准

（1）公交首末站（枢纽站）。

根据《城市公共交通首末站设置规范》（DB34/T 4397—2023）可知，公交首末站必须建停车坪。在不安排夜间停车的情况下，首站停车场用地面积应不小于该线路营运车辆全部车位面积的

60%；首末站若用作夜间停车，停车坪需按该线路营运车辆的全部车位面积计算。根据规范，首末站规划用地面积宜按每标准车 100~120 m² 计算，其中回车道、行车道候车廊按 20 m²/标准车，生产生活用地按每标准车 10~15 m² 计算，绿化用地占总面积 20%。首末站用地不宜小于 1 000 m²。

（2）公交综合车场。

综合车场同时考虑车辆的维修保养与营运、停车，其规划用地应在保修场的基础上，按规范要求增加营运、停车的面积。根据规范规定，每辆标准车的保修场用地面积按 200 m² 计算，通常保养车辆约占总车数的 20%，停车用地宜按每辆标准车用地 150 m² 计算。市区公共交通线网密集，需保养维修的车辆多，宜大中小结合。

（3）公交修理厂。

一般运营车辆在 500 辆左右时，应建具有年产 200 辆次大中修能力的修理厂一座；运营车辆在 1 000 辆左右时，应建具有年产 500 辆次大中修能力的修理厂一座；运营车辆在 1 000 辆以上或者更多时，应建的修理厂的规模按此类推。修理厂的规划用地应按所承担年修理车辆数计算，年修理车辆数应达到生产能力的 30% 左右，宜按 250 m² 每标准车进行设计，另附加生活性建筑用地。

2. 建设要求

与传统公交场站相比，新型的公交场站建设应具备如下基本要素：安全运行、便捷出行、智能管理、绿色环保、人文关怀。

11.6.3 城区公交场站规划

1. 城区公交首末站规划

莲花县公交线路规划首末站设置列表如表 11.6-2 所示。首末站的设施与用地规模应根据营运线路条数、配车数、高峰发车频率、候车乘客数量来确定。

表 11.6-2 莲花县规划公交线路枢纽站及首末站列表

线路编号	起终点站	备注
101 路	兴业汽车站莲花新汽车站—升坊汽车站	近期
102 路	莲花新汽车站	近期
103 路	莲花新汽车站—升坊汽车站	近期
104 路	兴业汽车站—升坊汽车站	近期
105 路	斜田—六模村	近期
106 路	兴业汽车站—升坊汽车站	近期
107 路	莲花新汽车站—升坊汽车站	近期
108 路	莲花新汽车站—凫村	近期

2. 公交停靠站规划

公交停靠站规划应在首末站点及线路走向确定后进行，依据《城市公共交通首末站设置规范》（DB34/T 4397—2023）相关技术规定，本次进行公交停靠站规划时需注意如下几个方面：

（1）公交停靠站应设置在公交线路沿途所经过的各主要客流集散点上。

（2）公交停靠站应沿街布置，站址宜选择在能按要求完成车辆的停和行两项任务的地方。

（3）公交停靠站的平均站距宜为 500～600 m。城市中心区站距宜选择下限值，城市边缘地区和郊区的站距宜选择上限值。

（4）在路段上，同向换乘距离不应大于 50 m，异向换乘距离不应大于 100 m，对置设站应在车辆前进方向迎面错开 30 m。

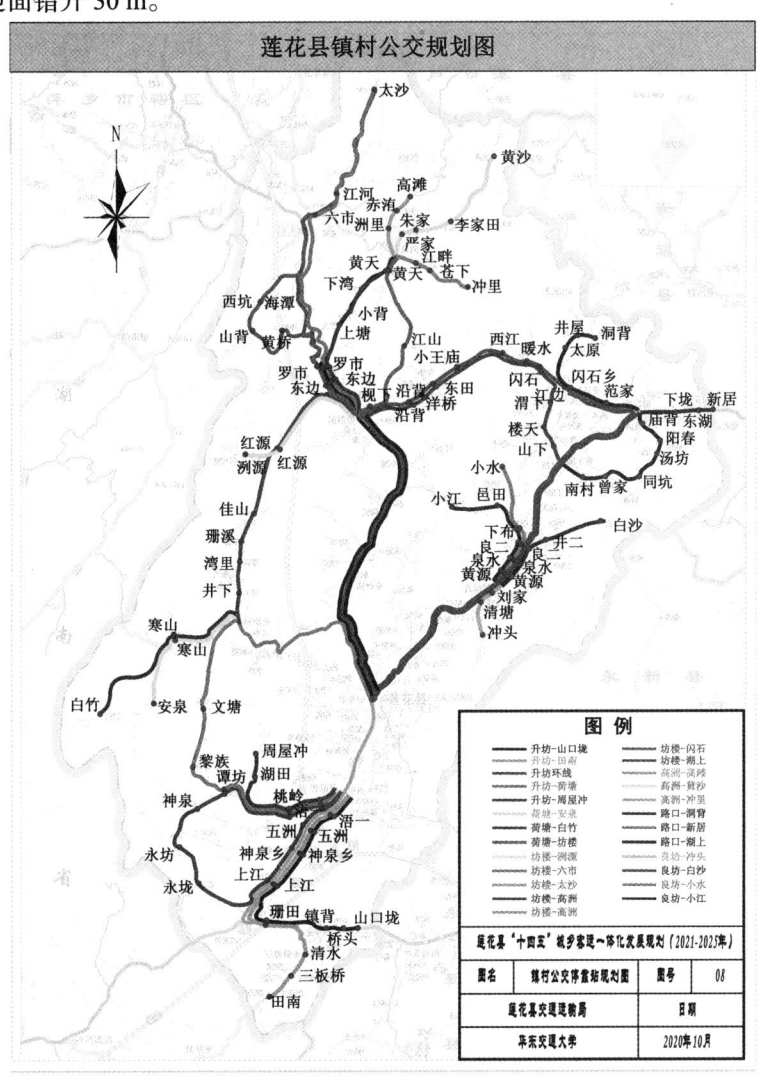

图 11.6-1 镇村公交停靠站

（5）在交叉口附近设置中途站时，一般设在过交叉口 50 m 以外处。

（6）在交叉口上设置的中途站，换乘距离不宜小于 150 m，并不得大于 200 m。

（7）公交停靠站候车廊及站亭设计应符合现行国家标准《城市综合交通体系规划标准》（GB/T 51328—2018）中 2.1.11 条的规定。

（8）公交停靠站候车廊前必须划定停车区：在大城市和特大城市，线路行车间隔在 3 min 以上时，停车区长度宜为 1.7 倍标准车长加前后各 5 m 的安全距离；若多线共站，停车区长度不应大于三辆 1.7 倍标准车长加车间距各 5 m 和前后各 5 m 的安全距离，停车区宽度一律为 3.5 m；当通过该站的车型在两种以上时，均按最大一种车型的车长计算停车区的长度。

（9）在车行道宽度小于 10 m 的道路上设置中途站时，宜建避让车道。

3. 公交枢纽规划

（1）场站设置。

目前，莲花县公交首末站比较缺乏，规划近期改建兴业汽车枢纽站，兼具微公交充电、保养功能，占地大约 4 000 m²，规划近中期建设凫村、斜田和财政局公交始末站，都为 1 000 m²。规划中远期，在城南和城东各设置一个大型公交换乘枢纽站。规划近期，根据莲花县城区用地布局规划设置 3 个公交首末站，同时根据需要结合公交首末站设置公交车停车场、保养场和修理厂。

（2）规划现有恒达、兴业汽车站两站合并。

两站合一后，将兴业汽车站改造为莲花县城区公交总站，所有城区中心公交车辆（含微公交）均在兴业车站发车。恒达汽车站根据站场实际情况，只能作为县城微公交或新能源出租车充电用途。

（3）城区公交近期建设计划（2021—2025 年）。

规划近期城区开发重点为老城区（中心城区）与莲花新汽车站周边新城区及城南工业园区，结合用地布局及道路建设，以兴业汽车站整改为建设重点，建设集停车场、充电换乘、首末站于一体的微公交调度中心，加强老城区、新城区、工业园区和其他片区的线路联系。

11.6.4　乡镇公交场站布局规划

农村客运场站体系应根据客流的需求分析，按照"立足需求、合理布局、有机协调、站运分离"的原则，使场站能够保障镇村公交车辆运营畅通、安全、方便和高效运行。

表 11.6-3　莲花县其他乡镇城乡公交场站布局规划

序号	名称	服务线路名称	线路条数
1	升坊镇	301 路、302 路、303 路、304 路、305 路	5
2	荷塘乡	306 路、307 路、308 路	3
3	坊楼镇	309 路、310 路、311 路、312 路、313 路、314 路	6
4	高洲乡	315 路、316 路、317 路	3
5	良坊镇	318 路、319 路、320 路、321 路	4
6	湖上乡	322 路、323 路	2
7	路口镇	324 路、325 路	2

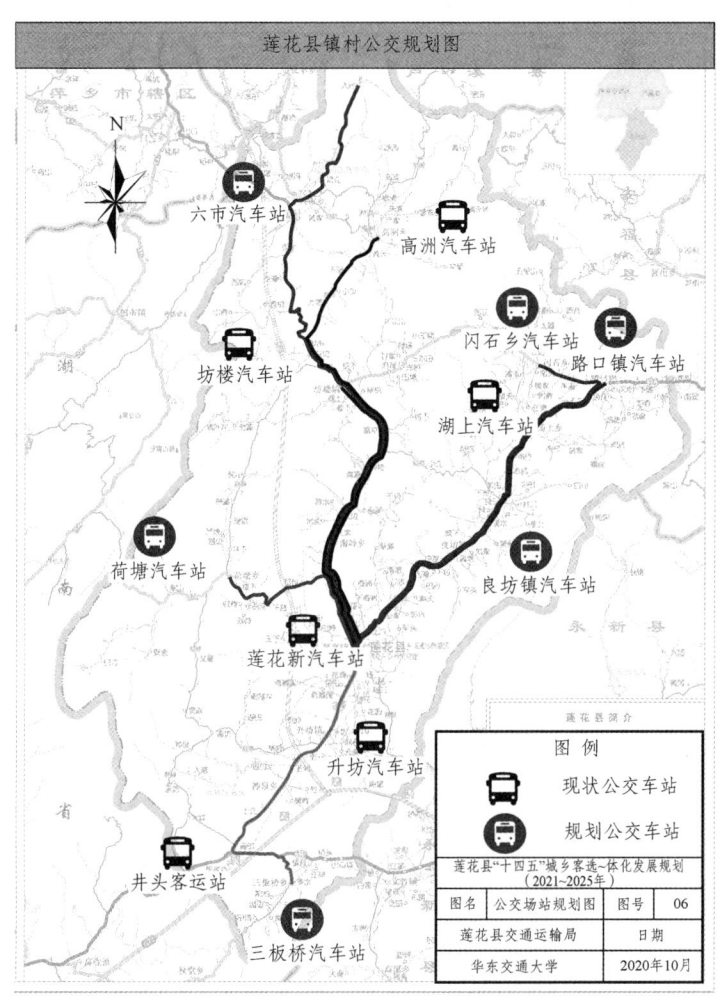

图 11.6-2 莲花县公交场站规划图

11.7 公交车辆配置规划

随着石油资源的逐年消耗以及由汽车尾气造成的城市空气污染日趋严重,新能源公交车正逐步替代石化燃料公交车。同时,对于短距离的便民接驳,纯电动微公交既可以改善城市的空气状况,又可满足大中型公交车无法满足的通行需求。

11.7.1 公交车类型

1. 纯电动新能源公共汽车

纯电动公交车全部使用电能行驶,噪音小、零排放。在老城区狭窄的城市支路或次干路上,纯电动微公交的车长仅有 6～8 m,相对小巧,方便在狭窄的道路上行驶和转弯。

2. 天然气新能源公共汽车

天然气新能源公共汽车是以液化天然气(LNG)作为燃料的公共汽车,燃料环保、行驶平稳,有助于改善城市空气质量。

3. 纯电动微型公交

纯电动微型公交车产品噪音小、零排放、行驶稳定性高，车长仅有 6 m，相对小巧，方便在县城相对狭窄的道路上行驶和转弯。

11.7.2 公交配置情况

1. 城区公交配车

规划近期增加 30～40 台公交车，在车辆结构上以 6 m 级的微型公交为主，在线路沿线行驶条件较好、客流量较大的公交干线上以环保高档型的 8～10 m 级公交车为主，保留部分车况较好的 8～9 m 的公交车。规划车辆实行"五定四统一"公司化管理（定线路、定班次、定车辆、定价格、定站点，统一车型、统一标识、统一发车、统一票价）。远期城区公交大部分线路以 20～30 座的中高级车为主，推荐采用额载 30 人的空调车。一般线路配以中档小型或微型公交车辆（10～20 座左右）。在票价制定上，根据调查，建议近中期城市公交执行票价 2 元的定价策略，将会吸引更多的出行者乘坐城市公交。

规划近期 2021—2025 年，依据线路里程、运行时间、沿线客流量及乘客的候车时间等综合计算，莲花县城区公交安排如表 11.7-1 所示，路线车型安排如表 11.7-2 所示。

表 11.7-1　线网规划及公交安排

规划年度	规划路线	运营需要/台	后备车辆/台	总计/台	
2021—2025 年	101 路线	3	1	4	34
	102 路线	4	1	5	
	103 路线	4	1	5	
	104 路线	5	1	6	
	105 路线	3	1	4	
	106 路线	4	1	5	
	107 路线	3	1	4	
	108 路线	2	1	3	

表 11.7-2　规划年度路线车型安排

规划年度	规划路线	运营需要/台	车型
2021—2025 年	101 路线	4	现状公交，6 m 微公交
	102 路线	5	现状公交，8 m 以上新能源公交车
	103 路线	5	现状公交，8 m 以上新能源公交车
	104 路线	6	现状公交，9 m 新能源公交车
	105 路线	4	现状公交，6 m 微公交
	106 路线	5	现状公交，9 m 新能源公交车
	107 路线	4	现状公交，9 m 新能源公交车
	108 路线	3	现状公交，6 m 微公交

2. 城镇配车

城镇道路路况良好，可以全采用 8 m 以上的新能源公交车运行。公交线路的完善将会逐渐吸引更多的出行者选择乘坐公交，根据客流量预测，到 2025 年需要增加标准公交 10～20 台。

在票价制定上，根据调查，建议近中期城市公交执行票价根据里程收费，并在此基础上降低 15%，将会吸引更多的出行者乘坐城镇公交。莲花县城镇公交安排如表 11.7-3 所示，线路车型使用现状公交，即 8 m 以上新能源公交车。

表 11.7-3　城镇公交规划线路

规划年度	线路名称	线路走向	运营需要/台	后备车辆/台	总计/台	
2021—2025 年	201 路	莲花—三板桥乡	4	1	5	33
	202 路	莲花—荷塘乡	4	1	5	
	203 路	莲花—坊楼镇	3	1	4	
	204 路	莲花—六市乡	4	1	5	
	205 路	莲花—高洲乡	4	1	5	
	206 路	莲花—闪石乡	3	1	4	
	207 路	莲花—路口镇	4	1	5	

3. 镇村配车

镇村道路在建设"四好农村路"期间，道路已基本完成改建及新建工程，目前道路几乎都是沥青（硬质）路面，路况良好路段可以采用 8 m 以上的新能源公交车运行。对于崎岖的山路，运行 6 m 微公交。公交线路的完善将会逐渐吸引更多的出行者选择乘坐公交，根据客流量预测，到 2025 年需要增加标准公交 25～40 台。

在票价制定上，根据调查，建议近中期城市公交执行根据里程收费的定价策略，并在此基础上降低 15%，从而吸引更多的出行者乘坐镇村公交。

11.8　公交发展保障措施

11.8.1　政策层面

1. 执行公交成本规制

公交成本规制是指合理界定公交行业各项运营成本范围，科学建立公交单位运输成本标准，并以此测算财政补贴和科学定价调价的政策。执行办法：每个会计年度结束后的次年，政府委托中介机构对公交企业上一年度的成本费用进行审计，取得上一年度公交企业成本费用审计数。当公交企业规制后利润总额为亏损时，政府先将企业亏损数予以补足，再根据规制成本补足6%~8%成本利润率；当公交企业规制后利润总额为盈利时，直接根据规制成本补足6%~8%成本利润率。

2. 城市土地利用政策

为了保证未来公交场站建设用地，必须与城市总体规划相协调，将公交站场规划纳入城市建设规划中，并在城市用地规划中加以控制与预留，以保证公交设施用地。

3. 投资政策

为保证城市公交的可持续发展和本次规划的顺利实施，莲花县应根据实际情况，加快招商引资的速度，鼓励民间资本参与城市公共交通建设投资，实现投资主体多元化，并制定城市公共交通建设资金多渠道筹集管理文件。

4. 公交优先政策

公交优先体现了大多数出行者的利益，应该作为未来公共交通发展的主导方向。然而，公交优先要真正得到落实，还应有相关政策予以保障。一是要规划与建设部门在城市规划时应优先预留和保证公交场站用地，尤其是优先保证城东公交枢纽和城南公交枢纽（公交总站）用地；二是审批土地开发项目，尤其是审批金融、商贸、娱乐和居住用地开发项目时，应将预留公交用地作为必要条件加给开发商；三是要在改扩建城市道路时，主干道、次干道应同时预留建设港湾式公交停靠站用地；在进行新建居住小区、商业区和经济开发区的规划时，规划并预留与之相适应的公交站场用地，包括公交停车场、首末站、枢纽站、港湾式停靠站等公共交通设施，为新区公交线路的布设提供可能；四是要全面推广建设港湾式停靠站，在城市主要干道上，要统筹规划，建成一批与城市发展规模和出行换乘需求相符的港湾式停靠站；五是规划和新建各类大型公共场所如车站、大型商业中心、大型文化娱乐场所、旅游景点和连片社区，应将公共站场作为项目的配套设施，同步设计、同步建设、同步竣工。

5. 完善公交设施

编制城市公共交通专项规划，加强城市公交基础设施建设，在城区有条件的路段设置公交专用道。加快城市公交车辆更新，推广新能源公交车。实现城区公共交通站点500 m全覆盖，万人公共汽（电）车拥有量达到7标台以上，至少建成一个公交总站及公交换乘枢纽。深入开展"拐的"专项整治活动，综合政策，逐步淘汰"拐的"。

11.8.2 政府层面

依据《城市公共汽车和电车客运管理规定》（交通运输部令2017年第5号），建议莲花县政府尽快制定《莲花县优先发展城市公共交通的实施办法》，以政府推动的形式保障规划的实施。同时，公共交通基础设施建设、线路和站场布设、公交企业经营方向和行业管理等均依据本规划予以部署、调控和运作。

同时要积极谋划城市出租车发展，禁止城区运营三轮拐。为了保障城区公共交通优先发展的政策执行，体现城区交通以公共交通为主的发展理念，对个体交通必须适度控制。建议县政府联合交通、交警、城建和宣传等部门联合执法，对无牌无证的黑三轮拐的采取严格限制措施。同时，针对目前网约车对城市出租车行业的冲击，有关管理部门应根据公共客运交通规划所确定的发展速度，结合实际情况，编制出租车运营证的年度发放计划并付诸实施，同时根据省市有关网约车管理政策，加强对城市网约车的管理。

模块 12　交通影响评价：国家级数字技能人才培训基地一期

12.1　概　述

12.1.1　项目地理位置

本项目位于赣江新区直管区科学城、国家级技能人才培养共建园区内，工匠大道与育匠路交会处，四临工匠大道、海昏侯路、育匠路、匠心路，基地离永修站仅 3 km，永修县政府 1.2 km，未来交通便利、区位优越。研究区域规划用地性质主要为教育、住宅用地，以及少量工业、商业用地、绿地。地理位置如图 12.1-1 所示。

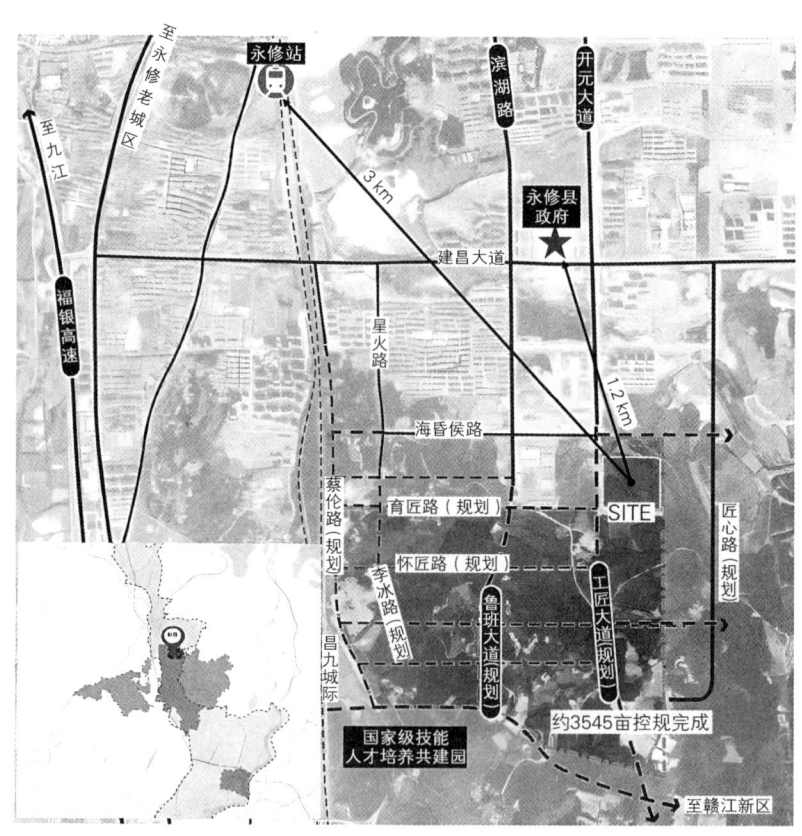

图 12.1-1　项目地理位置图

本项目的初步设计方案已完成，为配合项目的实施，根据《建设项目交通影响评价技术标准》（CJJ/T 141—2010），按照关于《江西省城市建设项目交通影响评价报告编制实施细则》的通知（赣建规〔2015〕1 号）精神，为保证项目使用后将对周边地区的交通影响控制在允许范围之内，华东交通大学交通工程研究所受建设单位的委托，承担本项目报建阶段的交通影响评价。

12.1.2 评价范围、评价年限与评价时段

1. 启动阈值及评价范围

本项目总规划用地面积为 81 532.21 m²，建筑占地面积为 16 651.82 m²，总建筑面积为 145 990.26 m²，计容建筑面积为 121 525.18 m²，主要为学校业态。根据《南昌市建设项目交通影响评价技术导则》，本项目按大类划分，属于学校（T07）项目；按中类划分，属于中专及成教学校（T072）。

本项目位于《南昌市建设项目交通影响评价技术导则》中规定的三类地区，项目属于单独报建的学校类建设项目。评价范围应为"建设项目邻近的第二条主干路（或以上）围合的范围"。

结合道路性质以及周边路网格局特征和功能，适当扩大评价范围，确定本次交通影响评价研究范围为：北至建昌大道，南至迎宾大道，西至鲁班大道，东至匠成路所合围的区域。

《赣江新区国家级技能人才培养综合园区控制性详细规划》中对本项目周边道路交通组织具体如图 12.1-2 所示，其中项目研究范围中的建昌大道、匠育路、匠成路未在详细规划图中显示。北部为主干道建昌大道，与滨湖路和开元大道相连接；东部的匠育路为支路，匠成路为主干路，均与海昏侯路、育匠路、怀匠路、雷金玉路相连接。本项目周边具体用地情况如图 12.1-3 所示，《赣江新区国家级技能人才培养综合园区控制性详细规划》未完全显示研究范围内周边用地情况，周边用地性质主要为住宅、商业及绿地，部分为学校、公园以及少量的医疗与行政用地。

项目周边的西北片区开发较为成熟，目前有永修县政府、赣江中心城、海事局、公安局及永修中等专科学校；东南片区用地存量较大，目前主要为荒地状态，尚未开发。

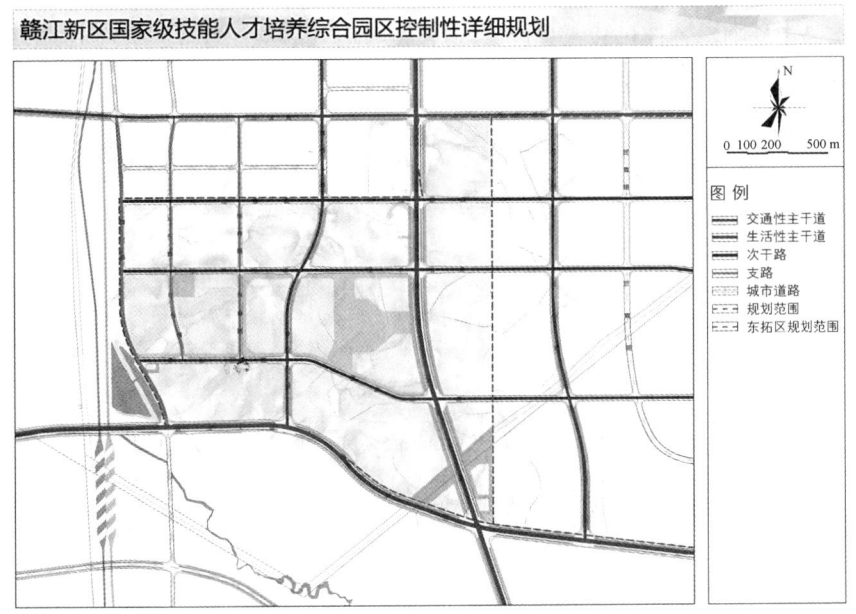

图 12.1-2 周边道路交通组织图

图 12.1-3　项目周边用地规划图

2. 评价年限

本项目整体预计于2022年左右建成，学校的入驻需一定的时间，正常使用初年预计为2023年。根据《南昌市建设项目交通影响评价技术导则》相关规定，交通影响评价年限为正常使用初年及正常使用第五年，即2023年及2027年。

3. 评价时段

根据《南昌市交通影响评价技术导则》的规定，项目的评价时段应为交通最不利情况。应根据项目的性质、出行高峰确定评价日及评价时段。

根据南昌市2018年居民出行等相关调查数据，不同出行目的对应的高峰时间并不一致。从全方式出行来看，居民出行在全天时间分布上呈"双峰状"，早晚高峰小时出行比例分别为16.8%和12.6%，如图12.1-4所示。

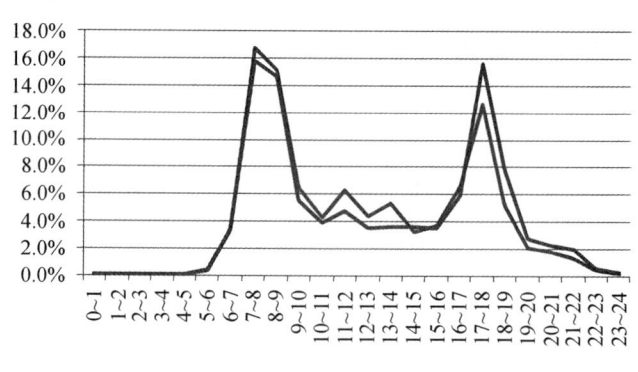

图 12.1-4　居民出行时段分布图

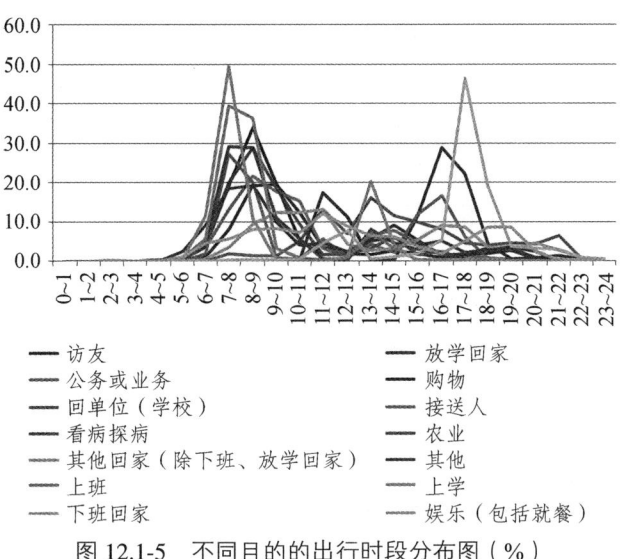

图 12.1-5 不同目的的出行时段分布图（%）

以上班为目的的出行在全天有两个出行高峰，分别为早高峰 7:00～9:00 以及午高峰 13:00～14:00，高峰小时系数分别为 38%、7.3%。以公务业务为目的的出行集中出现在 7:00～11:00 和 13:00～16:00；购物生活目的出行集中在 7:00～11:00；娱乐就餐目的的出时间分散，11:00～14:00 和 17:00～20:00 出行较多，分别占全天出行总量的 27.1%、22.2%；农业劳作出行以 7:00～10:00 为主。

本案主要功能为成教学校，一般在工作日的 8:00～10:00 形成高峰时段。结合项目为高等学校结合《南昌市交通影响评价技术导则》中相关出行参数及自身出行特征（学校作息时间），综合考虑确定本项目的高峰时段。因此选取工作日、早高峰（7:30～8:30）作为本案的评价日及评价时间段。

12.1.3 研究内容

本研究报告的主要内容分成以下几个部分，分别为：

概述、建设项目方案简介、项目周边土地利用现状及相关规划解读、交通调查与分析、交通需求预测、交通影响程度分析、结论和建议等。

12.1.4 编制依据

（1）国家及地方相关法律法规、规章，主要为：《江西省城市建设项目交通影响评价报告编制实施细则》。

（2）国家及地方行业相关标准，主要为：

① 《城市居住区规划设计标准》（GB 50180—2018）；

② 《民用建筑设计统一标准》（GB 50352—2019）；

③ 《车库建筑设计规范》（JGJ 100—2015）；

④ 《汽车库、修车库、停车场设计防火规范》（GB 50067—2014）；

⑤ 《南昌市城市规划管理技术规定》（2014 年）；

⑥《南昌市建设项目停车设施配建标准（2017年）》；
⑦《赣江新区城市规划管理技术规定》；
⑧《南昌市交通发展年度报告（2020年）》；
⑨《南昌市居民出行调查报告（2018年）》；
⑩《南昌市交通影响评价技术导则》。

（3）上位规划，主要为：
①《南昌大都市区规划（2015—2030）》；
②《赣江新区总体规划（2016—2035）》；
③《江西永修县城市总体规划（2016—2030）》。

（4）项目设计方案及相关调查资料，主要为：
① 项目相关立项及规划设计条件；
②《国家级数字技能人才培训基地一期——技工学校西区勘察、设计、采购、施工总承包建筑设计方案》；
③ 项目周围区域的道路交通现状调查资料。

12.1.5 技术路线

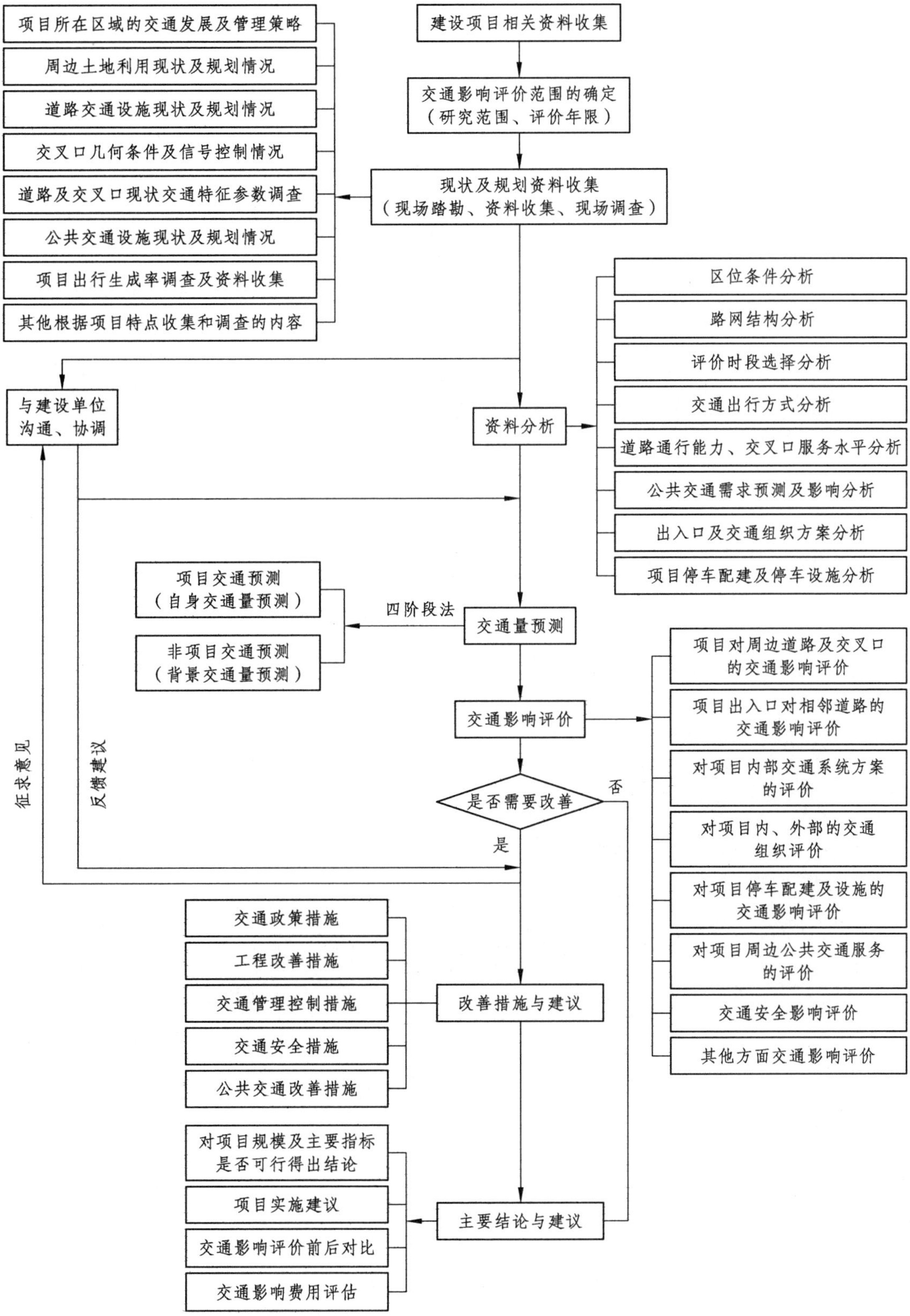

图 12.1-6 项目技术路线路图

12.2 建设项目方案简介

12.2.1 项目建设现状及评价执行标准

据现状调查，本项目前还没有开始进行修缮、新建，项目所在位置现状为待开发状态。现场建设用地现状如图 12.2-1 所示，主要为待开发用地及荒地等。

（a）

（b）

图 12.2-1　建设用地现状

评价执行标准：本项目《用地规划设计条件》赣新直管〔2021〕005 号，下发于 2021 年 3 月 2 日。停车配建按最新《赣江新区城市规划管理技术规定》核算，评价标准按《南昌市交通影响评价技术导则》执行。

12.2.2 建设项目方案概述

项目分类：本项目总规划用地面积为 81 532.21 m^2，建筑占地面积为 16 440.07 m^2，总建筑面积为 144 492.01 m², 计容建筑面积为 121 036.37 m²。主要为学校业态。根据《南昌市建设项目交通影响评价技术导则》，本项目按大类划分，属于学校（T07）项目；按中类划分，属于中专及成教学校（T072）。

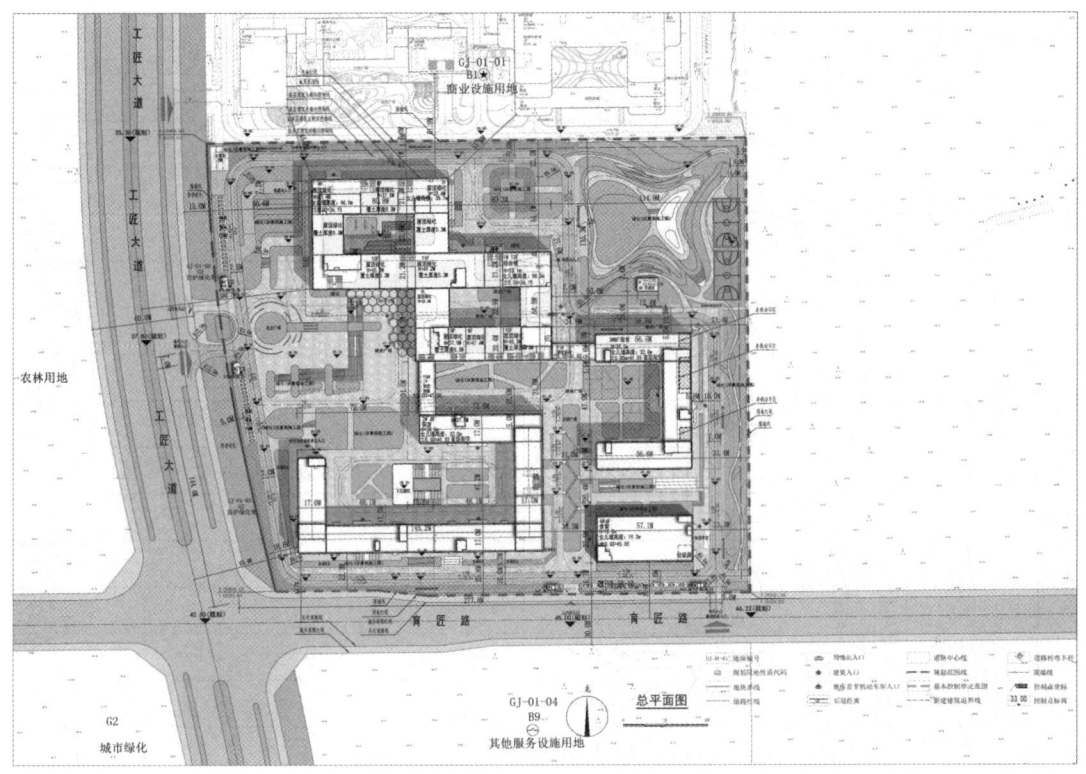

图 12.2-2 项目总平面示意图（一期）

建筑总体布局：本项目主要为新建校园教学设施及建筑，预留远期校园建设的空间。国家级数字技能人才培训基地一期西区总用地约 122.3 亩，基地较为方正。

项目设计内容为技工学校、民营培训机构等服务设施用地，本次新建工程项目包括以下内容：

地块布局 4 栋建筑，1#楼 12F 层为综合楼，其中 1～9 层为教学实训用房，设置客梯及消防电梯，并按比例设置男女卫生间，10～12 层为办公用房。2#和 3#楼为 8F 宿舍，设置客梯及消防电梯，并按比例设置男女卫生间。4#楼 2F 食堂，设置客梯，并按一定比例设置男女卫生间。1#与 2#楼地下范围连成一片的区域布置地下室停车库，为地下一层，布置机动车停车位。1F 门卫。单体均为框架混凝土结构，有较好的内部空间，建筑与周边的环境融为一体。

出入口及内部道路设置：项目地块西侧及南侧共设置机动车出入口两个。其中：学校主入口兼消防车入口设置在西侧工匠大道上，学校车行次入口兼消防车入口设置在南侧育匠路上。如图 2-2 所示。

停车设计：据本项目设计方案，项目设置机动车泊位 359 个，其中地面机动车泊位 52 个，地下机动车泊位 307 个；另设置非机动车泊位 2 077 个。经济技术指标见表 12.2-1。

表 12.2-1 项目经济技术指标

大国工匠区技工学校经济技术指标表					
名称			单位	数量	备注
规划用地面积			m²	81 532.21	约 122.298 亩
容积率			m²	1.48	不大于 1.5
总建筑面积			m²	144 492.01	
地上建筑面积			m²	126 433.20	
其中	其中	计容面积	m²	121 036.37	
		综合楼	m²	59 441.97	
		宿舍	m²	50 947.04	
		食堂	m²	6 199.26	
		门卫	m²	37.32	6#7#8#9#
		垃圾房	m²	80.44	垃圾房设置在4#食堂首层
		连廊	m²	699.3	
		开闭所	m²	94.24	
		计容架空	m²	3 536.8	
	不计容面积		m²	6 425.09	架空开敞空间
地下建筑面积			m²	18 058.81	
地下室			m²	18 058.81	
人防面积			m²	10 114.66	人防面积按照地上总建筑面积8%建设
建筑占地面积			m²	16 440.07	
建筑密度			%	20.2%	不大于 35%
绿地面积			m²	25 820.76	
绿地率			%	31.67%	不小于 30%
总机动车位			个	359	
其中	地面机动车位		个	52	机动车计算系数：学生接送车位：3辆/百学生。教职工车位：30辆/百教职工
	地下机动车位		个	307	
总非机动车位			个	2 077	
其中	地面非机动车位		个	2 077	非机动车计算系数：学生接送车位：40辆/百学生。教职工车位：40辆/百教职工
	地下非机动车位		个	0	

12.2.3 建设项目周边地块出入口设置

据现状调查，现状周边永修中等专科学校出入口以滨湖路与开元大道为主。本项目西侧为滨湖路出入口及学校等，北侧为开元大道出入口，东侧及南侧均未开发，属于防护绿地范围。项目建成后出入口主要以工匠大道、匠育路等为主。地块周边项目出入口设置情况如图 12.2-3 所示。

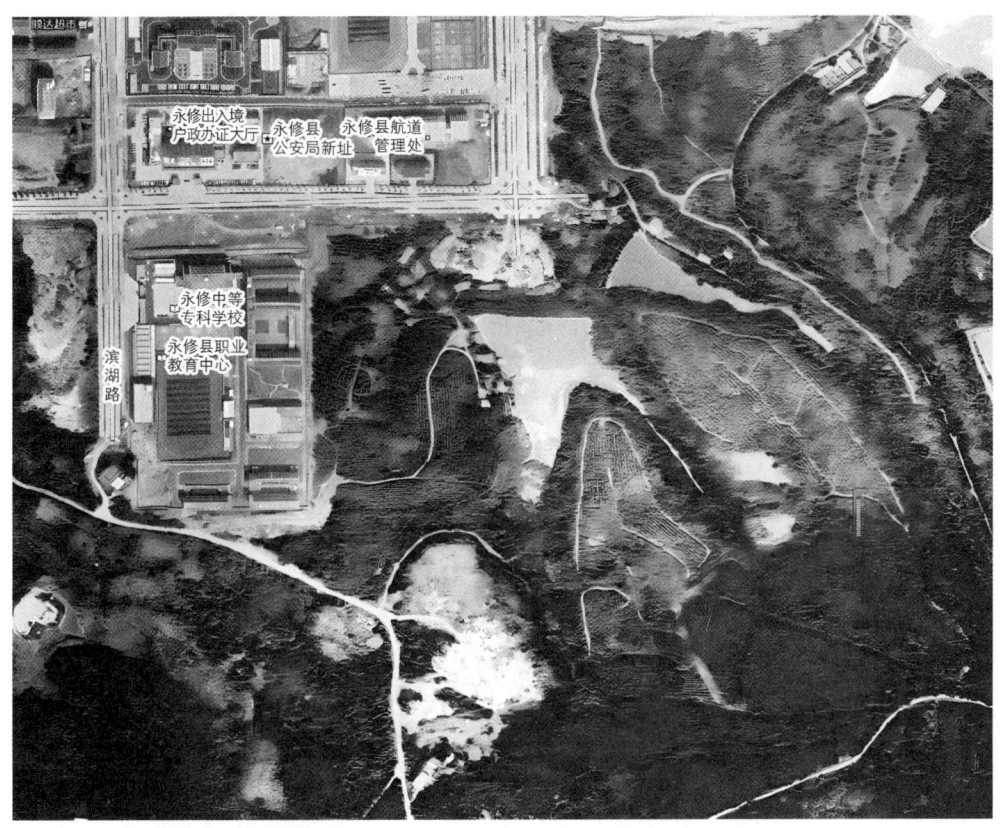

图 12.2-3　项目周边地块出入口分布示意图

12.3　项目周边相关规划解读

12.3.1　区域周边相关上位及专项规划

1. 南昌大都市区规划（2015—2030）

南昌大都市区定位为：江西省核心增长极、长江中游区域中心、具有国际知名度的生态人文都市。按照主体功能区划的思路，将大都市区划分为都市化地区和生态特色地区，包括一核心区和六个发展区，实行差异化发展引导。

大都市核心区空间布局为"多中心+多廊道+圈层式"。项目位于昌九发展轴上，是大都市区战略潜力区域和地区中心，成为分担核心城市功能、服务带动周边地区发展的重要节点。产业上，桑海以中药材提取、饮品加工、中成药制剂等重要产业线和大型医药仓储物流为重点，打造专业化医药园区。该区域临近昌北货运枢纽、昌北客运枢纽等，同时凭借自身发达的公路交通，使得交通十分便利。

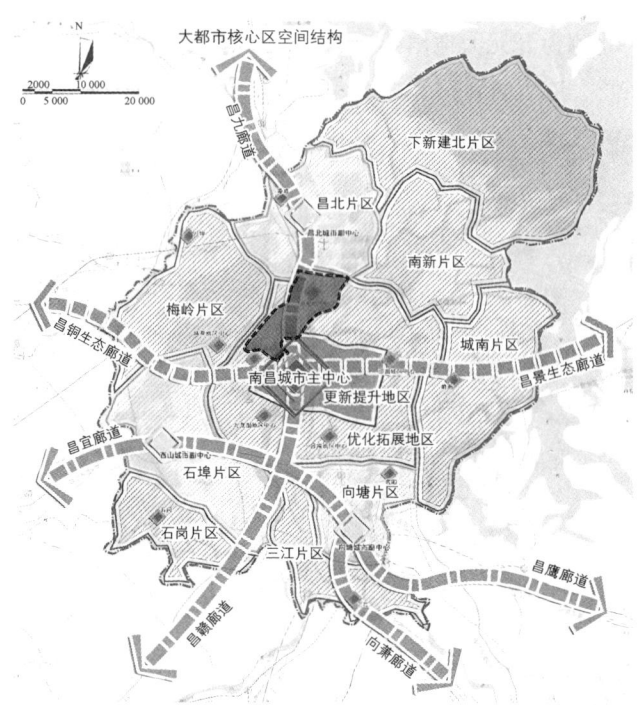

图 12.3-1 核心区空间结构图

图 12.3-2 大都市区产业布局结构

2. 《赣江新区总体规划（2016—2035）》

根据赣江新区规划，赣江新区主要范围包括：南昌市经开区、临空经济区、永修县城、永修云山经开区、共青城区、共青开发区。战略定位为：构建"两区两地"，即长江中游新型城镇化示范区、中部地区先进制造业基地、内陆地区重要开放高地、美丽中国"江西样板"先行区。

空间布局上，以主要交通廊道和鄱阳湖、赣江等水系为依托，努力构建"两廊一带四组团"发展格局。

（1）两廊一带：昌九产业走廊、滨湖生态廊道、昌九新型城镇带。

南昌大都市区定位为：江西省核心增长极、长江中游区域中心、具有国际知名度的生态人文都市。

（2）四组团：昌北组团、临空组团、永修组团、共青组团。

本项目属永修组团，根据永修组团的定位，坚持"产业链延伸、行业联动、园区集聚"，建设国家新型工业化有机硅产业示范基地。围绕有机硅产业树，强化终端制造，大力拓展有机硅应用，开发下游产品。加强有机硅深加工产品在油漆、涂料、橡胶等产品中的应用，带动与新型建材、新型电子、新型仿生制药、新型机械制造等赣江新区主导产业间的联动。以星火云山工业园为依托，围绕龙头企业，建设有机硅创新中心，集聚一批关联紧密的有机硅下游和终端应用企业。培育发展装备制造业。引进高端装备制造业龙头企业，培育生产网络，承接和赣江新区经开组团、临空组团核心企业配套的相关企业。

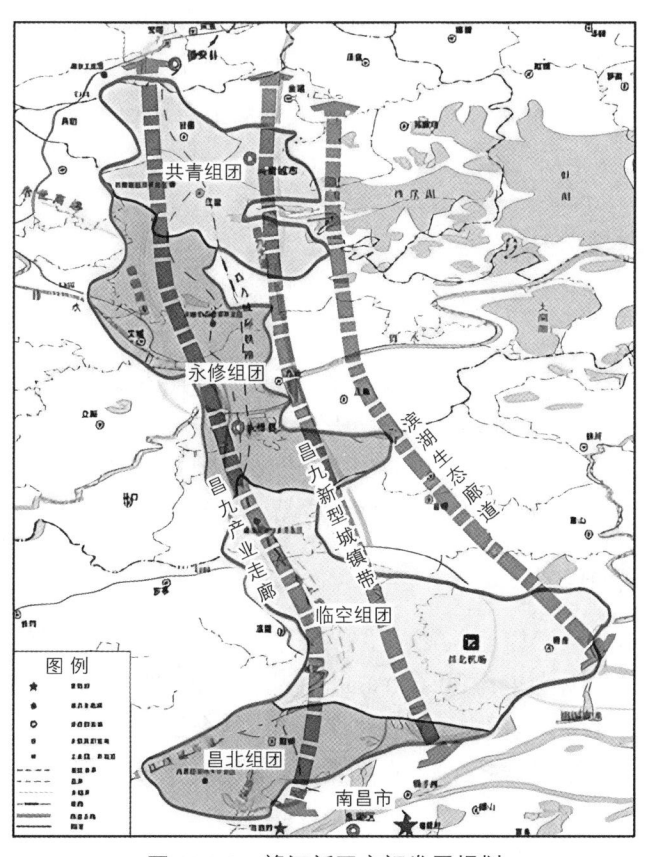

图 12.3-3　赣江新区空间发展规划

因此项目将对赣江新区行业联动、园区集聚起到重要作用，未来将成为赣江新区产业发展的交通支撑，对货运交通发展以及两侧用地的客运交通出行起到积极的推动作用。

3. 《江西永修县城市总体规划（2016—2030）》

主城区规划形成"三横四纵"干道体系，三横为规划一路、建昌大道、规划二路，四纵为新城大道、白莲路、规划三路、规划四路；湖东新区白莲路往下延伸至城南工业园，与新城大道、规划一路、规划二路以及规划三路组成"甲"字形交通系统；湖东新区依托规划三路、规划四路以及规划一、二路的东段组成"日"字形交通；旧城区交通依托蓝天大道一字摆开。

12.3.2 项目交通运行管理政策及有关措施

从区域交通、组团之间交通、规划区内部交通三个层面进行详细分析，重点针对规划区生活与产业的融合模式及整体交通系统的关系等关键问题进行深入研究，确定规划区过境交通和到达交通组织模式：一是赣江新区国家级技能人才培养综合园区域与南部产业区的联系，二是人才培养综合园区域道路与高铁站永修东站的衔接，三是协调公共交通与用地的协调开发，打造快速公交系统廊道。

由此，规划区路网对接城市干线路网，呼应用地组团布局的框架，构建以"快"与"通"为特点的骨干路网、生活性组团内微循环网络，为区域与轨道交通协调开发和进一步发展公共交通提供良好的道路基础设施。同时，充分考虑区域用地布局、交通发展特征及需求，布设公共停车设施，落实建筑配建指标，强化交通管理、提高节点通行效率，引入智能交通、有效引导出行。

12.4 交通调查与分析

12.4.1 道路交通现状

在本项目研究范围内，项目开口处的育匠路、工匠大道尚未建成，同时东侧的匠心路、南侧的怀匠路，西侧的鲁班大道、李冰路、蔡伦路等均未建成，目前仍属于规划建设阶段。北侧的海昏侯路大部分路段已建成，紧邻项目的海昏侯路段仍处于规划建设阶段。总体来说，项目所处研究范围内大部分路网处于规划阶段，其现状路网情况如图12.4-1所示。

12.4.2 道路交通规划

项目影响区域范围规划有主干路、次干路及支路等相关道路。研究范围内的主干路设计速度为50～60 km/h，次干路设计速度为30～40 km/h，支路设计速度为25～30 km/h。

到预测目标年，项目影响范围内主要道路性质情况简介如下：

（1）主干路：建昌大道、海昏侯路、滨湖路、开元大道、鲁班大道（规划）、工匠大道、匠心路、迎宾大道。

（2）次干路：育匠路、怀匠路、雷金玉路、匠育路。

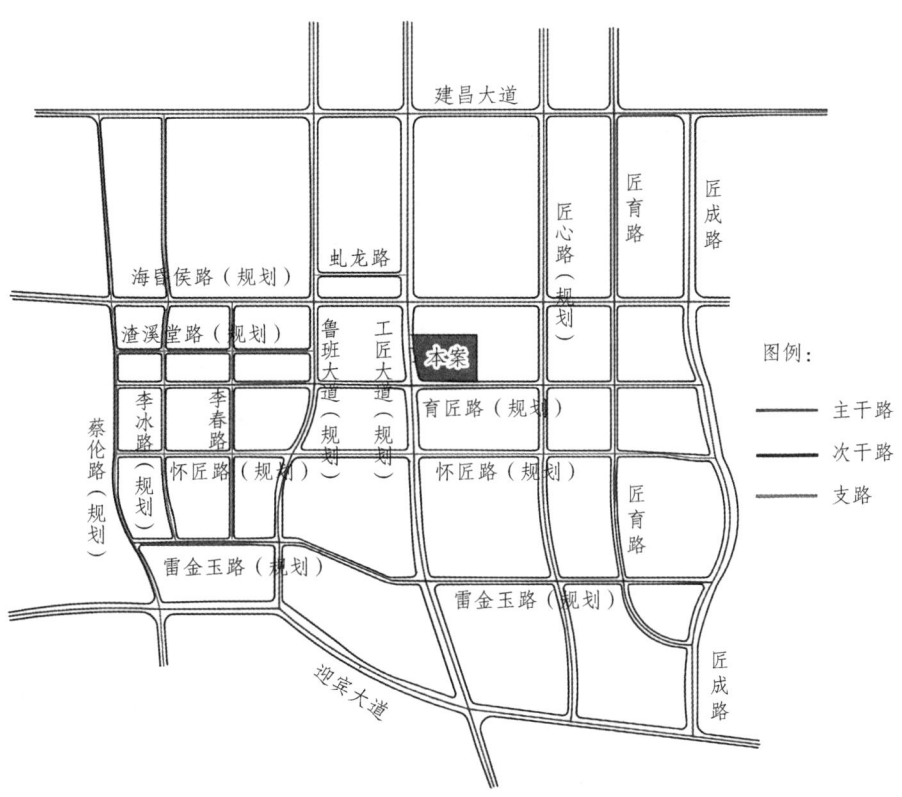

图 12.4-1　项目周边现状路网图

(3) 支路：渣溪堂路、蔡伦路、李冰路、李春路、虬龙路。

主要道路现状及规划情况如下：

(1) 建昌大道：现状为主干路，道路红线宽 42 m，规划断面为四块断面，双向 6 车道。

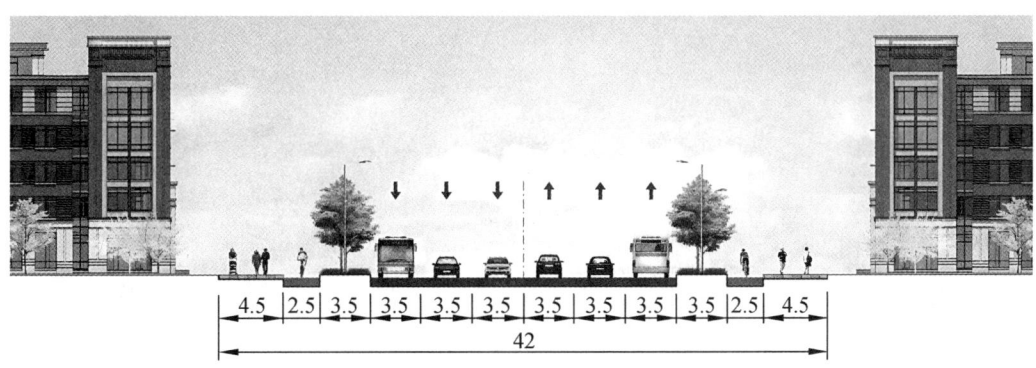

图 12.4-2　建昌大道现状横断面图

(2) 海昏侯路：规划为城市主干路，道路红线宽 40 m，三块板断面形式，双向四车道，机非隔离带宽 2.5 m。目前处于施工建设阶段。

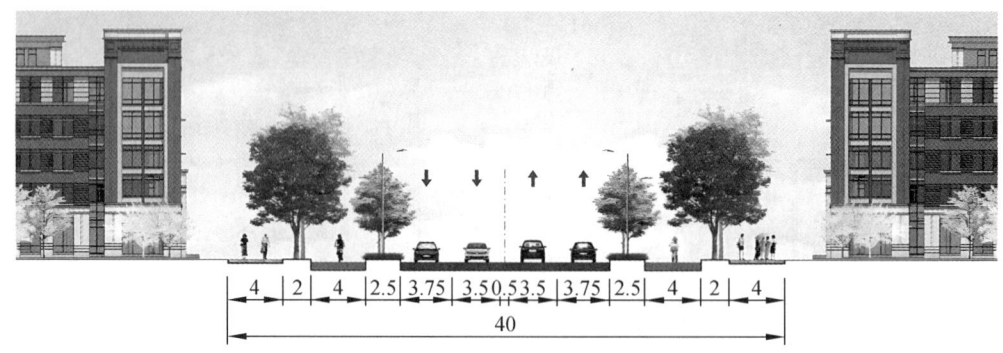

图 12.4-3　海昏侯路规划横断面

（3）滨湖路：现状为城市主干路，道路红线宽 38 m，两侧各 7.5 m 的机动车道，可形成双向 4 条车道。机动车道两侧布置 4 m 非机动车道，并设置 3 m 的绿化带进行机非隔离，绿化隔离带种植高大乔木及地面花草。非机动车道外侧设置 4 m 的人行道，与非机动车道利用高差形成空间分离。

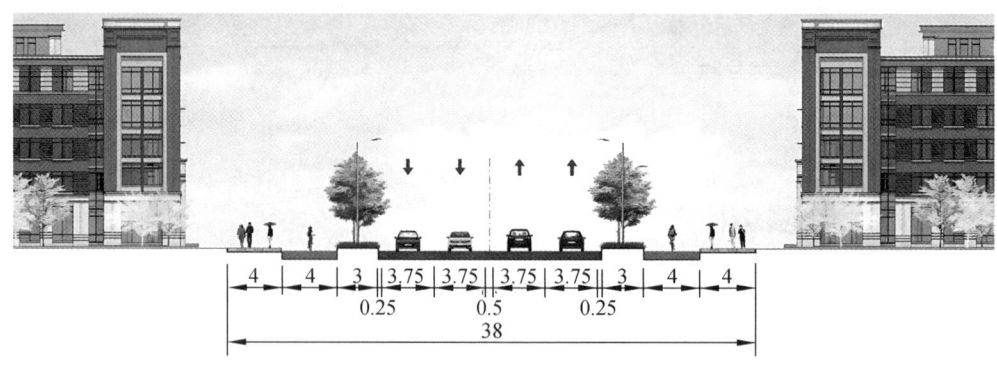

图 12.4-4　滨湖路现状横断面

（4）开元大道：现状为主干路，道路红线宽 60 m，规划断面为四块断面，双向 6 车道。

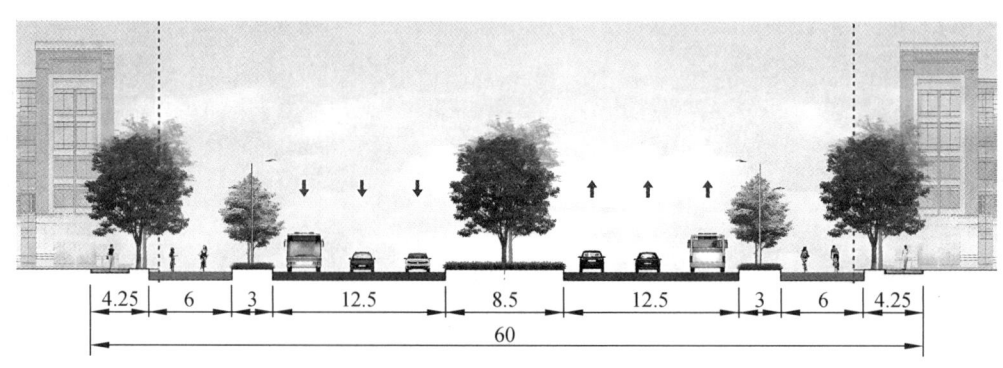

图 12.4-5　开元大道现状横断面

（5）鲁班大道：规划为城市主干路，道路红线宽 38 m，两侧各 7.5 m 的机动车道，可形成双向 4 条车道。机动车道两侧布置 4 m 非机动车道，并设置 3 m 的绿化带进行机非隔离，绿化隔离带种植高大乔木及地面花草。非机动车道外侧设置 4 m 的人行道，与非机动车道利用高差形成空间分离。

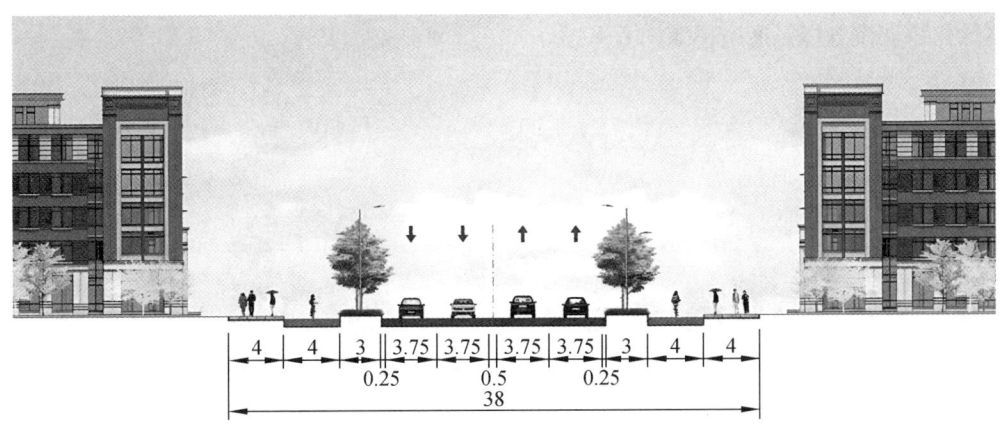

图 12.4-6 鲁班大道规划横断面

（6）工匠大道：规划工匠大道（海昏侯路—迎宾大道）道路红线宽度 60 m，可形成双向 6 条车道。机动车道两侧布置 6 m 非机动车道，并设置 3 m 的绿化带进行机非隔离，绿化隔离带种植高大乔木及地面花草。非机动车道外侧设置 4.25 m 的人行道，与非机动车道利用高差形成空间分离。

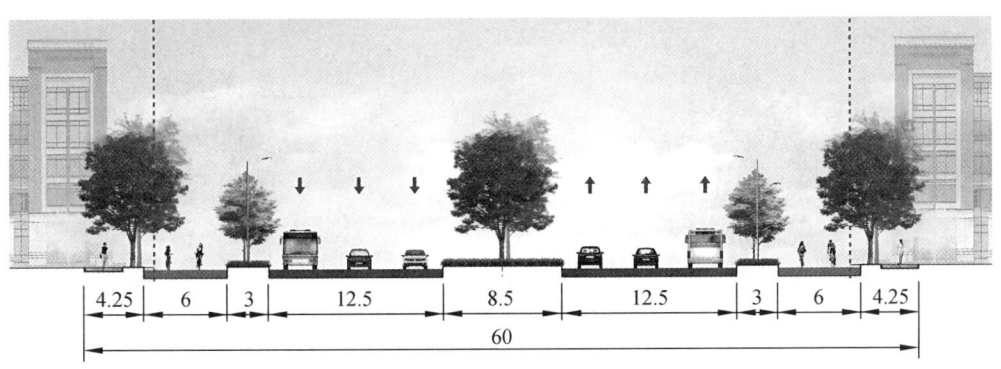

图 12.4-7 工匠大道规划横断面

（7）匠心路：规划为城市主干路，道路红线宽 40 m，三块板断面形式，双向四车道，无中央分隔带，机非隔离带为 4 m。

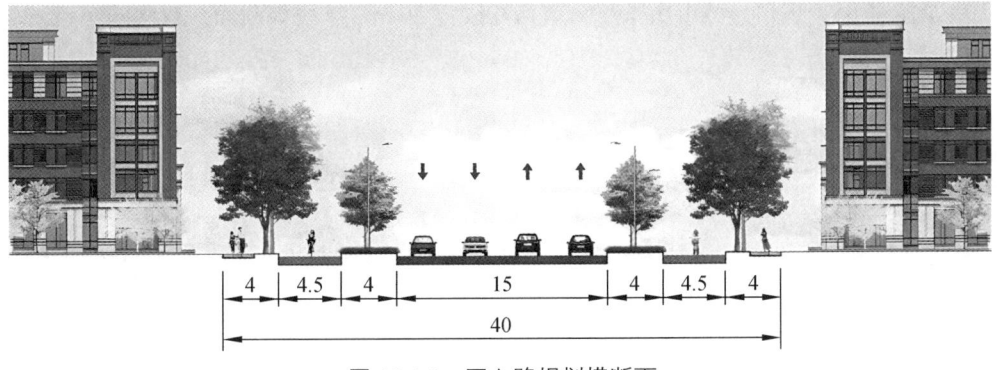

图 12.4-8 匠心路规划横断面

（8）迎宾大道：规划为城市干线型主干路，道路红线宽 60 m，主辅路形式，四块板断面，结合两侧绿化协调设置慢行通道，双向 6 车道。

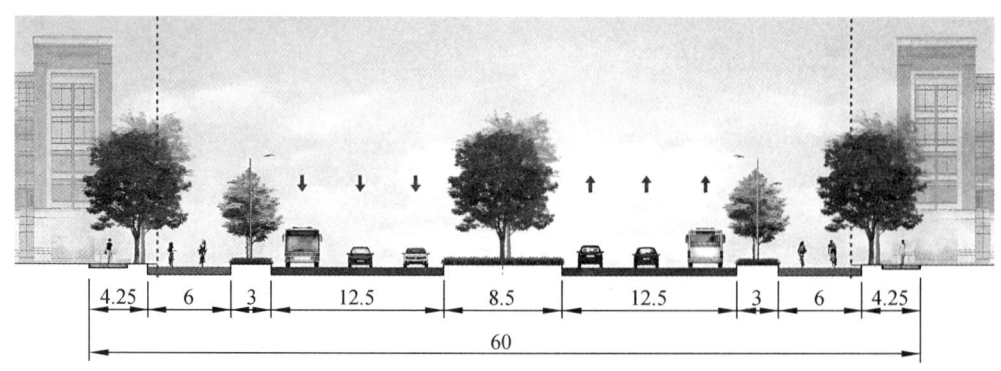

图 12.4-9　迎宾大道规划横断面

（9）育匠路：规划育匠路（兴业大道—建业大道段）道路红线宽度 30 m，可形成双向 4 条车道。机动车道两侧布置 3.5 m 非机动车道，并设置 0.25 m 的栏杆进行机非隔离。非机动车道外侧设置 4 米的人行道，与非机动车道利用高差形成空间分离。根据现状条件，道路断面设计如图 12.4-10 所示。

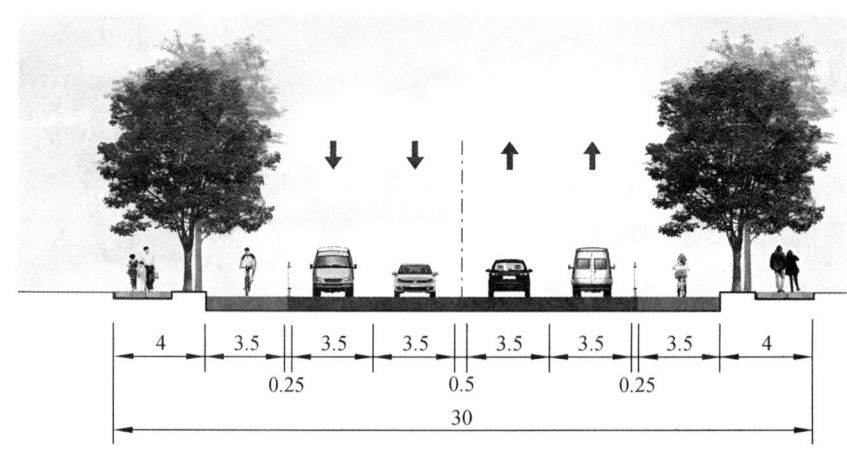

图 12.4-10　育匠路规划标准横断面（30 m）

（10）雷金玉路：规划为城市次干路，道路红线宽 30 m，一块板断面，双向四车道。

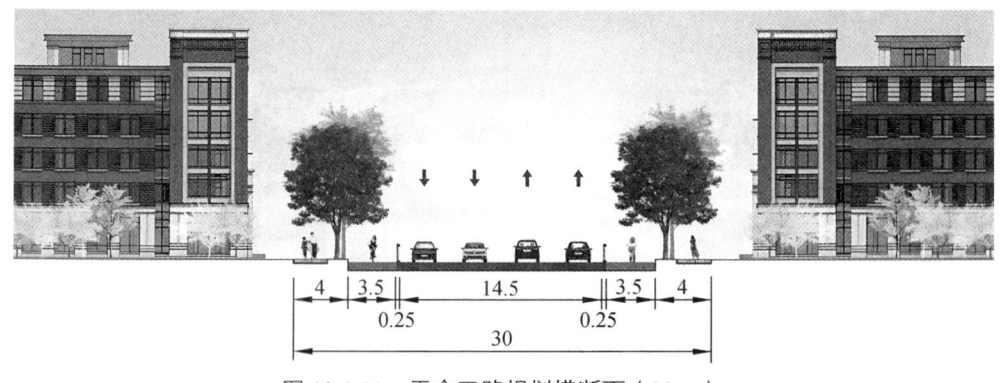

图 12.4-11　雷金玉路规划横断面（30 m）

（11）匠育路：规划为城市次干路，道路红线宽 30 m，一块板断面，双向四车道。

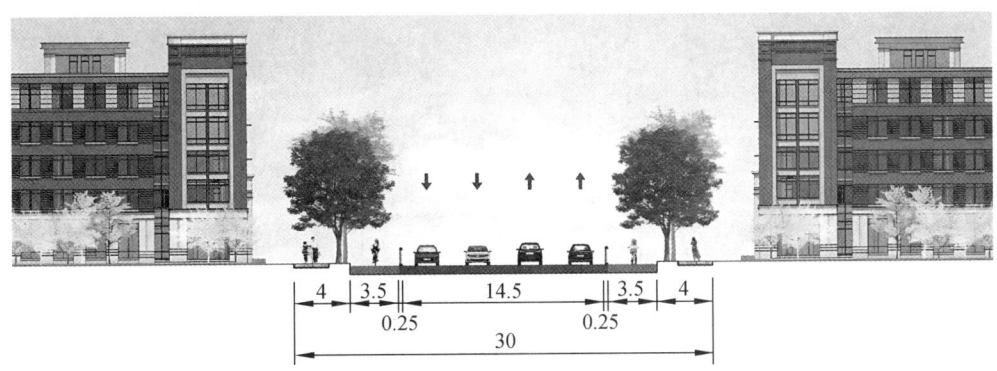

图 12.4-12　匠育路路规划横断面

（12）渣溪堂路：规划为城市次干路，道路红线宽 30 m，三块板断面，双向四车道。

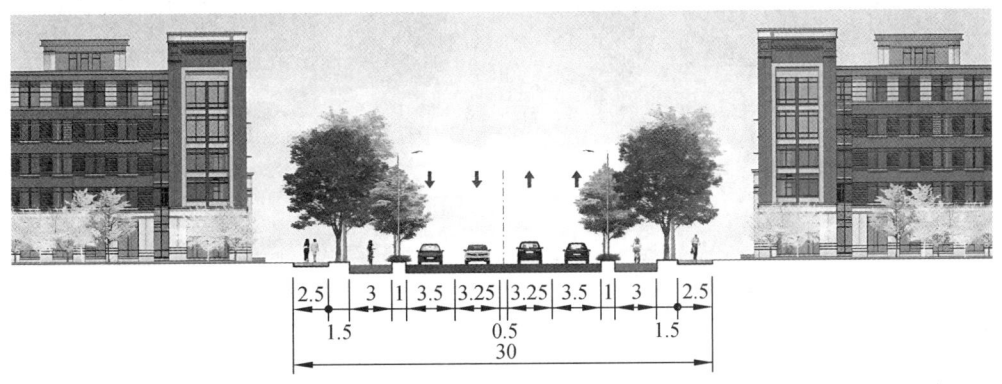

图 12.4-13　渣溪堂路现状横断面

（13）怀匠路：规划为城市次干路，道路红线宽 30 m，三块板断面，双向四车道。

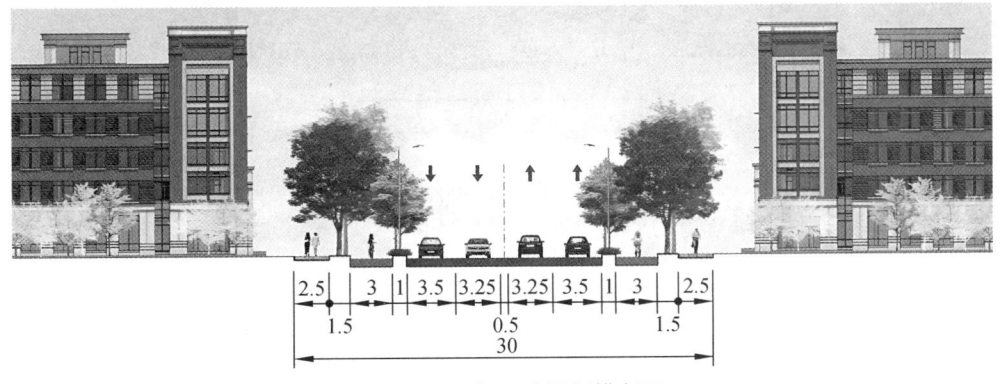

图 12.4-14　怀匠路规划横断面

（14）蔡伦路：规划为城市支路，道路红线宽 20 m，一块板断面，双向两车道。

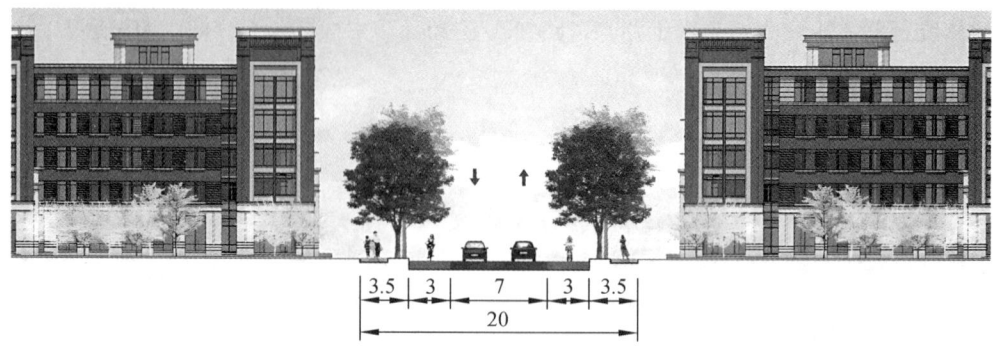

图 12.4-15　蔡伦路规划横断面

（15）李冰路：规划为城市支路，道路红线宽 20 m，一块板断面，双向两车道。

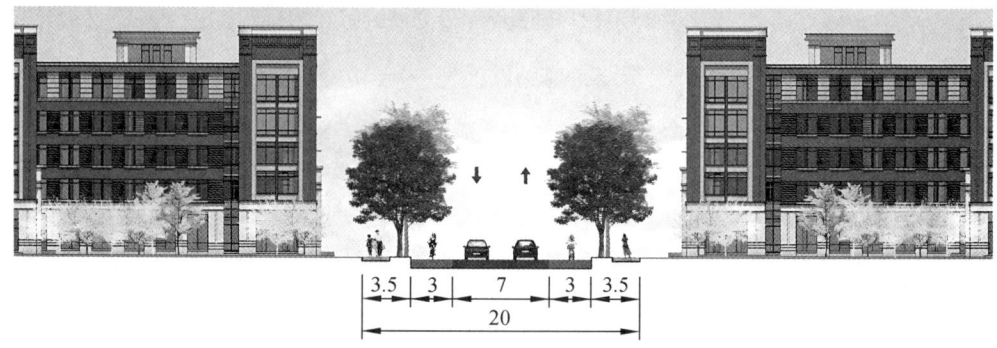

图 12.4-16　李冰路规划横断面

（16）李春路：规划为城市支路，道路红线宽 20 m，一块板断面，双向两车道。

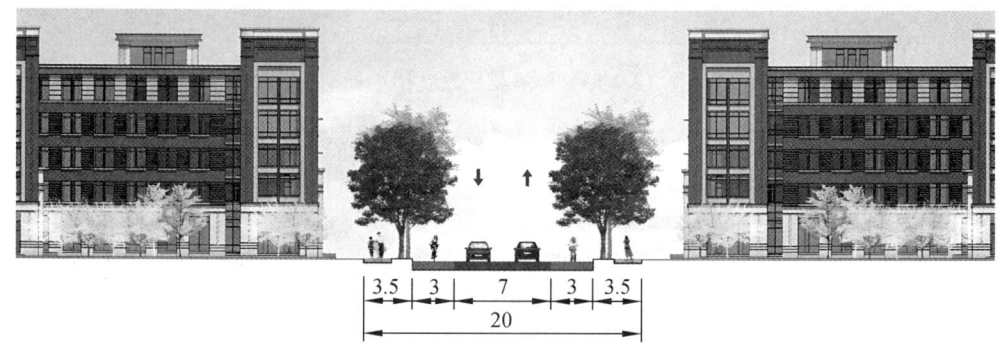

图 12.4-17　李春路规划横断面

（17）虬龙路：现状为单车道的通村道路，水泥路面。

12.4.3　项目周边路段现状交通流特征参数调查

项目所处区位为赣江新区、类型为新建主干路，所在片区内正在大力建设，工业、科研和住宅用地比较多，未来居民交通出行需求较高。结合 2018 年南昌市居民出行调查数据，参考《建设项目交通影响评价技术标准》及《导则》给出的建设项目的评价时段调查选择意见，确定本项目研究时段为工作日早高峰。

因此据调查，周边各路段现状流量及负荷度调整后的数据见表12.4-1。

表12.4-1 研究范围内现状主要道路流量及负荷度表

序号	路名	方向	车道数（单向）	现状通行能力/（pcu/h）	流量/（pcu/h）	现状负荷度
1	建昌大道	西—东	3	3 210	729	0.23
	建昌大道	东—西			634	0.20
2	开元大道	北—南	3	3 400	768	0.23
	开元大道	南—北			615	0.18
3	滨湖西路	北—南	3	2 180	561	0.26
	滨湖西路	南—北			532	0.24
4	匠心路	北—南	2	2 180	527	0.24
	匠心路	南—北			513	0.24

从总体上看，研究区内骨架型路网尚未建成，研究区域内的交通流量较小，服务水平大多处于A级。

12.4.4 项目周边交叉口交通状况调查

项目评价范围内现状交叉口众多，下面选取评价范围内几个重要的主干路相交的交叉口进行评价分析。

1. 建昌大道—开元大道交叉口

该交叉口是一个信号控制的十字型交叉口。其中北进口道为3车道，其中一条直行车道，一条右转车道，一条左转车道。南进口道为3车道，其中一条直行车道，一条右转车道，一条左转车道。西进口道为3车道，其中一条直行车道，一条右转车道，一条直左车道。东进口道为3车道，其中一条直行车道，一条右转车道，一条直左车道。

图12.4-18 建昌大道—开元大道交叉口

2. 建昌大道—滨湖路交叉口

该交叉口是一个信号控制的十字型交叉口。其中北进口道为 3 车道，其中一条直行车道，一条右转车道，一条直左车道。南进口道为 2 车道，其中一条直左转车道，一条直右转车道。西进口道为 4 车道，其中两条直行车道，一条右转车道，一条直左车道。东进口道为 4 车道，其中两条直行车道，一条右转车道，一条直左车道。

图 12.4-19　建昌大道—滨湖路交叉口

3. 建昌大道—滨湖西路交叉口

该交叉口是一个信号控制的 T 型交叉口。其中北进口道为 2 车道，其中一条左转车道，一条右转车道。西进口道为 3 车道，其中两条直行，一条左转。东进口道为 3 车道，其中两条直行，一条右转。

图 12.4-20　建昌大道—滨湖西路交叉口

在本项目的交通影响范围内,交叉口的交通流量相对较少,区域内部道路网尚未成型。本次交通调研中,主要调查了项目周边正常运行道路的沿线交叉口,各交叉口的流量调查情况汇总如表12.4-2所示,运行情况汇总如表12.4-3所示。

表12.4-2 周边交叉口高峰小时交通量汇总表　　　　单位:pcu/h

1. 建昌大道—开元大道交叉口												
建昌大道/开元大道	北			南			西			东		
转向	直	左	右	直	左	右	直	左	右	直	左	右
流量	35	50	62	15	8	23	15	108	108	163	31	15
合计	147			46			231			209		
总计	633											
备注	本交叉口信号控制,车流量较大,路况良好											
2. 建昌大道—滨湖路交叉口												
建昌大道/滨湖路	北			南			西			东		
转向	直	左	右	直	左	右	直	左	右	直	左	右
流量	48	48	88	44	56	368	208	240	48	260	52	44
合计	184			468			496			356		
总计	1 504											
备注	本交叉口信号控制,车流量中等,路况良好											
3. 建昌大道—滨湖西路交叉口												
建昌大道/滨湖西路	西			东			南			—		
转向	直	—	右	直	左	—	—	左	右	—		
流量	473	—	146	522	45	—	—	133	13	—		
合计	619			567			146					
总计	1 332											
备注	本交叉口信号控制,车流量较多,路况较好											

表 12.4-3　周边主要交叉口现状交通运行状况汇总表

序号	交叉口名称	相交道路等级	类型	现状交叉口通行能力/（pcu/h）	现状交叉口流量/（pcu/h）	现状交叉口符合度	现状服务水平
1	建昌大道/开元大道	主干路—主干路	十字信控交叉口	6 064	663	0.11	A
2	建昌大道/滨湖路	主干路—主干路	十字信控交叉口	7 155	1 504	0.21	A
3	建昌大道/滨湖西路	主干路—次干路	T 字信控交叉口	4 790	1 332	0.28	A

从交通调查的情况来看，项目交通影响范围内已建交叉口交通状况良好，交叉口负荷度均为 A 级水平，范围内路网路况良好，部分路段正在进行施工。

12.4.5　项目周边用地现状

据现状调查，项目北侧为开元大道，东侧及南侧为未开发地带及荒地，属于绿地防护区域。项目西侧为永修中等专业学校。周边土地现状如图 12.4-21 所示。

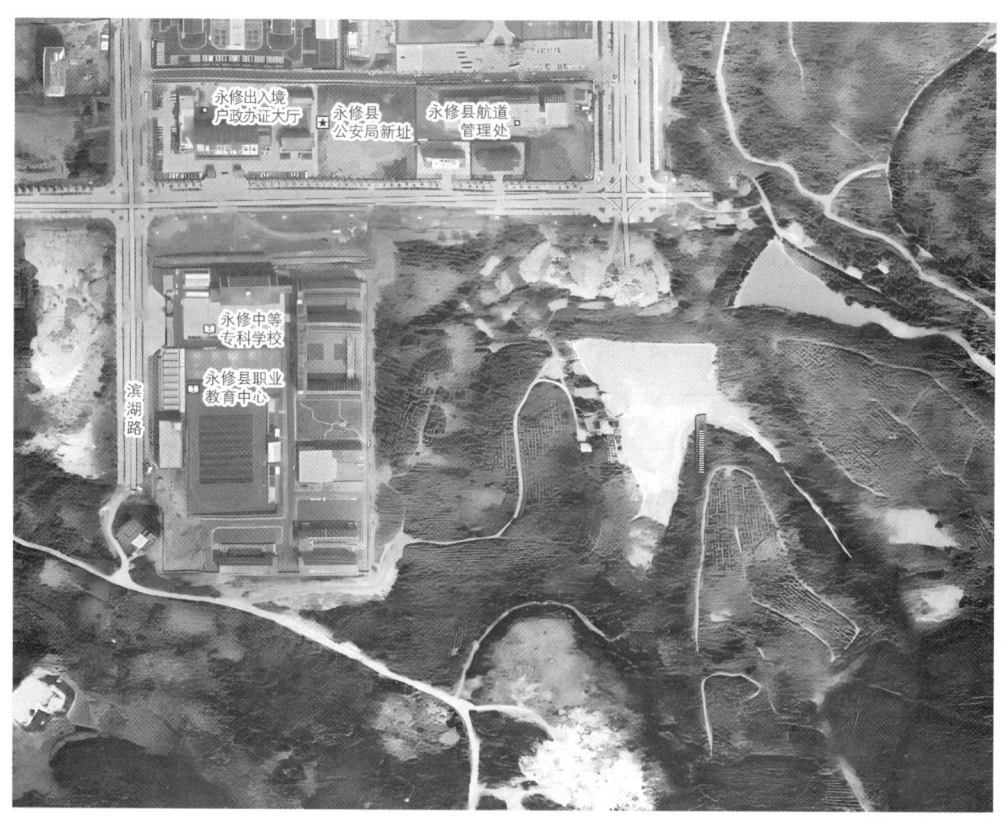

图 12.4-21　项目周边土地利用现状

12.4.6　项目周边公共交通现状

项目周边用地基本上没有开发，项目周边 1 km 内尚无公交线路及公交站分布，公交供给能力基本为 0，相对较近的公交站有铜锣湾广场、星火花苑、山水美地、永修县政府、城投大道、永修县武装部等。评价范围内公交设施不够完善。

图 12.4-22　项目周边常规公交站点位置关系示意图

12.4.7　项目周边慢行交通设施调查

项目周边的慢行交通设施由设置在道路两侧的非机动车道及人行道和设置在交叉口处的行人过街横道等几部分组成，项目主要人流疏散走向为东、南、北向，西侧为高速公路出入口，未设置人行通道。

图 12.4-23　交叉口平面慢行过街设施及道路两侧慢行设施

12.4.8 项目周边区域静态交通分析

虽然项目周边处于尚未开发状态,但其周边范围内已开发地块的一些次干路和支路两侧、小区及单位设置了配套的停车位和停车场,能保障车辆的正常停车需求。

12.5 交通需求预测

12.5.1 预测思路

根据项目的用地性质,分别预测不同类型的建筑用地产生的出行量,或根据项目规划的停车泊位预测地块产生的出行量,进而推算高峰小时的交通量,并将其折算成标准车。

12.5.2 预测方法

在项目交通量预测中,根据经验采用通用的预测方法,根据各类建筑的规模分别预测车辆发生量和吸引量。预测模型为:

$$P = \sum_k \alpha_k L_k \qquad A = \sum_k \beta_k L_k$$

12.5.3 目标年分析路网的确定

从交通调研的结果来看,研究范围内建昌大道以南区域用地已开发利用或正处于开发建设中,周边路网逐步按规划开展建设。随着赣江新区片区的逐步开发建设,区位条件优越,在未来的 5~10 年,区域将迎来大开发和大建设。为此,目标年 2023 年及 2027 年分析路网按以下情况进行假定:

(1)目标年 2023 年及 2027 年,周边路网条件按规划断面建成。

(2)周边交叉口按规划的渠化展宽建成,进行了渠化展宽。

(3)项目周边用地已开发的按目前的业态进行交通预测。

(4)目前尚未开发用地按控制性详细规划实施,项目以外的地块所属交通小区,目标年 2023 年按 50%投入使用,2027 年按 100%投入使用。

(5)项目所在小区 2023 年按 50%投入使用,2027 年按 100%投入使用。

12.5.4 交通分区

在目标年的路网条件下,将研究区域划分为 49 个交通小区,编号为 1~49,项目位于 15 号交通小区;其中 38~49 号交通小区是为了预测过境交通及出入境交通对项目影响范围内道路资源的使用情况所设置的虚拟小区,具体划分情况如图 12.5-1 所示。

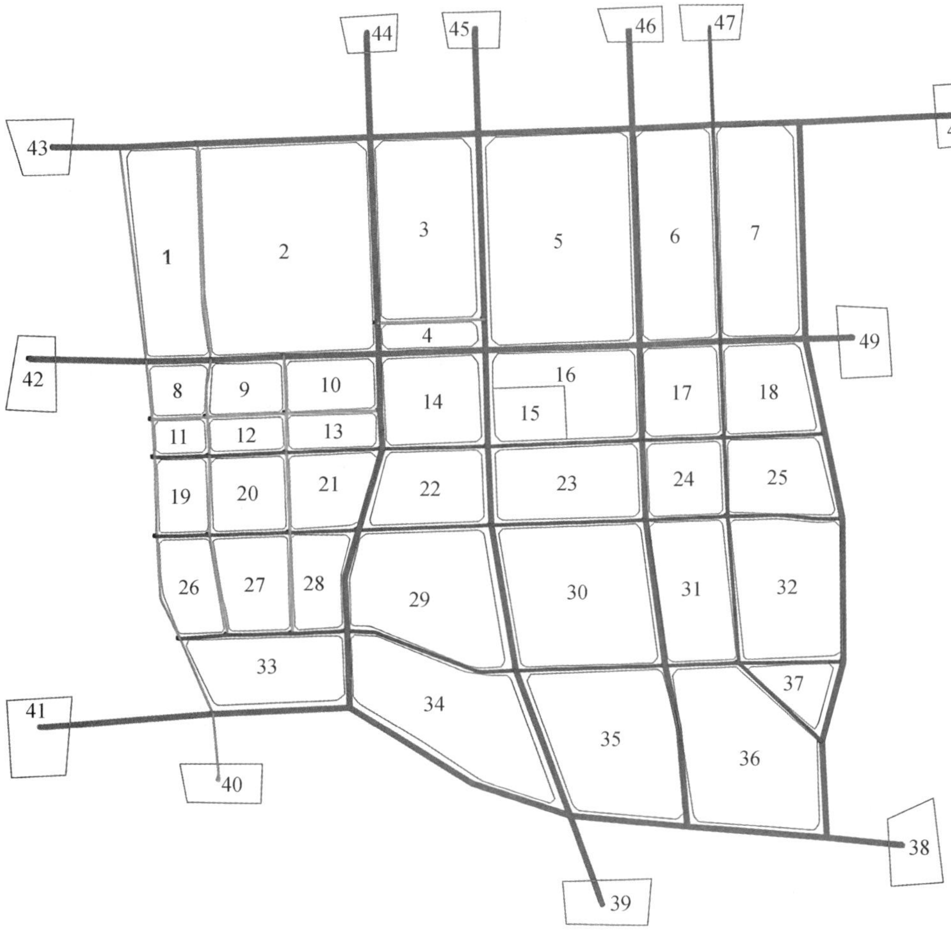

图 12.5-1 项目交通小区划分示意图

12.5.5 项目交通出行方式构成

项目主要为学校类建筑，出行产生与吸引主要包括学生、教师等几部分的交通出行。交通出行方式主要有：步行、非机动车、出租车、私家车、公交车等。

根据《南昌市轨道交通规划》项目周边已无轨道交通站点，目标年 2023 年及 2027 年，项目的公共交通出行将为常规公交。

2018 年南昌居民出行方式结构中，南昌市居民出行机动化程度为 33.5%，其中出租车出行占 1.2%，单位班车出行占 0.9%，地铁出行占 3.2%，公共巴士出行占 13.2%，摩的在内的摩托车出行占 1.4%，私人小汽车搭乘出行占 1.1%，私人小汽车自驾出行占 12.3%，网约车出行占 0.2%。

2018 年非机动化出行（含电动车）比例为 65.4%，其中步行占 38.7%，个人自行车 4.0%，电动车占 21.6%，公共自行车占 0.2%，共享单车占 0.9%。

与 2015 年相比，2018 年机动化出行比例有所提高，部分公共巴士出行转为了地铁出行；电动车出行比例大幅增长，步行出行比例下降。

2018 年各区域出行方式分布比例如表 12.5-1 所示。

表 12.5-1 2018 年各区域出行方式分布比例表

出行方式	安义县	朝阳洲	城东	城南	高新区	红谷滩	进贤县	经开区	旧城中心区	南昌县	湾里区	新建区
步行	40.8%	28.4%	31.0%	39.0%	37.8%	31.1%	43.5%	31.2%	43.9%	38.6%	44.5%	41.9%
出租车	0.6%	2.0%	2.3%	1.1%	0.7%	2.9%	0.4%	2.7%	1.4%	0.6%	0.6%	0.9%
单位班车	0.4%	0.2%	0.4%	0.9%	0.9%	0.5%	2.2%	2.0%	0.4%	0.7%	0.8%	0.6%
地铁	0.0%	2.7%	8.0%	1.1%	7.6%	12.6%	0.0%	2.3%	6.1%	0.0%	0.1%	0.4%
电动车	28.8%	20.4%	16.7%	24.8%	24.1%	10.7%	29.1%	9.4%	14.8%	29.1%	12.0%	20.1%
个人自行车	6.3%	2.1%	2.2%	2.4%	3.5%	5.0%	8.4%	1.2%	2.1%	3.5%	1.1%	4.9%
公共巴士	5.0%	16.5%	17.9%	12.8%	11.7%	16.2%	3.9%	38.1%	17.3%	8.3%	19.7%	15.3%
公共自行车（有桩）	0.0%	0.1%	0.4%	0.2%	0.0%	0.5%	0.0%	0.2%	0.0%	0.0%	0.0%	0.1%
共享单车	0.0%	1.6%	2.0%	0.7%	1.6%	1.2%	0.0%	0.4%	2.4%	0.1%	0.0%	0.6%
摩的	2.2%	0.1%	0.0%	0.2%	0.4%	0.2%	3.5%	0.4%	0.1%	2.3%	1.3%	2.3%
其他	0.8%	1.4%	0.7%	0.5%	1.4%	0.7%	2.3%	0.6%	0.6%	1.1%	2.0%	0.8%
私人小汽车搭乘	0.0%	4.0%	2.5%	1.5%	1.9%	2.1%	0.0%	1.9%	1.0%	0.3%	3.0%	1.3%
私人小汽车自驾	15.2%	19.6%	15.7%	14.6%	8.3%	15.7%	6.8%	8.5%	9.2%	15.4%	15.0%	10.6%
网约汽车	0.0%	0.7%	0.2%	0.2%	0.3%	0.4%	0.0%	0.3%	0.5%	0.1%	0.0%	0.3%

考虑到该项目功能定位、开发规模、地理位置等特点，根据类似项目的交通调查结果，根据《南昌市交通影响评价技术导则》中的相关数据，参考各城市交通发展规划预测结果，类比三线城市等地区规模及特点相当的学校的经验和分析的基础上，确定本项目 2023 年及 2027 年的出行方式构成如表 12.5-2 所示。

表 12.5-2 目标年项目交通出行方式构成

目标年	出行方式	常规公交	出租车	小汽车	非机动车	步行	合计
2023 年	中专及成教学校	35.0%	8.0%	15.0%	22.0%	20.0%	100.0%
2027 年	中专及成教学校	36.0%	8.0%	16.0%	24.0%	16.0%	100.0%

12.5.6 交通生成预测

1. 项目交通生成预测

开展新生成交通量的预测采用生成率法进行分析，2023年及2027年出行率取用值如表12.5-3所示。

表 12.5-3 不同类别建设项目出行率参考及本报告取用值

建筑类型	导则	出行率单位	备注
中专及成教学校	3.5～4.5	人次/百平方米	2023 年取 3.5，2027 年取 4.2

根据项目的主要经济技术指标以及表12.5-3中各种建筑类型单位面积的交通生成率指标，将本

项目现状与新建建筑作为一个整体进行预测，预测本项目的交通生成量见表12.5-4。

表 12.5-4 项目总交通生成预测表

目标年	建筑性质	指标面积/m²	出行生成率指标	吸引比	产生比	交通生成量/（人次/h）		
						吸引	产生	合计
2023年	中专及成教学校	145 905.48	3.5	0.75	0.25	3 830	1 277	5 107
2027年	中专及成教学校	145 905.48	4.2	0.75	0.25	4 596	1 532	6 128

根据2023年及2027年项目交通出行方式构成（见表12.5-2），项目目标年全方式出行量预测如表12.5-5所示。

表 12.5-5 目标年全方式出行量预测表　　　　　　　　单位：人次/h

目标年	出行方式	常规公交	出租车	小汽车	非机动车	步行	合计
2023	中专及成教学校	1 787	409	766	1 124	1 021	5 107
2027	中专及成教学校	2 206	490	980	1 471	981	6 128

据表12.5-5，在早高峰时段，按照小汽车平均载客率为2人/车，出租车平均载客率为1.5人/车。换算成2023年及2027年的当量交通量，各目标年结果如表12.5-6所示。

表 12.5-6 目标年项目出行量预测表　　　　　　　　单位：pcu/h

目标年	出行方式	出租车	小汽车	总生成量	吸引比	产生比	吸引量	产生量
2023	中专及成教学校	273	383	656	0.75	0.25	492	164
2027	中专及成教学校	327	490	817	0.75	0.25	613	204

由表12.5-6可知，目标年2023年，按50%投入使用，总交通生成量为656 pcu/h，吸引量为492 pcu/h，产生量为164 pcu/h；2027年，按100%投入使用，总交通生成量为817 pcu/h，吸引量为613 pcu/h，产生量为204 pcu/h。

2. 研究范围外围出入口交通量预测

背景交通量是由研究范围外围出入口道路交通量，其主要由过境交通以及出入境交通组成。出入口所在道路目前已基本上按规划断面建成，交通量也趋于稳定，出入口处的交通生成量以现状调查的流量为基准，结合周边路网规划及用地开发情况进行预测。38-49号交通小区各出入口道路交通流量如表12.5-7所示。

3. 研究区内其余小区交通生成量预测

对于部分还没有开发的地块，按照《控制性详细规划》中的规划用地性质和规划开发强度预测产生与吸引。对于已建的项目，按其建筑规模及使用性质，参考《建设项目交通影响评价技术标准》中的出行率参考表，按照目标年的交通出行方式构成换算为高峰小时的当量交通生成量。1~37号交通小区各交通小区的预测结果如表12.5-7所示。

表 12.5-7　出入口及影响范围内各交通小区交通产生、吸引量　　　单位：pcu/h

ID	2023 产生量	2023 吸引量	2027 产生量	2027 吸引量	备注
1	1 654	3 860	3 308	7 719	
2	1 768	758	3 536	1 516	
3	879	377	1 758	753	
4	143	810	286	1 620	
5	370	452	739	904	
6	190	233	381	465	
7	199	244	398	487	
8	33	41	67	81	
9	45	54	89	109	
10	224	96	448	192	
11	20	25	41	50	
12	30	36	60	73	
13	35	43	71	87	
14	273	334	547	669	
15	163	491	205	611	本案
16	414	965	827	1 930	
17	328	141	656	281	
18	1152	768	2 304	1 536	
19	293	293	587	587	
20	62	62	123	123	
21	661	661	1 322	1 322	
22	810	540	1 620	1 080	
23	412	1 235	823	2 470	
24	610	610	1 221	1 221	
25	506	1 181	1 012	2 362	
26	441	661	882	1 323	
27	332	142	665	285	
28	509	339	1 018	679	

续表

ID	2023 产生量	2023 吸引量	2027 产生量	2027 吸引量	备注
29	1 562	3 644	3 123	7 287	
30	1 071	2 500	2 143	5 000	
31	1 648	1 099	3 297	2 198	
32	1 762	1 174	3 523	2 349	
33	115	141	231	282	
34	1 759	2150	3 519	4 301	
35	1 012	2 362	2 024	4 723	
36	788	1 839	1 576	3 677	
37	418	511	836	1 022	
38	774	332	1 547	663	迎宾大道
39	774	332	1 547	663	工匠大道
40	124	53	249	107	蔡伦路
41	774	332	1 547	663	迎宾大道
42	262	174	523	349	海昏侯路
43	730	313	1 461	626	建昌大道
44	496	213	992	425	鲁班大道
45	496	213	992	425	工匠大道
46	774	332	1 547	663	匠心路
47	343	229	686	458	匠育路
48	774	221	1 547	442	匠成路
49	496	213	992	425	海昏侯路

12.5.7 交通分布预测

交通分布预测是把交通的发生与吸引量预测获得的各小区的出行量转换成小区之间的空间OD量，即OD矩阵，重力模型是国内外交通规划中使用最广泛的模型之一，本报告选用双约束重力模型进行项目的交通出行分布预测。双约束重力模型的基本形式为：

$$T_{ij} = K_i K_j P_i A_j / f(t_{ij})$$

根据2015年居民出行调查所得到的OD矩阵，标定出所在区域的模型参数 $\alpha = 0.870\ 1$。根据预测的各交通分区的吸引量、产生量及上述分布模型，利用规划软件可确定目标年研究范围内2023年及2027年的OD分布矩阵。目标年，新生成交通量与各交通小区之间的期望线如图12.5-2所示。

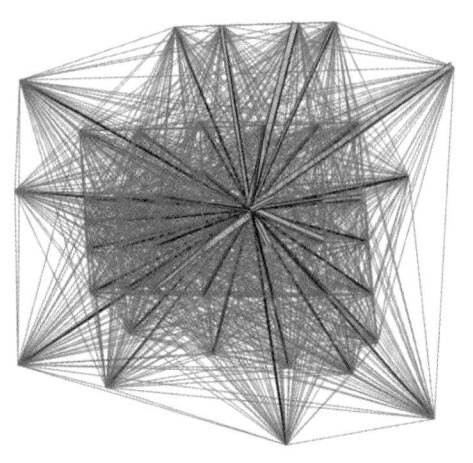 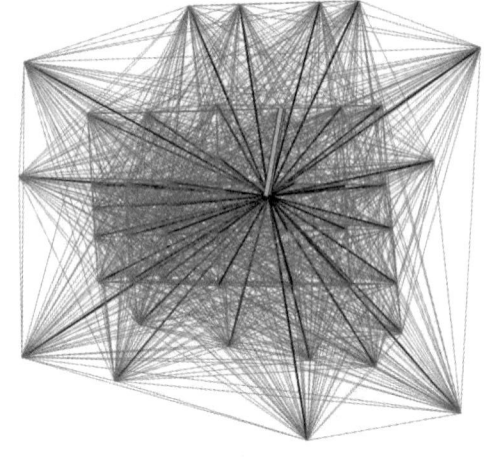

| 2023 年新生成交通量期望线 | 2027 年新交通生成量期望线 |

图 12.5-2 研究区域目标年新生成交通量 OD 期望线示意图

12.5.8 交通分配预测

把预测得到的 2023 年、2027 年项目影响范围内各交通方式的 OD 矩阵，通过容量限制——多路径交通分配方法，分配到 2023 年、2027 年规划路网中，即得到项目影响范围 2023 年、2027 年背景交通量及负荷度。

然后将项目交通量与背景交通量进行叠加，可以得到 2023 年及 2027 年的总交通量与负荷度。

12.6 交通影响程度分析

12.6.1 道路交通影响程度评价

1. 评价标准

在评价范围内，建设项目新生成交通需求对交通系统的影响达到或超过表 12.6-1、表 12.6-2、表 12.6-3 及表 12.6-4 中的规定时，代表建设项目对评价范围内交通系统有显著影响。

表 12.6-1 信号交叉口机动车交通显著影响判定标准

背景交通服务水平	项目新生成交通加入后的服务水平
A	D、E、F
B	D、E、F
C	D、E、F
D	E、F
E	F
F	F

表 12.6-2　无信号交叉口机动车交通显著影响判定标准

背景交通服务水平	项目新生成交通加入后的服务水平
一级	二级、三级
二级	三级

表 12.6-3　路段机动车交通显著影响判定标准

路段等级	项目新生成交通占路段背景交通量比例
主干路	15%
次干路	25%
支路	50%

表 12.6-4　交织区、长路段、匝道交通显著影响判定标准

背景服务水平	项目新生成交通占路段背景交通量比例
一级	四级
二级	四级
三级	四级
四级	四级

2. 路段交通影响程度评价

根据预测年高峰小时流量和通行能力，计算项目周边路网的饱和度和服务水平。本报告采用"有/无"项目建设比较法分析路段影响程度，通过对比项目建成前后研究范围内的主要道路流量变化情况，分析服务水平变化情况。

（1）目标年 2023 年项目周边路段交通影响分析。

根据交通分配结果，目标年 2023 年项目建设后周边道路高峰小时流量、饱和度和服务水平如表 12.6-5 所示。

表 12.6-5　2023 年项目建设后周边道路高峰小时流量、饱和度和服务水平

道路名称	等级	N	CAP	无项目 流量	无项目 负荷度	有项目 流量	有项目 负荷度	增量	增加比例	最大允许	评价结果
建昌大道	主	3	3 210	1 279	0.40	1 321	0.41	42	3.28%	15%	可接受
建昌大道	主	3	3 210	1 034	0.32	1 079	0.34	45	4.35%	15%	可接受
海昏侯路	主	2	2 180	791	0.36	850	0.39	59	7.46%	15%	可接受
海昏侯路	主	2	2 180	613	0.28	671	0.31	58	9.46%	15%	可接受
滨湖路	主	2	2 180	840	0.39	901	0.41	61	7.26%	15%	可接受
滨湖路	主	2	2 180	712	0.33	729	0.33	17	2.39%	15%	可接受
开元大道	主	3	3 400	1 208	0.36	1 243	0.37	35	2.90%	15%	可接受
开元大道	主	3	3 400	1 135	0.33	1 180	0.35	45	3.96%	15%	可接受

续表

道路名称	等级	N	CAP	无项目流量	无项目负荷度	有项目流量	有项目负荷度	增量	增加比例	最大允许	评价结果
鲁班大道	主	2	2 180	769	0.35	777	0.36	8	1.04%	15%	可接受
	主	2	2 180	619	0.28	630	0.29	11	1.78%	15%	可接受
工匠大道	主	3	3 400	1 013	0.30	1 127	0.33	114	11.25%	15%	可接受
	主	3	3 400	907	0.27	1 020	0.30	113	12.46%	15%	可接受
匠心路	主	2	2 180	777	0.36	826	0.38	49	6.31%	15%	可接受
	主	2	2 180	762	0.35	800	0.37	38	4.99%	15%	可接受
迎宾大道	主	3	3 400	1 128	0.33	1 139	0.34	11	0.98%	15%	可接受
	主	3	3 400	1 234	0.36	1 256	0.37	22	1.78%	15%	可接受
匠成路	主	3	3 400	1 048	0.31	1 066	0.31	18	1.72%	15%	可接受
	主	3	3 400	1 060	0.31	1 079	0.32	19	1.79%	15%	可接受
育匠路	次	2	1 730	573	0.33	677	0.39	104	18.15%	25%	可接受
	次	2	1 730	492	0.28	611	0.35	119	24.19%	25%	可接受
雷金玉路	次	2	1 760	419	0.24	421	0.24	2	0.48%	25%	可接受
	次	2	1 760	391	0.22	392	0.22	1	0.26%	25%	可接受
怀匠路	次	2	1 760	367	0.21	369	0.21	2	0.54%	25%	可接受
	次	2	1 760	325	0.18	327	0.19	2	0.62%	25%	可接受
匠育路	次	2	1 760	400	0.23	424	0.24	24	6.00%	25%	可接受
	次	2	1 760	410	0.23	437	0.25	27	6.59%	25%	可接受
渣溪堂路	支	2	1 400	307	0.22	311	0.22	4	1.30%	50%	可接受
	支	2	1 400	285	0.20	289	0.21	4	1.40%	50%	可接受
蔡伦路	支	1	710	198	0.28	198	0.28	0	0.00%	50%	可接受
	支	1	710	245	0.35	245	0.35	0	0.00%	50%	可接受
李冰路	支	1	710	285	0.40	285	0.40	0	0.00%	50%	可接受
	支	1	710	273	0.38	273	0.38	0	0.00%	50%	可接受
李春路	支	1	710	326	0.46	330	0.46	4	1.23%	50%	可接受
	支	1	710	271	0.38	281	0.40	10	3.69%	50%	可接受
虬龙路	支	1	700	122	0.17	136	0.19	14	11.48%	50%	可接受
	支	1	700	165	0.24	190	0.27	25	15.15%	50%	可接受

比较项目加入前后的流量增量可知，快速路服务水平不超过四级，主干路流量增量不超过15%，无显著影响；次干路不超过25%，无显著影响；支路不超过50%，无显著影响。

项目交通流量主要经南、西两侧出入口汇入周边路网，项目出入口位置的西侧支路及南侧主干路流量增量对路网的影响可接受。

（2）目标年2027年项目周边路段交通影响分析。

根据交通分配结果，目标年2027年项目建设后周边道路高峰小时流量、饱和度和服务水平如表12.6-6所示。

表 12.6-6　2027 年项目建设后周边道路高峰小时流量、饱和度和服务水平

道路名称	等级	N	CAP	无项目 流量	无项目 负荷度	有项目 流量	有项目 负荷度	增量	增加比例	最大允许	评价结果
建昌大道	主	3	3 210	1 326	0.41	1 336	0.42	10	0.75%	15%	可接受
建昌大道	主	3	3 210	1 245	0.39	1 255	0.39	10	0.80%	15%	可接受
海昏侯路	主	2	2 180	928	0.43	1 018	0.47	90	9.70%	15%	可接受
海昏侯路	主	2	2 180	847	0.39	923	0.42	76	8.97%	15%	可接受
滨湖路	主	2	2 180	974	0.45	1 029	0.47	55	5.65%	15%	可接受
滨湖路	主	2	2 180	978	0.45	983	0.45	5	0.51%	15%	可接受
开元大道	主	3	3 400	1 188	0.35	1 218	0.36	30	2.53%	15%	可接受
开元大道	主	3	3 400	1 038	0.31	1 098	0.32	60	5.78%	15%	可接受
鲁班大道	主	2	2 180	735	0.34	760	0.35	25	3.40%	15%	可接受
鲁班大道	主	2	2 180	705	0.32	709	0.33	4	0.57%	15%	可接受
工匠大道	主	3	3 400	1 218	0.36	1 321	0.39	103	8.46%	15%	可接受
工匠大道	主	3	3 400	1 054	0.31	1 195	0.35	141	13.38%	15%	可接受
匠心路	主	2	2 180	834	0.38	904	0.41	70	8.39%	15%	可接受
匠心路	主	2	2 180	749	0.34	829	0.38	80	10.68%	15%	可接受
迎宾大道	主	3	3 400	1 660	0.49	1 668	0.49	8	0.48%	15%	可接受
迎宾大道	主	3	3 400	1 711	0.50	1 719	0.51	8	0.47%	15%	可接受
匠成路	主	3	3 400	1 459	0.43	1 468	0.43	9	0.62%	15%	可接受
匠成路	主	3	3 400	1 223	0.36	1 231	0.36	8	0.65%	15%	可接受
育匠路	次	2	1 730	821	0.47	938	0.54	117	14.25%	25%	可接受
育匠路	次	2	1 730	788	0.46	921	0.53	133	16.88%	25%	可接受
雷金玉路	次	2	1 760	728	0.41	750	0.43	22	3.02%	25%	可接受
雷金玉路	次	2	1 760	752	0.43	773	0.44	21	2.79%	25%	可接受
怀匠路	次	2	1 760	879	0.50	912	0.52	33	3.75%	25%	可接受
怀匠路	次	2	1 760	861	0.49	903	0.51	42	4.88%	25%	可接受
匠育路	次	2	1 760	757	0.43	780	0.44	23	3.04%	25%	可接受
匠育路	次	2	1 760	845	0.48	865	0.49	20	2.37%	25%	可接受
渣溪堂路	支	2	1 400	733	0.52	733	0.52	0	0.00%	50%	可接受
渣溪堂路	支	2	1 400	699	0.50	731	0.52	32	4.58%	50%	可接受
蔡伦路	支	1	710	231	0.33	231	0.33	0	0.00%	50%	可接受
蔡伦路	支	1	710	251	0.35	251	0.35	0	0.00%	50%	可接受
李冰路	支	1	710	343	0.48	343	0.48	0	0.00%	50%	可接受
李冰路	支	1	710	357	0.50	357	0.50	0	0.00%	50%	可接受
李春路	支	1	710	298	0.42	299	0.42	1	0.34%	50%	可接受
李春路	支	1	710	313	0.44	314	0.44	1	0.32%	50%	可接受
虬龙路	支	1	700	138	0.20	149	0.21	11	7.97%	50%	可接受
虬龙路	支	1	700	190	0.27	200	0.29	10	5.26%	50%	可接受

比较项目加入前后的流量增量可知，研究范围内主干路流量增量不超过15%，无显著影响；次干路不超过25%，无显著影响；大部分支路不超过50%，无显著影响。

项目交通流量主要经南、西两侧出入口汇入周边路网，项目出入口位置的西侧支路及南侧主干路流量增量对路网的影响可接受。

3. 交叉口交通影响程度评价

开展交叉口的交通影响分析时，也采用"有/无"项目建设比较法分析其影响程度。将评价范围内主要交叉口的交通运行分析结果，整理成周边交叉口测评结果。

（1）目标年2023年项目周边交叉口交通影响分析。

根据交通分配结果，目标年2023年项目建设后周边交叉口高峰小时流量、饱和度和服务水平如表12.6-7所示。

表12.6-7 目标年2023年周边邻近交叉口测评结果

序号	交叉口名称	CAP	无项目		有项目		变化情况		最大允许界限	评价
			流量	饱和度	流量	饱和度	服务水平	流量增量		
1	海昏侯路—工匠大道	5 600	3 550	0.63	3 801	0.68	C-C	251	C	可接受
2	海昏侯路—匠心路	4 400	2 826	0.64	2 962	0.67	C-C	136	C	可接受
3	育匠路—工匠大道	5 200	2 917	0.56	3 250	0.63	C-C	333	C	可接受
4	育匠路—匠心路	4 100	2 523	0.61	2 722	0.66	C-C	199	C	可接受
5	海昏侯路—鲁班大道	4 400	2 517	0.57	2 588	0.59	C-C	71	C	可接受
6	育匠路—鲁班大道	4 000	2 250	0.56	2 336	0.58	C-C	86	C	可接受

由表12.6-7可知，紧邻项目的几个交叉口流量增量为71~333 pcu/h，项目加入后，没有超过交叉口服务水平的最大允许界限，项目对周边交叉口的交通影响在可接受的范围之内。

（2）目标年2027年项目周边交叉口交通影响分析。

根据交通分配结果，目标年2027年项目建设后周边交叉口高峰小时流量、饱和度和服务水平如表12.6-8所示。

表12.6-8 目标年2027年周边邻近交叉口测评结果

序号	交叉口名称	CAP	无项目		有项目		变化情况		最大允许界限	评价
			流量	饱和度	流量	饱和度	服务水平	流量增量		
1	海昏侯路—工匠大道	5 600	4 007	0.71	4 289	0.76	C-C	282	C	可接受
2	海昏侯路—匠心路	4 400	3 322	0.75	3 502	0.79	C-C	180	C	可接受
3	育匠路—工匠大道	5 200	3 745	0.72	3 985	0.76	C-C	240	C	可接受
4	育匠路—匠心路	4 100	3 028	0.73	3 261	0.79	C-C	233	C	可接受
5	海昏侯路—鲁班大道	4 400	3 318	0.75	3 354	0.76	C-C	36	C	可接受
6	育匠路—鲁班大道	4 000	2 859	0.71	2 964	0.74	C-C	105	C	可接受

目标年 2027 年，项目周边路网交通流量进一步增大，项目加入前，背景交通量处于 C 级服务水平以上。项目的加入使周边交叉口的负荷度有所增加，但服务水平仍保持项目加入前的服务水平，没有超过最大允许界限，项目的加入对周边交叉口没有显著影响，可接受。

12.6.2　公共交通影响评价

根据《建设项目交通影响评价技术标准》（CJJ/T 141—2010）中的规定。公共交通线路剩余载客量容 Pr 应按下式确定：

$$Pr = \sum((S_i - O_i) \times 60 F_i \times C_i)$$

根据交通需求预测分析，2023 年及 2027 年项目所在地块常规公交的出行生成量为 583 人次/小时及 760 人次/小时。

根据以上计算方法反算本项目所需公交线路数量，假设目标年该区域公交线路服务水平良好，高峰载客率为 20%（指公交线路布设较多，车厢内乘客不拥挤），高峰小时发车频率为 6 min，一辆公交车载客量为 50 人计算，为满足近期及远期 937 人次/小时的客运需求，计算出本项目沿线及附近最少需要增设公交线路 4 条。因此，现状公交线路条数不满足上述要求，建议尽快对大国工匠技工学校周边片区进行公交线路规划并及时开通公交线路。

12.6.3　静态交通影响评价

本项目为学校类建设项目，停车配建标准应按大中专院校的教职工配建车位和学生接送临时车位分别计算并相加。

本案位于三类地区，《用地规划设计条件》赣新直管〔2021〕005 号，下发于 2021 年 3 月 2 日。停车配建按最新《赣江新区城市规划管理技术规定》核算。

1. 机动车停车位

依据《赣江新区城市规划管理技术规定》，本项目为大中专院校，三类区域，教职工车位按 30 泊位/百教职工，学生接送临时停车位按 3 泊位/百学生进行停车配建。

核算结果如表 12.6-9 所示。

表 12.6-9　项目机动车停车泊位核算

停车配比类型	单位/人	机动车停车计算依据	规划要求停车数量/辆
教职工车位	461	30 辆/100 教职工	139
学生接送临时停车位	4 608	3 辆/100 学生	139
合计		—	278

由表可知，据《赣江新区城市规划管理技术规定》配建标准，机动车位总需求数为 278 个。

2. 非机动车停车位

依据《赣江新区城市规划管理技术规定》，在三类区域，非机动车型按照教职工车位 40 泊位/

百教职工；学生接送临时停车位按 40 泊位/百学生进行配建。

核算结果如表 12.6-10 所示。

表 12.6-10 项目非机动车停车泊位核算

停车配比类型	单位/人	非机动车停车计算依据	规划要求停车数量/辆
教职工车位	461	40 辆/100 教职工	185
学生接送临时停车位	4 608	40 辆/100 学生	1 844
合计		—	2 029

由上表可知，非机动车停车位需求数为 2 029 个。

3. 特殊车辆停车位

各类型建筑性质应配建特殊车位，特殊车位的核算结果如表 12.6-11 所示。

表 12.6-11 项目特殊车位核算表

车位类型	计算指标	配建标准	车位数
无障碍机动车泊位	核定总车位 278 个	（1）停车泊位总数小于 100 辆，不少于一个； （2）停车泊位总数大于 100 辆，不少于总数的 1%	3 个
无障碍机动车泊位合计			3 个
大客车车位	4 608 个学生	1 000 个学生以上学校至少 1~3 个，大专院校至少 3 个	3 个
大客车车位合计			3 个

根据上表数据并参考《南昌市建设项目停车配建标准（2017 年版）》，本项目无障碍车位总需求为 3 个，大客车车位总需求为 3 个。

4. 充电桩停车位

公建建筑应按不小于 10%建设充电设施或预留建设安装条件，需求如表 12.6-12 所示。

表 12.6-12 项目充电车位核算表

停车配比类型	配建数量/辆	计算依据	最小停车数量/辆
学校	278	按 10%已配建数量	28
合计			28

由上表可知，据 2017 版配建标准，充电车位总需求数为 28 个。

5. 项目停车供给评价

项目实际配建停车情况如下：项目方案经济技术指标中，机动车停车泊位 359 个，其中地上

52个（含3个大客车车位），地下307个；非机动车泊位2 077个。实际落地规划方案中机动车标准停车泊位359个，其中地上普通车位45个（3个大客车车位）按照每个大客车折合成标准车位2.5个，共折合为7个，地下车库设置普通车位292个（16个微型车位按照每个微型车折合成标准车位0.7个，共折合为11个），无障碍车位4个；地上非机动车泊位1 910个。特殊车位中，无障碍车位地下车库设置4个，大客车车位地面上设置3个，地下充电车位37个。

结合项目实际，根据总平面、地下车库的实际落地方案，评价及改善建议如下：

（1）机动车整体评价：据配建要求，总机动车需求为278个，实际落地标准车辆359辆，对部分尺寸不符合要求及地库卡墙车位进行调整，调整后落地标准车辆348辆，其中地上52个，地下296个。

（2）特殊车位评价：据配建要求，无障碍车位总需求为3个，大客车车位总需求为3个，充电车位总需求为28个，本报告地面落实大客车泊位3个，地下落实无障碍车位4个，地下落实充电车位37个，均满足要求。

（3）非机动车评价：据配建要求，需配建非机动车泊位2 029个。非机动车车位布设在道路两侧，总非机动车泊位实际共有车位1 910个。不满足要求，需在地面增设119个，已建议在地面2#宿舍附近增设70个非机动车停车位、在项目北侧2#办公楼附近增设50个非机动车停车位，共建议增设120个非机动车停车位。增设后停车位共2 030个，满足配建要求。

（4）充电桩车位：据配建要求，需预留充电桩车位28个，方案已在地下落地37个，车位满足要求。

（5）其他问题及建议：地下车库内的普通平行式机动车车位尺寸由原尺寸的2.4 m*5.3 m调整为2.4 m*6.0 m，地下微型车位尺寸由原尺寸的2.2 m*4.0 m调整为2.2 m*4.3 m；地面及地下车位在施画时，应保证停放的机动车距离墙体、柱的距离满足规范要求。

从指标值、方案实际值及需求值三个维度进行对比，机动车、非机动车停车评价如表12.6-13所示。

表12.6-13 项目停车泊位供给评价表

泊位类型		换算系数	指标值/个		实际值/个		需求值/个	供需差	优化后/个		优化后合计/个
			地上	地下	地上	地下			地上	地下	
机动车位数		—	52	307	52	307	278	多81个，满足	52	296	348
其中	无障碍车位	1.0	0	4	0	4	3	满足	0	4	4
	大客车车位	2.5	3	0	3	0	3	满足	3	0	3
	充电车位	1.0	0	37	0	37	28	多9个，满足	0	37	37
非机动车	架空层 1.8 m²	0	0	0	0	2 029	少119个，不满足	2 030	0	2 030
	地面 1.5 m²	2 077	0	1 910	0					

12.6.4 项目内部交通系统评价

1. 项目基地出入口

项目总共设有 4 个项目出入口，可供车行出入口 2 个。其中：1#人行主入口，宽度为 7 m、2#车行主出入口兼消防出入口，宽度为 7 m，3#人行出入口，宽度为 9 m，4#车行出入口兼消防出入口，宽度为 7 m，各出入口评价如表 12.6-14 所示。

表 12.6-14　项目出入口评价　　　　　　　　　　　　　　　单位：m

编号	位置	宽度	与交叉口距离
2#	主干路：西侧工匠大道	7	距南侧工匠大道与育匠路交叉口 126.8
4#	次干路：东侧育匠路	7	距西侧育匠路与工匠大道交叉口 255.9

基地出入口评价：

（1）项目两个车行出入口均满足规范中关于"主干路上距离道路交叉口不应小于 70 m，次干路上不应小于 50 m，两者均应右进右出"的规范要求。其中工匠大道上的 1#主出入口和南侧工匠大道与育匠路交叉口的距离为 126.8 m，且出入口组织右进右出交通组织，对主支道路交叉口的影响较小，从交通影响上认为是可以接受的；育匠路上的 4#出入口距离西侧育匠路与工匠大道交叉口距离为 255.9 m，对交叉口的影响较小，从交通影响上认为可以接受。

（2）基地车行出入口与城市道路相交角度均为 90°，通视条件良好。

（3）建议在项目出入口增设减速带、减速让行、行人过街引导标志、禁停标志及缓冲设施，保障进出行人与车辆的安全。

2. 配建地库出入口

内部共设置有 2 个地库出入口。机动车停车库出入口和车道数量分布情况如表 12.6-15 所示。

表 12.6-15　项目机动车停车库出入口和车道数量分布情况

机动车泊位数/个	出入口功能	出入口宽度/m	车道数
307	出入口	7.2、7	4

停车库出入口进行评价：

（1）项目地库出入口宽度满足双车道不小于 7 m 的规范要求。地下车库出入口设置宽度满足规范要求。

（2）地下共设置标准车位 307 个，设置车库出入口 2 个，宽度为 7 m 和 7.2 m，出入口个数满足要求；配合交通组织，出入口交通组织双向通行，共设置入口车道 2 个，出口车道 2 个，地下车库出入口数量满足规范的要求。

（3）本项目为非居住二类项目，车库出入口设置在地块内部；地库出入口坡度均满足规范中关于坡度要求。

（4）基地出入口道闸：基地出入口位置设道闸，机动车道闸应全部设置在距离道路红线 12 m 处。本项目建议 4#车行出入口在内部设置两个道闸以满足规范。

3. 项目内部道路

结合项目总平面布局方案，内部环形道路兼作消防通道，为满足消防通达性要求，消防车道沿道路内部硬质铺地等展开，内部道路评价如下：

（1）环形内部车行道路：车行道路宽度均为 7 m。小型车交通组织流线转弯半径≥6 m，满足小型车通行要求；大客车交通组织流线转弯半径≥12 m，满足大客车通行要求。

（2）消防车道：消防通道宽度≥4 m，消防车道转弯半径≥9 m，满足消防车通行宽度及转弯半径要求。

（3）内部车行道路边缘至建筑物、构筑物的最小距离满足规范的要求。

（4）地面通道 7 m 均采用双向交通组织；平行式大客车车位位置通道宽度为 7 m，满足大客车车位停车要求；地库内部通道均≥5.5 m，采用双向组织，地库出入口采用双向组织。

12.6.5 交通组织评价

1. 外部机动车交通组织

项目对外交通联系主要依托南侧育匠路、东侧匠心路、西侧工匠大道、建昌大道等周边道路。结合周边路网等级，支路与支路交叉口转向不加限制，支路与干路交叉口建议采用右进右出交通组织。

2. 内部机动车交通组织

结合项目内部道路设置情况，总结平时及应急交通组织如下：

（1）平时小型车交通组织：为了保证人车分流，采取人车分口进入校园的组织方式，保证行人安全，同时也便于管理。平时小型车从西侧的 2#主出入口及南侧的 4#出入口进入项目内部，环形内部车行道路宽度不小于 7 m，采用双向交通组织，通过设置可移动隔离墩来禁止小型车进入 4 m 宽道路。

（2）大客车交通组织：建议由西侧的 2#出入口进出，以减少对学校内部的交通安全影响。

（3）应急情况下消防车交通组织：消防通道宽度大于 4 m，转弯半径大于 9 m，可以满足消防车通行的要求。应急情况下，消防车由项目 2#出入口及 4#出入口汇入项目内部，消防通道沿内部道路展开，通达项目各建筑分区。

（4）慢行交通组织：内部道路存在人车混行，应在项目出入口处设置行人出入警示标志，保障行人的安全。校园内部结合建筑物周边及校园景观设置慢行步行通道，通道宽度满足要求。在校园内部应配置相关消防应急设备和人行疏导标志，确保紧急情况下行人安全疏散。项目周边道路上的行人过街有两种考虑，一种是配合相应交叉口的人行横道，另一种是在路段上增设人行过街设施，本项目利用的是交叉口位置的行人过街设施。

3. 出入口交通组织

项目车行 2#出入口及 4#出入口宽度分别 7 m、7 m。学校西侧主大门位置设置 2#出入口，为机动车兼消防出入口，主出入口处人行与车行分离；南侧4#出入口为机动车兼消防出入口，出入口交通组织评价如下：

（1）项目2#车行出入口采用双向交通组织，出入口宽度为7 m，满足双向行驶的车辆出入口宽度不应小于7 m的要求。4#出入口宽度7 m，采用双向交通组织，满足双向行驶的车辆出入口宽度不应小于7 m的要求。

（2）项目整体大部分采用双向交通组织，由于2#出入口开设位置为主干路、4#出入口开设位置为次干路，2#、4#出入口组织右进右出交通组织、禁止左转。

（3）建议在项目出入口增设减速带，减速让行、行人过街引导标志，禁停标志及缓冲设施，保障进出行人与行人、车辆的安全。

（4）为了保证人车分流，采取人车分口进入校园的组织方式。1#人行出入口和2#车行出入口分别走人和走车，实现人行与车行分离，相比于人车共同使用出入口1#出2#进的组织方式，更能保证行人的安全，不仅使行人拥有独立的路权，同时也便于管理。

12.6.6 交通安全评价

1. 项目周边交通安全评价

项目的建成对周边的城市道路有直接影响。为减轻项目对周边城市路网的影响，应通过分散项目车流、规范项目周边车辆行驶、合理渠化城市道路主要交叉口、采取信号灯管控和优化路口信号配时等措施来改善项目周边道路通行条件，减少交通干扰，提高路网通行能力，以减轻项目对周边路网的影响，应在周边路网加设必要的交通安全设施。

2. 交通设施安全评价

交通管理设施是交通管理理念直接的表现手段和形式。通过交通信号灯的设置和配时来引导交通，可以实现畅通的目的。为此，建议本项目配置如下交通管理设施：

（1）出入口设置减速慢行标志和行人出入标志。通过设置交通标志引导人流、车流进出项目出入口，能保障项目内外交通衔接、转换的安全与通畅。

（2）地下车库出入口、部分转弯处设置球面镜，项目及地下车库出入口设置减速带。能控制内部行车速度及保障车辆进出车库与转弯时的安全。

（3）周边道路，做好项目各种交通流的引导工作，配合交通组织与交通安全，设置相应的交通管理设施。

（4）考虑到本项目为学校类建设项目，为方便学生出行，建议在项目周边路段合理布置一定数量的共享电动车，以满足学生的出行需求。

3. 交通设施费用

在项目出入口设置减速慢行标志和行人出入标志，在内部设置出租车停靠点。建议由业主负责地下车库及项目内部道路交通标线的设置，有关费用以实际实施为准，有关项目出入口、地下车库出入口、地面停车实施指示标志的数据及费用估算如表12.6-16所示。

表 12.6-16　项目内部及周边道路交通设施设置费用估算表

序号	项目	数量	单价	费用/元
1	限速标志	2 套	700 元/套	1 400
2	停车指示标志	4 套	700 元/套	2 800
3	慢行标志	5 套	700 元/套	3 500
4	减速带	105 m	180 元/m	16 380
5	球面镜	5 套	700 元/套	3 500
6	人行横道	4 套	700 元/套	2 800
7	行人安全警告	5 套	700 元/套	3 500
8	减速让行标志	5 套	700 元/套	3 500
9	禁止鸣笛	1 套	700 元/套	700
10	注意行人	1 套	700 元/套	700
11	禁停	3 套	700 元/套	2 100
12	可移动隔离墩	5 处	据材质定	—
合　计（不含地面及地下车库标线涂料费用）				40 880

12.7　结论和建议

12.7.1　结　论

根据《建设项目交通影响评价技术标准》《江西省城市建设项目交通影响评价报告编制实施细则》和《南昌市建设项目交通影响评价技术导则》等，本评估报告通过分析该项目建设引起的道路交通影响评价、公共交通影响评价、静态交通影响评价、项目内部交通系统评价、交通组织评价、交通安全评价、交通设施评价等内容，认为本项目对周边城市道路和交叉口交通影响都在可接受的范围内，项目基本可行。

12.7.2　实施建议

1. 针对项目的主要必要性措施

（1）地面停车调整：在 2#宿舍楼北侧增加 70 个非机动车泊位、在项目北侧 2#办公楼附近增设 50 个非机动车停车位，共建议增设 120 个非机动车停车位。建议在项目车行主出入口 2#处设置 5 个出租车泊位，在人行主入口 1#处设置共享自行车（电动车）停车泊位。

（2）地下车库：结合桩网条件，将地库普通平行式车位尺寸优化调整为 2.4 m*6.0 m 设置，微型车位尺寸优化调整为 2.2 m*4.3 m 设置；优化调整部分占柱、压墙车位的设置位置。

（3）出入口交通组织：项目车行出入口均组织右进右出交通组织；取消 3#人行出入口道闸，增加隔离墩，禁止机动车驶入。

（4）内部交通组织：项目内部结合道路宽度及实际车辆行驶的需要，组织双向交通组织，并设置相应的交通指示标志及隔离墩，部分道路日常禁止机动车驶入。

（5）交通组织安全措施完善：在机动车道与人行道交会处设置注意行人标志和减速带，机动车限速通行。在项目的出入口、地下车库出入口设置限速标志。内部地面标线在施画时应配合交通组织的需要设置导向标线。

2. 针对城市道路交通建设、管理的主要建议性措施

（1）周边有部分道路及交叉口正在进行修建之中，在路网完善的过程中，应注意标志、标线、信号控制设施同时设计、同时施工、同时验收。

（2）结合周边路网等级，支路与支路交叉口转向不加限制，支路与干路交叉口建议采用右进右出交通组织。

（3）周边道路接入口位置的隔离设施、减速设施、道闸等交通设施设置应根据项目后期运营需要进行完善。

参考文献

[1] 中华人民共和国住房和城乡建设部. 城市综合交通体系规划标准：GB/T 51328—2018[S]. 北京：中国建筑工业出版社，2018.

[2] 中华人民共和国交通运输部. 综合客运枢纽设计规范：JT/T 1453—2023[S]. 北京：人民交通出版社，2023.

[3] 中华人民共和国住房和城乡建设部. 城市道路交叉口规划规范：GB 50647—2011[S]. 北京：中国计划出版社，2011.

[4] 中华人民共和国住房和城乡建设部. 城市道路工程设计规范(2016年版)：CJJ 37—2012[S]. 北京：中国建筑工业出版社，2016.

[5] 中华人民共和国住房和城乡建设部. 城市道路交通标志和标线设置规范：GB 51038—2015[S]. 北京：中国计划出版社，2015.

[6] 中华人民共和国住房和城乡建设部. 城市道路公共交通站、场、厂工程设计规范：CJJ/T 15—2011[S]. 北京：中国建筑工业出版社，2011.

[7] 中华人民共和国交通运输部. 城市公共交通规划编制技术导则：JT/T 1486—2023[S]. 北京：人民交通出版社股份有限公司，2023.

[8] 中华人民共和国交通运输部. 汽车客运站级别划分和建设要求：JT/T 200—2020[S]. 北京：人民交通出版社，2020.

[9] 中华人民共和国住房和城乡建设部. 建设项目交通影响评价技术标准：CJJ/T 141—2010[S]. 北京：中国建筑工业出版社，2010.

[10] 南昌市自然资源和规划局. 南昌市建设项目交通影响评价技术导则[S]. 南昌：南昌市自然资源和规划局，2022.

[11] 江西省住房和城乡建设厅. 江西省城市建设项目交通影响评价报告编制实施细则[S]. 南昌：江西省住房和城乡建设厅，2015.

[12] 江苏省住房和城乡建设厅. 江苏省城市综合交通规划导则（修订版）[M]. 南京：江苏人民出版社，2011.

[13] 过秀成. 交通工程案例分析[M]. 北京：中国铁道出版社，2009.

[14] 徐吉谦，陈学武. 交通工程总论（第5版）[M]. 北京：人民交通出版社股份有限公司，2020.

[15] 王炜，陈学武，等. 交通规划（第2版）[M]. 北京：人民交通出版社，2017.

[16] 陈小鸿. 城市客运交通系统[M]. 上海：同济大学出版社，2008.

[17] 邵春福. 交通规划原理（第2版）[M]. 北京：中国铁道出版社，2019.

[18] 潘海啸，等. 城市交通与土地使用互动规划方法研究[M]. 上海：同济大学出版社，2015.

[19] 张国华，等. 中国大都市区交通发展战略[M]. 北京：中国建筑工业出版社，2016.

[20] 李旭宏，等. 城市交通设计[M]. 南京：东南大学出版社，2016.

[21] 杨晓光. 交通设计（第2版）[M]. 北京：人民交通出版社，2014.

[22] 裴玉龙，等. 交通管理与控制（第2版）[M]. 北京：人民交通出版社，2017.

[23] 刘小明，等. 交通工程学（第2版）[M]. 北京：人民交通出版社，2016.

[24] 马天山. 道路运输组织学（第3版）[M]. 北京：人民交通出版社，2015.

[25] 张殿业，等. 城市公共交通运营管理[M]. 成都：西南交通大学出版社，2016.

[26] 石琴，等. 交通系统分析[M]. 合肥：合肥工业大学出版社，2015.

[27] 王江燕，等. 基于可持续发展的城市交通规划方法研究[M]. 北京：中国建筑工业出版社，2014.

[28] 中国城市规划设计研究院. 建设项目交通影响评价技术手册[M]. 北京：中国建筑工业出版社，2016.

[29] 梁倩玉. 存量发展背景下深圳市交通规划转型探索与实践[J]. 河南科技，2025（6）：71-78.

[30] 宁滨. 构建国家交通走廊编制大区域发展规划[J]. 中国公路，2017（14）：10-11.

[31] 杨涛. 新时代跨区域综合交通运输规划的思考[J]. 城市规划，2021，45（3）：21-23+45.

[32] 黄建伟，等. 区域综合交通运输规划的研究架构探讨[J]. 中国工程咨询，2012（7）：54-55.

[33] 黄建伟，等. 区域综合交通运输规划重点论证的问题[J]. 中国工程咨询，2012（5）：45-49.

[34] 唐亮. 基于交通设计理念的道路平交口交通阻塞问题的道路精细化设计[J]. 工程建设与设计，2024（1）：103-105.

[35] 赵靖，杨晓光，章程. 交通设计技术发展与对策建议[J]. 前瞻科技，2023，2（3）：45-57.

[36] 鲍小奎. 人性化理念下的城市交通设计工作探究[J]. 黑龙江交通科技，2021，44(11)：240-242.

[37] 尚德申. 对快速公交规划与设计的思考[J]. 城市公共交通，2023（2）：47-50.

[38] 于展. 考虑乘客出行体验的需求响应式公交规划[J]. 交通科技与经济，2020，22（2）：32-37.

[39] 武华昌. 县域城乡绿色公交一体化建设浅析——福建武夷顺昌县公共交通发展实例[J]. 人民公交，2020（12）：45-50.

[40] 戴彦欣，等.《建设项目交通影响评价技术标准》简析[J]. 城市交通，2010，8（4）：1-5.

[41] 杨东援. 省市级综合交通"十四五"发展规划编制中需要考虑的几个关系[J]. 交通与港航，2020，7（2）：2-4.

[42] 孙丹，等. 关于编制"十四五"综合交通运输规划的思考[J]. 交通企业管理，2020，35（5）：10-12.

[43] 王建军，等. 基于大数据的城市交通影响评价方法研究[J]. 交通运输系统工程与信息，2021，21（3）：45-52.

[44] 李朝阳，等. 城市更新项目的交通影响评价阈值优化[J]. 城市规划，2020，44（5）：78-85.

[45] 陈艳艳，刘小明，高永. TOD模式下轨道交通站点周边土地利用优化研究[J]. 城市规划，2021，45（6）：45-53.

[46] 刘义博. 金海湖新区金湖御景项目交通影响评价研究[D]. 石家庄：石家庄铁道大学，2024.

[47] 上海市城市综合交通规划研究所，南昌市城乡规划局. 南昌市城市综合交通规划（2006—2020）[R]. 南昌：南昌市城乡规划局，2007.

[48] 景德镇市交通运输局，华东交通大学. 景德镇市"十四五"综合交通运输发展规划[R]. 景德镇：景德镇市交通运输局，2022.

[49] 广西富盟工程设计有限公司. 春台路（梅岭大道至新建城）道路交通详细规划[R]. 南昌：广西富盟工程设计有限公司，2022.

[50] 南昌市交通规划研究所. 南昌市湾里区停车场三年建设规划（修编）[R]. 南昌：南昌市交通规划研究所，2017.

[51] 莲花县交通运输局，华东交通大学. 莲花县"十四五"城乡客运一体化发展规划[R]. 莲花：莲花县交通运输局，2021.

[52] 华东交通大学. 国家级数字技能人才培训基地一期——技工学校西区项目交通影响评价[R]. 南昌：华东交通大学，2022.